朱元璋
九字定江山

飘雪楼主 著

北方联合出版传媒(集团)股份有限公司
万卷出版有限责任公司

图书在版编目（CIP）数据

朱元璋：九字定江山 / 飘雪楼主著. — 沈阳：万
卷出版有限责任公司，2023.6

ISBN 978-7-5470-6244-9

Ⅰ．①朱… Ⅱ．①飘… Ⅲ．①朱元璋（1328-1398）
—传记 Ⅳ．①K827=48

中国国家版本馆CIP数据核字（2023）第060964号

出 品 人：王维良
出版发行：北方联合出版传媒（集团）股份有限公司
　　　　　万卷出版有限责任公司
　　　　　（地址：沈阳市和平区十一纬路29号　邮编：110003）
印 刷 者：辽宁新华印务有限公司
经 销 者：全国新华书店
幅面尺寸：160mm×230mm
字　　数：400千字
印　　张：30
出版时间：2023年6月第1版
印刷时间：2023年6月第1次印刷
责任编辑：邢茜文
责任校对：张　莹
装帧设计：马婧莎
ISBN 978-7-5470-6244-9
定　　价：59.80元
联系电话：024-23284090
传　　真：024-23284448

自　序

在中国历史这条长河中，有一个王朝很特别，历史在这里拐了一道弯。曾经，蒙古铁骑所到之处，无人能与其争锋。天下成了他们征服的对象……草菅的是人命，留下的是阴影。终于，天灾、人祸接踵而来，是生存，还是灭亡？任何朝代，都会有一个个英雄诞生，随后又在时代的洪流中消逝。

在众多英雄背后，他毫不起眼，出生在一个最底层的穷困家庭，从小没有机会上学，而只能选择放牛，留下了一个灰色的童年。到了少年阶段，境遇一点儿没有改变：和尚、乞丐，流浪、漂泊……家破人亡的悲痛，举目无亲的流浪。那是一段不堪回首的往事，那是一种无以言表的辛酸。也正是因为这样，皇觉寺里青灯为伴的寂寞、孤独和无助是锁不住那颗火热的心的。

要用三尺利剑，打出一片天地来。就这样，乞丐摇身一变，成了造反先驱者。这一变，天下也为之改变。

这个人的名字叫朱元璋。

翻开史书，我们可以看到，朱元璋的起义生涯是成功的，是辉煌的。

然而，这个过程却是曲折的，是充满变数的。他从最底层做起，忍常人不能忍；娶大脚的马氏为妻，实现青蛙到王子的转变；有了自己的势力仍然视窝囊的旧主为不二主子，常怀感恩之心；长期挂靠在"扶不起的阿斗"小明王的帐下，显示出深远独特的战略眼光；三顾茅庐请刘基出山，天下谋士尽入其彀中……

我们把这个过程称为奋斗。

可是，就是这样一位布衣天子，在天下归一时，却举起了手中三尺利剑，一剑一剑挥砍在曾一起扛过枪、一起流过血的兄弟身上。于是乎，血光溅红了金銮殿；于是乎，杀人狂魔应世而出。

残忍、残酷、残暴、残虐，残酷无情。历史似乎也是这样定论的，要不然，千百年来，在刻画朱元璋这位真龙天子的形象时，总是先从他的外表上做文章，把他描绘成"丑龙"。这似乎早已深入人心，无法改变。然而，历史是一锅粥，一锅浓得不能再浓的粥，粥少僧多时，必须抢，才不至于饿死；僧少粥多时，必须倒，才不至于过剩。从这一点来看，朱元璋是有苦衷的。

我们把这个转变称为权术。

玩权术的人都有一点野心。何谓野心？野心就是野兽之心，有一种血腥气。《淮南子》中说："故有野心者，不可便借势；有愚质者，不可与利器。"意思是说，不能给有野心的人以机会。唐代以后才有人给了野心以新的解释，说野心是山野闲散之心。

说到底，权术不过是机宜之法，变通之道，制胜之策。

翻开这本书，你会发现这个"杀人狂魔"背后所隐藏的一切真相。历史是有两面性的，它喜欢一个人时，可以把你捧上天，比如说一直被后人捧上神坛的刘基，历史上把他和诸葛亮比喻成双骄，天文地理，人情世故，无所不能，比神还神。但改变不了的事实是，诸葛亮六出祁山，弄得个"出师未捷身先死"的下场。而刘基一曲《烧饼歌》可以算尽上下两千年的历史，可却算不准自己的命运，这不能不说是一种悲哀。

我们需要的不是漫天的吹捧，也不是无情的打压，我们需要的是那段历史真相。面对这浩瀚的历史，我们该如何走近它，欣赏它？

　　打开这本书，你会发现元末明初那一段不一样的历史，你会看到不一样的朱元璋，你会对人生的奋斗产生新的诠释。

|目录|

苦难少年不言愁

第一章

神奇的诞生

时间定格在元朝天顺帝天历元年九月十八日未时（公元 1328 年 10 月 21 日），这是个"秋风秋雨愁煞人"的季节。

濠州钟离县（今安徽凤阳）东乡，一间破陋的房屋前灯火通明，农夫朱五四一改往日的闲然淡定，双手背在身后，正在自家的小杂院前来回踱着步，眼睛时不时望向天边那一轮明月。

是啊，今晚的月亮似乎格外亮堂些，银白色的月光静静地、柔柔地、甜甜地、密密地照射下来，简陋的小院显得光怪陆离，更加幽静。朱五四没有心情去吟唱"今晚的月亮真圆"之类的诗句，而是念念有词地祈求道："别人都希望生子当如孙仲谋，生女当如花木兰，我只是希望夫人吉人天相，母子平安、健康就足矣。"

的确，今天是朱五四的"生日"——第六个孩子的诞生日，对于"贫困"家庭的户主朱五四来说，他已是五个孩子的父亲了（三儿两女），因此，生儿生女都可以"接受"。其实朱五四原本是不打算发展成"超生游击队"的，但他父亲朱初一临终前的一句"多子多福，养儿防老"改变了这一切。

朱初一之所以这样期待儿孙多，其实是有原因的。朱家的祖籍在江苏沛县，沛县是个大家耳熟能详的地方，因为这里出了个汉朝开国皇帝刘邦。但朱家显然没有沾上"灵气"，而是世代为农民。因此，朱初一总想用自己的双手改变生活。没过多久，他加入了沛县一带最早"下海"的先行者行列。鲁迅先生曾称赞："第一次吃螃蟹的人是很可佩服的，不是勇士谁敢去吃它呢？"但第一个吃螃蟹的人的风险也很大，因为第一个吃螃蟹的人要么是最得益，要么就是最受伤。朱初一显然属于后者。元朝政权对朱初一这些下海的淘金户采取的政策是改革，但不开放——收取大量的赋税。

按理说纳税光荣，逃税可耻。然而，问题是当时朱初一等人之所以选择淘金，完全是为了改变生活和命运。当时的技术和设备都不先进，因此，尽管他们倾尽了全力去淘，但除了淘到沙子外，并没有淘到一粒金子。沙子不值钱，根本不够塞税赋的牙缝。无奈之下的朱初一只好拿粮食换钱，再到产金子的地方去买金子，然后缴纳税赋。这样亏本的生意注定不能长久，到后来朱初一实在买不起金子，只好宣布"破产"，并且选择了落荒而逃。这一逃便逃到了盱眙（今江苏省盱眙县），在那里靠垦荒度日。垦荒靠的是人力，因此，朱初一认为人多力量大，多子多福嘛！

天有不测风云，人有旦夕祸福。正在朱家自力更生，生活有所起色时，作为一家之主的朱初一却来了个突然病逝。家里的顶梁柱倒了，此时的朱五四为了生存，又踏上父辈离乡背井的老路，举家迁到了灵璧（今安徽灵璧县），成了一个生活在社会最底层的佃农。然而，朱家逃荒的脚步并没有停止在灵璧。此后朱五四又拖家带口地到处流浪，又迁到虹县（今安徽泗县），最后移居到了钟离的东乡（今安徽凤阳县太平乡孤庄村）。

此时的朱五四已经四十九岁，是"奔五"的人，但他人穷志不短，就为父亲的一句话，他决心将生育进行到底。

万般思绪，千般思量，百般思情，此时来回踱步的朱五四回想起自己一生走过来的风风雨雨，那些艰辛困苦，都化为了永不磨灭的记忆。朱五四感慨万千，唏嘘不已。

就在此时，一阵嘈杂的脚步声打乱了他的思绪。"生了吗？"朱五四心里咯噔了一下，回过神来再看时，只见破烂的院门口拥入了许多父老乡亲，他们个个手提水桶、木棒等物，表情严峻，神色慌张。

"你们这是干吗？贺喜也不用提这些打狗棒之类的东西，要提也是鸡蛋、糖果啊！"朱五四难得调侃一回，说着自己倒是先咯咯地笑了。

众人哭笑不得，气喘吁吁地道："救火如救场，你还有心思在这里说笑，赶紧抱着你的老婆孩子走啊！"

"救火？"朱五四丈二和尚——摸不着头脑。

"是啊，刚刚我们看到你家屋顶火光冲天，就知道肯定是你家的茅草屋着火了。"众人说着，眼睛上上下下、左左右右、前前后后地打量了朱家一番后，表情由惊慌变成了惊讶，再由惊讶变成了惊恐，心里都纳闷道："刚刚明明看见火光冲天，怎么进来了朱家上下却完好无损呢？"他们不由得面面相觑，不知何故。

"忽悠人也不能用这个法子啊！"朱五四正说着，屋内突然传出一阵嘹亮的婴儿啼哭声。朱五四闻声大喜，赶紧往屋里走，刚到门口，接生的王二婆便抱出了一个白白胖胖的婴儿，她满脸堆笑道："恭喜朱爷，贺喜朱爷，你们家又添了一位男丁，多子多福，多子多孙啊！"

"哦，我看看，长得像我还是像他妈？"朱五四抱着襁褓中的婴儿又亲又啃，良久，才喃喃地道："给这个儿子取个什么名字好呢？尾上结大瓜，说不定这个儿子将来能飞黄腾达呢？"

"按照你家的优良传统，还用想吗？地球人都知道他该叫什么名字了！"此时，"救火英雄们"齐声道："朱重八！"

对此朱五四显然颇为尴尬，又是抓耳，又是挠腮，最后才傻笑道："知我者，莫过于父老乡亲也。"

原来，在当时身为最底层、最基层的平民百姓是没有姓名权的，属于典型的"有姓无名"人员，如果非要给他们取"名字"，也只能算是"乳名"，而且通常是用行辈或出生日期，或父母年龄合算一个数作为乳名。朱五四的哥哥朱五一的四个儿子分别叫重一、重二、重三和重五，朱五四前三个儿子分别叫重四、重六、重七，这第四个儿子排行第八，众人自然可以猜到叫重八了。

让我们记住这一天吧，元朝天顺帝天历元年九月十八日未时（公元1328 年 10 月 21 日）。让我们记住朱重八这个名字吧，因为这个朱重八就是日后赶走了蒙古人、建立明朝的开国皇帝朱元璋。

故事里的事

老百姓有句俗语："皇帝爱长子，百姓爱小儿。"因此，朱重八的母亲陈二娘自从这个孩子出生后便疼爱有加，原因是，陈二娘认为这个儿子是个"不一般"的儿子。因为她在刚怀孕时，曾经做了个梦，梦中有一个神仙给了她一粒仙药，放在手中闪闪发光，于是她就吃了下去，而且从梦中惊醒后，仍然觉得余香满口。接着，陈二娘就怀孕了。就是这样一个模棱两可的梦，和这样一场意外怀孕，成就了一段传奇。

于是乎，陈二娘想把朱重八培养成才，可是因为朱家穷，供不起朱重八去私塾读书，陈二娘只能自己充当"老师"了。她在教朱重八读书识字的同时，还充分发挥自身优势，言传身教地讲一些"励志"故事给他听。

给小朱重八留下最深刻印象的莫过于陈二娘讲的"外祖父抗元"的故事。

"当时蒙古人很是野蛮嚣张，很快让铁骑踏向了宋朝，因为宋朝无能，很快被攻占了都城临安。宋恭帝无奈之下，只能选择了投降。然而，我中原汉人是有骨气的，宋朝的文武大臣大多选择了宁死不屈。国不可一日无君，否则就是一盘散沙。当时的大将张世杰、陆秀夫、陈宜中等人便选择了在福州拥立益王赵昰当皇帝，继续和元朝对抗……然而，当时赵昰只有九岁，朝中的权力自然落到张世杰、陆秀夫、陈宜中三人手里。其中陈宜中心胸狭窄，好高谈阔论，无实际政治才干，又不负责任，流亡小朝廷的活动范围越来越小。于是他们开始把逃入海外作为战略目标。当时是想逃到占城国（今越南），派陈宜中亲自到占城国去联系，但陈宜中一去不复返……关键时刻，文天祥挺身而出，出任了丞相，撑起了这个风雨飘摇的政权。然而，蒙古人步步推进，文天祥虽然步步为营，寸步不让，但胳膊拧不过大腿，最终兵败被俘。当时元朝皇帝忽必烈并没有马上处死文天祥，他很是爱惜文天祥这样的人才，亲自对他进行了劝降。然而，文天祥回答他的却是一首诗……"

"然而，"朱重八也学来了母亲的口头禅，从陈二娘的怀抱中探出小小的脑袋来，问道，"这是一首什么样的诗呢？"

"辛苦遭逢起一经，干戈寥落四周星。山河破碎风飘絮，身世浮沉雨打萍。惶恐滩头说惶恐，零丁洋里叹零丁。人生自古谁无死，留取丹心照汗青。"

"然而，后来呢？"朱重八再问。

"然而，后来文天祥就死了。"

"然而，再后来呢？"

"然而，再后来赵昰也死了，忠心耿耿的张世杰和陆秀夫又拥立赵昰的弟弟赵昺为皇帝。退守到了广东新会以南临海的崖山，可谓到了绝路。然而，蒙古鞑子并没有放弃对宋军残余势力的赶尽杀绝，大部队很快就追到了海上。张世杰和陆秀夫便在海上和元军展开了一场生死大搏斗，结果最终胜利者还是蒙古人。陆秀夫眼看大势已去，为了不让小皇帝受辱，选择了和小皇帝一起投海自尽。只剩下张世杰带着数十人冲出了重围，准备卷土重来，匡复大宋江山。然而，天有不测之风云，在逃亡过程中，张世杰遇到了七级台风，船被掀翻，一代英雄就此葬身海底。幸运的是，有一个人却得救了。这个人抱着一块床板，成功地漂回了岸边，眼看宋军几乎消亡殆尽，心灰意冷的他选择了归隐山林，回自己的老家去了……"

"然而，这个人了不起，经历过这么多大风大浪，还能生存下来。"朱重八睁着一双小眼，好奇地说。

"他是英雄，但沦为了平民。造化弄人，他后来虽然活着，却一直在懊恼和悲伤中度过余生。"

"那这个人是谁？隐藏到哪里去了呢？"

陈二娘定定地看着朱重八，然后又抬头看着一望无垠的天际发呆。良久，她才回过头，眼角突然滚落一滴晶莹的泪珠。就在朱重八惊愕的时候，陈二娘说："这个人远在天边近在眼前，他就是你的外祖父。"

"啊……"故事的发展显然出乎朱重八的意料，他不由得惊叫出来。

"可惜你外祖父回到家乡后，一直郁郁寡欢，很快便追随先帝去了……"陈二娘正说着，朱重八突然大哭起来："怎么会这样？怎么会这样？可恶的鞑子，可恨的鞑子……"说着撒腿跑开了。

这天晚上，朱重八没有回来，陈二娘快急疯了。朱五四发动全村人去找朱重八，但一无所获。直到第二天晌午时分，蓬头垢面的朱重八才回来。陈二娘悲喜交加，对他嘘寒问暖。朱五四二话不说，举起巴掌便要打，朱重八连忙招供了他昨晚夜宿外祖父墓地的事实。朱五四一听，举在半空中的手突然停住了：一个只有八九岁的孩子居然敢夜宿墓地，这需要怎样的胆量和勇气呢？

从此，朱五四对朱重八另眼相看，常常教他一些三脚猫的拳脚功夫。而陈二娘却心有余悸，不再给他讲故事，特别是外祖父抗元的那些事儿。然而，朱重八却似乎对故事情有独钟，天天磨着让她讲。没办法，陈二娘只好发挥自己的另一特长，经常编唱一些当地的花鼓戏给儿子听。

"锣鼓一打开了腔，十八岁大姐九岁郎。小郎夜里尿了床嘛，漂洋过海水汪汪，大姑娘给丈夫一巴掌……"

然而，她很快就发现，朱重八根本就不是学凤阳花鼓的料，他的心思整天都在故事上。一听要唱花鼓戏，朱重八往往以百米冲刺的速度拔腿就跑，然后又是一整天不见人影，直到傍晚，"人来疯"的他才回来。

然而，尽管朱重八好动，但因为营养不良，从小体质就很弱，瘦得皮包骨头，经常患病，常常"头晕脑涨"。

因此，朱重八的童年是不幸的。

陈二娘眼看自己教不出什么新花样，送朱重八上学又没有钱，于是一个大胆的想法油然而生。这天夜里，她跟朱五四商量。哪知朱五四一听，对她怒道："你疯了！"

　　原来陈二娘的主意竟然是送朱重八到附近的皇觉寺去"避灾"。

　　"我没疯。"随后陈二娘进行了解释，她说现在世道这样，朱重八饿得跟皮包骨似的，只有观音菩萨才能救他一命，保佑他平平安安地活下去。皇觉寺的高彬住持是个慈悲为怀的人，一定会收留重八的。

放牛娃屁股上的那一道伤

朱五四是不是妻管严我不知道，也没必要去调查，但从此只有十岁的朱重八离开父母，来到了皇觉寺。当然，皇觉寺的高彬住持并没教他念佛，而是教他一些习武之道。然而，朱重八只在皇觉寺待了不到一年，便重归红尘。原因是，朱家因为生计的需要，再次举家搬迁到了西乡。而朱五四觉得让朱重八待在小小的皇觉寺终究不是长久之计，于是乎，临走时带上了朱重八。

到了西乡，朱重八很快产生了愤世嫉俗的叛逆心理，由"宅男"变成了"暴走男"，经常纠集一大群顽童在他身边玩耍，竖烟囱（倒立）、翻筋斗、捉蟋蟀、划拳、打架、偷东西吃……无所不为。

眼看这样闹下去，实在不成样子，朱五四咬咬牙，便让朱重八去地主家做工，朱重八从此失去了"自由"之身，开始了长达数年的放牛生涯。

雇朱重八放牛的老板叫刘德。刘德是当地响当当的地主，地多得密密麻麻，钱多得密密麻麻，因此，给他打工的也密密麻麻。朱重八最开始不乐意，毕竟，过惯了偷鸡摸狗、放荡不羁的日子，再来过受人管束、受人指派的生活，是很难接受的。然而，他转念一想，又释然了，因为有徐达、汤和、周德兴等人在，也就不寂寞了。

物以类聚，人以群分。徐达、汤和、周德兴和朱重八年纪相仿，都是给刘德打童工的放牛娃，因此，他们很快便成了亲密无间的伙伴。放牛的生活虽然枯燥，但因为有他们在，就变得丰富多彩了。朱重八和放牛的小伙伴协商好，每天把牛赶到北山坡上，任牛儿自个儿吃草，他们好聚在一起玩耍。

伙伴中数朱重八最会出主意，大伙儿也都听他的话。这一天，朱重八突然提出装扮皇帝上朝玩，大家伙儿来劲儿了。他用青草搓绳拴住水车的破辐板，当作皇帝的帽子，又把一些辐板劈成两半，作为大臣的笏板，分给小伙伴每人一块。然后，他戴上皇帝的帽子，端坐在高大的石台上，叫小伙伴们手拿笏板，一个一个地向他三跪九叩头，高呼万岁。因此，放牛的生活虽然贫困清苦，但也充满了穷人那份独有的"自得其乐"。

然而，他们的快乐很快就被残酷的现实消磨殆尽了。地主刘德虽然很富，却是个"吝啬鬼"，对他们非常苛刻，牛没放好，或是吃了别人家的菜，不但要挨打，还要挨饿，一天都不给饭吃。如果你争辩几句，刘德便会怒吼道："猫无晚饭，狗无中饭，小放牛仔没早饭。"

朱重八为此没少挨罚。一次，朱重八在放牛过程中"开小差"，被突然来查岗的刘德逮了个正着，为了"树立典型，以儆效尤"，这次刘德当众对朱重八进行了处罚——打屁股。结果可想而知，朱重八的屁股被打烂了，好几天都下不了床。

刘德的板子打在朱重八的屁股上，也打在他的心里。他已深深地埋下了这颗仇恨的种子，经常在私下里咒骂。据说，此后朱重八明显消沉了许多，脸上的笑容少了，多了一份沧桑气息，在放牛时，常常傻傻地看着自由自在、无拘无束吃着草儿的牛儿发呆。徐达等人见他这般"少年便识愁滋味"，一点儿也不像他的风格，很是纳闷。

徐达："你在干什么？"

朱重八："等。"

徐达："等什么？"

朱重八："我正在等着月圆十五，我的父亲会来这里接我。"

徐达："但是今天不是月圆十五。"

朱重八："今天是十几?"

徐达："我不知道。"

朱重八："我知道,我们每天都要被处罚、挨饿。"

徐达："你看见罪恶无处不在。"

朱重八："这里?"

徐达："是的。"

朱重八："我想走。"

徐达："我也想走。"

朱重八："等等!"

徐达："等什么?"

朱重八："等我的男中音,我现在想向着全世界呐喊,可谁又会听到呢?没人知道我的存在……"

为了证明自己的存在,朱重八在徐达、汤和等人的配合下,很快上演了一场"杀牍讹主"的精彩故事。

杀犊讹主为哪般

如果只用一个词来形容朱重八的童年，那就是"饥饿"。

饥饿早已铭刻在朱重八的记忆深处，刚生下来时母亲便没有充足的奶水，稍大后又没有足够的口粮，即使吃到肚中的，也是些粗糙或稀释的食物。他的食欲一直处于没有得到满足的压抑状态，他做梦都想着能够饱饱地吃上一顿美味佳肴。皇觉寺的一年，他天天吃素，没沾过荤腥。放牛时，给别人打工，吃的也是最下等的，因此，能饱吃一顿是朱重八此时最大的愿望和梦想。

饥饿、斥骂、毒打、压抑……刘德的无德让磨难与羞辱如长长的皮鞭呼啸着一下一下抽打着朱重八那幼小的心灵，他以一副睥睨的眼光打量着这个灾难深重的世界，忍受着、等待着、积聚着，幻想着有朝一日进行疯狂而快意的报复。

这天，朱重八又提出玩扮皇帝的游戏，大伙见朱重八自从上次被刘德重打之后，第一次"复出"，都很高兴，自然相当配合。因此，这一次的游戏做得比以往更来劲、更来神、更出彩。玩过几轮游戏后，太阳偏西，孩子们突然都停止了笑声，原因是肚子早饿得咕咕叫，在闹革命了。

"要是能有一碗白米饭吃就好了。"

"我好想吃几块肉解解馋才快活哩！"

"肚子都填不饱，还想吃肉？"

"异想天开！"

"痴人说梦！"

众人你一句我一句，早已闹将开来。唯独朱重八保持着"皇帝"的庄严坐姿，一言不发，面无表情，似乎遗世独立，又似乎早已胸有成竹。

汤和调皮些，见状，突然对朱重八跪拜道："请皇上开恩，赐我等食物，以解饥饿之苦。"众小孩见有趣可寻，纷纷附和着汤和跪下。

面对众人的"逼宫"，按理说朱重八应该很尴尬才对，然而，此时的他还是面无表情，半晌，才淡淡地道："众爱卿平身吧，要吃东西这又有何难？"说着站起身来，指着自己看管的一头小花牛，高声喊道："今天皇帝请客，杀牛吃，大宴群臣……"

大伙一听杀牛吃，劲头来了，团团地围住小花牛，扳头的扳头，扳腿的扳腿，拽尾巴的拽尾巴，把它撂倒在地上按着。朱重八随手拿起砍柴刀，向牛颈戳去。

本来大伙只当是闹着玩的，当朱重八手中的刀深深地刺入牛颈里，小花牛脖子血水四溅，染红了一大片山石时，他们这才像是突然明白了什么似的，当下便惊住了，任凭牛血喷到了脸和身上也不去擦。

"众爱卿还愣着干什么？分工干活啊！徐达，负责望风；汤和，负责拾柴火；周德兴，负责烧火，其余的负责剥牛皮。"说着，朱重八在山坡千层石上凿起坑来。

大伙见状，惊恐早就被抛在九霄云外去了，各司其职地干起来。牛皮剥好时，朱重八凿的坑也好了，于是，他把坑当锅，然后点火烀起牛肉来。没要多长时间，牛肉烀烂了，大伙围着"锅台"，一个个津津有味地吃起来。

"真香，真好吃！啊……哎哟……"汤和最性急，捞起一块滚烫的牛肉就往嘴里送，被烫得哭爹喊娘。

"此物当真只应天上有、人间无啊！"周德兴毕竟读过一段时间书，说起话来也带点秀才味，惹得众人直叫"酸"。

"娘的，活了大半辈子，第一次开荤，爽啊！"汤和模仿大人的口气说话，赢得了大家的一片笑声。

就这样，在大伙的说说笑笑中，一锅肉很快就吃完了。此时，天也黑了，该回家了。突然汤和发出杀猪般的叫声来："哎哟！"

"又怎么啦？一惊一乍的。"朱重八皱着眉头问。

"小花牛没有了，你回去怎么交差？"汤和弱弱地来了这么一句。一语惊醒梦中人，众人这才醒悟过来，一起道："是啊，这下闯大祸了。"

朱重八却一副若无其事的样子，抹抹油手说："不用怕，我有办法。"说着对小伙伴们嘀咕了一阵。小伙伴们都摇摇头，知道这样的办法只能算是自欺欺人，肯定骗不了地主刘德。然而，除了这个馊主意，他们又想不出别的好办法，只好听从朱重八的安排。于是乎，大家一齐动手，埋好牛皮、牛骨头后，把牛尾巴塞进了大山石一端的裂缝中。

办完这一切，徐达打趣道："小牛钻山洞，尾巴在外。"朱重八是聪明人，自然知道"丢"了小牛娃，是要挨刘德打骂的，但依然装着没有事一样，一边拍打着手上的灰尘，一边风趣地接着说道："老爷打重八，脑壳当先。"说完大家哈哈大笑起来，然后各自赶着牛往回走。接下来就看朱重八的演技如何了。

"不好了，我刚赶牛回来的时候，一头小牛犊自己钻进山上的岩缝里了，只留在外边一条尾巴，我们怎么拉，它都不出来。"朱重八回去，假装气喘吁吁地对刘德说。

"哦，天下竟有这样的怪事？"刘德一听来了精神，心想，想忽悠我，就凭你这毛头小子，没门！于是，他马上带了几个家丁，举着火把，去看个究竟。

朱重八带着刘德来到插了牛尾的岩缝前，刘德借着火把一看，果然有条小牛尾巴露在石缝外面，那尾巴的毛色正是他家小花牛的。刘德二话不说，马上叫家丁上前去拉牛尾巴。接下来是见证奇迹的时候了。这边朱重八嘴里念念有词，那边几个人每拉一次牛尾，岩缝里就会传出哞的一声牛叫，而牛却始终不出来。"我不骗你吧，你亲眼见到了。"朱重八不失时机地说。

按理说这样荒谬的事，刘德肯定不会相信，但事实摆在眼前，他也只能无奈地下结论了：小牛真的钻进了岩缝。

　　当然，如果你认为朱重八和伙伴们白白吃了一顿"免费的午餐"，还成功逃过了一劫，那就大错特错了。刘德不是那么容易被忽悠的，他会很快找机会炒了朱重八的鱿鱼。

　　这一年是元顺帝至正四年（公元 1344 年），朱重八十六岁。据说，朱重八走出刘德家大门时，脸上没有悲伤，而是露出了如释重负的笑容。

山雨欲来风满楼

第二章

天灾人祸

朱重八的憧憬是阳光的、美好的，然而，现实却是残酷无情的。就在朱重八失业的这一年，老天开始震怒了，于是天灾人祸接踵而来。

首先袭来的是旱灾。这一年春天刚过，江淮以北接连几个月没有下过一滴雨，结果是江河湖泊断流，坑塘河沟干涸，田地里的庄稼都像霜打的茄子——蔫了。这样下去的结果可想而知，到时候会颗粒无收啊！民以食为天，庄稼不能活，就没有吃的，没有吃的就会饿死。当时又没有救济粮和救灾款。于是乎，天下百姓只有华山一条道可走了——祈祷、祈求、祈告。目的只有两个字——"下雨"。

这项"三祈"工作还真"灵验"，很快老天又发威了。不过不是广洒甘露，而是放来了铺天盖地的蝗虫。突如其来的蝗虫啃噬过后，庄稼连根被蚕食殆尽，百姓最后的希望也就此落空。

天下无收，饥饿已是必然。百姓只得做好勒紧裤带过日子的准备了。然而，老天还在继续发威，接下来上演的是令人闻风色变的瘟疫。百姓既要抗旱，又要灭蝗，已经忙得不亦乐乎，瘟疫的到来，彻底摧毁了他们的意志。旱灾、蝗灾与瘟疫就像三座大山。死亡，已是必然；活着，实属奇迹。

天有不测风云，人有旦夕祸福。朱重八的家乡濠州没能幸免于难，朱重八的家人也没能幸免于难。噩梦就这样开始了。首先，朱重八的父亲朱五四感染上了瘟疫，当时朱家家徒四壁、一贫如洗，连温饱问题都解决不了，哪里有多余的钱去看医治病，于是，朱五四很快就撒手人寰。随后，朱重八的大哥朱重四也丧命于此。最后，朱重八的母亲陈二娘也暴病身亡了。短短的半个月光景，朱重八遭遇了人生最惨痛的打击。此时，他的大姐、二姐早已嫁人，三哥朱重七给人家做了上门女婿，家里就只剩下他和二哥朱重六两人了。哥儿俩穷得没有半分银子，除了勉强保住自身的性命外，对亲人的去世无可奈何，只有抱头痛哭。

生，事之以礼，从之以礼；死，葬之以礼，祭之以礼。朱氏兄弟唯一的愿望就是安葬好亲人的尸骨，让亲人的灵魂能在地底下得到安息。然而，很快朱氏兄弟就悲哀地发现，这也是一种奢侈。想购置棺木，两个字——"没钱"，想找个安葬的坟地，两个字——"没地"。

男儿膝下有黄金，只跪苍天和娘亲，面对突来的天灾人祸，朱重八最终决定低下高昂的头颅，去哀求刘德发发慈悲，为他的亲人施舍一块小小的安葬之地。哪知，刘德一见朱重八来了，很快就来了个先发制人："都说好马不吃回头草，你还想来当牛做马吗？"朱重八嗫嚅道："不是……我，我……是……"刘德怒道："是什么，我这里不欢迎你，还不快滚！"

朱重八果然滚了，只是他的眼中再也见不到悲伤。哀莫大于心死，他此时的心已死，早已无所谓悲伤，也无所谓痛苦了。

朱重八的遭遇，被他的邻居刘继祖看在眼里，为人谦和仁慈的他不由得动了恻隐之心，主动向朱重八提出，可以让他的亲人葬在刘家地里。

就这样，终于找到了坟地，朱氏兄弟找了几件破衣烂衫，裹了亲人尸体，抬到坟地草草埋葬。"殡无棺椁，被体恶裳，浮掩三尺，奠何肴浆。"这是怎样的一种悲凉和凄惨。

值得一提的是，后来朱重八当上皇帝后，念念不忘刘继祖的"赠地"恩德，特地追赠他为义惠侯、其妻娄氏为义惠侯夫人，当真是好人有好报，这是后话。

乱世的生存之道

掩埋了家人，朱重八的二哥朱重六决定远走他乡。原因是与其在家里等死，不如流浪到外面去谋生。临行时，朱重八忍住悲伤，送了二哥一程又一程，似乎这一别就是永恒。终于，朱重六转过身来，摆了摆手，对朱重八说："重八，你在家里一定好好地活着，一定要活着，一定要等我回来。"

"嗯！"朱重八的头点得像鸡啄米。然而，当朱重六的身影完完全全消失在他的视野里时，朱重八的眼泪再也忍不住了，如断了线的珠子般掉了下来。

男儿有泪不轻弹，只因未到伤心处。此时此地、此情此景，朱重八怎么能不伤心呢？家人死的死、走的走，就剩下他一个人了，他又该何去何从呢？

就在朱重八迷惘、困惑、伤感、无助时，隔壁的汪大娘出现了。她对朱元璋说："你父母在世的时候，曾经嘱咐我，要是他们死了，让我再把你送到皇觉寺里去。"

"你父母说，你这条命是皇觉寺给的，当年你体弱多病，幸亏到了皇觉寺才得以保全性命。让你去皇觉寺，一来还愿，二来可以躲避战乱，暂时找个安身之地。你现在还小，独自去逃荒的话，路上难免会遇到危险，不如在寺庙里暂避风险，等你长大了以后，一切都会好起来的！"

这就是父母的遗言啊，朱重八终于停止了哭泣。是啊，父母走时，放心不下的终究还是他。虽然不能留给他任何与物质有关的东西，却为他指明了一条大道——乱世的生存之道。

至正四年（公元 1344 年）九月十九日，是大慈大悲救苦救难观世音菩萨的涅槃日，也是朱元璋过完十七岁生日的第二天，朱重八在汪大娘的陪同下，来到了皇觉寺（原址在安徽凤阳县凤凰山日精峰下）。

皇觉寺坐落在钟离县太平乡东十四里。庙不是很大，但院子里松柏苍翠，红砖青瓦，一尘不染。透着庄严、肃穆，更透着神秘。庙门有一副楹联，写的是"暮鼓晨钟，惊醒世间名利客；经声佛号，唤回苦海梦中人"。

寺里的高彬住持似乎知道他们会来，早已站在门口等候多时了。见了风尘仆仆而来的朱重八，高彬说："当和尚很辛苦的，你愿意在这里出家，青灯为伴，寂寞为眠吗？"

朱重八回答得很实际："当和尚有饭吃吗？"

高彬被他的话逗笑了，望着朱重八良久，才叹道："你去的时候，我就知道你会再来的。"说完领着朱元璋进了寺庙。

六年前，朱元璋是来当学童，这一次却是来当行童。所谓行童，就是供寺院役使的小和尚。人常说："百年三万六千日，不及僧家半日闲。"但朱重八是个例外，他是个"苦行僧"，寺里端茶倒水、洗衣做饭、劈柴扫地、点烛上香、值班报点都是他的分内事，而其他和尚的呼之即来挥之即去也是他的"分外事"。无论分内事还是分外事，都属于朱重八的职责范围。

南宋人周紫芝在《竹坡诗话》中云："松园老人谓余言，东坡倅钱塘时，聪方为行童试经。"可见行童的地位。相对于苦和累，朱重八还得忍受非人的生活。具体表现有二：一是每次干完活，等他去吃饭时，却发现别的和尚早已吃过了，留给他的只是残羹剩饭；二是朱重八在干活儿时，不仅要看长老们的脸色，就连那些普通和尚也对他呼来唤去，如同撵一只狗一样。

"朱重八，倒茶水去。"

"朱重八，洗衣服去。"

"朱重八，扫殿堂去。"

“朱重八，点香烛去。”

“朱重八，打钟击鼓去。”

“朱重八，劈柴烧火去。”

一天下来，骨头都像散了架一样，朱重八拖着疲惫不堪的身体回到僧舍，满以为可以好好休息了，但哪里料到，他的活儿还要继续。

“朱重八，来帮我捶捶背。”

“朱重八，来帮我捏捏腿。”

“朱重八，帮我打盆洗脚水来。”

……

都说佛争一炷香，人争一口气。夜已深，朱重八躺在床上却怎么也睡不着。是啊，他原本以为到了寺庙里，即便是苦点儿累点儿，但总比给人放牛好，不用看人脸色，不用毫无尊严地活着。然而，到了皇觉寺才悲哀地发现，寺庙也一样，佛祖面前也一样没有平等，这个世道毫无公道可言。

朱元璋不由得迷惘了。

叛逆没商量

朱重八尽管极力隐忍和沉默，但终于还是爆发了。

这天，朱重八来到佛堂大殿内扫地，正心不在焉地扫着，不料被伽蓝神像的底座给绊了一下，结果摔了个"狗啃泥"。

朱重八再爬起来的时候，没有选择满地找牙，而是拿起扫帚朝着伽蓝神像身上一阵"排山倒海"。他边打边骂："你是佛祖，应该同情我这样的弱者，连你也欺负我！该打，该打，该往死里打……"朱重八早就憋了一肚子的气。他起得比鸡还早，干得比驴还多，而吃得比猪还差、比猫还少，而伽蓝神这些泥菩萨供得比天还高，却不施半点儿恩惠给他，这算什么大慈大悲的菩萨呢？此时他心中的怒火喷薄欲出，一发不可收拾。

朱重八打得起劲，高彬住持在一旁看得也起劲，他不动声色地看着这一切，双眼中露出三分惊骇、七分震怒。眼看朱重八大有没完没了之势，他终于忍不住，喝骂道："阿弥陀佛，你这孽障东西！竟敢对伽蓝佛祖如此不敬，罪过，罪过。"

朱重八这时正打得起劲，听闻暴喝之声，吓得七魂去了三魄，挥在半空的扫帚定在那里再也挥不下去了。高彬三步并作两步，冲上前夺过朱重八手中的扫帚，用扫帚柄狠狠地打朱重八的手掌心，边打边说道："阿弥陀佛，伽蓝佛祖法力无边，你对佛祖不敬，小心他日遭报应啊！"

朱重八像个做错事的小孩儿，低着脑袋，任凭高彬打骂，不躲也不闪。高彬打了一阵，见朱重八面无表情，心想他定是知错了，扔下扫帚转身离去。临走还不忘撂下一句："念你是初犯，今日之事到此为止，他日若再犯，定不轻饶。"

朱重八因为埋怨佛祖的不公，动手打佛祖，高彬大师进行"点化"后，朱重八并没有被"感化"。相反，朱重八很快又进行了第二次发泄。严格来说，朱重八第二次叛逆是被逼出来的。

原因是就在朱重八打佛事件数日后，佛堂里的一根蜡烛被老鼠给咬断了，倒地的蜡烛头点燃了一块坐垫，险些将佛堂大殿付之一炬。高彬暴跳如雷，他没有去找失火的原因，而是直接叫来了朱重八，说了这样一句话："你上次殴打伽蓝佛祖，现在报应来了吧。你要跪在伽蓝神像面前一天一夜，不准起来也不准动，诚心诚意向佛祖赔礼谢罪。"

于是乎，倒霉的朱重八成了"老鼠事件"的直接受害者。他跪在神像前注视着伽蓝神，心里却越想越气："你身为佛祖，不思济世救民、普度众生，却欲陷我于不仁不义之境地，良心何在？居心何在？"

寺庙的钟声响了一次又一次，朱重八早已跪得双脚麻木了，但思想却并未麻木。他的怒火随着时间的推移而逐渐堆积。正如月盈即亏，水满则溢。当朱重八怒火盛满时，便开始爆发了，他拿了块抹布蘸上墨水，偷偷地在伽蓝神像的后背上挥毫泼墨起来。

一阵龙飞凤舞，卷起庙内千层灰，透过灰垢，但见伽蓝神像更显神采奕奕，因为它身后多了五个黑黢黢的大字：发配三千里。

若要人不知，除非己莫为。没过几天，伽蓝神像后背上的字就被人发现了。高彬听说后大为震惊和愤怒。但这一次，高彬大师学乖了，他没有直接找朱重八兴师问罪，而是不动声色地马上在寺院举行了一次"书法"比赛，并且给出了丰厚的奖赏：获得头名者奖米十升。在当时大荒的年头，十升米更胜黄金白银无数啊！于是乎，寺里大小僧人争先恐后地报名参赛。

朱重八自然也不甘落后，他虽然没有上过学堂，但母亲陈二娘又是教他读书识字，又是教他凤阳花鼓，同时还教他书法绘画。也正是因为这样，在刘德家放牛时，他常常拿着枯树枝在地上写写画画，字写得龙飞凤舞，别具特色。

寺里就这么多人，而且很多人都没摸过毛笔。山中无老虎，兔子也称王。连朱重八自己也想不到，他居然会脱颖而出，以黑马之势夺得了"书魁"。

朱重八笑了，这是他自家里发生变故以来第一次笑。他笑得很爽朗，笑得很开怀，也笑得很天真无邪。

然而，朱重八很快又哭了。原因是就在他大笑特笑时，迎接他的不是鲜花、掌声和大米，而是一声断喝。

"把朱重八关入柴房，禁食三天。"高彬住持的话仿佛一声惊雷把朱重八从美梦中炸醒。

"冤枉啊……我……冤……"朱元璋高声叫道。

"你冤什么冤，胆敢玷污伽蓝神佛，你吃了熊心豹子胆了吧！"高彬住持冷笑地说着，拿着朱重八的字迹走到伽蓝神像边，指着后背上的字说："一样的字迹，一样的风格，一个模子印出来的，人证物证俱在，你还有什么话可讲？"

朱重八的确无话可讲，良久，他猛拍着自己的头，叹道："我真是天下第一傻瓜啊……"

高彬又恼又气，大手一挥，对着身边两个和尚说："还愣着干什么，还不把他关到柴房去。"朱重八哪里甘心就范啊，他被两个和尚架着，边走边道："禁食三天算什么，三天之后，我依然是一条英雄好汉。"

高彬除了苦笑，只有叹息的份儿了。

看样子，扫地之类的事朱重八是做不好了，为此高彬重新给朱重八安排了一份职业——养鹅。按理说寺里不能养生禽之类的动物，但此一时彼一时，世道混乱，灾患连连，寺里又得不到施舍，所以为了寺里几十号人吃饭穿衣，高彬只好想出了养鹅的下策。总之，八个字：自食其力，共渡难关。

因为有放牛的经历，养鹅对于朱重八来说也算是小菜一碟。朱重八每天将那些鹅向河边一放，然后"故技重演"，到山上又是睡觉，又是摘果子，极尽玩耍之能事。总之，一句话，小日子自然过得潇洒快活。

但饶是朱重八换了"工作环境"，仍然是众僧的"众矢之的"。很快就有和尚把他的"罪证"收集起来向高彬进行了汇报。结果高彬来了个"微服私访"，把睡得正香的朱重八逮了个正着。

"叫你看鹅不是叫你来睡觉的。鹅呢？"高彬问。

"应该在河里吃食游嬉吧。"

"可我刚到河边看了，没看见鹅影子啊！"

"这个不用管，反正傍晚时刻它们都会回来。"

"你……你知道我叫你养鹅是为什么吗？"

"为了生计啊，寺里老老少少、大大小小好几十号人，现在化不到缘，吃什么？"

"既然你知道，那你为什么不把鹅固定在那里吃食！你这样把它们赶得满山乱跑，它们生的蛋你能找到吗？"

"这个……"朱重八猛然拍拍脑袋说，"这个，你又不早说，你只叫我养鹅，没叫我捡蛋啊！"

"你……真是孺子不可教也。"高彬气得暴跳如雷，"鹅要是少了一只，拿你是问。"说着，高彬长长地叹了一口气，拖着落寞的身影离去了。

说来也奇怪，原本鹅都好好的，自从高彬大师查岗后，突然就死了一只。死了一只鹅可是大事啊，朱重八这可犯难了，死了不能弄活，想去别人那儿借鹅，又没有这个可能。最后没办法，朱重八只好选择了把死鹅"隐瞒不报"。虽然他知道纸终究是包不住火的，高彬住持迟早会知道的，但经过了上两次事件后，朱重八明白这样一句话：坦白从宽，牢底做穿；抗拒从严，回家过年。

因此，朱重八每天再放鹅时，少了往昔的悠闲快乐，而多了几分深沉。那只死鹅如同一座大山，压得他喘不过气来。

有一天，他怔怔地望着河边的鹅发呆了大半天，想起了严厉的父亲，想起了慈祥的母亲，想起了厚道的大哥，想起了放牛时的伙伴徐达、汤和等人……也不知道过了多久，当朱重八回过神来时，才发现自己的肚子在咕咕地叫着闹革命呢！朱重八这才想起，他每天除了一碗稀饭和一块馍馍，已有很长时间没尝过荤腥了。饥饿对于朱重八来说并不陌生，是那么的刻骨铭心，也是那的泪眼婆娑。此时饿到了极限的朱重八想到河里抓鱼，但忙活了半天，鱼儿就是不上钩。想挖蟛蜞，也是徒劳无功。怎么办？此时烈日当空，正值晌午，朱重八眼珠子一转，突然自言自语了句："有了。"

"既然没有人请我的客，我自己请自己的客，吃泥煨鹅好了。"于是乎，接下来的过程可以简单地描述如下：生火、和泥、捉鹅。煨一只吃一只，一连吃了三只，朱重八才吃饱。

从此，朱重八索性破罐子破摔，每天都煨一两只鹅吃，不出几天，一大群鹅就被他吃了个精光。

鹅没了，朱重八无事可做，皇觉寺也到了关门大吉的时候了。这一天，高彬法师举行了一次极具规模的"罢粥散僧"宴，末了，高彬大师发话了，说了一句极为客气的经典话："青灯佛卷，陪得了一时，陪不了一生。如今天下饥荒一片，方圆百里饿殍遍野、生灵涂炭，佛祖为之垂泪。这里终不是长居之地，都去吧，去吧……"

从此，桥归桥路归路，大家各自云游各地去谋生——化缘。

画饼充饥

就这样，朱重八在皇觉寺度过了五十天的叛逆生活后，又面临何去何从的尴尬和无奈局面。

离开了皇觉寺，连念经都还没有学会的朱重八属于名副其实的"贫僧"（美其名曰游方僧），出寺时也只有一瓶一钵，场面相当难堪。如何生存，如何把人生的路走下去，这是个大问题。

众和尚分成数组各自朝不同方向散去。朱重八刚开始夹杂在十几个师兄中，一起结队向南而行。师兄们觉得闹市容易化到吃的，所以很快就结伴来到了闹市。然后相约分头行动，晚上再到指定地点集合。

朱重八一个人在闹市转悠着，很快锁定了第一个化缘的对象，把目光停留在了一个家门口有九层台阶的富豪的朱漆大门上。朱重八毕竟是第一次，他忐忑不安地踱上前，看着门口两个站立如石雕般的门卫，脸上羞臊得像火烧云，心里紧张得像骡打滚，踌躇了半天，竟不知道如何开口。正在这时，门里走出一个管家模样的中年男子来。朱重八眼看机不可失，时不再来，赶紧冲上前，对着中年男子鞠了个躬，然后将僧钵捧到他面前，双手合十，道："请施主开恩，施点儿斋饭或是几个铜板给小僧吧，佛祖会保佑你的。"

"人家出门遇贵人，我今天是碰见鬼了，一出门就遇见你这个扫把星，真晦气！有手有脚不晓得靠劳动去挣钱挣饭，却来乞讨，羞不羞啊！我还等着你给我施舍呢，杂种、人渣、败类、无耻、下流、卑鄙……"那中年汉子破口骂着还不解恨，只听见啊呸一声响，当场恶狠狠地朝朱重八的僧钵内啐了口浓痰，然后头也不回地转身离去。

朱重八被眼前突如其来的状况弄蒙了，呆呆地看着僧钵内的痰渍，愣了半天，突然眼眶一热，一颗晶莹的泪珠夺眶而出，接着又是第二滴、第三滴……

"咣当！"朱重八又痛心又恶心，本能地把手中的僧钵朝那扇朱漆大门扔去。僧钵不偏不倚正打在了门柱上，痰渍洒了一地。

两名门卫先是被朱重八穷凶极恶的举动给惊住了，半晌后回过神来要抓朱重八时，却发现朱重八早已跑得不见踪影了。

朱重八一路狂奔，到达集合地时，已是日落西山。他睁着已风干了的泪眼，发现师兄们早已垂头丧气地在破庙前"恭候"他多时了。一看他们的表情就知道，大家都是一无所获。

此时夜风习习，饥饿如影相随，有几个气馁的师兄甚至抱成团痛哭起来，边哭边道："这样下去，我们迟早都会成为饿死鬼。""佛祖一定要保佑我们啊！""我上有八十岁的老母，下有妻小……哦，那个，我不能这么不明不白地死了啊！"

朱重八静静地看着师兄们的"比哭大赛"，良久，才说了一句这样的话："如果哭能解决问题，就用不着白娘子来水漫金山了。"说着，朱重八从地上拾起一根"打狗棒"舞了起来，别人使的"打狗棒"是快，他使的"打狗棒"却是乱。正当师兄们看得眼花缭乱、心驰神往时，朱重八手握的棒子突然一抖，身子一个前倾，说时迟那时快，棒子倏地点在地上，然后以身子为撑点，在地上画了一个圆圈。

画毕，朱重八站定身子，望着发呆的师兄们，喃喃地问道："刚才我画的是什么？"

"一个圈啊！"师兄们弱弱地回答，生怕答错似的。

"不错，的确是一个圈。"朱重八说着，突然话锋一转，接着问道，"师兄们还饿吗？"

师兄们面面相觑，一天都没吃东西了，看你的表演又不能当饭吃，能不饿吗？

哪知，朱重八像是早猜透了大伙儿的心事，笑道："别人画的圈是神话，我画的圈是奇迹；别人画的圈能挣钱，我画的圈能救命。"

众师兄摇摇头、耸耸肩，表示听不懂，想不明白，搞不清楚。

朱重八微笑着把目光一一扫过众人的脸，手一挥，打狗棒在他画的圆圈里舞动起来，边舞边叫道："这一招叫飞龙在天，这一招叫亢龙有悔，这一招叫见龙在田，这一招叫潜龙勿用，这一招叫神龙摆尾……"不多时，朱重八收起打狗棒，问道："师兄们看这个图案像什么啊？"

众师兄这才惊讶地回过神来，定睛细看时，地上出现了一只鸡的图案，不禁个个咽沫吞舌，神情激动起来，纷纷叫嚷开来："鸡……""山鸡……""野鸡……""山野鸡……""山野鸡好好吃的哦，吃一口油腻腻的、香喷喷的、酥脆脆的，赛过活神仙哦。"

"还有答案吗？"朱重八问。

"凤凰，山里飞出的金凤凰。"最后一位师兄回答后，得意扬扬地看看其他师兄弟，仿佛在说，他回答得才最有水准——看到鸡只是表面的，凤凰才是引申之意嘛。

朱重八微笑地看着大家，直到大家安静下来了，这才徐徐地说道："这的确是一只鸡，一只最普通的鸡，大家想不想吃？"

"想……"大家异口同声地回答，齐刷刷地盯着朱重八，眼睛鼓得比灯笼还大，口水流得比瀑布还长。

"想也是白想。我们现在连填饱肚子的食物都找不到，还想吃鸡，那是白日做梦。"朱重八道。

"你这不是忽悠人吗？绕了这么一大圈子，是在逗我们开心啊！"师兄们埋怨着各自散开。

朱重八一急，大声叫道："师兄们慢走，我哪敢忽悠师兄们啊！我刚刚所画的圆圈和鸡，有书本为证。这叫什么来着？哦，就叫……叫……画饼充饥……"

九死一生

"画饼充饥"后，朱重八和师兄们采取了分散行动，大家各奔东西。而经过第一次乞讨失败后，朱重八彻底放下了自尊，逢人便磕头，逢人便称"爷"，然后使出死缠烂打的功夫，咬着牙强忍别人的如刀子般鄙视的目光，忍住别人如毒蝎般火辣的谩骂，忍住别人如暴徒般无情的殴打。为了活命，他会去捡食他人丢弃的食物，和狗抢残羹冷炙吃；为了活命，他磕破额头也无怨无悔。

就这样，朱重八踽踽独行，偶尔回头遥望一下来时的路，仿佛看见了遥远的家乡还有那些逝去的亲人。孤独、凄楚、无助与绝望一齐涌上心头，化作一个字：痛。然而，他已没有回头路，路在脚下，他只有向前才有活路，只有向前才能生存。不久，他就南行来到了"光景"还不错的庐州（今安徽合肥）。

庐州是个好地方，朱重八却无福消受，因为他已四天粒米未沾了。因此，他前脚刚"爬"进庐州，便病倒了。在倒下去之前，朱重八眼睛的余光看见了一座破庙，然后，使出身上最后一丝力气，连滚带爬地进了庙门。

也不知道过了多久，当朱重八再醒来时，睁开双眼，发现自己所处的这座庙不单单可以用"残破"两字来形容，而且还可以用"凄惨"来描述。堂内两侧耸立着几尊无头罗汉，堂前一排断臂金刚，整个破庙四处漏风，采光条件非常好，当真是头顶残瓦可见天，脚下蛛网能做床。

朱重八此时四肢肿痛，意识模糊，潜意识里知道自己已连续多日高烧不退，一年多来的灾难——浮现在眼前，从家破人亡到一无所有，从受尽欺凌到丧尽尊严，就像做了一场梦，梦醒的时候无影又无踪。

俗话说："痛哭不痛，痛苦不哭。"漂泊到现在，他已饿得皮包骨头，形如槁木。此时，他早已不哭了，因为他太痛苦了。活着便是痛苦，死去才是快乐。"或许死亡也是一种解脱吧。"想到这里，朱重八反而如释重负，默默地闭了双眼，静静地等候着"解脱"的到来。

朱重八只想"睡"，这一睡就是一万年，永远不要醒。恍惚中，但见两个紫衣人腾云驾雾，体态轻盈，飘然而至朱重八身边。其中一人变魔法似的端出一杯茶来，顿时茶香四溢，沁人心脾……弥留之际的朱重八早已口干舌燥，闻见茶香，那双原本死灰一般的眼睛缓缓地睁开，似乎有了一丝光彩。他双手吃力地接过茶，咕咚咕咚喝下肚子里去了，但觉饮后，涩中带甘，香醇回甜，顿时有了生气。之后，另一人嘴里念念有词，说了个"变"字，手一挥，朱重八还没看真切，手上已多了一盘绿豆糕，朱重八立刻大快朵颐起来。但觉口感绵软，入口即化，口味香甜，甜而不腻，令人神清气爽。

如此数日，朱重八很快就疾去病好。两位紫衣人见状大喜，问道："重八，你还感到哪里不适吗？"朱重八闻言大吃一惊，问道："二位神仙如何知晓我的名号？"

"知便是不知，不知便是知；知便是知，不知便是不知……"

"那请问二位尊号，哪里仙就？两位恩公救命之恩重八他日定当相报！"

"知之为知之，不知为不知，是知也。"紫衣人道，"天欲降大任于你，必定要先苦你的心志，劳你的筋骨，饿你的身体，日后不论再遇到什么样的艰难困苦，你都要坚持忍耐，一定要经受住考验，日后方能成就大事，切记，切记……"

说完，朱重八但觉一阵疾风掠过，紫衣人忽地腾起身，乘风而去。朱重八见状忙大喊道："二位神仙别走，你们的杯子和碗还没带上，神仙，神仙……"

朱重八猛地睁开眼来，恍如隔世，摸着额头渗出的细密的汗水，原来是南柯一梦。更令人奇怪的是，梦醒后，朱重八的病奇迹般地好了。

这一段是史书的记载，真实性自然令人生疑，但无论如何，朱重八在乞讨过程中，吃尽了苦头，从此时起至元至正七年（公元1347年），三年中，他听人说哪里年景好就往哪里走，破衲芒鞋，先后到过安徽、河南两省十几个县。走遍庐州（今安徽合肥）、固始（今河南固始）、临汝（今河南汝州）、陈州（今河南淮阳）、鹿邑（今河南鹿邑）、亳州（今安徽亳县）、颍州（今安徽阜阳），行程五百多公里。"软化硬讨，山栖野宿，受尽了风霜之苦。"不但风餐露宿，而且途中卧病几死，历尽艰险和炎凉，才得以侥幸苟活于世。

这里列举朱重八两个云游时的光荣事迹。

一是"横看成天侧成子"。故事梗概：朱重八到了汝州一带，一天晚上，他实在太困了，不管三七二十一，来了个现场"打地铺"。这时在附近居住的一位白发苍苍的老人起身关窗准备就寝时，无意中看到楼下远处躺在荒地上酣睡的朱重八。但见朱重八伸开四肢，头枕着一根竹条（打狗棒）。老人忍不住称赞道："好一个'天'字啊，这小伙子定是嫩竹扁担挑大梁之人啊！"第二天清晨，这位老人起来，打开窗子，看到朱重八还在酣睡，只不过睡姿已从横躺变成了侧卧、屈身，那根打狗棒已经不经意间被他压在了腰下。老人又忍不住称赞道："好一个'子'字啊，这小孩莫非是异数？"横看成天侧成子，从此，朱重八的头上又多了一道神奇的光芒。

二是"半耕半读为哪般"。朱重八在乞讨的过程中还坚持做一件事，那就是读书。因为条件有限，他读的是《资治通鉴》中的一本，原本是皇觉寺藏经阁中的书，当众僧要散游天下时，高彬大师特意叫上了朱重八，然后把这本书赠给了他，当时只说了这样一句话："富家不用买良田，书中自有千钟粟；安居不用架高堂，书中自有黄金屋；出门莫恨无人随，书中车马多如簇；娶妻莫恨无良媒，书中自有颜如玉；男儿若遂平生志，六经勤向窗前读。"当时朱重八虽然还不能完全明白话中的意思，但却明白了这样一个简单的道理：读书有用。然而，刚开始云游时，每天寻找食物都焦头烂额，哪里还有心思去看书！但在经过风浪之后，在看淡生死，看破红尘后，在意志力和免疫力及抗击打力都提高后，他没有再选择"逃避"，而是选择了直面人生。凤阳人那种"饥寒困苦，他处人所不能忍者，独能忍之"的顽强抗御苦难的性格，在朱重八身上淋漓尽致地表现出来。于是，每天除了乞讨，便是蹲在墙角、睡在路上、躺在地上，专心致志地看《资治通鉴》。清廉、正直、刚强、宽厚、忠诚、信义、执着……这些古人所具有的品质，都在他脑中闪烁，小至一个人，大至一个国家，朱重八从中学到做人乃至治国的道理，这都为他日后参加起义和取得成功打下坚实的基础，这是后话。

在"穷崖崔嵬""猿啼夜月"的三年游方生涯中，朱重八风餐露宿，尝尽了人世间的孤独辛酸而心中安然。灾难的惨痛、富人的冷酷、穷人的慈善，这些全在他心里打上了深深的烙印，他一辈子也没能忘怀。灾难锻铸了他、培养了他，使他过早地成熟起来。三年后，朱重八又返回了寺庙，在残壁断垣的皇觉寺内，他孑然一身，昼夜与神灵相伴而镇定自若，过上了虽然贫困却还有屋顶遮风挡雨，也有粗衣淡饭保障的生活。后来，朱重八当了皇帝之后，曾这样无限辛酸地回忆这段乞食生涯："朝突炊烟而急进，暮投古寺以趋跄。仰穷崖崔嵬而倚碧，听猿啼夜月而凄凉。魂悠悠而觅父母无有，志落魄而佯徉。西风鹤唳，俄淅沥以飞霜。身如飘蓬逐风而不止，心滚滚乎沸汤，一浮云乎三载，年方二十而强。"

第三章

元朝的前世今生

龙椅上的那点事儿

话说元代自世祖忽必烈横扫中原，灭掉宋朝，统一中国后，进入了"只识弯弓射大雕"的时代。然而，事实证明，蒙古人适合马背上打天下，却不适合马背上治理天下。从元世祖忽必烈到元顺帝妥懽帖睦尔，中间不过短短的几十年，皇帝却换了九个。国力从而由盛到衰。皇帝换得太频繁，原因有两个：一是"红颜命薄"，二是死于非命。

究其根本原因是跟元朝皇帝的继承制度有关。忽必烈之前，蒙古的汗位由几大部落推选，忽必烈以"武力"称帝后，出台了新的强力措施，以后皇位的继承要不拘一格，可以是父死子继，也可以是兄终弟及，而更关键的是，元朝的皇帝一般还要在上都（今内蒙古自治区锡林郭勒盟正蓝旗）登基才算是正统皇帝，否则人人可以得而诛之。这样的好处是，可以防止皇子篡位之举；而弊端是，皇帝能否即位，除了过先皇这一关，还得看宗藩诸王势力的"脸色"。

先皇死后，如果这些宗藩诸王势力阻止你登基，就算你手握先皇颁发的"继位书"也是白搭，叫你成为空头支票也不为奇。因此，新皇帝的诞生常常是各种宗族势力共同参与的"结晶"，导致的结果：皇帝轮流做，明年到我家。没有"势力"和"实力"的新皇帝，侥幸在位亦难长久。

顺帝妥懽帖睦尔属于典型的幸运儿，他"势力"不强，"实力"也不强，却阴差阳错地"借力"登了基。更幸运的是，他不但登了基，而且这一坐就是三十五年，可以说创造了奇迹。一句话，他果然对得起他名号里的"顺"字。

其实，妥懽帖睦尔的"顺"是遗传他的父皇元明宗的，元明宗能当上皇帝，完全是靠他弟弟的"慷慨大度"。他的弟弟元文宗在权臣燕帖木儿的帮助下，夺得皇位，却时时刻刻地"想着"远在漠北的哥哥，表示要把皇位让给哥哥，派燕帖木儿前往漠北迎接。元明宗看到弟弟如此谦让，自然感激万分，在回大都的途中就迫不及待地自作主张，册封弟弟为"皇太子"。

而"皇太子"似乎甘当绿叶，对这个封号不但毫无异议，而且欢喜得很。高兴之余，他亲自北上迎接皇帝哥哥入宫。于是乎，北上和南下的队伍便在路上来了个"有缘千里来相会"。于是乎，大摆宴席庆祝兄弟重逢。于是乎，宴席一直持续进行，大有"今朝有酒今朝醉，明日愁来明日愁"之气氛。于是乎，当宴席进行到第四天的时候，"明日愁"发生了，明宗"暴崩"了。于是乎，弟弟文宗在哭过痛过之后，又坐上了阔别八个月的皇帝宝座。

文宗靠这种"一石二鸟"和"借刀杀人"之计成功除掉哥哥这个"心腹大患"后，为了掩饰自己的罪行，"复位"的他将怀柔之策进行到底，马上将明宗的遗孀八不沙皇后母子接入宫中赡养，并且诏告天下，说他百年之后立明宗之子为太子。

名义上这么说，实际上文宗皇帝却并没有这么做，而是千方百计想立自己儿子为太子。然而，八不沙皇后是个眼里容不下一粒沙的人，文宗的举动自然逃不出她的一双"慧眼"，再加上对丈夫的死因一直表示怀疑，于是，八不沙皇后对文宗的不满很快就暴露出来。

八不沙皇后的举动，文宗看在眼里恨在心里，便朝自己的皇后卜答失里使了一个杀气腾腾的眼色。卜答失里自然明白接下来该怎么做，于是，她鸡蛋里挑骨头，找了个冠冕堂皇的理由，处死了八不沙皇后。

扫除这个眼中钉、肉中刺后，明宗的长子妥懽帖睦尔便成了文宗的下一个目标。妥懽帖睦尔当时已经十岁了，是皇位继承人中年纪最大的一个，于情于理于法都是继位的最佳人选。因此，干掉妥懽帖睦尔成了文宗最急切的任务。当然，如果直接杀死妥懽帖睦尔，跟捏死一只蚂蚁一样易如反掌。但这是最愚蠢的办法，这跟一向自诩聪明绝顶的文宗的做事风格显然不符。再说，直接杀死妥懽帖睦尔，那文宗的"司马昭之心"便尽人皆知，真相大白了。这会让文宗的声誉大受影响，他的信任度也会大大下降，朝中的藩王势力说不定也会因此而分离，从而发生大动乱。

"硬"的不行，只能来"软"的了。很快，一件离奇的宫闱秘闻传了出来：妥懽帖睦尔不是明宗的儿子。消息的来源是皇子奶妈的丈夫，他信誓旦旦地说明宗曾经亲口对他说过，妥懽帖睦尔不是自己的儿子。

这样的无头公案自然无从查对，不过对于文宗来说，要的就是这样的扑朔迷离，查无可查。于是，他以快刀斩乱麻之势迅速对妥懽帖睦尔进行了"降级"处罚——流放到了遥远的属国高丽，安置在外海的一座大青岛上。第二年，又下旨把他流放到静江。

至此，妥懽帖睦尔算是跌到了命运的最低点，他保命的机会不大于一，登上皇位的可能性几乎为零。然而，命运有时候就是这样捉弄人，三年之后，文宗居然把年仅十三岁就受尽了折磨、饱经了风霜的妥懽帖睦尔重新接回了宫中。一路上，妥懽帖睦尔很担心会重蹈父皇的覆辙。然而，事实证明，他的担心是多余的，到了宫中，元帝居然立即封他为太子。

说起来，不得不承认妥懽帖睦尔的运气实在是太好了。原来文宗把他流放之后，便迫不及待地立了自己的儿子为太子，可小太子福大命却不大，在被立为太子后不到一个月就突然"暴病"身亡。于是，元帝马上立了另一个儿子为太子，然而，这个儿子被立为太子后，突然就得了怪病，任凭御医"妙手"施救，也不见"回春"。文宗就这么两个儿子，死了一个，另一个眼看也不保，自然大为惊慌，四处求神拜佛。后来在"佛祖"的保佑下，这个儿子总算"疾去病好"。然而，一波未平一波又起，儿子的病刚好，文宗又病了，结果，躺在病床上的文宗对自己进行了深刻的反省，他觉得这是自己对不起兄嫂的结果，为了向上天悔过，他便把流放在外的妥懽帖睦尔接回宫中立为太子。

文宗的忏悔还是没有能留住他的性命，他这一病很快就到阎王那里报到去了。临死前，早已良心发现的他叮嘱皇后、皇子和重臣燕帖木儿等人，一定要让明宗的儿子妥懽帖睦尔继位。

　　对此，朝中重臣燕帖木儿表示强烈反对，但皇太后卜答失里也许是由于"吓怕"了，一定要坚守丈夫的承诺。两人僵持的结果是，各退一步，达成如下妥协：改立妥懽帖睦尔的弟弟为皇帝（元宁宗）。太子居然没有资格顺利当皇帝，可见当时元朝藩王势力的强大。与此同时，燕帖木儿被封为摄政王，将军政大权，集于一手。

　　然而，元宁宗只当了四十三天皇帝，便和他的父皇元明宗一样，突然"暴崩"了。

　　当然，如果你认为元宁宗的死纯属偶然，那就大错特错了。这一切有个幕后主使——燕帖木儿。姜还是老的辣，燕帖木儿这一招釜底抽薪之计青出于蓝而胜于蓝，使得炉火纯青，天衣无缝。干掉了元宁宗后，燕帖木儿再次要求立文宗的儿子继位，但皇太后此时是吃了秤砣铁了心，还是要坚持原来的立场。然而，这次手握大权的燕帖木儿也吃了秤砣铁了心，还是坚持自己的立场。

　　因为燕帖木儿拖着不给妥懽帖睦尔办登基手续，皇太后也无可奈何。于是，妥懽帖睦尔就这样被"高高挂起"，他的皇位看似岌岌可危，他的登基也似遥遥无期。然而，老天是公平的，也是开恩的，僵持了两个月后，燕帖木儿却来了个"死去元知万事空"——暴病身亡。没了绊脚石的羁绊，妥懽帖睦尔得以顺利登基，是为元顺帝。

坠落的姿势

　　人在皇位，身不由己。妥懽帖睦尔想享福，但现实却无情地折磨着他。妥懽帖睦尔虽然坐上了皇位，但是国家大权却并不在他的手里。瘦死的骆驼比马大，权臣燕帖木儿虽然死了，但他的家族势力仍然很大，弟弟和儿子都执掌着朝廷大权，于是元顺帝不得不娶了燕帖木儿的女儿做皇后。这时他十三岁，燕帖木儿的女儿比他还小两岁，虽然还是不怎么懂事的小孩子，但仗着叔父与兄长的权势，自然不把元顺帝放在眼里。她私传懿旨，将由国家专卖的十万盐引占为己有，还时常对后妃横加责打。元顺帝对她十分不满，不过由于形势所迫，只好暂时隐忍。

　　当时高丽是元朝的属国，有每年向元朝进贡的义务，这些贡品不但包括财物，也包括女子。当时元廷贵官，甚至以拥有多少高丽贡女来显示身份。高丽贡女奇氏虽然生于微末之家，却生得美丽聪慧，乖巧伶俐，特别擅长烹茶。元顺帝看惯了骄横的皇后给他的冷脸，对这个乖巧的美人自然是宠爱非常。皇后得知此事大发雷霆，当着皇帝的面把奇氏打得遍体鳞伤，想达到以儆效尤的目的。然而，适得其反的是，打过闹过之后，元顺帝对奇氏的宠爱之情反而又增加了几分。

　　权力是个好东西，但一旦大了，欲望就会无限膨胀，永远都没有满足的时候。燕帖木儿的儿子因为不满足现状，觉得自己的权力"过小"，三年之后，公然起兵造反，试图登上皇帝这个至高无上的宝座。然而，因为准备工作不充分，还没起事就泄露了消息，结果稀里糊涂就成了刀下鬼。皇后自然也脱不了干系，很快被处死，曾经显赫一时的燕帖木儿家族就此烟消云散了。

按理说，元顺帝摆脱了皇后这个梦魇的骚扰，接下来便是和奇氏过上相依相偎的幸福生活了。然而，江山代有人才出，各领风骚数十年。燕帖木儿家族倒下了，另一个叫伯颜的权臣又开始崛起了。

元顺帝知道想夺回失去的权力，暂时是白日做梦。他此时唯一的希望就是立心爱的奇氏为皇后。然而，他很快就体会到了什么叫"人卑言微"。他的这个小小请求刚一提出，就被伯颜义正词严地拒绝了，理由是奇氏来路不明，身份不明，地位怎么能明确呢？最终，迫于无奈，元顺帝不得不立了一位有身份、有地位的蒙古贵族女子为皇后。

他的行动背叛了他的心，但他的眼睛却背叛不了他的心。因此，他还是一心一意地专宠奇氏，从而把这位新皇后打入了"冷宫"。后来，奇氏给他生下皇子爱猷识里达腊。再后来，新皇后因为郁闷，一天一天地衰老，很快便"老去"了。再再后来，元顺帝终于守得云开见日出，成功突破伯颜的阻击线，正式立奇氏为皇后。

然而，立了自己最喜欢的美人为皇后，并不代表元顺帝从此就收回了原本属于自己的权力，放眼整个朝廷，对于元顺帝来说，到处都是"敌对势力"。他有心夺权，无奈势单力薄，无能为力。眼看挣扎无效，心知肚明的元顺帝索性一不做二不休，抛弃权力，闯"事业"去了。

元顺帝干的第一份事业叫木工活。做木工活儿是他特有的爱好。这些年，他觉得自己活得太窝囊，凡事看别人眼色行事，甚至要看女人眼色，因此，幡然醒悟过来的元顺帝选择了做自己的事让别人去说。元顺帝很快多了一个绰号——"鲁班天子"，具体表现在五个方面：

一是倾力打造元朝"第一舟"。元顺帝曾经亲自设计过一条龙舟，长一百二十尺，宽二十尺，前面有瓦帘棚、穿廊和两间暖阁，后面有庑殿楼子。龙舟的船体和上面的殿宇都用五彩金装饰，前面还有两只龙爪。龙舟行驶的时候，龙的头、眼、口、爪、尾都可以动，像是活的一样，耀人眼目，格外气派。这样宏伟的设计、这样宏大的规模、这样豪华的气势、这样的大手笔，不得个鲁班奖说不过去啊！有了这座精巧的龙舟，元顺帝就让二十名衣着华丽的水手，头戴黄金髻头巾，身着紫衫，腰系金荔枝带，在两旁撑篙，在前后宫山下的湖内往来游戏。他高兴起来，觉得隋炀帝游江都的乐趣也不过如此了。追求梦想没有错，但玩物丧志就是错，而这个人居然是堂堂一国之君，那就更加大错特错了。

二是着力打造天下"第一钟"。元顺帝在做木工活的同时，也颇具科技才能，为把机械原理应用到实践中去，他还制造了一个宫漏，可以用巧夺天工来形容。宫漏是一种计时器，通过控制水流的速度来计量时间，相当于后世的钟表。元顺帝做的这个宫漏，高六七尺，宽约三尺。用木头做了一个柜子，把漏斗壶放在里头，漏壶的水自上而下地流动。柜上设计了一个类似西方的"三圣殿"。柜腰立一位身姿绰约的玉女，手捧着时刻筹，随着时间的推移而浮出水面。宫漏旁列着钟钲，还对应着两名金甲神人，一位悬挂着钲，另一位悬挂着钟，入夜后这两个神人便会按更敲击钟钲，时间丝毫不差。每当钟锣鸣响时，旁边设计的狮子、凤凰等灵物都闻声起舞。柜的东西两边设计有日宫和月宫，有飞仙六人立于宫前，每到子时和午时，飞仙能自动走出，步过仙桥，到达"三圣殿"，过一会儿又退到原来的位置。总之一句话，其精巧绝伦，实属罕见。

三是尽力打造建筑建设"第一师"。元顺帝不光能做出这么多精巧的玩意儿，他还是一位设计大师，经常兴致勃勃地为臣下们设计房屋，不但画出规划图，还要按图样亲手做出模型来，再让大臣按照模型盖房子。这些模型都做得十分精致，上面还镶嵌着很多珍奇的宝石。于是元顺帝周围的内侍经常哄他，说这模型造得不如某某家的房子精美。于是元顺帝就顺手把模型毁掉重做，上面的那些宝石，就都藏到内侍们的口袋里去了。元顺帝可能是做模型上了瘾，又给自己制作微型的宫殿，用木条巧妙搭成，有一尺多高，虽然不大，却栋梁楹榱，宛转皆具，各种部件一应俱全。他也按照这些模型大修宫室，在禁苑中造眺远阁、留连馆、万年宫等，琼楼玉殿，极尽奢华。他还别出心裁地开凿了一口龙泉井，用各种珍贵的材料加以装饰：玛瑙石为井床，雨花石为井甃，香檀为盖，离朱锦为井索，云母石为汲瓶。如此装饰之华丽，质料之贵重的井，可以说是空前绝后了。由此也能想象那些宫殿更是何等奢华！

四是费力打造宫中"第一市"。元顺帝做木工活总有厌烦的时候，这个时候，他别出心裁地想出了另一个分散精力的法子，在宫中开起集贸市场来。皇帝一出手自然没有也会有，很快市场中店铺林立，陈列着九州四方的美味佳肴，远近州县的珍奇货物，鲜艳的锦质旗招在微风中轻轻摆动，好个太平盛世的美景。为了显示自己的慷慨大度，元顺帝还对前来的"游客"提供免费的午餐。因此，集市越来越热闹。为此，元顺帝马上进行了"改扩建"，在市场边建了一座集宝台，凡是远夷四方贡献的珍物、上古遗留下来的器物，都贮存在里面，供人欣赏。结果带来的效应是整个宫中呈现出一派前所未有的繁荣，也呈现出前所未有的嘈杂，而元顺帝本人也得到了前所未有的乐趣。

五是竭力打造天下"第一魔舞团"。元顺帝为了打发无聊的时光，找到了更为刺激的玩法——"十六天魔舞"。十六天魔舞是由十六个宫女把头发梳成若干小辫，戴着象牙做的佛冠，身披璎珞，下着大红色镶金边的超短裙，上穿金丝小袄，肩上有云霞般的披肩，妖艳至极，性感逼人。她们每人手执法器，其中一个执铃杵领舞，姿态各异，诱人眼目。另有十一位宫女着白色透明丝衣，头上系着白色丝带，做出各种性感的动作作为伴舞。宫中一有佛事，或顺帝寂寞了，就让她们载歌载舞，助兴欢乐。其中，三圣奴、妙乐奴、文殊奴三个宫女的舞姿尤为曼妙，为此常常可以得到顺帝赏赐的夜明珠、新款式的锦缎之类。

火上浇油

然而，元顺帝不会知道，就在他躲在宫中"成一统"时，宫外已经是一团糟了。元室内部斗争加剧，各地民变风起云涌，元朝的统治已经到了岌岌可危的程度。

眼看国将不国，元顺帝这才慌了，决定不惜一切代价来拔除伯颜这根刺。伯颜是个有四大特点的人：一、是个专政自恣的人。二、是个肆行贪暴的人，天下贡赋多入其家，省、台、院官多出其门下。三、是个标准的"民族歧视者"。元朝立国，本来就按征服的顺序把天下人分为蒙古人、色目人、汉人、南人四等，实行民族不平等政策。这个伯颜还要更进一步，为了防止南方民变，他主张把张、王、刘、李、赵五大姓氏的汉人统统杀光，以防止祸害。还好这件事朝中其他大臣都坚决反对，元顺帝也强硬了一回，没有听他的。四、是个趾高气扬的人。因为他拥有熏天的权势，每次出巡都旌旗蔽日，侍从填满了街衢，而形成鲜明对比的是，元顺帝的车驾仪卫却少得可怜，弄得元顺帝反而像他的跟班。什么叫喧宾夺主，由此可见一斑。

对此，元顺帝心中很不爽，准备伺机除了这个眼中钉、肉中刺。都说最坚固的堡垒总是从内部开始瓦解的，元顺帝很快就发现了伯颜的侄子脱脱对伯颜也很不满。于是，通过糖衣炮弹的攻势，很快脱脱就挣脱了伯父的怀抱，转而投入到了顺帝的怀抱中。因为有"内贼"相助，最终不可一世的伯颜被顺帝成功掀翻，赶出了朝廷，流落到野蛮之地去"任职"，结果死于贬途。

伯颜死了，他的侄子脱脱又开始掌权了。他倒不像他的伯父那样专横跋扈，反而是个很贤明的人，也很有才干，在位期间废除伯颜旧政，昭雪诸王冤狱，恢复科举，还主持修订了二十四史中的宋、辽、金三史，一时被誉为"贤相"。但这些政策虽然受到了汉族士人的欢迎，却不免触犯了蒙古保守贵族的利益，最后，脱脱被蒙古内部的反对势力弄得焦头烂额，只好罢相而去。后来，元顺帝身边实在没有什么能干的人，才又把他找来收拾烂摊子。

这时元朝的统治已是积弊重重，回天乏力了。蒙古帝国从统治一开始就把人分为四等，蒙古人统治下的汉人、南人是贱民，在他们眼里根本不是人。汉人杀蒙古人不但要偿命，而且要株连九族。而蒙古人杀汉人只需罚交一头毛驴的银两即可。汉人不是人，汉人的女人更不是人，汉人村里新媳妇的头一夜一定要给蒙古保长，让他们"验货"。汉人甚至连姓名都不能有，只能以出生日期为名，不能拥有武器，只能几家合用一把菜刀。赋役沉重，再加上灾荒不断，广大汉人在死亡线上挣扎，天下不乱才怪。

此时叫脱脱来收拾这个残局，虽然他才干过人，却"生于末世运偏消"，无力回天。无奈之下，只好赶鸭子上架，来了个两步走。

一是"以钞买钞"来解决当时的财政危机。脱脱对钞法的改革办法是，加量印制"至正宝钞"，替代早已通行的"中统宝钞"和"至元宝钞"，即所谓"钞买钞"。至正十二年（公元1352年），印造至正钞一百九十万锭，至元钞十万锭。至正十五年（公元1355年），印造至正交钞多至六百万锭。京师用料钞十锭，不能换一斗粟，交钞散满人间，人民不愿使用，视如废纸，郡县贸易，甚至以物易物。元代钞法，至此大坏。

二是以水治水来解决黄河水患问题。当时黄河决口已经有好几年了，沿岸山东、河南几十万人沦为难民。脱脱复相之后，便召集群臣商议治河事宜，决定疏塞并举，以水治水，挽河东行，使黄河复归故道。其费用便从发行的新钞中取来。至正十一年（公元 1351 年）四月，政府调发汴梁、大名等十三路民工十五万人，庐州等戍卒两万人供役。从四月间开工，到十一月完工，黄河恢复故道。然而，就是这样一件利国利民的大实事、大好事，最终却演变成大坏事、大蠢事。原因是朝廷修黄河的经费经过那些贪官污吏的层层盘剥，等发到民工头上时已不够塞牙缝了。与此同时，为了赶工期，在短时间内发动了近二十万民工，不惜加倍役使，使得民工死伤众多，哀鸿遍野，群情激愤。有诗为证：

丞相造假钞，舍人做强盗。

贾鲁要开河，搅得天下闹。

"反"就一个字

由于朝廷昏庸腐败，贪官污吏草菅人命，再加上灾荒连年，农民过的日子是衣不遮体、食不果腹。哪里有压迫哪里就有反抗，为了不饿死，走投无路的农民只好拿起菜刀、木棒等最原始的武器起来反抗。最早起来公然反抗元朝政府的是江浙一带的农民，这里因为无穷无尽的灾患，再加上政府的苛刻剥削，当地的百姓死亡超过半数，眼看这样下去横竖都是死，当地农民愤然揭竿而起。

紧接着"重灾区"河南、四川、广东等地也先后和元朝政府爆发了武装冲突。一时间，烽烟四起，天下乱得像一锅粥。

面对这样的局面，元朝政府没有立即采取"安抚政策"平息各地的叛乱，而是采取了"高压政策"，进行武力镇压，并且颁发了"强盗皆死"的命令，意图通过这样的手段，彻底消灭不安分因素。

元朝政府的举动彻底触怒了天下百姓，于是，天下人皆走一条道——反。栾城（今河北栾城西）人韩山童和颍州（今安徽阜阳）人刘福通早已经在策划起义的事，并利用白莲教宣传"天下当大乱，弥勒佛下生""明王出世"。打出的口号：天遣魔军杀不平，不平人杀不平人，不平人杀不平者，杀尽不平方太平。打出的旗号：天高皇帝远，民少相公多；一日三遍打，不反待如何！也正是因为这样，白莲教发展很快，民工中也有不少白莲教徒。

此时他们看准时机，于至正十一年（公元 1351 年），韩山童的弟子刘福通命他的教徒预先在黄陵岗（山东曹县西南）附近的黄河河道处，埋下了一个独眼的石人，有意让民工掘出。结果，民夫开河道时，果然掘出了石人，但见石人背上写着："莫道石人一只眼，挑动黄河天下反。"远近轰动了。工程完毕后，除了少部分民工还乡外，大多数民工都集结在刘福通之下，成为起义的主力。因为他们头裹红巾，所以美其名曰"红巾军"。

独眼石人出现的消息很快传开，使早已对韩氏父子深信不疑的白莲教众群情振奋。刘福通又宣布说韩山童乃是宋徽宗的八世孙，定能"重开大宋之天"。

既是皇家后裔，自是要做皇帝的，当然要有点派头，搞些仪式。然而就在众人杀白马黑牛誓告天地，忙得不亦乐乎的时候，消息却泄露了出去。元朝政府很生气，后果很严重，韩山童被捕杀，只有他的妻子杨氏和儿子韩林儿因为"跑得快"，侥幸逃入武安山。看来虚荣心真是害死人啊！

眼看情况不妙，刘福通当即奔至颍州，公开宣布造反。由于策划已久，民怨又深，起义势头极佳，没多大工夫，红巾军就占领了颍州、上蔡、亳州、项城、息州、光州等地，直属人马超过十万。

至正十五年（公元 1355 年），在一个莺飞草长的季节，为树军威，刘福通立韩山童的儿子韩林儿为皇帝，建都亳州，国号宋，年号龙凤，国旗红巾。刘福通任太保、丞相，统领这支起义军继续扩张。

红巾军的强势蓄发，带来的结果是各地起义队伍愈发壮大，于是乎，中原各地都陷入了战争。

濠州富户郭子兴便是其中较有名气、较有实力的一支队伍。郭子兴的祖籍在曹州，他的父亲原本是个到处游走的算命先生，走遍天下全靠一张嘴混饭吃。一天，这位郭大算命先生远游到定远（今安徽定远），遇到一件很奇特的事，说是城中一富豪整天唉声叹气，得了抑郁症。一打听才知道，原来他是为嫁女发愁。他的女儿不但生得丑，而且有残疾——天生盲眼。世上贪富之心人皆有之，爱美之心人皆有之，但害怕之心也人皆有之，村里人因为害怕娶了这位富家之女，日后儿孙遗传貌丑眼盲，因此都对这位富二代避之唯恐不及。

郭大先生听说后，却很高兴，他马上找到富豪，说要娶他的丑盲女，并且信誓旦旦地表示，爱他女儿一万年。富豪见有人敢娶他女儿已是喜出望外了，见他说得这么冠冕堂皇，更是万分激动。于是乎，两人一个愿打，一个愿挨，马上成交。

都说失之东隅，收之桑榆。婚后，丑盲女不但为郭家生了三个身强体壮的健康儿子，还带来了大笔嫁妆。郭家原本一贫如洗，但因此而一夜暴富，成功跻身地主豪强之列。这也为郭子兴后来结纳四方强梁、担当领袖奠定了雄厚的物质基础。

郭子兴排行老二，他没有遗传母亲的"盲眼"，而是遗传了父亲的"慧眼"，很早意识到腐败的元朝政权不能维持长久，于是乎加入了韩山童创办的白莲教当信徒，磨刀霍霍，以待天时。果然，很快，活不下去的百姓发起了一浪高过一浪的起义，眼看"天时"已到，郭子兴于至正十二年（公元1352年）春，集中自己平日交结的数千人，攻占了濠州（即凤阳），从此也成为红巾军的一路统帅。

第四章

从「零」开始

千古一卜

至正七年（公元 1347 年），朱重八云游四年后，终于返回了皇觉寺。此时，皇觉寺在众僧离散后，早已一片破败狼藉：尘丝蛛网，布满殿庑，香火寥寥，禅床寂寂。更让朱重八悲痛和伤感的是高彬长老已经圆寂了。

世道、人情，只有二十一岁的朱重八都早已领略了。因此，尽管皇觉寺已不是住的地方了，但他还是决定留下来。水是家乡好，月是故乡明。走南闯北这么多年，他终于明白，不管别的地方如何好，都不如在家乡好。也正是因为如此，有人问他为什么不继续流浪时，他会这样答：其实你不用去远方，好地方就在你身旁。

于是乎，朱重八随后在皇觉寺一待就是四年。四年弹指一挥间，对于白驹过隙的人生来说是很渺小的，朱重八虽然"躲进佛门成一统"，但没有因此而"虚度光阴"，也没有因此而"枉自蹉跎"，而是彻底静下心来，修身养性、以不变应万变，静观天下风起云涌，变化无常。

如果说朱重八在流浪的四年中，最主要的事是混口饭吃，那么在皇觉寺的四年，最主要的事就是读经诵经。多年的流浪生活锻炼了朱重八的意志，也让朱重八明白了知识的重要。当年高彬大师送他的《资治通鉴》中的那本让他大彻大悟，刀是最锋利的利器，但也仅可以用来杀人而已，而思想却能武装人，能改变人，能统治天下。重新回到皇觉寺，立志一定要出人头地的朱重八翻出藏经阁中的各类经书阅读，通宵达旦，不知疲倦（"复入皇觉寺，始知立志勤学。"《皇明本纪》）。朱元璋的学识就是在此时获得的。

然而，山雨欲来风满楼，以淮西之大，也保不住青灯古佛之地的平静。正当朱重八在皇觉寺内吃斋念佛之时，濠州城被红巾军首领郭子兴占领。而元政府得知濠州失陷的消息后，立即派彻里不花领三千兵马驻营于濠州城南三十里的地方，声称攻城。平日沉迷酒色、贪恋钱财的元军贪生怕死，不敢与红巾军交战，四处抢掠妇女财物，供自己享受。又抓一些壮年男子，在他们的头上系一块红布，算是在战场上俘虏的红巾军。

因为郭子兴的军队信仰的是弥勒教，打出的口号是"弥勒出世，天下太平"，而寺庙里又供着弥勒佛，口口声声念的是弥勒佛号。因此，元军除了对贫民、妇女感兴趣外，对寺庙也情有独钟，见了寺庙宗堂就焚烧，见了弥勒佛像就捣烂。皇觉寺自然也在劫难逃。至正十二年（公元1352年）的二月，灾难波及皇觉寺，寺院不但被元兵抢掠，还被放火焚烧，幸亏和尚没头发难以冒充敌首，朱重八才没有被抓住当成红巾军押走。

皇觉寺被焚，濠州城内外两军对峙，这两个突然降临的灾难，让朱重八再次陷入到进退两难的绝境之中。无奈中，朱重八只好随波逐流再次离开了皇觉寺，回到了阔别已久的家乡。他却发现家乡举目无亲，二哥自从上次一别之后，再无音讯，三哥一家又丧命于兵乱之中……看样子家乡已无他的安身之处了。他想再次云游四方，但此时战火四起，又能云游到哪里去呢？天下之大，朱重八悲哀地发现竟然没有自己的容身之地，无奈之下，他只得回到一片狼藉的寺院，静思进退之策。

就在朱重八惘然之际，一封突如其来的信让他眼前一亮，他对送信人千恩万谢后，紧紧地抓住那封信，如同抓住了一根救命稻草一样，喜极而泣，泪流成河。原来这封信就是他放牛时的伙伴汤和的亲笔密函。

汤和的信分四层意思：首先是回忆，回忆当年一起的放牛情、伙伴情；然后是诉说，诉说分别后的离别情、相思情；再然后是汇报，汇报参加郭子兴起义军的战友情、军民情；最后是憧憬，憧憬再叙兄弟情、生死情。

朱重八看完信后，泪水早已打湿了信笺。

参加起义的事，其实在他脑海里由来已久。早在流浪乞讨的时候，他就在江淮一带耳濡目染过韩童山的"白莲教"，虽然那时的"白莲教"还只是个民间的秘密组织，规模小，人员也不多，但教中所提倡的"有衣同穿，有饭同吃，有福同享，有难同当"的思想深深地印入了他的脑海。他虽然没有"贸然"入教，但"起义思想"的萌芽却由此而产生了。在皇觉寺的四年，与其说是小隐隐于野的四年，不如说是卧薪尝胆、苦练内功的四年。他如同一条"潜龙"，等待着"雷雨"的来临。也正是因为这样，他身在寺庙而心忧天下。也正是因为这样，当韩山童、刘福通发动武装暴动时，他欣喜若狂，抱着伽蓝神像一如抱着当年的母亲一样又亲又啃，但兴奋过后，他还是选择了"按兵不动"，静观形势发展。也正是因为这样，当郭子兴扯虎皮作大旗，呼应红巾军占领濠州时，他同样喜出望外，同样抱着伽蓝神像一如抱着当年的母亲一样又亲又啃，但兴奋过后，他同样还是选择了"按兵不动"，再观形势发展。如果对刘福通按兵不动那是因为"距离远"造成的话，那么对郭子兴这个近在咫尺的起义军也按兵不动，那就是另有原因了。原因是他有顾虑。濠州很好，郭子兴很好。然而，军队的统治却不好。原因是和郭子兴一起起义的孙德崖等五人相互猜忌、排挤，谁也不服谁，谁也不把谁放在眼里，谁也指挥不了谁，起义才刚刚开始，就进行"窝里斗"，这是成大事的样子吗？

也正是因为这样，朱重八再次按兵不动。然而，正所谓树欲静而风不止，朱重八原本想安安静静地在皇觉寺过自己的日子，但元兵的毁寺把他往绝路上推。正当他面对艰难选择时，汤和的信却直接一把把他推下了万丈深渊。汤和在信中言真意切，朱重八看了后心潮澎湃。然而，他仍然觉得郭子兴这汤浑水不好蹚，蹚不好会引火上身，伤了自己。

思来想去夜成空，眼看天将渐晓，朱重八长叹一声，然后将信放在长明灯上点燃烧掉。这封"大逆不道"的信是不能留的，一旦被元兵发现，就算他有十个脑袋也不够砍。

虽然烧掉了信笺，但何去何从，朱重八还是犹豫不决。是啊，想了很长时间，一直决断不下。但就在他徘徊、犹豫的时候，很快又收到了第二封信，这封信同样是请朱重八下山，署名同样是汤和，只是内容却不一样了。和第一篇洋洋洒洒的数万字相比，这封信却惜字如金，只有寥寥数十字：通信之事已被人知晓，正欲告官，是去是留，兄台三思而后行，愚弟在濠州城等候兄台大驾光临。

如果说接到第一封信他是喜出望外的话，那么接到这封信便是冷汗如雨了。被人告发，那是要砍头的。看样子留下来只有等死了。可是去哪里？按汤和信中所说，去濠州投靠郭子兴吗？可濠州一城五主，且个个都不是吃素的主儿，这汤浑水能蹚吗？想留不能留，想走不好走，朱重八没有站在那里傻傻地唱《离歌》，而是走进后院，去找那尊唯一幸存的伽蓝神像"问策"。

伽蓝神像此时孤零零地站在那里，一脸的释然，仿佛早就看透了这个乱糟糟的世道，又仿佛早已厌烦了这个物欲横流的世道，抑或它只是两耳不闻寺外事，一心只求佛祖事。朱重八定定看着伽蓝神像，目光突然停留在神像背上的"发配三千里"几个大字上。虽然这只是当年的"无心之过"，虽然事后高彬大师也叫人进行了擦洗，但无奈字刻入佛身，为了不擦坏佛祖，当时也只能是"浅尝辄止"。经过岁月的洗礼，"发配三千里"五个大字更加触目惊心。全寺皆毁，唯剩伽蓝神像，此时无助的朱重八第一次开始信佛了，他觉得这就是佛祖的力量。

神案上有卦在旁边，朱重八决定向伽蓝佛祖讨个卦，求他指引一条生路。他跪在草蒲团上，虔诚地朝伽蓝佛祖磕了三个响头，默默地念道："内事不决问父母，外事不决问佛祖。求佛祖指点迷津，指点我何去何从。如果我命中该云游在外，逢凶化吉，得以保全性命于乱世，请给我一个阳卦。"

念完，他起身恭恭敬敬地从神案上请下阴阳杯珓，高举过头，闭上双眼，抛掷于地。朱重八睁眼来看，却是阴卦。结论是不吉利。朱重八重新跪于地，心中再度念道："佛祖神灵在上，如果我要继续留在寺中，供香奉佛，超度众生，造福百姓，请给我一个阳卦。"念完，他再次把阴阳杯珓高举过头，闭上双眼，抛掷于地。睁眼来看时，却还是阴卦。结论是不吉利。

走不吉利，留也不吉利，那么什么才吉利呢？莫非去死才吉利。朱重八的心开始往下沉，他想了想，只剩下投濠州郭子兴一条道了，于是又默祝道："佛祖神灵在上，如果我投奔濠州此去能一帆风顺，日后能飞黄腾达，能成大事，能龙啸于云天，请给我一个阳卦。"

念完，他第三次把阴阳杯珓高举过头，闭上双眼，抛掷于地。这次睁眼来看时，不由得惊喜交加，原来果真是个阳卦。结论是大吉大利。

多年以后，朱重八这样回忆道：他并非愿意参加红巾军，并非想造反，而是愿意继续当好大元王朝的顺民。但是他无法抗拒神灵的安排，因为神向他透露了一个天大的秘密：参加红巾军即可踏上通往皇帝宝座的道路。

这就是朱重八充满传奇色彩的千古一卜，从和尚到皇帝的命运大转折之卜。占完卜，既然神意如此，朱重八原本浮躁的心终于平静下来。目标已定，投奔濠州，接下来就是付诸行动的时候了。

当然，前途是光明的，也是艰险的。风风雨雨必定都要经过，这一去比流浪乞讨更凶险万分，稍不留神就会落得人头落地、尸骨无存的悲惨下场！但他的内心却是火热的，他带上简单的行李，迎着如血般的夕阳，踏着坚实的步伐走出了皇觉寺，向濠州城走去。

此时，林中的百年银杏树上，突然惊起一只天鹅，唰的飞向天际。朱重八再看时，天鹅越飞越高，越飞越远。哦，那已不是一只天鹅，而变成了一只凤凰——涅槃凤凰，浴火重生。朱重八知道，他这一走，也在变，这一变，那贫穷磨炼出的毅力，艰难哺育出的智慧，屈辱迸发出的决心，动乱锻打出的胆略，像喷吐的火山，一飞千里；这一变，变出个"始为僧，继为王，终为帝"的大明王朝开国之君。

这真是"东风吹醒英雄梦，不是咸阳是洛阳"。

当头一棒

　　至正十二年（公元 1352 年），对于朱重八来说，是一个永远值得纪念和怀念的年份。这一年，他二十五岁；这一年，他离开了皇觉寺，开始了一种全新的生活；这一年，天地为之动摇，日月为之色变；这一年，朱重八浴火重生，从此"朱元璋"这个名字响彻大江南北。

　　改名朱元璋是他早就想好的事。所谓璋，是一种尖锐的玉器，这个朱元璋实际上就是"诛元"璋。朱重八把自己比成诛灭元朝的利器，而这一利器正是元朝的统治者自己铸造出来的。在今后的二十年里，他们都将畏惧这个名字。只是在出家时，他选择了隐忍于心。此时亮出此大名，一来有洗心革面之意，二来有立志扬帆之意。

　　然而，朱元璋不会知道，他虽然取了这么个雄赳赳、气昂昂的名字，但很快就碰了壁。碰壁的地方就是他抛开一切，风尘仆仆追随而来的地方——濠州城。

　　濠州虽然不是很远，但在当时交通条件相当低劣，在没有飞机、高铁、火车、汽车等先进交通工具的前提下，想要像李白所说的那样"千里江陵一日还"，那是白日做梦的事。因此，洗心革面的朱元璋经过几天几夜的风餐露宿后，很快就变得蓬头垢面。

　　都说人不可貌相，海水不可斗量，但那是指一个人的内才。而通常人的第一印象还是看外表。长相、衣着、打扮、气质这四大元素朱元璋一个也没有。朱元璋的长相非但不是属于俊美型的，甚至不敢恭维。颧骨高高，下巴突出，整个脸部的侧影就跟沙和尚手里拿的月牙铲一般，属于一条"丑龙"无疑。整天在温饱线下挣扎，穿的自然只能用"褴褛"来形容了。至于气质，尽管朱元璋什么都缺，唯独不缺气质，但他的气质早已被残酷的现实给掩盖了。因此，当他走到濠州城下时，只能跟乞丐称兄道弟了。

"开门。"朱元璋朗声道。因为有汤和在城里，他显得底气很足。

"你是哪个，报上名来？"守城的士兵一边问着，一边打量着他。很快，眼神中就多了几分轻蔑之意。

"我叫朱元璋，因有朋友的推荐，特来投靠郭子兴。"

"哼，好大的口气，郭大元帅的名讳是你这样的下人可以随便乱叫的吗？"

"我……那个……麻烦你通报一下嘛！"

"通报可以，只是要收点跑路费。"守兵嬉笑道。

"要钱没有，要命一条。"朱元璋怒道。

"你的命很值钱是吧！"城外的吵闹引来了守城的百夫长，他倚着城墙，从头到脚打量了朱元璋一番，突然厉声道："给我拿下！"

士兵们得令，立马打开城门，把朱元璋围成了个"水桶"。

朱元璋怒道："这就是你们的待客之道吗？"

"来而不往非礼也，你冒犯我们郭元帅在先，我们已经对你够客气了。"此时，百夫长嬉皮笑脸地走过来，目光如炬地盯着朱元璋，喃喃道："看你这身打扮，似和尚非和尚，似汉人非汉人，似良民非良民，非奸即盗，非蒙古人的走狗，即蒙古人的间谍。"说着话锋突然一转，喝道："你们还愣着干什么，把他给我绑了，打入死牢，择日问斩。"

士兵们蜂拥而来，很快就把朱元璋绑成了个"木桩"。

"你，你，你们……"朱元璋虽然人高马大，力大如牛，但好汉敌不过人多，此时被绑为"人质"后，又惊又气又恼，情急之下，脱口而出："我是你们郭元帅的朋友，你们不但绑了我，还要砍我的头，你们就不怕郭元帅知道后，抽了你们的筋，剥了你们的皮，把你们五马分尸吗？"

朱元璋的"恫吓"显然起到了意想不到的效果，士兵们刚才还趾高气扬，转眼间变成了霜打的茄子——蔫了。一个士兵小声对百夫长说："如果是郭元帅的朋友，咱们吃不了可要兜着走啊！长官，咱们是不是先放人再说？"

"放屁！"百夫长毕竟老练些，岂是朱元璋三言两语能唬住的。他猛地抬手朝朱元璋的脸上狠狠地抽了一巴掌。边抽边骂道："你到哪里不好混饭吃，偏来你爷爷这里。刚刚还直呼我们郭元帅的名讳，不可一世的样子，现在怎么就攀起关系来了？我们郭元帅会有你这样的朋友吗？骗三岁小孩还可以，骗你爷爷我没门。要不你干脆说你是郭元帅的十八代曾孙，叫我们每个人为爷爷，这样，你就有生路了。"

士兵们一听，个个捧腹大笑，纷纷附和道："对呀，叫我们爷爷呀，乖哦。"

"我呸！"朱元璋是个倔强的人，此时见他们这么凌辱他，索性豁出去了，奋力挣扎着，朝着百夫长就吐了一口唾沫。

百夫长哪料到朱元璋敢做这样的壮举，唾沫正中他的脸上。他恼羞成怒，怒不可遏，如杀猪般地叫道："你这个狗杂种，老子杀了你！"说着倏地拔出佩剑，便要朝朱元璋的胸膛刺去。

"住手！"正在这个节骨眼上，一声暴喝镇住了失去了理智的百夫长。百夫长和士兵回头一看来人，吓得面如土色，当下齐刷刷地跪倒于地，齐声道："郭元帅！"

而对于朱元璋来说，他期待的人终于出现了，只是这个郭子兴是救星还是灾星呢？

应聘的技巧

朱元璋和士兵们的争吵惊动了正在城里"巡逻"的郭子兴。郭子兴被朱元璋特有的人格魅力所吸引，当即救下了他，并且把他带到大堂，亲自替他松了绑，请他"上座"，对他的礼数算是破天荒了。

而颇为感激的朱元璋知道这才是他要找的老板，刚才只不过是拿到了一张"入场券"，接下来才是最重要的环节——面试。能否"应聘"成功，能否被老板相中重用，在此一举了。

"请你自我介绍一下。"郭子兴祭出老掉牙的职场第一问。

"本人姓朱，名元璋，曾用名朱重八，家住钟离之西乡孤庄村，后来无家可归……四海为家，后来……后来到皇觉寺……"朱元璋嗫嚅地说着，种种伤心往事又浮上了心头，眼睛一热，一股咸咸的东西便要往下流。他赶紧低头用手擦了擦眼睛，顿了顿，平复了一下心情，才接着道："我到这里来，就是想投入元帅这个温暖的大家庭，共建美好家园。"

"好，好一个共建美好家园。"郭子兴赞赏地点了点头，马上发出第二问，"你有什么业余爱好？"

"放牛、打架、当和尚、念佛经、乞讨……"朱元璋戛然而止，显然意识到自己"失言"了。

"生活阅历不简单嘛。"郭子兴微微一笑，接着上演第三问，"你最崇拜谁?"

"以前最崇拜白莲教创教人韩山童。"朱元璋说着脸色突然暗淡了下来,"可惜他'出师未捷身先死,长使英雄泪满襟'啊!"

"那现在呢?"

"远在天边,近在眼前。"朱元璋突然开窍地说,"现在最崇拜的人当然是元帅您了。""呵呵,你还蛮会见风使舵的嘛!"郭子兴明知朱元璋是恭维的话,但松树皮似的脸上还是笑开了花。第四问新鲜出炉,"你的座右铭是什么?"

"只为成功找方法,不为失败找借口。"朱元璋嘴里这么说,但心里却道,"我的座右铭其实是'你的是我的,我的还是我的'。就不告诉你,气死你,咋的!"

"经典。那谈谈你的缺点?"

"我没有缺点。"朱元璋的回答是职场应聘的大忌。

"哦。"郭子兴好奇地看着朱元璋,"真没缺点?那你就是一个完人了。"

"我是个不断反省反思,并且能改过自新的人,所以我的缺点就是我的优点,我的优点就是我的缺点。"

"谈谈你的一次失败经验?"

"第一次给地主放牛,牛跑到山外去了,牛吃了农家的菜,结果被罚饿体肤三天,失败;第一次当和尚,扫庙堂的地,被伽蓝佛像绊了一跤,结果打佛不成功反被住持打肿了自己的手心,很失败;第一次乞讨,结果一口饭一个铜板没讨到,还赔了一个铁钵,非常失败;第一次……"眼看朱元璋选这些鸡毛蒜皮的事没完没了地说下去,郭子兴赶紧打断了他,出台第六问:"你为什么选择我们?"

"现在天下民不聊生,要想苟活于乱世,不起义就会被饿死。但林子大了什么鸟儿都有,同样的道理,起义的队伍多了,什么样的人都有。有的是想立大志成大业,有的是只看局部利益,做点儿趁火打劫的事。我十分看好元帅这支军队,因为我认为你们有成就大业的胸襟和气魄,我认为这里很适合我。"

"我们为什么要录用你?"郭子兴最后一问。

"要想成就大业,除了情商高、懂得厚黑学、时势使然三个因素外,重要的因素就是要会用人,刘邦当年打下刘氏江山曾说过这样的话,'夫运筹帷幄之中,决胜千里之外,吾不如子房(张良字子房);镇国家,抚百姓,给饷馈(供给军饷),不绝粮道,吾不如萧何;连百万之众,战必胜,攻必取,吾不如韩信。三者皆人杰,吾能用之,此吾所以取天下者也。项羽有一范增而不能用,此所以为我所擒也'。由此可见,想成霸业,定当虚怀若谷,虚心纳才。如能令天下广大贤才蜂拥而至,何愁大业不成!在下虽不才,但因慕元帅大名而来,元帅定当不会拒人于千里之外了。"

对话到此结束,应该说整个应聘过程,朱元璋回答得十分精彩。连朱元璋本人也对自己的临场发挥感到很满意,因此,对答结束后,他一动不动地盯着郭子兴,等待他最后的裁决。

然而,郭子兴却像在深思着什么,低着头,把玩着茶杯盖子,良久,端起茶放在鼻子边闻了闻,然后,悠悠地啜了一口,赞叹道:"茶香入座午阴静,花气侵帘春昼长。茶好,水好,才能泡出这么好的茶来啊,你不尝尝吗?"

朱元璋端起茶杯,不疾不徐地呷了一口茶,也不知那茶是什么品种,入口又涩又苦又酸,心中不由得叫道:"苦也。"

"苦吧?"郭子兴问。朱元璋点了点头,郭子兴接着道:"这叫苦丁茶。初饮觉得苦涩难咽,但饮后便会苦尽甘来,回味无穷,更重要的是它还能清热解毒,利肠润肺。我一年四季常饮,吃饭饭香,喝水水甜,百病不侵,这是强身健体之举啊!这人哪,要吃得苦中苦,方为人上人,正所谓先苦后甜嘛!"

郭子兴说得口水横飞,听得朱元璋云里雾里。好在郭子兴说完大道理后,终于亮出了底牌,公布了"面试"结果,归纳起来有两点:一是朱元璋被录用了;二是朱元璋的职务是亲兵(旧时指官员身边的随从护卫)。

一个小小的亲兵,当然不是朱元璋想要的结果。然而,虽然他有点失望,有点遗憾,有点伤心,但转念一想,这也可能是郭子兴对他进行的"考验"，如果连这点考验都经受不了，还谈何出人头地，谈何成就大业！既来之，则安之，先好好地干吧。再说还有汤和在，也不寂寞了。

汤和此时已是千夫长了（相当于团级干部），对朱元璋的到来非常欢迎。可以想象，两人阔别十年后再度相逢是何等的喜悦、何等的昂然。有故友如此，有故交如此，有故情如此，也不枉此生了。

官场升职记

众所周知，一个人的成功和自己的努力是分不开的。很多时候，不是我们"怀才不遇"，而是我们不善于寻找和抓住机遇。毕竟，机遇不像地铁，光等是等不来的。下面就来看看元末版的"朱元璋升职记"。

朱元璋属于"怀才"的人，同时也很主动地迈出了寻找机遇的双腿。他脱下了袈裟，穿上了红袄，缠上了红头巾，成为了郭子兴亲兵营的一名亲兵，尽管无官也无位，但他并没有"怀才不遇"地抱怨。相反，他明白初到起义军中，没有关系，没有背景，没有后台，在这样一个陌生的环境里，在这样一种全新的生活中，要想混出个模样，全得靠自己。亲兵可以作为起点，可以作为跳板，只要有一线机会和希望，就要百倍努力，才能大展雄才。

因此，逆境反而激发了朱元璋高昂的斗志，他处处寻找发光点，时时表现发光声，刻刻展现发光源。具体表现有二：

一、训练攻关不言苦。俗话说："养兵千日，用兵一时。"行军打仗，如何"养"、如何"练"是关键，郭子兴也是个有理想、有目标的人，为了朝着更高更远更大的目标发展，他常常组织手下在"休战"时期，进行强化训练，以达到每位士兵都骁勇善战的目标。而朱元璋在训练中表现非常出色，展现了一名军人特有的素质。他不但各项训练任务都能完成得出类拔萃，而且还常常自我加压，独自一人在训练场上加班到天亮，很快，擒拿等基本功和各种作战能力都高人一等，大有鹤立鸡群之感。朱元璋的表现，"老板"郭子兴看在眼里，记在心里。二、分内分外不言功。为了考验朱元璋的临场发挥和实践能力，郭子兴在行军打仗时，有意把他带在身边。作为护卫亲兵，朱元璋的主要职责就是保护元帅的安危。结果朱元璋的表现再度让郭子兴眼前一亮，他尽职尽责，在战场上经常保护郭子兴的安全，立下了很多功劳。一天，郭子兴带领亲兵营出城巡查，却不料偶遇一大股元军，因为事发突然，想要回避已是不可能。而这时元军也发现了敌情，立即围拢过来。郭子兴身边只有这么一点亲兵，情况十分危险。朱元璋见状，突然拔出腰刀，一个"大鹏展翅"，硬生生地向元兵扑去。刀光闪处，元军人头纷纷滚落于地，一瞬间就倒下去十多个。受此鼓励，其他亲兵士气大振，呐喊着一起冲向元军。那元军原本只是因为饥饿，想来"掠草谷"，突然看见朱元璋等人这般英勇，吓得心惊胆战，哪里还有心思应战，在一片"扯呼"声中，灰溜溜地撤了。也正是因为这样，朱元璋很快被郭子兴提升为九夫长（随身侍卫亲兵的小头目，相当于班长），这离朱元璋加入义军仅仅一个多月时间。

"驸马爷"诞生记

朱元璋的非凡表现，除了受到郭子兴的器重外，还得到了一个人的宠爱，这个人便是郭子兴的二夫人张氏。张氏是个有见识的人，她对朱元璋这位"后起之秀"格外喜欢。一天，张氏把郭子兴服侍得服服帖帖、舒舒服服的，然后才说出了自己内心的想法：把养女马秀英嫁给朱元璋。理由：朱元璋是个非同寻常的人物，把养女嫁给他，把他纳为家人，让他死心塌地地为元帅效忠，可以成就大业啊！

原来郭子兴的两个妻妾都姓张，大张夫人生了三个儿子，可惜老大战死了，只剩了老二郭天叙和老三郭天爵，而小张夫人除了生了一个女儿外，还收养了一个女儿。

郭子兴的养女姓马，闺名秀英，她不但出身寒微，而且身世凄凉。她的父亲马公原本是宿州闵子乡新丰里的大地主，他和一般为富不仁的地主不一样，是个疏财仗义、秉性耿直的人，喜欢广交天下豪杰，朋友五湖四海皆有，郭子兴便是他的八拜之交。然而，因为一次纠纷，他在家乡杀了人，彻底改变了命运。为了不吃官司，他只好选择了亡命天涯。

马公的妻子郑氏早亡，此时，他唯一放心不下的就是他的女儿，再强悍的男人也不能忍心不顾自己的孩子，自己这一逃，只怕女儿被官府捉去"替罪"。也正是因为这样，他没有将女儿留给亲戚，而是带着一起逃。

然而，带一个女儿逃毕竟不是两全之策，有诸多不方便，而且在逃亡过程中饥一顿饱一餐，吃了上顿没下顿，长此下去，终究不是办法，危急时刻，马公想到了郭子兴。他不惜冒险抱着女儿去找郭子兴。郭子兴也是个有情有义的人，他和他的二夫人张氏留下了马公托付给他的女儿。郭子兴本想要马公也留下，但马公为了不连累郭家，毅然决然地选择了"远遁江湖"。就这样，泪眼中止步于郭府内宅门口的那个模糊身影是马秀英对父亲最后的印象。她再也没有等到父亲接自己回家的那一天，因为马公没过多久便死了。从此，马秀英便成了郭子兴的养女，过上了一种全新的生活。

　　光阴荏苒，一转眼，马秀英已由黄毛小丫头变成了亭亭玉立的大姑娘。她已经二十岁，在那个普遍早婚的年代，她的年龄已经很大了。

　　平日里郭子兴为"事业"奔波操劳着，也无暇顾及马秀英的终身大事，但养母张氏却对马秀英关爱有加，睁大了双眼，时刻物色着合适人选。此时朱元璋的出色表现，让张氏惊喜交加，这不正是养女婿的最佳人选吗？也正是因为这样，她经过一番掂量之后，决定将养女嫁给朱元璋。

　　然而，此时的朱元璋虽然能力出众，但也只是个小小的九夫长，郭子兴会同意把他的"金枝玉叶"嫁给朱元璋吗？张氏没有把握，于是乎，选择了走"温柔乡"这条路线。

　　出乎张氏意料的是，她说出自己的想法后，郭子兴几乎连"考虑"这道程序都免了，直接同意。张氏一听，脸上笑开了花，抱着郭子兴又亲又啃，道："老爷真是慧眼识珠，成人之美啊！"

　　其实张氏只知其一，不知其二。郭子兴除了慧眼识珠，知道朱元璋是个人才外，还有一个原因就是"迫不得已"。

　　原来，在朱元璋的努力下，郭子兴"兵益甚"后，却引来了一双双嫉妒的目光。这些人便是和郭子兴一起揭竿而起，一起喝血酒结成八拜之交，一起占领濠州城的"五虎上将"孙德崖等人。

　　当然，起义之初为了不让元军个个击破，才选择了"拼军"，表面看起来他们就是一支整体部队。然而，实际上各自统领各自的军队，只是在攻坚克难时，相互协助，相互支援而已。用一句话来形容就是"战则合，不战则分"。

刚开始因为形势需要，大家还能和平共处，但攻下濠州后矛盾就凸显出来了。孙德崖等人当初是迫于无奈才起义的，他们乃井底之蛙，目光短浅，只是想自保于一方，有口饭吃，有件衣穿，别无他求，更别说推翻元朝建立新的政权了。他们的心里系着的是家庭，因此过的日子是"今朝有酒今朝醉"，奉行及时行乐主义。他们对军队的要求也很松散，纵容军队烧杀抢劫，奸淫掳掠。

而郭子兴就不一样了，他有远大的理想和抱负，心里系着的是天下。

因此，孙德崖等人的种种行为，在郭子兴眼里都是难以忍受的。他有时善意地提醒几句，但得到的却是蔑视、漠视和冷视。长此以往，郭子兴对他们也是睁一只眼闭一只眼，毕竟大家各自拥有各自军队的指挥权，他只有建议权，没有指挥权。

原本以为就这样大家各行其道，井水不犯河水，相安无事就行了。然而，因为"志不同"，郭子兴对孙德崖等人采取的标准是"不相为谋"，孙德崖等人议事的时候，郭子兴常常借故不去参加。而一旦有军事行动，他也是选择单独行动。长此以往，孙德崖等人对郭子兴由不满转变成了怀疑。小农思想作怪下，他们开始处处提防起郭子兴来。

而郭子兴在彻底对孙德崖等人失望后，把希望都寄托在了半路出家的朱元璋身上。自从发现朱元璋不凡的军事才能后，他将其从亲兵升迁为九夫长，随后对他大加器重，有时候甚至直接叫他代替自己带兵作战。

朱元璋足智多谋，又仗义大方，每回得到了战利品，都交给元帅"充公"。而得到了郭子兴的赏赐，朱元璋没有像其他头目只顾自己，而是论功行赏，把赏钱统统分发给手下，使得大伙儿千恩万谢地为他卖命，服服帖帖地听命于他。都说人心齐、泰山移，这样上下一心，朱元璋带的亲兵往往在战斗中所向披靡，声誉和威望接踵而至，兵力扩展也可以用日新月异来形容。而朱元璋只不过是郭子兴的手下，水涨船高，郭子兴在军力得到提升的同时，声誉和威望也随之提高，总之一句话：郭子兴从此"兵益甚"。

孙德崖等其他四位元帅眼看郭子兴的威望明显压过了他们，态度马上由不满变成了嫉恨，视郭子兴为眼中钉、肉中刺，恨不能除之而后快。

本是同根生，相煎何太急！郭子兴自然知道自己的处境，为此，他只有牢牢控制住"顶梁柱"朱元璋，才能保全自己。因此，当张氏提出要义女马秀英和朱元璋联婚时，郭子兴如同醍醐灌顶，抚掌大笑道："妙极，妙极，收朱元璋为女婿，一石二鸟，一举两得，还是夫人高明啊。"

只是他笑着笑着，突然黯淡了下来，目光从张氏身上收回，然后望向远方，良久，喃喃地道："只是不知道朱元璋这小子愿不愿意呢？我们总不能来乱点鸳鸯谱吧？"

其实郭子兴的顾虑并非毫无来由。原来，郭子兴的养女马秀英无论相貌，还是品德都是超人一等的，唯一的缺陷就是她有一双超级无敌的大脚。而马秀英之所以迟迟没有成家，一则是因为继父的家庭条件太好，对女婿的要求过高，条件过于苛刻；二则跟这双超级无敌大脚也有或多或少的关系。

马秀英的脚究竟有多大我们不得而知，据说明朝建立以后，曾经就有这样的好事者在灯会上亮出了一道灯谜，谜面是一个怀抱西瓜的大脚女人，谜底是"淮西大脚女人"，暗讽马皇后有双大脚。结果此谜语恰恰落在朱元璋的手里，他在大怒之下竟要将挂着此灯谜的那条街上所有的人家统统斩杀，幸好被善良的马皇后及时劝阻。那条街因此被京城百姓称为"灭街"，又讹为"篾街"。

现代人听说裹脚都觉得太不人道，但我们要知道，在古代，汉族女人的裹脚风气由来已久，据说始于南唐后主宫妃窅娘，又说在此之前虽不曾明确裹脚，却也认为女人双足纤巧才美观，可以说早就为裹脚埋下伏笔了。到元朝的时候，汉女裹脚已经靡然成风，世上人看女子美不美，首先看的不是面貌风姿，而是看她有没有一双好小脚。不裹脚的女子往往是嫁不到有财有势的丈夫的。因此但凡是成个规模的人家，都要咬紧牙关让女儿裹脚，淮扬一带风气更盛，流行"'三寸金莲'得富贵"。

郭家作为安徽地方的大富财主，家中女子当然都是要裹脚的。可是他的养女马秀英却偏偏有一双没有缠裹过的"天足"。原因是马秀英自幼丧母，父亲马公根本不知道如何照料女儿，结果就耽误了裹脚的最佳时机。在那个年代不为女儿家裹脚，其严重程度不亚于毁了女孩儿的容貌，完全可以算是一种"不负责任"的行为。但是马公的"不负责任"却是情有可原的，毕竟他既当爹又当妈，身不由己，照顾不过来啊！就这样，大脚成了马秀英美中的唯一不足。

此时郭子兴提到了马秀英的软肋，显然也是怕贸然前去和朱元璋提亲，闹成不必要的尴尬。然而张夫人接下来的一席话彻底打消了郭子兴的忧虑。她的话归纳起来有三点：第一点，论相貌，我们家女儿可以用闭月羞花、沉鱼落雁来形容。比起朱元璋那张尖嘴猴腮、猪腰子脸不知道要强几百倍。论相貌朱元璋先输一阵。第二点，论家世，我们家女儿乃是金枝玉叶，朱元璋最开始还是乞丐，后来成为和尚，现在也不过只是一个九夫长。论家世再输一阵。第三点，论才气，我们家养女聪明伶俐、知书达理，自然也不比朱元璋差。论才气可谓平分秋色、不分伯仲。结论：相貌占优，地位占优，才气不差，唯一在脚上略逊一筹，优劣相抵，我们家养女嫁给朱元璋，那是"迁就"朱元璋了，那是"委屈"马秀英了。

事实证明，张夫人的话的确分析得相当透彻。因为当郭子兴叫来朱元璋小心翼翼地提起这件事时，朱元璋同样毫不犹豫地把头点得像鸡啄米。

这真是踏破铁鞋无觅处，千里姻缘一线牵。郭子兴大喜，择吉日为他们举办了一场极为隆重的婚礼，从此，黑马王子变成了白马王子，将士们改称朱元璋为"朱公子"。从此，朱元璋崭露头角的时候到了。

第五章

在夹缝中生存

患难夫妻

前面已经说过，朱元璋十七岁流浪时，为了解决饥饿问题，曾当着师兄们的面表演了"画饼充饥"的精彩故事。却不知道，他当了郭子兴的女婿后，他的老婆马秀英马上为他上演的是"烤饼充饥"的动人故事。

朱元璋当了郭子兴的女婿后，在感叹找到家的感觉真的很美时，对郭子兴也是知恩图报，凡事亲力亲为，不求最好，但求更好。这样一来，郭子兴对朱元璋这个女婿更加刮目相看，更加信任有加，据说到了"军中大小事都找他进行商量"，然后再实施的地步。

就在朱元璋和郭子兴的关系达到一个前所未有的高度，向着"欣欣向荣"的地步进一步发展时，却遇到了阻力。这个阻力来自郭子兴的两个宝贝儿子，也就是朱元璋的大小舅子。前面已经说过，郭子兴一共有三个儿子，大儿子是元配夫人大张氏所生，他仿佛和郭子兴是一个模子印出来的，最勇猛，最有胆识，然而，他福大命却不大，在一次战斗中，因为杀得过了火，不幸遇难。二儿子郭天叙和三儿子郭天爵都是大张夫人所出，虽然这两个儿子长得那是貌胜潘安，但用郭子兴的话来说，一点儿都"不类己"。原因是两人不但鼠目寸光，而且心胸狭窄。这时，看见朱元璋从一个小和尚突然鲤鱼跳龙门，成了他郭家的女婿，而且被父帅捧在手心怕掉了，含在嘴里怕化了，当然不高兴了。并且很快从不高兴演变成不相融，从不相融变成了不相容。为此，他们两人充分发挥伶牙俐齿的特点，常到郭子兴身边坐坐，说的好听那叫吹耳边风，说的不好听那叫进谗言。

专横、骄恣、目中无人、目无王法——谗言之所以会成为谗言，说的人多了，说得久了，就自然成了谗言。刚开始，郭子兴认为他们的话不值一晒，有时还忍不住责骂两个宝贝儿子一顿。然而，"尔无共怒，协比谗言予一人"。郭氏兄弟依然不依不饶，一个唱红脸，一个唱白脸，在郭子兴面前演双簧。"世道难于剑，谗言巧似笙。"时间一久，双簧的效果也彰显出来了，生性本来就有点多疑的郭子兴渐渐对朱元璋怀疑起来，并且很快爆发了。

有一天，朱元璋为一次军事行动与郭子兴据理力争。因为是"力争"，态度不可能会好到哪里去，因此自然脸红脖子粗。而这一次郭子兴固执己见，坚决地认为自己的方案是正确可行的，朱元璋却认为按他的方案行动，那是要误大事的，是行不通的。结果，争来争去，两人谁也不相让。

就在这时，郭氏兄弟来煽风点火了："朱元璋现在就这样霸道了，将来要是翅膀硬了，那还不飞上天了！"

"是啊，翅膀硬了，我这根老骨头也要被踩在脚下了。"郭子兴震怒了。都说人类一思考，上帝就发笑；上帝一发怒，人类就遭殃。这时的郭子兴对于朱元璋来说就是"上帝"，因此郭子兴一发怒，朱元璋自然要遭殃了——被关进后院的柴草房里。

郭天叙和郭天爵眼看阴谋得逞，很是高兴，马上来了个"假传圣旨"，以郭子兴的名义给看管人员下令，不准送饭送水给朱元璋。意图很明显，想活活饿死朱元璋。天下没有不透风的墙，很快马秀英便知道了朱元璋被关押挨饿的事。马秀英急得二话不说便往厨房里跑，看到有刚出炉的烤饼，来不及多想，拿了张大饼想去给朱元璋吃，哪知刚出厨房，就和一个人撞了个满怀。

"哟噢，哪个该死的下人，没长眼睛，连我也敢撞啊！"小张夫人抱着膝盖一边揉一边怒骂。

"娘，对不起。我……我不是故意的。"马秀英嗫嚅道。

"啊，英儿，怎么会是你……"小张氏见是马秀英，吃了一惊。

"嗯，那个，我……"马秀英道，"我刚才出来转转，不想撞着娘了。"马秀英怕小张夫人看到她手中的那张饼，一边搪塞着一边随手将滚烫的饼塞进了怀里。

小张夫人那是何等人物，见马秀英神情慌张，早已猜到了几分，故意跟她拉起家长来，想要她自行"交代"。

围棋中最忌讳的便是下随手，往往一个随手，导致好局痛失。此时，马秀英也在责备起自己的"随手"来，因为自随手把烤饼塞进怀里后，她就后悔了。那烤饼烫得她的胸前的肌肤火辣辣的，又痛又痒，实在难以忍受。于是，她勉强和小张夫人答了几句，便匆匆而去。结果，小张夫人一路跟随马秀英，很快就看到令她极为震惊的一幕：马秀英冲到关押朱元璋的柴房，解开衣襟，拿出热气腾腾的烤饼给朱元璋吃。

小张夫人被马秀英的举动震撼了，感动了。事后，她一面替马秀英敷药，一面派人给朱元璋送饭。然后，再对郭子兴进行攻心："元帅，这几日没看见元璋，是你派他出差去了吧？""他太不像话了，被我关押起来了。"郭子兴今晚的心情很好，因此，很快把实情相告了。"俗话说，虎毒不食子。元璋还年轻，难免会犯一些错误，您大人有大量，要海涵他才对。他好歹是你的女婿，要是元璋有个三长两短，秀英怎么活？我们以后靠谁来打天下？"眼看小张氏没完没了地说下去，郭子兴赶紧打断道："行，行，行。你的意思我都懂了，这大道理说多了我头晕，我这就放人还不行吗？"

就这样，朱元璋成功地躲过一劫。

压舱石与绊脚石

　　郭子兴在招朱元璋为女婿的同时，日子并不好过，他与孙德崖等其他四个元帅的争斗趋于白热化了。朱元璋看在眼里急在心里，知道这般下去于义军不利，于是，他很快教会了郭子兴两个关键语。

　　一是"千里之堤，溃于蚁穴"。解析：最坚强的堡垒往往从内部被攻破，濠州城虽然是五王并列，但好歹都是起义军，不能搞内部争斗。任何一个人从起义军中分离出来，都会对军队造成大的影响，而被元军个个击破。

　　二是"忍一时风平浪静，退一步海阔天空"。所以我们要以大局为重，放下架子，忍一忍，照常去参加会议，与孙德崖他们打成一片，以免那四人把事办砸，使起义军遭受灭顶之灾。

　　郭子兴听从了女婿的建议，又开始参加"五王首脑会议"。刚开始孙德崖等四人见郭子兴肯屈就，也有点儿收敛，对他又恭敬起来。然而，郭子兴是火暴脾气，他如果不在现场，不知道实情那倒也罢，一旦在现场，看到四位元帅在作战计划上有问题时，眼里揉不得沙子的他便忍不住要说出口。结果可想而知，这很快就由"说"变成了"吵"，由"吵"变成了"争"，由"争"就成了"斗"，斗的结果是四人对郭子兴横眉冷对，怒目而视。

　　结果，很快郭子兴又拒绝参加他们的议事。这样一来，郭子兴和他们四人又陷入了长久的"冷战"。就在这样的节骨眼上，两个外人的加入，对郭子兴和四人矛盾进一步激化起到了推波助澜的作用，很快由"冷战"变成了"热战"。

这两个人便是赵均用和彭大。

赵均用和彭大原本是"芝麻李"手下的左膀右臂。话说元至正十一年（公元1351年）五月，刘福通在颍州领导红巾军起义后，各地纷纷响应。当年八月，萧县人李二，曾以家中芝麻赈济饥民，因而得到一个响当当、亮晶晶的绰号——"芝麻李"。刘福通起义后，"芝麻李"与赵均用同时响应，联络贫民彭大等八人，歃血为盟，很快在徐州发动了起义。八月十日，"芝麻李"等八人，伪装为挑河夫，乘夜投奔徐州城。四人入城，四人留在城外。至四更，城内四人点起火来，齐声呐喊，城外四人也点起火响应，内外呼应，城中大乱。城中四人夺守门军武器，外四人也乘势冲入，同声叫杀。天明又竖大旗募人从军，应募者至十余万。于是四处作战，占有徐州附近各县及宿州、五河、虹县、丰、沛、灵璧，西至安丰、濠、泗。徐州是修治黄河的地区，民夫聚集，人心不安，起义军因而得到迅猛的发展。这里是黄河与运河交汇的要冲，农民军占据徐州，对元朝政府是极大的威胁。

徐州及各属县均被起义军占领，起义军一再击败前来镇压的元军。至正十二年（公元1352年）九月，元丞相脱脱亲率大军前来镇压，几天围攻不克，脱脱令以巨石为砲，日夜轰击，终于破城。徐州城破，"芝麻李"成了"祭城"之人，而彭大、赵均用率红巾军余部在走投无路的情况下，选择投奔濠州而来。

朱元璋极力不主张收容彭大和赵均用。理由有二：一是他们是走投无路才来投奔的，不是真心相投；二是小小的濠州现在已经是五王并存了，再来两位元帅级人物，岂不是要来个"七虎闹濠州"？然而，当时的朱元璋尽管是郭子兴的女婿，但地位低微，所言更是轻微，根本没有人会听，更别说采用了。

因此，仿佛故意和朱元璋作对似的，"濠州五虎"很是欢迎彭大和赵均用的到来。结果彭、赵两人的到来，更加激发了郭子兴与孙、俞、鲁、潘四人之间的矛盾。

郭子兴和其他四人都想借新来的彭、赵两军势力来压制对方，于是无所不用其极，对两人又是眉目传情，又是投怀送抱，又是攀亲附贵，总之，大有家花不如野花香之势。当然，彭大和赵均用也不是吃素的。两人虽然是"芝麻李"手下最为得力的双子星座，但一到濠州城便原形毕露，一个骄横，一个狡诈；一个自大，一个自满。总之，很快便分道扬镳，各为其主起来。

一阵糖衣炮弹之后，局势很快就明朗化了。重新洗牌的结果是形成了以郭子兴联合彭大组成新的实力派"双子星座"和赵均用加入孙德崖等四人的新的偶像派"五人帮"。

一山不容两虎，一城不容二主，既然"双子星座"和"五人帮"谁也不服谁，谁都想唯我独尊，接下来便马上上演了"双子星座"和"五人帮"之间的较量。如果说以前还是停留在"冷处""暗处"的话，接下来便是"明处""实处"了。

率先出招的是"五人帮"。

主谋：孙德崖。

副主谋：赵均用。

方案：绑架。

时间：至正十二年（公元 1352 年）十月的一天。

地点：濠州城闹市。

人物：郭子兴。

事件还原：这天，郭子兴"宅"在家里觉得很无聊，便决定到街上走走，散散心，顺便体验一下民情。结果很快被琳琅满目的商品吸引，于是，他穿梭在其中流连忘返。而等他"知返"，走到一条小巷子时，突然身后闪出几个五大三粗的汉子，朝着他围逼过来。郭子兴大惊，刚要叫喊时，那几个人二话不说，用袋子往他头上一套，他眼前一黑便什么都不知道了。等他眼前一片明亮时，发现自己处于一个阴暗潮湿的地窖中。

结果：失去了郭子兴这个主心骨，郭子兴的部队及郭家竟一时茫然无助，不知道如何办。

救火队员一：马秀英。就在大家手足无措的时候，关键时刻马秀英派人快马加鞭地把这个消息告诉了正在淮北前线的朱元璋，并嘱咐他千万不能露面。

救火队员二：朱元璋。在前线的朱元璋得到消息，立即连夜带着人赶回。临行时，有人对他进行了劝告："连郭元帅都被抓了，你现在这样回去，不是明智的举动，是自投罗网啊！"朱元璋坚定地说："俗话说，忠义真豪杰，节烈大丈夫。郭元帅对我有知遇之恩，有提携之德，有翁婿之情，现在他身处绝境，就算是刀山火海，我也要回去营救。在这里，只能是坐以待毙。"朱元璋连夜潜回来后，偌大的郭府除了一些老弱妇幼竟然空空如也。一询问才知道，原来，郭家自从郭子兴被绑架后，害怕"五人帮"再来一网打尽，郭家男子马上来了个"隐遁"，都躲起来了。朱元璋找到了郭天叙和郭天爵等人，详细询问了相关情况后，说了句这样的话："解铃还需系铃人，赵均用之所以敢在太岁爷头上动土，很大一部分原因是彭大，现在该是请彭大出山的时候了。"

救火队员三：彭大。请彭大的说服过程可用八个字来形容——晓之以理，动之以情。结果双子星座也不是浪得虚名的，彭大很快就拍板，接下来华山一条道，三个字——救人去。

解救过程：朱元璋和彭大各带一队亲兵，很快把孙德崖的元帅府包围得严严实实，孙德崖和赵均用正在享用"庆功宴"，哪里料到朱元璋等人敢这样直接地来解救人质，听得声响，慌忙组织士兵进行抵抗。朱元璋根本没有给他们可乘之机，马上发挥勇猛精神，翻墙破门而入，并且以迅雷不及掩耳的速度斩杀了负隅顽抗的孙德崖的祖父母。

孙德崖和赵均用见状吓得想溜之大吉，却被朱元璋逮了个正着。结果孙德崖与赵均用为了活命，只得放了郭子兴。

崭露头角

话说绑架风波后，被救出来的郭子兴自然很是恼怒，盘算着如何给孙德崖和赵均用一点颜色瞧瞧。然而，郭子兴还没有什么行动，元军的行动倒是先来了。

原来元军自从打败徐州的"芝麻李"的军队后，决定再接再厉，把目光瞄准了濠州的军队，并且很快付诸行动。在元将贾鲁的带领下，五万元兵浩浩荡荡地向濠州城进发，并且上演了"围城"的壮举。

可以说濠州面临生死存亡的危急时刻了，也正是因为这样，濠州城的内斗只能先告一段落，眼下共同对抗强敌才是重中之重。郭子兴等"七虎"划分了防守的"责任区"，划分了防守的"责任人"，制定了作战的"约法三章"，制定了防御的"葵花宝典"，商定了互相救助的"紧急避险预案"。结果效果很明显，元军虽然多达数万，但对于防守严密、固若金汤的濠州城也是毫无办法。

但元军没有灰心，没有气馁，也没有放弃，对濠州城进行了长期的攻城。结果一个攻得精彩，一个防得精妙，就像一个矛和一个盾一样，这一耗就是七个月。

七个月，濠州城的防守也到了强弩之末了，在缺衣少弹的情况下，城池随时都有被元军攻克的可能。然而，就在这个关键时刻，元军主帅却顶不住了，来了个暴病身亡，结果使得七个月的努力全部打了水漂。至正十三年（公元1353年）夏天，元军在群龙无首的情况下，选择了退回徐州"自保"，结果濠州"自救"成功。

古人云：共患难易，同富贵难。元军一撤，军队很快便接着进行窝里斗。结果彭大自称鲁淮王，赵均用则自称永义王，而濠州元老级人物郭子兴和孙德崖依然为元帅，并且还要受他们节制。当真印证了"后来者居上"这句话。

濠州城里"七虎"整天闹得不可开交，而"和事佬"朱元璋在其中百般劝解未果后，知道他们都是鼠目寸光之人，很难有所作为，便产生了另立门户的想法。于是乎，他马上向郭子兴进行了攻心战略，八个字：招募新兵，再图发展。

郭子兴也知道眼下的局势，当时不但特批朱元璋的请求，而且还给了他大量金银珠宝，以当军资之用。可谓动用了老本了。

至正十三年（公元1353年）六月，朱元璋回到离别一年多的钟离老家，做了两件事：一是祭祀父母，二是招募新兵。

双管齐下，效果是看得见的，短短十来天，便有七百多人参加了这个大家庭。这其中还包括朱元璋儿时的放牛伙伴徐达、周德兴等人。当真是"赤帜蔽野而盈冈"。

圆满完成招募任务后，朱元璋便带着这批招得的七百多名新兵，昂首阔步地回到了濠州。郭子兴一看，很是高兴，高兴之余便把朱元璋升为镇抚，新招募的七百多人也交给他率领，接着，又升他为总管。

朱元璋对这些亲兵很是重视，亲自进行训练，以达到"精兵"的效果。然而，就在朱元璋操练得热火朝天时，濠州城"七虎"的争斗也热火朝天，已经升级到了水火不相容的地步了。

朱元璋很快对濠州城得出这样的结论：长此以往，作茧自缚，梦断前程。为了不梦断前程，朱元璋再次果断地做出决定，脱离濠州这个是非之地，另拓根据地。

当然，朱元璋"单飞"前，再度做出大胆的决定，从七百人中精挑细选了二十四个有胆有识能武会艺的佼佼者，如徐达、周德兴、吴良、吴祯、花云、陈德、顾时、费聚等人，请大家记住他们，在以后的战场上，他们还有很多发光的时候，他们跟着朱元璋南征北战，立下了汗马功劳，史称"二十四将"。

带病立功

天有不测风云，就在朱元璋带领二十四人"奔前程"时，却来了个"出师未捷身先病"。在路上，朱元璋突患重病，昏迷不醒。最终，只能选择打道回府——濠州。

这一病可不轻，尽管马夫人整天衣不解带，悉心照顾，然而，半个月过去了，仍不见好转。这天，朱元璋正躺在床上静养，却被一声清脆的叹息声惊醒，朱元璋心中一动，问马夫人道："这好像是大帅的声音，不知为何这般长叹？"

马夫人本来不想让朱元璋分心，但见朱元璋一脸的期待，只好道出了实情："父帅最近是为了定远张家堡驴牌寨归降的事担忧。"随后说出了详情，驴牌寨寨主是郭子兴的旧交，有三千多兵马，但现在却是"一旅孤军"，为了解决众弟兄们的温饱问题，想来投奔，却因为濠州城里七王并立，感到很害怕，因此犹豫不决。郭子兴想派人去说服，但一时找不到合适的人选，因此才会"白发三千丈，缘愁似个长"，整天唉声叹气。

"这么大的事，怎么不早告诉我？"朱元璋一听，马上从床上爬起来，拖着病弱的身子去见郭子兴，并且表明了自己的观点：一是机不可失，时不再来。这次是天赐良兵，不能白白错过机会。二是打虎亲兄弟，上阵父子兵。他很愿意去招兵。郭子兴听后惊喜交加，也很快表明了自己的观点：

一是你做事我很放心，你当然是最佳人选；二是你身体有恙，我还是另外找人吧。

对此，朱元璋重申了自己的观点：一是我只是一点儿小病，不碍事；二是机不可失，时不再来，不要因为人选问题把事情拖得太久，以免搅黄了。

对此，郭子兴除了感动外，还能说什么？只有点头的份儿了。当问朱元璋带多少人马去时，朱元璋伸出双手。

"一万？"郭子兴问。

朱元璋摇摇头。

"一千？"郭兴子再问。

朱元璋摇摇头。

"一百？"郭子兴接着问。

朱元璋仍然摇摇头，坚定地说："这是去说服，不是去打仗，有十人就足够了。"

"但这样太冒险了。"

"不入虎穴，焉得虎子。"

看着朱元璋远去的背影，郭子兴赞叹道："真勇士也！"

盛夏时节，烈日炎炎，马不停蹄的朱元璋拖着病弱的身子，一路狂奔，差点中暑。但他还是坚持到达了宝公河畔。此时的宝公河水清又清，一片生机盎然。朱元璋却无心看风景，无心领略这水带来的美感，他的眼睛注视着隔河相对的驴牌寨。

就在朱元璋看驴牌寨的"风景"时，驴牌寨的人也在河对岸看朱元璋。可惜都是大老爷们，看着看着，眼神越来越不温柔，最后驴牌寨的兵士们最先发作了，一声长啸，士兵操起家伙，从军营中冲出来，摆出的是长蛇阵。冷冰冰寒气逼人的刀剑一致对着朱元璋等十一人。总之一句话：气势逼人。

朱元璋的随从们哪见过这等阵势，吓得个个屁滚尿流，都想溜之大吉。关键时刻，朱元璋起到了定心丸的作用。他站出来，说了这样一句话："敌众我寡，逃是逃不掉的，只有挺身而上，放手一搏，才有生的转机。"

朱元璋精挑细选的随从自然不会差到哪里去，很快就稳住了阵脚。于是乎，朱元璋和对方来了个横眉冷对。

相持的结果是，不多时，对方率先忍不住了。他们营中闪出两个将领模样的人，开始喊话："喂！你们要干啥子咯？"

朱元璋见状，叫随从费聚回喊："哎，哥哥要过河，哪个来推我吗？""我来推你，你是哪个？""我来问你，你晓得今日我为何要过河？"费聚道："我们是濠州郭子兴派来与贵寨主商议大事的。"

那人一听，不敢怠慢，赶紧回营禀报去了。约莫过了一盏茶的工夫，才又出来，接着大声喊道："请下马步行过来！"

朱元璋挣扎着有病之身下了马，费聚一来见朱元璋走路很吃力，二来怕对方有诈，于是好意提出代替他前往。哪知，朱元璋怒喝道："咱们一同来到这里，荣辱与共，生死与共，不存在代替与不代替的问题，现在关键的问题是如何过好河、办好事。"

说完，两人便一同过了宝公河。

等到了寨子里之后，对方主帅出迎，客套过后，朱元璋对他说："我家元帅与阁下是旧交，这次听说阁下缺乏粮草，别人想趁机来攻击阁下，因此特意派我来到这里，希望将军能跟随我一起回濠州和我家元帅共举大事。当然，如果你实在不想去，那也要立马移兵别处，以避灾难才是上策啊！""当然是去投奔你们元帅，一起共续旧缘了。"寨主几乎连想都没有想就答应了，随即又道，"还请阁下留一信物，作为凭证如何？"朱元璋当下便解下一直佩戴在身上的香囊，交给了寨主。对方则献上了牛脯作为回赠。末了，寨主说了这样一句话："请您转告郭公，等俺收拾好金银细软，便马上来濠州。"

就这样，朱元璋凭着三分胆识、三分机敏、三分才智很快搞定了驴牌寨。事情按正常发展，可以圆满地画上一个句号了。然而，仅仅过了三天，费聚就给朱元璋带来了一个不好的消息：驴牌寨变卦了，准备"单飞"。

朱元璋一听，又从正在休养的病床上跳起，立即带上三百精锐骑兵到驴牌寨，于是乎，他和寨主上演了第二次单兵较量。

寨主依然先发制人，厉声道："阁下带这么多人，是想绑架还是勒索呢？"

朱元璋道："既非绑架，也非勒索，而是前来助阵。"

"此话怎讲？"

"我家元帅说你曾被别人欺负了，要去报仇，又怕你人手不够，而导致仇沉海底，因此，特派遣我带了三百人马前来助你一臂之力，报完仇，是去是留悉听尊便。"

面对朱元璋的忽悠，寨主也不是一根筋，一边在表示感谢的同时，一边时刻提防着他们。朱元璋知道言语只能糊弄一时，而实际行动才可能改变一切。于是，朱元璋马上叫人找来几十条布袋子，然后选取十多名勇士躲藏在布袋里，派人推过宝公河，对驴牌寨寨主说："我家元帅连夜送来军粮犒劳兄弟们。"

寨主每天吃的都是窝窝头，好久不曾见过细粮了。听说有细粮高兴地感叹道：真是雪中送炭啊！于是，马上出来见"衣食父母"。结果可想而知，当寨主喜不自胜地左捏捏右敲敲时，布袋突然开了，然后十多名勇士从布袋里钻出来。寨主还没有所反应，就已被绑了个严严实实，被强行押离驴牌寨。

走出十几里地后，朱元璋又派人带着寨主令牌回寨传话，说寨主已在别处布置营地，请大家马上起程，立即转移过去。三千士卒信以为真，呼呼啦啦地出发了，更让人啼笑皆非的是，后头部队甚至还放火烧了营寨。寨主看到手下三千士卒时，哭笑不得，此时除了归顺别无选择。

至此，驴牌寨归顺事件彻底搞定。接下来，朱元璋没有小富即安，而是选择了继续扩张势力。凭着手中已有的三千兵马做后盾，朱元璋恩威并施，很快收降了豁鼻山秦把头的八百名起义军。这样，朱元璋凭着空手套白狼，很快就拥有了一支四千多人的队伍。

降龙计

　　有了队伍，该是大干一场的时候了，朱元璋立即决定率他们去攻打横涧山（今安徽定远县西北）。

　　横涧山有古、神、静、幻、奇"五绝"之称，横涧山上有个山大王叫缪大亨。这个缪大亨可不简单，他曾是当地的地主，组织了一支队伍参加了起义，然而在遭遇元军的强烈阻击后，他带着部队退驻到了横涧山，过起了山大王的生活。因为缪大亨为人大气、豪爽，因此，随后入伙的起义人士络绎不绝，部队人数很快便达到了七万之众。

　　元朝见他的势力大，便采取了怀柔政策，封他为义兵元帅，并且还派出了所谓监军，督促缪大亨攻打濠州城的起义军。

　　就在元朝瞄上这支"特种部队"时，朱元璋也瞄上了他们，并且上演了"虎口夺食"的大战。可按现在双方的军力对比，朱元璋的四千人怎么能搞定缪大亨的七万人马呢？

　　武力解决显然是下策，弄不好反会被吞没。智取才是明智之举。为此，朱元璋一番冥思苦想之后，想出了奇思妙计。于是，"二十四将"之一的花云被派上了用场，朱元璋命他带着一百人组成敢死队，对横涧山进行偷袭。

　　而缪大亨也不是等闲之辈，在得知朱元璋"霸占"了驴牌寨等起义军后，觉得朱元璋是个很危险的人物，于是命令部队加强了防备，只等朱元璋来送死。谁知"恭候"了半月有余,却不见朱元璋有任何动静,这时,探子也回报说,朱元璋并没有进军的迹象,听到这里,缪大亨这才长长地舒了一口气,说了句这样的话:"想是朱元璋那小子害怕了,不敢来鸡蛋碰石头了。呵呵,倒是蛮识时务的嘛!"于是,放松了警惕,继续过起花天酒地的神仙日子来。

灾难就此降临。这天晚上,皓月当空,银白色的月亮普照着大地,缪大亨正在左拥右抱地饮酒作乐,此时此景他忍不住叫道:"今晚的月亮真圆啊!"

"是啊,今晚不但月亮圆,这人头更圆。"一个声响过后,一个血淋淋的头颅已出现在眼前。缪大亨的妻妾吓了一跳,缪大亨茫然地站起身来,还没明白是怎么回事时,突然发现大火四起,将寨里照得通明,接着厮杀呼叫声四起。

"不好,中计了!"缪大亨转身欲逃,却见眼前出现一个手提青龙偃月大刀的黑脸汉子,他还来不及有所动作,刀已架在了脖子上。

主帅被擒,他们空有七万大军却是投鼠忌器,拿花云没办法,最后眼睁睁地看着花云押着缪大亨扬长而去。

接下来,该是朱元璋上场的时候了。只见他立即给缪大亨松了绑,然后请上座,以礼相待,过程都是老掉牙了,但效果却是看得见的。很快,缪大亨低下了不可一世的头颅,说了这样一句话:"对别人,俺不服;对你,俺服。"

就这样,缪大亨的七万大军一夜之间便归顺了朱元璋。

蝴蝶效应

话说朱元璋因为接二连三地"招募"起义军成功，一下子拥有数万精兵后，带来的"蝴蝶效应"是，每天来投奔朱元璋的人络绎不绝，这其中便有地方的土霸王吴复、冯国用、冯国胜、丁德兴等人。

这里不妨着重介绍一下来自定远的冯国用和冯国胜兄弟。据说，第一次见到冯氏兄弟，朱元璋很是好奇地看着他们，上上下下，前前后后，左左右右，直看得冯氏兄弟全身起鸡皮疙瘩，好在这时朱元璋发话了："好一个儒雅俊杰，好一个俊杰儒雅；好一个玉树临风，好一个临风玉树；好一个……"

"得得得，将军，你看我们中不中，给句话，不然我们另起炉灶。"

"缘来就是你。"朱元璋说着，像对待女孩一样，一手挽一个带入大堂去了。原来，这冯氏兄弟自幼俱喜读书，精通兵法。后来看见天下大乱，也幡然醒悟过来，百无一用是书生，于是，冯氏兄弟不惜花巨资请来武师，开始学武。有志者事竟成，冯氏兄弟虽然是半路出家，但在武学方面也展示出不凡的才华，据说冯国胜的箭法尤为出众，能达到百步穿杨的高境界。当天下群雄并起的时候，冯氏兄弟也在家乡组织了一些义士，想法很简单也很单纯，四个字：明哲保身。然而，很快，他们的想法就发生了改变，明哲保身只能保一时，而不能保终生，要想改变这个"保"字，就得先变。

于是，他们产生了建功立业的想法。可是，单凭自身力量，又不足以去"闯天下"，于是，两兄弟一合计，把目光瞄准在近来人气指数飙升的朱元璋身上。智取驴牌寨，夜袭横涧山，严训杂牌军，朱元璋就像一块闪光的金子，到处闪烁着光芒。冯氏兄弟觉得朱元璋这样的"潜力股"和"绩优股"在这个鱼龙混杂的乱世太难找了，于是决定"入股"。

因此，冯氏兄弟很快就付诸行动，看到两位秀才打扮、道貌岸然的书生入股，朱元璋当然高兴了。他手下现在有了精兵良将，唯一缺乏的就是"智囊团"。坐定之后，马上演的是"堂中对"。朱元璋首先对冯氏兄弟的到来表示热烈的欢迎，然后进行了善意的提醒："股市有风险，入股须警惕。"最后，才亮出底牌："请两位高人指点迷津，当今天下，何以为安定之大计呢？"这也是考验冯氏兄弟的时候了。

冯氏兄弟首先对朱元璋的热情接待表示感谢，其次表明了自己的心迹：良禽择木而栖，贤臣择主而事。见机不早，悔之晚矣。跟着朱元璋走，前途一片光明。最后，冯氏兄弟"接考"时，三十二岁的冯国用作为代表出来发言，并且说了一句关键的话：欲立而根基不稳，欲行则无力为他。解析如下：我们现在良将精兵都有了，规模也初具雏形。最关键的是找一个根据地。

"濠州城坚易守，不是个好根据地吗？"朱元璋"故意"试探地问。

"濠州城外牢而内软，城里驻扎七大王，各自钩心斗角，乃是危城一座，将军明知其中利害却故意相激，莫非对冯某不信任，存提防之心？"冯国用说着突然愤怒地站起身来，便欲往外走。朱元璋赶紧拉住他赔礼道歉："先生莫怪，适才是无心之过，望海涵。我也早知濠州乃是不可久留之地，但无奈天下之大，竟无容身之处啊！"

"天下随处都可以容身，但要想找到一块进可攻退可守的地方还得费思量啊！"冯国用喃喃地道。

"先生明明已心中有数，为何不说与元璋听呢？"朱元璋说着深深地作了一揖。

冯国用见状长长地叹了一口气，道："你这般虚怀若谷的胸襟令人佩服啊！那我就不再拐弯抹角了，我觉得南面的集庆（今江苏南京）是个好地方，有龙盘虎踞之势，自古以来都是帝王建都的首选地。遥想当年，诸葛亮初游集庆一带时，发出'钟山龙蟠，石城虎踞，真帝王之宅'的感叹。如果我们能把根据地建在集庆，一来地势险要，易守难攻；二来紧靠江浙粮仓，物产丰富。然后命将领四处攻伐，定能解救苍生于水火，倡仁义于远近，展鸿鹄之志，皇图霸业可成也。"

对话到此，朱元璋只有赞叹的份儿，十二个字：高屋建瓴，条分缕析，绝世妙论。"如今天下英杰四起，就算占得集庆，又如何才能在乱世立于不败呢？"朱元璋第二问新鲜出炉，显然是在问治国之道了。

冯国用闻言定定地看着朱元璋半晌，才慢慢地吐出四个字：德昌势强。

解析如下：孔子说，所谓君子者，言忠信而心不德。要想平定天下，首先要有良好的道德品行，这样可以得人心，得人心者才能使之兴旺昌盛，得人心者才能得天下；其次要有强大的实力，强者才可以平定四方，强者才能定国安邦。

朱元璋听后，再度发出这样的感叹：听君一席话，胜读十年书。

就这样，冯氏兄弟成了朱元璋的第一批智囊团成员。而冯氏兄弟也没有令朱元璋失望，后来立下了不少功劳，深得朱元璋器重，然而，冯国用却英年早逝，至正十八年（公元1358年）时三十六岁的冯国用不幸病逝于军中。朱元璋称帝后追封冯国用为郢国公，画其肖像于功臣庙，位列元勋第八位。冯国胜后来因避讳朱元璋"国瑞"的讳，改名为冯胜，他承袭兄职，典掌亲军，风光一时，这是后话。

李善长不是传说

　　话说冯氏兄弟指点迷津后，朱元璋马上把目标确定在集庆，然而，欲夺集庆，滁州（今安徽滁县）是必取之地。当然，朱元璋没有心思像欧阳修那样领会"醉翁之意不在酒，在乎山水之间也"的美妙意境，而是冥思苦想着如何占领这个所谓"环滁皆山也"的军事重地。俗话说："人倒霉时，连喝口凉水都能呛着。"而人一旦走起好运来，那也是连门板都挡不住的。这不，就在朱元璋顺风顺水，势力日涨千里时，在进军滁州的途中，又一个人的加盟，让朱元璋发出"众里寻他千百度，蓦然回首，那人却在灯火阑珊处"的感叹。

　　这个人便是后来的大明开国第一功臣、"萧何"式的人物李善长。

　　李善长，字百室，安徽定远人。他读的书虽然不多，头脑却很灵活，富有智慧和谋略，而且精通法家学说，适合在司法部门工作。然而，当时的社会环境却无他的用武之地。元朝末年，刘福通等人造反后，李善长也想组织当地人进行造反，但无奈他一介书生，号召力有限，举事没有成功。为了避难，选择了"小隐隐于野"——到深山中躲藏起来。两年后，当听说"后起之秀"朱元璋要攻打滁州时，他没有再选择"隐忍"，而是选择了"复出"。李善长知道自己已到了不惑之年，再不出山建功立业，恐怕一辈子就会这样碌碌无为地度过了。通过多方面观察，他觉得朱元璋是一位雄才大略式的人物，于是才会坐在途中静候朱元璋的出现。

果然，天上掉下个李善长，他不是传说，朱元璋就像看一件稀奇宝物一样，左看右看，上看下看，总之一阵乱看之后，心里叹道："天上掉下个李帅哥，似一朵轻云刚出岫，只道他腹内草莽人轻浮，却原来骨骼清奇非俗流，娴静犹如花照水，行动好比风拂柳……"李善长却悠然站起身来，自言自语般道："此山乃我开，此树乃我种，欲从此处过，留下买路钱。"

"哪里来的野驴，敢在你爷爷面前撒野！"就在朱元璋被李善长弄得云里雾里时，他身边早已冲出一将，手持长枪便要直刺过去。朱元璋心中一惊，急忙阻道："徐达不可造次！"

徐达手中的枪原本对着李善长便要刺下去，闻得朱元璋大声呵斥，只好猛勒马绳，硬生生地停住了手中的枪。

"适才打扰先生清净，还望恕罪。"朱元璋疾步走上前，对着李善长作了一揖，问道："敢问先生名讳？"

"大丈夫行不改姓，坐不更名，免贵姓李，名善长。"

"啊，你就是有淮南第一秀才之称的小李子啊……"原来朱元璋在召集武将时，对文官也是如饥似渴，四处打探，早就对李善长的大名如雷贯耳。此时此地居然见到了他，又惊又喜，便抱拳道："如今天下大乱，民不聊生，也不知道这种局面什么时候才能平息下来。朱某不才，却欲解救天下苍生于水深火热之中，先生道骨傲然，极具长者之风，定是仙人下凡，不知肯助元璋一臂之力否？"

李善长原本这般故作清高，只是想试探一下朱元璋，此时见他如此虔诚，这戏哪里还演得下去啊！赶紧顿首谢道："恭敬不如从命，李某不才，愿效犬马之劳。"

古来真主百灵扶，风虎云龙自不孤。就这样，李善长成了朱元璋的重要参谋。就这样，朱元璋一下子就有了三位干才的鼎力相助，文武群臣皆具备，接下来是大干一场的时候了。接着，朱元璋带着李善长等人马不停蹄，攻取滁州。接下来，局势很明朗了，等朱元璋的大部队一到，几乎是以摧枯拉朽之势便攻克了滁州城。

第六章

翻云覆雨

信任危机

就在朱元璋全心全意图发展，一心一意打滁州时，濠州城里的火并达到了白热化程度。彭大、赵均用都是眼里容不下沙子的，他们眼看郭子兴在朱元璋的帮助下，实力与日俱增，马上想出了一石二鸟之计，派人去敦促朱元璋派兵把守盱泗，以达到削弱朱元璋势力的目的。朱元璋很快识破了彭、赵二人的雕虫小技，明确表示，他只听郭子兴的命令，不听其他任何人的命令。

然而，朱元璋没有料到，他拒绝彭、赵二人的请求后，彭、赵之间很快进行了火并，火并的结果是彭大光荣牺牲，赵均用一跃成为濠州城里的大哥大。很快郭子兴也被软禁起来，失去了自由。小张夫人派人给朱元璋报信，叫他赶快搭救。

朱元璋一听，觉得事情非同小可，马上召开了一次军事会议，商议这件事。会议一开始，朱元璋便先发制人地抛出"救还是不救"这个伪命题。为什么说是"伪命题"？原因是朱元璋商量这个只是走过场，救是必须的，不救，他于情于理都说不过去。

果然，不明就里的徐达说出"不救"两个字时，被朱元璋大训了一顿。虽然徐达极力阐述自己不救的理由：一是现在刚拿下滁州，正是再进军的大好时候；二是一旦把郭子兴救回来了，又得处处归他管束，毫无自由权；

三是赵均用是个凶神恶煞般的人，想去救也未必能成功。应该说徐达的话说到了朱元璋的心坎儿里去了，然而，朱元璋宁可违背自己的心意去救，因为他还知道"仁义"两个字。人而无信，不知其可。郭子兴既是他的顶头上司，又把干女儿嫁给他了，于公于私于情于理，他都得去救。否则，郭子兴这么不明不白死去是小事，自己的诚信丢了就是大事了，这样，将来谁还肯跟他一起，谁还敢为他卖命！因此，朱元璋待徐达滔滔不绝地说了一大通后，反问道："如果真的需要什么理由，一万个够不够?"徐达便不敢再吭声了。

既然确定了救人这个整体思路了，接下来就是商量如何救的问题了。这时，该轮到李善长上场了。只见他轻启玉口，只说了四个字：曲径通幽。意思是说，不宜派兵兴师动众地去濠州救郭子兴，而是要通过柔的方式来解决。

心有灵犀一点通，这正符合朱元璋的想法。于是乎，接下来朱元璋马上来了个"两步走"。第一步，写信。写了一封恐吓信给赵均用，信里义正词严地表明了三层意思：一是你不能动郭子兴；二是郭子兴曾有恩于你；三是你若敢乱来，我也会乱来。果然，接到朱元璋不卑不亢的恐吓信后，赵均用吓了一跳，朱元璋现在的兵力是他的数倍，实力也高出他数倍，他还真的不敢乱来。暂时稳住赵均用后，朱元璋马上进行第二步走——贿赂。用大量金银珠宝贿赂了赵均用身边的贴身卫士，有钱能使鬼推磨，卫士收人好处替人消灾，利用三寸不烂之舌，猛吹赵均用的耳边风。结果赵均用权衡利弊，不但放了郭子兴，还客客气气地送他出城，一路上小心翼翼地赔不是。末了，还说了这样一句话："濠州城现在是元军虎视眈眈的食物，我代兄长暂时坚守一阵。你先到别的地方躲上一阵，为了保护你的人身安全，你的一万老部下也一起带走吧。"

就这样，郭子兴虽然失去了濠州这个根据地，但保住了嫡系部队，这也算是不幸中的万幸。当然，令郭子兴感到意外的是，当他带领着所属的万余人马来到了滁州时，女婿朱元璋把他迎进城后，直接送给了岳父大人两件大礼：一是一张椅子，这雕龙绣凤的椅子可不是一般的椅子，乃是朱元璋平日里坐的"头把交椅";二是一块木头,这木头不是一般的木头,乃是朱元璋发号命令的兵符。意思很明显,朱元璋主动让贤,把滁州第一的位置让给郭子兴来坐,为了让他放心,把所有军队的指挥权也交给他。也正是因为这样,郭子兴接到这两份沉甸甸的大礼时,乐开了花,情不自禁地赞叹道:"得婿如此,夫复何求!"

不过,郭子兴说归说,但做起来却是另外一回事。他很快就好了伤疤忘了疼,在儿子郭天叙、郭天爵及小舅子等人的挑拨离间下,对朱元璋猜忌起来。为了防患于未然,郭子兴想出了釜底抽薪之计。

首先,不再叫朱元璋带兵、练兵,甚至任何重大行动都不找朱元璋商量,剥夺朱元璋的军事指挥权和参政权。其次,把朱元璋身边的得力干将徐达等一个个调到元帅府,砍掉朱元璋的"左膀"。

最后,把朱元璋身边的得力智囊团李善长等人一个个"挖"到元帅府来,砍掉朱元璋的"右臂"。

前两条朱元璋都没有吭声,毕竟,第一条,郭子兴一来,朱元璋便把军事指挥权交给了郭子兴,现在郭子兴不叫他领兵,于情于理都说得过去。第二条,郭子兴既然有军事指挥权,那调兵遣将也是理所当然。如果说前两条,朱元璋的心还只是在痛的话,那么郭子兴再对李善长动手,他的心就在流血了。这不,或许是心灵感应了,这时,不愿离开朱元璋去郭府的李善长离别时,对着朱元璋展开了最不"善长"的一幕——哭诉。

男儿有泪不轻弹,可见当时李善长有多伤心难过了。朱元璋知道此时如果"强留"李善长,那么就会前功尽弃,会再度遭到郭子兴的怀疑,甚至是"武力相逼"。于是,他只能装着若无其事地拍着李善长的肩膀说:"男人哭吧哭吧虽然不是罪,但毕竟不雅观,你先去元帅府也好,将来也好把我接过去。"一席话说得李善长破涕为笑。

然而,说归说,劝归劝,李善长似铁了心,说什么也不肯去元帅府。

李善长没有动静,很快郭子兴再次派人来请他。这一次,李善长将倔强进行到底,回了六个字:我有病,要休养。

事不过三,请了几次之后,郭子兴显然对李善长失去了耐心,也就懒得再管他，随他去了。可能他心里还在想："我这么倚重你，请你去元帅府享清福，你就是不来，这就怪不得我了。朱元璋现在是光杆司令，看你能有什么通天本领！"

朱元璋果然老练，郭子兴虽然把他几乎逼到了绝路，但他显得若无其事，对外没有半句怨言，相反，对待郭子兴更加恭敬有礼了。

严峻的考验还在后面。即使朱元璋从拥兵数万的大将军变成了一无所有的"布衣"，但诋毁他的人还是把他视为眼中钉、肉中刺。甚至有人公然说他在作战时贪生怕死、委曲求全，只求力保自己的势力和实力，从不顾及城池之得失与发展，所取得的战功完全是靠着七分侥幸三分诡诈得来的。

对此，郭子兴决定让事实说话，不久，一股元兵刚好来围攻滁州，这是验证朱元璋清白的最好时机了。郭子兴对朱元璋说了这样一句话："你去应敌。"朱元璋一听惊喜交加，眼泪唰地流下来，对他来说，身为"布衣"的他能这么快拥有指挥兵权的机会，这太难得了，太出乎人的意料了。

然而，他不会料到，郭子兴这是在考验他，与他交战的不单是元军，还有自己人马中的一个姓任的大将。郭子兴安排朱元璋和他共同御敌，意图很明显，是骡子是马拉出来遛遛就知道了。

这位任将军对朱元璋向来不服，认为此时交战是给朱元璋颜色看的绝好时机，于是乎，郭子兴比赛的命令刚一下，他便一马当先地冲出城门去，看样子，头功非他莫属了。然而，他刚冲出城门，元军的箭便如雨般射过来。任将军一看，再往前冲的话非死即伤，于是赶紧勒转马头往城里走。

反观走在后面的朱元璋，却来了个后来居上，奋勇向前，如入无人之境，直到把敌人打得丢盔弃甲、落荒而逃，这才收兵。

事实胜于雄辩，直到这时，郭子兴才相信说朱元璋畏敌不前是纯属诬陷。但饶是如此，他对朱元璋的提防之心依然没有改变。这时，就看朱元璋的老婆马秀英的表演了。

马秀英见夫君兵权被夺，成了孤家寡人后，比朱元璋更着急，她分析来分析去，最后决定采取攻心之策。什么东西最能打动人心，当然是财物。君不闻"人为财死，鸟为食亡"这句话吗？很显然，朱元璋在这方面就很古板，他以前在战场上，但凡军队有所缴获，自己分文不取，全部分给手下的将领，这与其他的将领每次打完仗之后都带给郭子兴大量的金银珠宝形成鲜明的对比。结果，郭子兴对朱元璋的"不孝敬"当然很是不满了。好在马氏心思细腻，她知道内情后，以后凡有将士送来战利品，马氏来者不拒，照单全收，然后再拿着这些礼品送到张氏那里。张氏的耳边风一吹，自然胜过九级台风。她时常说朱元璋的好话，郭子兴对朱元璋敌对的态度才有所改变，渐渐消除了疑虑。朱元璋终于渡过了信任危机，赢得了转机。

忽悠也是一项技术活

树欲静而风不止，更大的考验又接踵而至。

至正十四年（公元1354年）十一月，不甘心坐以待毙的元朝政府派出了丞相脱脱亲自挂帅出征，以数十万重兵来围攻六合城。

六合城此时的"城主"是赵均用。原来自从在濠州城火并彭大后，赵均用虽然成功干掉了彭大这个眼中钉、肉中刺，但结果却是鹬蚌相争，渔翁得利。孙德崖等人借机发威，成功地霸占了原本就属于他们的濠州，无奈之下，赵均用只好"借住"到濠州附近的六合城了。

此时面对数十万元军压境，赵均用一边积极组织兵马进行抵抗，一边去求救其他的起义军，向谁求救呢？最后赵均用还是把目光停留在了救世主朱元璋身上。朱元璋有胆有识，现在又拥有精兵强将，他如果肯相助，那六合城就有救了。于是，他马上派人突围来到了滁州城。

朱元璋虽然痛恨赵均用无情，但想到他到底是起义军，再说，元军一旦把他灭了，下一个目标很可能就是他们了。因此，他当然倾向于救了。可是，他现在做不了主，这事还得"城主"郭子兴点头。于是，他马上就把这件事向郭子兴进行了汇报。

郭子兴一听，直接回了两个字：不救。赵均用两次对自己给予污辱：一次绑架、一次软禁，他早就恨不得把赵均用碎尸万段，此时他被元军包围，郭子兴高兴还来不及，怎么肯发兵去救呢？朱元璋见状只好进行了劝说，直接教会了郭子兴一个关键词：唇亡齿寒。解析如下：六合城与我们的滁州处于邻畔，互为掎角，犹如唇齿相依。一旦六合城被元军攻破了，下一步定然是来进攻滁州，到时候只怕滁州这样一座孤城也很难自保。覆巢之下，安有完卵？救六合城就等于救自己，还请父帅大人不计小人过，以大局为重，及早发兵救助才是上策啊！郭子兴陷入了沉思，良久，才叹道："唇亡齿寒，齿寒唇亡，出兵吧。"但他向大家询问谁愿带兵出征时，大家都选择了沉默，弄得郭子兴好不尴尬。最后没办法，郭子兴只好进行了"点将"，结果恭喜朱元璋再次中状元。当把一万兵权交给朱元璋时，郭子兴是极为不甘心的，但也无可奈何。蜀中无大将，廖化当先锋。于是，他命朱元璋签下了军令状：不克敌誓不归。

对于在池中良久的"巨龙"朱元璋来说，即便是战死在外面也比窝囊死在家里痛快。因此，军令状又怎能难住他！他唰唰就签下了。朱元璋，能不能上天就靠这一战了。

亲临现场，看着密如蚂蚁的元军，朱元璋这才明白，为什么大家都不愿来蹚这汤浑水，因为这汤浑水实在不好蹚，蹚不好会淹死。为此，朱元璋马上选择了一处叫瓦梁的地方作为落脚点。一来可以暂时稳住阵脚，二来可以与六合城的赵均用守军呈掎角之势。

元兵自然不会放任朱元璋在他们眼皮子底下折腾，于是马上就对瓦梁进行了围攻。一浪高过一浪，朱元璋便后悔起来，看来自己匆匆忙忙太过大意，犯下大错，屯兵于孤城中，无异于飞蛾扑火，自取灭亡啊！因此，朱元璋一边组织防御一边寻思突围之策，最后想出了一招妙计——美人计。

养其乱臣以迷之，进美女淫声以惑之。这是美人计中的最高境界。朱元璋虽然还达不到这种高境界，但美人计三大策略还是运用出来了。

一、投其所好。美人计中所用的"美人"，只有被接受的时候，才能产生威力，也就是"美人"只是外因，必须通过内因才能起作用。要使对方的内因起作用，关键的一条就是要投其所好。朱元璋的"投其所好"是撒下所有在前线的士兵，把军中所有的美女都派到最前线，美人一来可以养眼，二来可以安心，三来可以勾魂。元军一看，眼睛都直了，口水直流。

二、伐情损敌。美人主要是用来在敌人心理方面发动进攻的武器，是通过"伐情"来损敌的，也就是消磨敌之意志，挫败敌之锐气。于是乎，接下来，战场上演变成这样一幅奇特的景观：几十名妇女面对凶神恶煞的元军毫无畏色，个个叉着腰，两手搭在髀间，张着两脚站着——就像一个个画图仪器里细脚伶仃的圆规。"圆规们"充分发挥泼女骂街的本领，用最毒、最狠、最响的语言，向元军招呼过去……骂着骂着，骂出了经验和水平，分批次分层次地进行怒骂，一队骂时，另一队就在原地坐下喝水吃饭，休息一会儿再接着上阵。元兵们在战场从来没有看过这种场面，被骂得晕头转向，相视愕然，发出这样的感慨来：从没有见过这种圆规式的姿势，从没有见过这种圆规式的怒骂啊！他们不知不觉呆住了，不知不觉停止了进攻。

三、相机取事。美人计一般是作为达到最终目的的辅助手段，其主要目标是摧毁敌人的精神壁垒，但达不到彻底歼灭敌人的目的，常常还要进行武力决战。所以在施用美人计的时候，要积极创造或寻找发动武力进攻的时机。眼看取得了预期的效果，朱元璋便开始了"相机行事"，他带着军队开始突围，当然，突围还是有层次的。走在最前头的是牛马等牲畜，紧随其后的是这些风情万种、小鸟依人的妇女们，最后才是士兵。

牲畜和美女显然吸引住了元军，他们津津有味地欣赏着这一部经典的动画片《美女与野兽》，只顾着行注目礼，仿佛到了电影院，忘了这是战场，结果眼睁睁地看着朱元璋的大军扬长而去时，这才醒悟过来，于是一边发出"美女与野兽之后是人渣"的感慨，一边赶紧去追击。

朱元璋是何等人物，退出敌人的包围圈后，马上在滁州城边一座山谷设立了埋伏，然后命二十四将之一的耿再成殿后，目的只有一个——诱敌。

耿再成接下来当然知道怎么做了，他先是带兵与元兵大战了一番，然后在一阵"扯呼"声中开始撤退。元兵自然不会放过这到嘴的鸭子，结果耿再成且战且退，很快把元兵引入了朱元璋设伏的山谷。后面的故事就有点老套了，当元军到山下时，埋伏的起义军冲出来，杀了元军一个措手不及。与此同时，滁州城中的起义军也不是吃素的，他们敲锣打鼓，呐喊着倾巢而出，与伏兵两面夹攻，大获全胜，直打得元兵哭爹喊娘，落荒而逃。结果，朱元璋的队伍自然缴获了敌人大批的马匹和财物。然而，朱元璋看着这么多战利品，脸上并无喜悦之色。他知道，元军多如牛毛，这只不过是他们的一小部分，吃了这个哑巴亏，自然不会善罢甘休，自然会再来寻仇，到时候，说不定他们会弃了六和城，全力围攻滁州。这样一来，到时候只怕滁州就会吃不了兜着走了。于是，朱元璋决定将忽悠进行到底。

考虑到了在瓦梁突围时已经使出了"美人计"，接下来，他使出的是"苦肉计"。于是乎，当灰头土脸的元军重新整顿人马，正欲来滁州找朱元璋血债血还时，出乎他们意料的事又发生了。朱元璋派城中的老百姓送来好酒好菜，连那些缴获的马匹枪械等也一并送来了。"你们这是干啥，战场无父子，愿赌服输。我们先前输了便输了，岂要你们送这些嗟来之食羞辱我们！"元军个个义愤填膺，大有宁死不屈的英雄气概。

百姓是这样回话的："这不是嗟来之食，而是物归原主！我们的主帅年老多病，没能来亲自慰劳各位，深表遗憾，所以才派了我们作为代表前来。我们滁州城都是良民百姓，之所以组成武装力量，全是为了防御盗贼的需要。先前和你们交战，纯粹是一时失察而产生的误会，望将军们明察啊！不要因此而让我们这无辜的百姓遭殃啊！如今高邮城巨寇张士诚势力很大，这才是你们当前急需平定的地方，如果将军能开恩，保护我们这些良民，你们引兵去攻打他们时，我们愿倾尽全力，提供贵军一切军用之需。还请将军三思而后行啊！"元将见他们说得恳切，信以为真，于是对部属们说了这样一句总结陈词：看来城中确实都是良民啊！于是，马上下了撤军令——集中全力攻打高邮。滁州之围就这样解了。

值得一提的是，元军也不是吃素的，集中了数十万精锐之师全力攻打高邮的张士诚，结果张士诚在顽强坚守了三个月之后，眼看就要挡不住了。就在城池要被攻陷时，元军前线总指挥脱脱竟因遭到了朝中的谗言被元顺帝罢官免职，被流放到四季如春的云南修身养性去了。最终，缓过气来的张士诚放手一搏，大败了已群龙无首的元军，从此，张士诚势力开始迅速壮大，元军沦为明日黄花，整个淮河以南都成了起义军的地盘。

今朝有酒今朝醉

元军退后，既保住了滁州，又解了六合城之围，最高兴的莫过于郭子兴。是啊，尽管一切都是靠朱元璋干出来的，尽管他从头到尾都只是一个"旁观者"，但这并不妨碍他窃取战争的胜利果实。毕竟一切都可以用一句话概括：领导有方。也正是因为这样，郭子兴的名声更响亮了，前来道贺的人络绎不绝。

世上本来没有路，走的人多了便成了路，世上真假本来就难辨，甜言蜜语听多了便成了真。整天被这些恭维的话包围，郭子兴很快就飘飘然起来，飘飘然的结果是他觉得自己是称王称霸的料儿，于是，称王这件事很快就提上了议程。

讨论这件事时，郭子兴手下的将领们清一色地高举赞成的牌子，他们心里的小九九是，元帅称王，他们也会水涨船高，跟着得到升迁，何乐而不为呢！

唯一投反对票的是朱元璋。按照少数服从多数的原则，这一票也起不了多大的作用。然而，因为唯一投反对票的是朱元璋，独一无二的朱元璋、英气十足的朱元璋、一句顶一万句的朱元璋，效果就不一样了。于是乎，郭子兴原本喜上眉梢的脸顿时被一片乌云密布笼罩着。但他还是耐着性子，问道："你明明知道，你这一票并不能起到定乾坤的作用，为什么还要投反对票呢？""我认为元帅现在还不是称王的时候。"朱元璋说出了他的两个理由。一是枪打出头鸟。一旦称王，势必成为众矢之的，又引得元军来攻，这岂不是引火上身！二是滁州是个好地方，但却不是称王的好地方。滁州四面环山，风景虽然很美，但腹地却太狭小了，没有什么"险"可守，而且交通不太便利，水路、陆路皆不通畅，筹集粮饷很是困难，不是长期居留之地。

"哦，那依你之高见，我下一步要怎么做才可以称王呢？"郭子兴脸色越来越阴暗。"取和州。"朱元璋喃喃地道，"天高任鸟飞，海阔凭鱼跃。和州地大物博，进可攻、退可守，等到那里进一步壮大实力后再称王岂不是上顺天意、下顺民意，万无一失！""和州不是好捏的柿子啊，那儿不但城墙坚固，易守难攻，而且元军在那里布有重防，想拿下和州非一般地难啊！"郭子兴虽然知道朱元璋说得很有道理，但对攻占和州的信心却不足。"父帅所言极是，俗话说攻城为下、攻心为上，和州只能智取，不能力取啊！"朱元璋说着在郭子兴耳边言语了一阵。郭子兴脸上顿时露出了惊喜之色，本能地点了点头，答了一个字："好。"

不过，郭子兴这一次，却将他的小舅子张天佑作为"主打牌"派到战场。意图很明显，攻下和州，头功要给张天佑，以达到牵制和削弱朱元璋的目的。然而，正是这个张天佑，差点儿坏了大事，好在起义军强者如云，有如神助，最终还是有惊无险地拿下了和州城。

下面我们就来看智取和州的进程吧。按照朱元璋的计谋，分两步走：第一步的任务是由郭子兴钦点的张天佑来担当，张天佑的任务不是攻城拔寨，而是乔装成元军使者，骑上威武的骆驼，载着大量粮草等货物去和州"犒劳"那里的元军。只要把犒劳品送到和州城，交给那里的守军便是成功。如果能在和州留宿一晚上，便是奇功。

第二步由朱元璋一手打造的二十四将之一的耿再成来负责完成。耿再成带领一万人马，身着红衣，跟在张天佑等人的后面。等张天佑诈入和州之后，以点火为号，来个里应外合，出其不意夺下和州城。

"我怎么都是元帅的小舅子啊，怎么担任的是挑山工这样的工作啊！"

张天佑嘟囔着上路了，心里自然很是不高兴。然而，他不会料到，他带着犒劳品来到和州城时，和州城的守兵听说有特使不远千里送来犒劳品了，很是感动，感动之余，便派人到城外十里处相迎。接到了张天佑等贵客后，他们觉得和州太小，又没什么好招待的，便在和州城外附近找了个"五星级饭店"，拉着张天佑喝接风酒去了。张天佑除了好色便是贪杯，两杯酒一下肚，便忘了他的身上肩负的重任，结果很快来了个"今朝有酒今朝醉"。

耿再成自然不知道情况发生了改变，来到和州城下后，便开始了漫长的等待。等啊，等啊，一直等到夜半三更了，还不见有动静。眼看再等下去，天就要亮了，耿再成急了，心里暗道：该不会是张天佑等人露出了蛛丝马迹，事情败露了吧？想到这里，耿再成当机立断，马上带领士兵向和州城赤裸裸地杀将过去。

当然，元兵也不是吃素的，他们一方面积极组织力量加强防守，一方面派出一支精锐力量出城应战。

结果，耿再成带领的起义军在毫无准备的情况下，被元军打了个措手不及。混战中，耿再成也中了一支暗箭，不得已，只好带领军队赶紧撤退。元军这下来劲了，眼看伤了起义军的主将，岂肯让他们这般轻松地逃走，于是率大军来了个紧追不舍，直追出三十余里，缴获了大量的战利品。天蒙蒙亮时，这才意犹未尽地鸣金收兵。

都说无巧不成书，就在元军因大获全胜而雄赳赳气昂昂地回城时，一路高歌的欢呼声惊醒了"醉梦人"张天佑。他睁开双眼，猛拍自己的脑袋，心里叫苦不迭，贪杯坏了大事，怎么办啊？

好在张天佑平常虽然懦弱，但关键时刻却雄起了一回，为了将功赎罪，他以大无畏的态度，拿起兵器带领手下的弟兄们就和元军干起来了。元军刚大胜，获得了大量的战利品，正处于高兴、得意的兴奋状态，哪里料到半路里会杀出张天佑这个程咬金来。结果，措手不及下，被打得落花流水，只得赶紧打道回府——逃往和州城。张天佑岂肯就此松手，率众长驱直入，来了个紧追不舍。直追到和州小西门时，城上的元守军赶紧抽回吊桥，眼看就要关上城门了。正在这时，几声利箭穿空响过后，几个关门的守军应声而倒，接着，一个人如天神般从天而降，跃马冲入城门口，手起刀落，吊桥的绳索被硬生生地砍断了……

这个天神般的人物便是汤和。原来，朱元璋对张天佑办事有点儿不放心，怕他和耿再成之间出现配合上的差错，因此，秘密叫汤和带了数百精兵潜伏到了和州城外，相机行事。先前看到耿再成大败，他也想救，但无奈手中兵马有限，只好忍痛静观其变。结果还真逮到机会了，张天佑的半路杀出，正好给了汤和英雄用武之地。他及时杀到和州城下，让元军关闭城门的梦想破灭。

汤和的出现极大地鼓舞了张天佑等士兵的士气，他们见状，哪里还敢犹豫，簇拥着杀入城里。进城之后的张天佑头脑极为清醒，马上干了三件事。一是关门。关了城门，后面没进城的元军就只能望城兴叹，不能及时进城来支援城中的元军。二是灭火。吩咐手下士兵，哪里有火就往哪里去，哪里有火就灭哪里的火。灭火很实用，主要是为了防止和州城里的元军点燃报警台的烽火，而搬来元军大股救兵。三是杀人。这个很简单，你不杀元军，元军就要杀你。凡是身边的元军都得往死里整。事实证明，张天佑的"三管齐下"很实用，效果很明显，城中的也先帖木儿见大势已去，仓皇逃出城去了，结果在群龙无首的情况下，其他元军很快放弃了抵抗，非逃即降。

朱元璋的"约法三章"

解围六合城，智夺和州城，朱元璋充分展示了其在军事方面的不凡天赋和才能，郭子兴高兴之余，终于放弃了对朱元璋的提防，命他为和州总兵，统率和州兵马。

朱元璋得以重掌兵权后，高兴之余，更多的是感受到肩上沉甸甸的责任和使命。为了彻底整顿军纪军风，他决定通过铁腕手段来改变这一切。因此，当他进入和州城正式上任的第一天，便来个下马威——叫人将议事厅上的主将案座撤掉，全部换上长条木凳。然后叫大家前来议事。

这些老将领进来后，先是傻了眼，怎么这里议事厅的条件这么寒酸啊，都是木凳！而且木凳上又没有贴名字之类的，这个怎么坐啊？但既来之则安之，于是，大家都选择了自己认为该坐的位置。

等大家都坐好后，这时，朱元璋才姗姗来迟。他环视了一周，果然不出他所料，偌大的大厅只剩下左边最末一个位置没人入座——显然这是众人留给他的位置。要知道当时以右为尊，众人这样，显然是不把朱总兵放在眼里了。

朱元璋装作若无其事地从容就座，好像根本不知道以他的身份和地位不应该这样"叨陪末位"的。接下来正式开始议事了，当问到了一些实质性的问题时，这些"元老"们便个个成了哑巴。而朱元璋却解析得如行云流水，信手拈来，竟然层次分明，有章可循。直到这时，这些老将才觉得朱元璋才华非凡，对他心服了三分。

会上，朱元璋还提出了一件很重要的事：修缮城墙。原因是和州城墙年久失修，再加上近来经过好几次围攻，破损严重，如果再不进行修葺，如何能打造固若金汤的防守体系呢？朱元璋提出的修复方案是，把城墙分成若干段，实行承包责任制，每段分配专人负责，并且要在规定的时间内完成，否则军法处置。为了以身作则，朱元璋挑选了一段破坏最为严重的城楼作为自己的承包区。

然而，对于朱元璋的安排，众人却根本不屑一顾，规定时间一到，除了朱元璋自己修缮的城墙完工外，其他的城墙都没有动静。这些所谓的"元老"对朱元璋的"忠告"：不要把别人太当真，也不要太把自己当一回事儿。

对此，朱元璋的回答：不要把别人太不当真，也不要太不把自己当一回事儿。

这天议事，元老们进了议事厅后，又怔住了，随即发出"朱总兵真会创新"的感慨来。原来议事厅又变了模样，原来的长条凳都没有了，偌大的大厅中，只有坐北朝南摆了张主将公案。众人正在诧异中，朱元璋沉着一张脸，端着一支描金令牌从后堂跨出。徐达、汤和腰系长剑，雄赳赳、气昂昂地紧随其后。

朱元璋走到公案前，当仁不让地坐下，然后将令牌一举，说了这样一句话："别把总兵不当干部。"并且教会了大家两个关键语句：一、在其位谋其政。我这总兵，是大帅亲自任命的，并不是我自己杜撰假冒的。咱既然受了这个职位，就须对得起大帅的厚爱，对得起手中的这碗饭。二、无规矩不成方圆。修缮城墙，利在当代，功在千秋，是一件重中之重的事，先前已和各位立下了军令状，如今规定时间已到，城墙却没有修好，各位说说，这是什么罪呢？

众人皆低头不敢作答。

"来人，给我统统拉下去砍了。"

众人吓得各个伏在地上，磕头如捣蒜。

"使不得啊，如今正是用人之际，岂可自斩手足，做亲者痛仇者快的事啊！"这时，只见李善长慢悠悠地从后堂走出来，进行劝解。

"既如此，死罪可免，但活罪难逃。来人哪，给我拉下去，每人重杖军棍五十！""众将年事已高，又念其是初犯，这次就得饶人处且饶人，先记下，下次如有再犯再惩罚也不迟。"李善长继续劝道。

"好，既然如此，这次军棍暂且记在账下，下次再犯，决不轻饶。"朱元璋厉声道。"愿听总兵之命！"诸将领被朱元璋这一唬，此后再也不敢对朱元璋不敬了。

朱元璋臣服手下元老后，并没有沾沾自喜，相反，他知道，得民心者得天下，要想在和州长治久安，必须得到和州老百姓的认可和厚爱。而百姓好不好，体现在士兵身上。因此，接下来是该向士兵们立威的时候了。

我们都知道，朱元璋向来对部队的纪律要求很严，但郭子兴从濠州带的旧部却往往是陋习不断。再加上后来遭忌的朱元璋被剥夺了兵权，士兵们便更加放肆了，扰民现象时有发生。

朱元璋在和州当总兵后，决定对士兵们的作风建设进一步加强。为此，他多次微服私访。

这一天，朱元璋按惯例早起视察和州城防。当他走到一条街上时，发现这里几乎到了"千山鸟飞绝，万径人踪灭"的境地。几乎看不到行人，好不容易看见一个人，还是一个蜷缩着的小孩，身边放了一个要饭的篮子，像是孤苦无依的弃儿。

"小朋友，你怎么睡到这里？风好大，怎么不回家睡呢？"朱元璋也是穷孩子出身，而且父母双亡后，也成了孤儿，因此怜悯之心顿生，蹲下身来关切地问那小孩。

"我无家可归，没地方睡，只好睡这里了。"

"你是孤儿？"

小孩摇摇头。

"你爹娘早逝了？"

小孩摇摇头。

"那你爹爹呢?"

小孩摇摇头,又点点头,然后道:"被军官拉到军中去养马了。"

"那你娘呢?"

"我娘也被军官强拉在军中,娘与爹爹见了面都不敢相认,只说是兄妹。我不敢进去找他们,只能流浪到这里等候他们了。"这个小孩毕竟还小,口无遮拦地说出了全部实情。朱元璋细细瞧着,觉得那小孩真是越发地可怜。

朱元璋突然鼻子一酸,想起了自己曾经遭遇的种种凄苦往事,于是立即把诸将召集到议事厅,厉声道:"我们自从打下滁州以后,士兵们便经常干一些掳人妻女的事,弄得很多人妻离子散、家破人亡。长此以往,我们就是一盘散沙,不等元军来攻自己就乱了。这样一来,我们还如何谈发展,如何谈理想,如何实现我们的人生追求和目标,这不是自取灭亡吗?"说完理论知识后,朱元璋开始来实际的了。他宣布新鲜出炉的"约法三章":一、所有抢来的妇女立即放其归家;二、如有违令者斩无赦;三、今后如有再犯者斩无赦。

第二天,朱元璋把城中的男人与那些被掳掠的女子都召集到了衙门前,让他们彼此相认,于是,很多被抢去妇女的人家都得以破镜重圆。从这以后,军队纪律得到了加强,百姓自然也很拥护朱元璋,很快,军民同乐的关系又得到了重新建立。

终于有了自己的地盘

第七章

以柔化刚

第二年，也就是至正十五年（公元 1355 年）时，一个莺飞草长的春天，不甘寂寞的元朝派出十万之众来攻和州。当时和州城里把所有的老弱病残起义军加起来，满打满算也就一万余人。面对十比一的悬殊军事力量对比，朱元璋灵活运用各种战术，以"游击战"为主，声东击西，指南打北，虚实相隔，无中生有。再加上先前对城墙等进行了加高加固，各种准备工作充足，结果硬是坚持了三个多月没让元军讨到半点便宜。时间一长，元军便开始动摇了，认为这样耗下去，只有三个字：伤不起。最后不得已，只好采取了以退为进的战略，在盛夏时节，选择了退兵于高望、新塘、青山、鸡笼山四要害之地。战略意图：这里进可攻退可守，最重要的是还可以切断和州城对外所需粮道。

屋漏偏逢连夜雨，和州城围刚刚破围，通往外界的粮道却被"冻结"了。民以食为天，没有粮草意味着什么？朱元璋二话不说，亲自挂帅，主动出击，很快就攻破了元军一些营寨，并且夺回了一大批粮草，化解了危机。就这样和州保卫战取得了决定性的胜利。和州稳定了，朱元璋有粮了，远在濠州的节制元帅孙德崖却出现了无粮断粮的危机。最后没办法，为了寻粮找粮，孙德崖也不管三七二十一，带着全部人马呼啦啦地跑到和州附近来"掠草谷"了。

但孙德崖醉翁之意不在"谷"，在乎和州之城也。他把队伍分驻在和州城外的百姓家中，然后带着一些亲信精兵来到和州城外，打出了"借住"的牌子。

朱元璋见是老冤家孙德崖来了，知道孙德崖和郭子兴的种种恩怨，本来是不想答应的。毕竟请神容易送神难，一旦孙德崖几万人马长期逗留在和州内外，那就是自惹麻烦，吃不了兜着走了。可是，他转念一想，冤家宜解不宜结，相逢一笑泯恩仇。孙德崖再坏，也是人，狗急了都有跳墙的时候，更何况是人呢？如果孙德崖一急，和他来个火并，那不是鹬蚌相争，渔翁得利，让一直对和州城虎视眈眈的元军有机可乘吗？

也正是因为这样，朱元璋权衡利弊后，只好开门一边把孙德崖一行迎进城来，一边赶紧派人去滁州向郭子兴进行报告。

郭子兴那是啥脾气，两个字：火暴。那是啥心态：睚眦必报。当年在濠州，他处处受孙德崖等人的气不说，还被他们绑架了两次，一次被关在了黑黢黢猪狗不呆的黑洞里，另一次被软禁起来，好久都不能见天日。这份大仇，他早已刻骨铭心。这等屈辱，他怎会忘了？此时，朱元璋居然把他的仇人放进了和州城，长期免费为他们提供住宿地。因此，一听汇报，气得马上暴跳如雷，站起身来，从滁州直奔和州而来，便要找这个"吃里爬外"的朱元璋秋后算账。

朱元璋当然知道郭子兴的脾气，知道这次擅自做主放孙德崖进来，一是"越了权"，二是"犯了怒"，郭子兴肯定会连夜赶来兴师问罪。思来想去，他觉得只有先在城外"负荆请罪"，方能平息郭子兴心中的怒火，化干戈为玉帛。于是乎，朱元璋吩咐手下人说："大帅如果白天不来，晚上必到，你们一定要一直站在城门外等候。看到大帅来了，马上通知我，我要亲自去迎接。"

半夜时分，郭子兴果然火急火燎地来了。可守城的是郭子兴的一位老部下，对朱元璋常怀有怨恨之心，因此，他没有赶紧通报朱元璋，而是先把老郭迎了进来，安顿好之后，这才慢腾腾地去报告朱元璋。

朱元璋一听，知道事情坏了。本来郭子兴就对他一肚子怒火了，此时来到和州城居然没有"恭迎"，那更是大不敬，只怕郭子兴怒火冲天了。但事已至此，没办法，他只好硬着头皮去"负荆请罪"了。一进门，他便扑通一声跪在地上，直磕着响头。

郭子兴把头扭向别处，也不管朱元璋头破血流，良久，才冷冰冰地来了一句："你是哪一位啊?"

"小婿朱元璋见过大帅。"

"你可知罪?"

"知罪。"朱元璋喃喃地道，"凡事有个轻重缓急，家里的事可以缓一下也不打紧，但外面的事如果不尽早拿主意怕有什么变故啊!"

"什么外面的事啊?"

"孙德崖的事便是外事。"朱元璋道，"我现在私自做主把孙德崖放进城来，完全是从大局考虑。试想，当初孙德崖虽然绑架了你，但没有撕票，并没有伤害到你，最后你还是毫发无损地回来了。现在他遇到了危险，来我们这里避难，也是走投无路的下策，如果我们拒人家于千里之外，你和孙德崖之间的恩怨进一步激化是小事，伤了全体将士的心是大事啊!本是同根生，相煎何太急啊。"朱元璋说着，顿了顿，接着道:"再退一步来说，现在在此地，孙德崖的人马比我们的多很多。他当初虽然绑架过大帅您，但我等夜闯孙府，杀了他的祖父，救出大帅，丢了他的脸面，他一定会记仇于心。害人之心不可有，但防人之心不可无啊!现在听说大帅来了，他伺机报复怎么办?一旦与他冲突起来，只怕是弄个两败俱伤的下场啊!"

郭子兴心中的怒火这才渐渐平息，看样子朱元璋的处理是正确的，化解了矛盾，团结了力量。而他来和州城真是太鲁莽太冲动了，只怕会再度激化矛盾。

煮熟的鸭子飞了

就在郭子兴暗自猜测孙德崖会不会对他下黑手时，孙德崖也是这么想的。果然，郭子兴夜入和州的消息很快就被先知先觉的孙德崖知道了。孙德崖知道这个消息后，脸色苍白如纸，他心里此时只有两个字可以形容：害怕！他当年绑架过郭子兴，虽然没有讨到便宜，但给两人的关系蒙上了阴影。现在我寄居于人家的地盘，郭子兴一旦想找我算账，我不成了人家的瓮中之鳖了吗？

思来想去，辗转反侧，孙德崖这一夜失眠了。早上起来，他派人给朱元璋捎了封辞别信，信的大致内容是说：听说你家老丈人来了，我住在这里对你们不太方便，我还是另找个落脚的地方吧！

孙德崖主动要求走人，朱元璋正求之不得。当然，即便如此，客套话还是必须有的。于是，朱元璋马上亲自去见孙德崖，对他进行了极力挽留。

"不是说好了最少都要住上三五个月吗？怎么说走就走呢？莫不是吃不惯我这里的粗茶淡饭？"

"俗话说相爱容易相处难，我跟你老丈人是相见容易相处难。我不走，难不成要让你老丈人走不成？"

"既然如此，我就不好再强留了。只是现在我们两军共处一城，你们突然离去，怕引起不必要的误会，闹出不必要的乱子来啊！不如这样，让士兵们先走，等他们出了城，大帅殿后，万一出现紧急情况，也可以及时处理，不知大帅以为如何？"朱元璋道。

孙德崖也觉得这个办法两全其美，便点头同意了。撤兵时，朱元璋亲自站在城门口为孙德崖的部队饯行，一来显示待客之礼，二来笼络人心。但他不会料到，就是自己的好心差点儿变成了驴肝肺。

深深忆往昔，依依话别情。就在朱元璋谈笑风生地和孙军挥别时，突然城里飞马来报，说城里两军打了起来，死伤了不少人。

朱元璋一听就知道肯定是发生了突发情况，于是情急中，掉转马头就往城里跑。事情坏就坏在这一跑上，朱元璋这没来由地一跑，已经出了城的孙德崖的部将们认为朱元璋这是做贼心虚，于是乎，他们也选择了爱就一个字：追。

一个跑，一个追，就在这个电光石火间，还在出城的孙德崖余部将士见状，也做了一件事：堵。

前有堵兵，后有追兵，朱元璋眼看情况不妙，只好策马向城外奔去。但无奈孙军太多，狂奔中，朱元璋被暗箭所伤，跌落马下。孙德崖的弟弟见状，举起手中的"屠龙刀"便要给朱元璋送上致命一击。

"朱元璋暂时不能杀，孙大帅还在城里啊！"正在这个节骨眼儿上，孙军中的一个士兵站出来道。一语惊醒梦中人，"是啊，我大哥现在还在城里，此时杀了朱元璋，那大哥能全身而退吗？""对，先把他留个活口当作人质。"孙德崖的弟弟一边说着，一边立即派人入城打探消息，不一会儿，探子来报告，说孙德崖被铁链锁住了脖子正在陪郭子兴喝酒。

锁着脖子喝酒，这酒再好也是苦酒啊！很显然，郭子兴是个恩怨分明的人，眼看孙德崖在自己眼皮底下，正是出自己当年恶气的时候了，怎么会让他轻易走脱？于是，带人去抓孙德崖，两军自然就干起来了。结果可想而知，郭子兴占据天时、地利、人和，自然很快把孙德崖抓住了，不过念在当年孙德崖对他网开一面的分上，他也没有立即对孙德崖下毒手，而是选用这种极其侮辱的方式来报复他。以其人之道还施彼身，应该说郭子兴的模仿秀还是很不错的。

然而，郭子兴的这种美妙感觉并没有维持多久，很快就被一个爆炸式的新闻给搅没了。这个新闻便是朱元璋被孙德崖的弟弟生擒起来了。

朱元璋既是他的女婿，更是他的左膀右臂，不能失去这根顶梁柱啊！于是，他急忙派徐达等人去和孙德崖的弟弟谈交换人质的问题。其实这很容易理解，你们生擒朱元璋，我手中有你们的孙德崖元帅，都是双方的主心骨，一将换一将，公平合理。

"交换人质，这个办法可行。"孙德崖的弟弟说着话锋一转，道，"先放我们的元帅。"

"不行，得先放我们的总兵。"

"是元帅大还是总兵大啊？"

"当然是总兵大！"

"你有没有读过书啊，总兵算个啥，元帅是除了王之外的最大官了。"

"我们是没有读过书，但在我们心目中，就是总兵大。"

"好，秀才遇到兵，有理说不清。一句话，你们是放人不放人？"

"当然放，不过，你得先放……"

就这样，双方争论来争论去，就谁先放人产生了严重分歧，其实这也难怪，这种局面谁先放了人才是傻瓜，万一你放了人，人家撕票了咋办？

"我先留下，换我们的总兵。总兵回了城后，再放孙德崖，孙德崖出了城，你们再放了我，这样总成了吧？"眼看这样争论下去不是办法，徐达灵机一动，说出了这样的"曲线"放人法。

孙德崖的弟弟想，徐达是朱元璋手下的第一猛将，又是他的结拜兄弟，料想朱元璋也不敢乱来。他一时又想不出更好的办法，只好同意了。

结果朱元璋回到和州城后，郭子兴本想撕票，但朱元璋说了反对的两大理由。一是徐达不能死。解析：徐达勇冠三军，是以后打江山不可或缺的大将。徐达一旦死了，将士就会心寒，就没有人愿意替大帅打江山了。二是孙德崖不能死。解析：孙德崖一旦死了，孙德崖的弟弟和手下将士又岂肯善罢甘休，到时又会弄得鱼死网破的下场。

"放人。"郭子兴没有再多听朱元璋的长篇大论，双手无力地挥了挥。

就这样，孙德崖被放回后，孙德崖的弟弟也很守信，放还了徐达。一场灾难就这样化险为夷，一场风波就这样平息了。

孙德崖走了，郭子兴又可以睡安稳觉了。然而，他从此却得了失眠症，煮熟的鸭子飞了，郭子兴好个不甘心啊！那个悔恨哪，那个自责呀，那个感叹哪！总之，旧仇未报，又添新恨。被孙德崖在自己的地盘潇洒走了一回，扬长而去，郭子兴觉得既没报了仇，更失了面子。

佛争一炷香，人争一口气。眼看这口气没争到，郭子兴心中的气怎么可以咽下去？结果他夜不能寐，食不甘味，得了严重的抑郁症。

别人得抑郁症要钱，郭子兴得抑郁症却要命。很快，郭子兴没有咽下对孙德崖的那口恶气，却咽下了自己的生命之气。看样子，气量小、容易忌妒的人死得早，这是有道理的。

都是托孤惹的祸

郭子兴临死前也来了个临终托孤。托孤的对象是朱元璋。他说了三句话：

第一句话是对朱元璋说的："如果你看我两个儿子是个当元帅的料子，你就辅佐他们，如果他们不是当元帅的料子，你就把他们废黜了，你自己当元帅吧。"

朱元璋一听，吓了一跳，郭子兴话中有话，赶紧跪下回话："我一定会全心全意地辅佐两位公子的，绝不敢有一点儿自己当元帅的意思。我一定会做到鞠躬尽瘁，死而后已。"

第二句话是对郭天叙、郭天爵说的："你们要记住，我死了以后，你们弟兄两个，都要把总兵当作自己亲兄弟一样，不能怠慢。"

郭天叙、郭天爵异口同声道："儿臣定当铭记于心。"

第三句话是对众将官说的："我已把军中大事托拜给元璋，要我儿子待他像兄弟手足一样，诸位也不可怠慢。"

众将官同样异口同声说："谨记大帅教诲。"

郭子兴的托孤是明智的，他死后唯一担心的就是不是"池中物"的朱元璋乘机夺了兵权，坐上元帅的位置，而他的两个儿子成为他的阶下囚。因此，这样一"托"，朱元璋便不敢也不能轻举妄动了。毕竟要他做到曹操

"宁可我负天下人，不可让天下负我"那样的高境界，他暂时还是做不到。

人而无信，不知其可也。那种场景和那种氛围，由不得朱元璋不答应。既然答应了，那就不能"反悔"；既然答应了，那就得履行。于是乎，郭子兴死后，郭天叙、郭天爵兄弟接过了父亲的接力棒，"当仁不让"地坐上了元帅的位置。

当然，郭天叙、郭天爵虽然"当仁不让"，但心里却"当人不嚷"。朱元璋这个总兵掌握了和州城的兵权，拥有精兵和良将，这对他们来说是一种威胁啊！拿破仑说，不想当元帅的士兵不是好士兵。郭氏兄弟却是这样说的，有朱元璋在，这元帅还不如士兵好当。因此，郭氏兄弟很快就把父亲托孤那段把朱元璋当亲兄弟的话抛到九霄云外去了。无毒不丈夫，只有除掉朱元璋，他们才会心安；只有除掉朱元璋，天下才会太平。

当然，郭氏兄弟知道，要想除掉朱元璋，直接硬碰硬地对着干，他们肯定不是朱元璋的对手。既然明的不行，就来暗的了。于是乎，他们很快想到的方法是"下毒"。毒从何来，当然是药店了。然而，正当郭氏兄弟派的人买砒霜时被朱元璋的谋士李善长看见了。

"怎么买这么多砒霜啊？可以毒死一头牛或是一头猪了。"李善长问。

"牛猪算什么，简直可以毒死人！"当时李善长的名气还没有完全打出来，那人并不知晓他，因此毫无提防地随口答道。

只一问一答就足够了。李善长知道事情的严重性，马上告诉了朱元璋。朱元璋一听心凉了半截。我已尽心尽力来照顾你们这两个"孤主"了，怎么你们却不容我，反而要害我呢？

当然，雷厉风行的朱元璋并没有只停留在心里说，而是对郭氏兄弟直接说了。当然，说话是要讲究技巧的，时间、地点也不可或缺。这天，郭氏兄弟也许是一时心血来潮，也许是吃饱了撑得慌，总之，他们决定去南山赏菊。考虑到了青春作伴好还乡，郭氏兄弟还叫上了朱元璋。

朱元璋是聪明人，本能的反应是这花不是那么好赏的，花之所以这么红，那是因为鲜血染红的。这一去，郭氏兄弟是想让我的鲜血来祭花吧。按常理说，去无好处不如不去，但郭氏兄弟现在是"主子"，朱元璋现在是

"臣子"，主子相邀，他能不去吗？

去，没有好果子吃；不去，又不行。朱元璋当然选择了去，但为了不吃"坏果子"，他来了个先发制人，走到半路时，突然双腿夹鞍，双手一提马缰，那马长嘶一声人立而起，朱元璋仰面望天，嘴唇嗫动，嘴里念念有词，似在低诉，又似在自语。郭氏兄弟好奇地望着朱元璋的举动，正不明所以，突然，朱元璋回过头来，用手指着郭氏兄弟，劈头盖脸就是一阵大骂："你们两个卑鄙的小人，和曹操有一比了。你父帅托孤于我，要我好心辅佐你们，我凡事鞠躬尽瘁，任劳任怨。你们却要陷害我，这是何道理？"

"什么陷害？哪跟哪的事啊？"郭氏兄弟闻言脸色大变，极力否认。

"刚才空中有金刚神甲飞来告诉我，说你们在酒菜中下了毒药，想送我到阎王那里去，不知道这是不是真的？"

"没，没有的事啊！"郭天叙和郭天爵对视了一眼，再度达成统一，有默契地进行否认。"既然如此，那你们两个把这些酒给喝了，把这些菜给吃了。"朱元璋跳下马来，指着酒菜对郭氏兄弟说。

郭氏自然不会吃，但一时又找不到拒绝吃的好理由，眼看阴谋暴露了，最后只好来了个不欢而散。

一招不成，郭氏兄弟没有灰心，也没有气馁。马上又祭出一阴招：请神。你朱元璋不是搬来金刚神甲相助吗？那我们也请神过来相助，唯一不同的是朱元璋请的是"死神"，而他们请的却是"活神"。

这个活神叫小明王。说起小明王可能大家有点儿陌生，但说他的真实姓名韩林儿大家应该就有印象了，如果再说刘福通大家就更如雷贯耳了。前面已经说过，韩山童被杀后，刘福通扶持他的儿子韩林儿为皇帝，号称小明王。

小明王虽然年纪小，但有三老：一是资格老——最先起义；二是资历老——最早起义人韩山童的儿子；三是资质老——第一个称王者。

郭氏兄弟本着"家有三老如有一宝"的原则，不顾山高水远，亲自去拜访了小明王一趟。回来时双手捧了一个证书之类的东西，并且第一个便交给了朱元璋。

朱元璋一看差点没气得吐血。原来这是任命书，但见上面白纸红字写道：封郭天叙为都元帅，张天佑为右副元帅，朱元璋为左副元帅。

也就是说朱元璋在军中是第三把交椅。按照托孤来说，这是合情合理的，但郭氏兄弟心怀叵测，非要走"非法程序"，想借小明王的"玉手"来个名正言顺，彻底压制和扼杀住朱元璋。当着众人的面，朱元璋城府再深，也认为这是对他极大的羞辱，极大的不尊重。于是，他愤怒了，发作了，拿起任命书狠狠地扔到地上，用脚边踩边道："大丈夫处世兮立功名，立功名兮慰平生，慰平生兮，岂能受制于人？"

这是个很危险的信号，弄不好当场就要刀剑相见。正在这个节骨眼上，他身边的李善长出手了，用脚轻轻地碰了他一下。朱元璋蓦然醒悟过来，马上拾起任命书，说："大丈夫虽然不能受制于人，但小明王是起义军的领头羊，在起义队伍中有着举足轻重的作用，归附于他们，一是可以弥补自身实力的不足，二是可以把我们的起义队伍做强做大，也是好事一件嘛！"

就这样，一场分封风波就这样点到为止。当然，令朱元璋幡然醒悟的还有，小明王颁给的任命书只不过是一张空头支票罢了。什么都元帅，什么左元帅、右元帅，到头来还是要靠实力说话。

得实力者得天下，朱元璋相信自己的实力。

政治联姻

就在郭氏兄弟祭出"两板斧"，和朱元璋的紧张关系渐渐处于公开状态时，一个人看在眼里急在心里，接着再使出一招，凑齐了"三板斧"。

这个人便是小张氏，郭子兴的小老婆，马秀英的养母，朱元璋的丈母娘。当然，考虑到郭氏兄弟的阴招行不通，她采取的是"明"招；郭氏兄弟的招数是害人的，而她的招数却是想救人。郭氏兄弟的招数在厉害的朱元璋面前行不通，而她的招数软硬通吃，只要是男人都很难过这一招。

小张氏的招数很简单，两个字：联姻。

其实这个招数先前她已经用了，马秀英就是她第一次联姻而献给朱元璋的"牺牲品"。当然，那时的朱元璋虽然展示了不凡的才华，但毕竟"小荷才露尖尖角"，身份还很低微。因此，小张夫人才决定把义女马秀英嫁给朱元璋。一来安定了朱元璋的心，让他更加卖力地为郭子兴卖命。二来稳定了郭家人的心，可以更加放心地让朱元璋来卖命。

应该说小张氏第一次祭出的联姻策略很成功，进一步改善朱元璋和郭子兴的关系后，朱元璋为郭家的复兴不遗余力：打元军、平内乱、招新兵、严纪律、夺城池、拓疆土……总之，朱元璋用实际行动证明了自己才华的同时，也证明了小张夫人是具有一双超级无敌慧眼的。郭子兴死后，郭氏兄弟和朱元璋的矛盾，小张夫人的慧眼看得真真切切、明明白白。郭子兴就像一棵大树，大树突然倒了，那就得重新找一棵大树作为依靠。虽然郭子兴想把他的两个儿子郭天叙、郭天爵培养成参天大树。然而，她敏锐地发现，朱元璋成长的速度比郭氏兄弟明显要快。郭氏兄弟就像是温室里长大的树，虽然天然有机肥料很多，但没有经过什么大风大雨，成长的速度像蜗牛爬步一样，不是一般的慢。而朱元璋这棵野树，从小摸爬滚打，历尽苦难痴心不改，成长的速度如野草般快。这样的潜力股和绩优股是不会久居人下的，时机一到，定会飞上天的。

小张氏夫人觉得郭氏兄弟是扶不起的"阿斗"，而朱元璋便是即将冲出云雾的"赵子龙"。要想让"赵子龙"心甘情愿地"救主"，一是要深挖内潜，百炼成钢，加强"阿斗"的自身实力；二是要动之以情，晓之以理，稳住"赵子龙"悸动的心。于是，小张氏又想到故技重演——联姻。

为此，小张氏夫人打起了自己亲生女儿郭惠的主意。马秀英毕竟只是她的养女，这样还不保险。只有把自己亲生的女儿嫁给朱元璋，这才能算是"双保险"。

郭惠此时年方十六，长得用一句话来形容就是"羞花闭月、沉鱼落雁"。小张氏当初没选择将自己的亲生女嫁给朱元璋，一是当时郭惠还太小，二是当时的朱元璋地位还太低，只想把马秀英推出来当"枪手"。结果朱元璋却踩着这个铺路石青云直上。可以说，此时小张氏夫人再想到联姻时，心里是很不好受的，是在滴血的，是怀有疚意的。元配夫人的位置早已被马秀英占了。而且在此期间，朱元璋还纳了郭山甫的女儿郭宁莲为妾。

郭宁莲是濠州城著名的"算命先生"郭山甫的女儿。郭山甫也不是浪得虚名，他算出朱元璋前程好。因此在朱元璋招募队伍时，他马上叫自己的儿子郭兴和郭英顺应天意参加了义军，成了朱元璋倾力打造的二十四将中的战将。两个儿子在军中亲眼看到朱元璋非凡的才干，对朱元璋称赞有加，郭山甫眼看"试探"成功后，便决心把自己的宝贝女儿郭宁莲许配给朱元璋做二夫人。按理说当时的男人有个三妻四妾那是很正常的事。然而，朱元璋的情况不同，他的元配夫人是马秀英，是郭子兴的干女儿，郭子兴是他的顶头上司，别人的话可以不听，但郭子兴的话却不得不听，别人他可以不怕，但对郭子兴却不得不忌惮三分。也正是因为这样，当郭兴和郭英代父亲向朱元璋提亲时，朱元璋几乎连想都没有想就来了个直接拒绝。

按理说交易不成情义在，人家都直接拒绝了，为了不再进一步伤害情义这事就该打住了。然而，郭山甫却不这么认为，他很欣赏朱元璋的才华，更欣赏朱元璋的拒绝，更觉得他是个可塑之才，为此，他很快就来了个二次提亲。弄得郭兴和郭英都有意见了，暗自叹道："别人家生女，门槛踩烂，我们家倒好，倒贴也没有人要。"对此，郭山甫斥道："别人家生男孩是名气，我们家生女孩是福气，到时候你们有享之不尽的荣华富贵，等着瞧吧。"郭山甫拉下老脸亲自来提亲，这下朱元璋总不能再直拒了，但又不敢轻易答应。毕竟还得过老丈人郭子兴这一关。但哪知当时郭子兴对付赵均用和孙德崖整天焦头烂额，哪有心思来管他的私事，因此，直接回了一句话：你自己看着办吧。于是乎，朱元璋马上上演真实版的"看着办"。据说"红娘"郭山甫把朱元璋和郭宁莲的见面安排在一间古色古香的颇有情调的房子里进行。见面之后，朱元璋一看郭宁莲的相貌，一个字：美！面试关通过。接下来，朱元璋为了试探她的才华，眼珠一转，出了个上联：真小人立命尔，为安求富贵而之催。郭宁莲立马答道：小女子立国焉，可匡扶大厦于将倾。朱元璋惊喜交加，才华横溢啊，怎一个"赞"字了得！更令朱元璋意想不到的是，接下来，郭宁莲还主动请缨表演了一套"太极拳"，但见她身轻如燕，进如脱兔，退如蹲虎，怎一个"帅"可言！看的目不暇接的朱元璋直接对郭山甫说了一个字：中。是啊，这样集美貌、文武于一身的奇女子，到哪里去找啊。

就这样郭宁莲便成了朱元璋的二夫人。

因此，此时张氏想让她金枝玉叶般的宝贝女儿郭惠和朱元璋联姻，就只能屈居第三了。当然，促使小张夫人这般忍辱负重地把女儿往"火坑"里推，还有一个很重要的原因：替丈夫郭子兴赎罪。郭子兴因为种种原因，对朱元璋多有"不敬"之处：关黑屋、夺兵权、逼麦城等，不一而足。而朱元璋多次救过郭子兴的性命：反绑架、反敲诈、反软禁。总之，哪里有危险，朱元璋总会像救星一般出现，从而使郭子兴逢凶化吉，大难不死。

力挽狂澜于既倒，绝对明星股突现，气量小、心眼小的郭子兴虽然"后福"不咋的，但集潜力股、绩优股、明星股于一身的朱元璋的"后福"却是可以预见的。

因此，就在朱元璋对郭氏兄弟粗着嗓子大喊三声说"大丈夫处世兮，岂能受制于人"时，小张氏夫人则是抿着樱桃小嘴，轻声细语地这样回应了句：大丈夫处世兮，当力挽狂澜于既倒。然后直接亮底牌——提亲。

天予不取，反受其咎。面对又送上门的婚事，朱元璋没有拒绝的理由。就这样，朱元璋很快又多了一位如花似玉的娇妻。只是委屈了郭惠，虽有高高在上的身份和地位最终沦落为妾！因此，过门当天，朱元璋是乐歪了嘴，笑弯了腰。而郭惠则是哭红了眼，打湿了肩，痛骂了娘。

单刀赴会何足惧

内部稍稍稳定下来了，外部的风波又来了。话说又回到濠州城的孙德崖，虽然在和州潇洒走了一回，但吃没吃好，住没住好，非但旅游和散心的目的没有达到，离混吃混喝的目标更是相差十万八千里。因此和州之行不但郭子兴有气，孙德崖更有气。只不过，郭子兴喜欢生闷气，结果这一口气闷在心里一直没有出，直接闷死了。而孙德崖心中有气，却直接发出来了，对手下，对女人，对元军，甚至是对最为忌惮的朱元璋……因此郭子兴死了，他还活着。不过，喜欢意气用事的人是不会长命的，所以孙德崖只比郭子兴多活了几个月而已。

听说郭子兴死了，欢欣鼓舞者非孙德崖莫属。他早就对朱元璋恨之入骨了，早就对滁州和和州虎视眈眈了。再加上听说郭天叙和郭天爵兄弟继承了帅位，朱元璋成为"辅佐大臣"，大有水火不相容之势后，更加迫不及待了。此时不想方设法除掉朱元璋，等他羽翼丰满再下手时，只怕比登天还难。可是孙德崖也很聪明，他明白和朱元璋硬碰硬，直接发动陆地战，只怕讨不到什么便宜。既然明的不行，那也就只剩下"暗"的这一条华山道可选了。

可是这个"暗箭"如何使呢？很显然，反间计是行不通了。小张夫人刚刚把亲生女儿嫁给了朱元璋，和郭氏兄弟的关系虽然没有彻底改善，但在某种程度上也已经弥补了。派人再去挑拨，肯定是吃力不讨好的事。思索了一番，孙德崖终于想出了一个计中计。

具体方案如下：在濠州设下鸿门宴，请朱元璋来赴会。如果朱元璋来，乘机除掉他，这叫关门捉贼。如果朱元璋不来，证明他胆怯，以后定会被江湖中人耻笑，毁"英雄"之美称。

应该说孙德崖在使用阴谋诡计方面的确要比郭子兴强上百倍千倍。这种借刀杀人之计，计中含计，环环相扣，招招不离朱元璋的要害"七寸"。那么，朱元璋接到孙德崖的"邀请函"后，是去还是不去呢？

原本很为难的问题，在朱元璋这里却不是个问题。他二话不说，大手一挥，回了一个字：去。于是马上上演的就是"单刀赴会"的好戏。

朱元璋赴会，带领的部将是他一手打造的嫡系二十四将之一的吴祯，随从加起来也没有超过两位数，而负责接应的是徐达、胡大海。

该安排的安排好了，接下来便是"实战"了。第二天，朱元璋带着吴祯和几个随从，骑着马提着单刀来濠州城赴会了。孙德崖早已布置好了许多伏兵，亲自到城外来迎接朱元璋。"有朋自远方来，不亦乐乎？"孙德崖看见朱元璋不但来了，而且只带了几个孤零零的随从，自然是喜不自胜，满脸堆笑，心里却暗道：这真是天助我也！朱元璋啊朱元璋，我待会儿要让你死无葬身之地。因此，孙德崖便如挽着美女一样挽着朱元璋的手一起进了城。

孙德崖毕竟心中有鬼，宴会间，不敢抬头看朱元璋。朱元璋若无其事，谈笑风生。酒过三巡，孙德崖眼中闪出一股寒光，突然盯着朱元璋道："你也看到了，濠州城不但城小，而且粮草也不够，这次宴请朱元帅也是粗茶淡饭，真是不成敬意啊！上次和州匆匆一别，实在抱歉，想借你的和州和滁州一住，不知朱元帅肯不肯赏我这张老脸呢？"说着，手里紧握着酒杯，很显然，如果朱元璋不识抬举，他便要来个"摔杯"为号，诛杀朱元璋于现场了。"借……当然可以，只是以元帅这九五之尊，岂能屈住我那偏野之地，似乎有点啊……哦，今日之宴，只谈旧情，不谈其他的事，呵呵。"朱元璋知道情况到了万分危急的时候了，要掌握命运完全看自己的了。一边搪塞着，一边朝立在身后的吴祯使了个眼色，持刀的吴祯立即会意，眼见孙德崖正欲再言，挺身而出，大声叫起来说："和州和滁州乃我主之地，岂能轻易借与别人？"

"军中之事，你岂能多言！"朱元璋故意发怒地说，"吴祯，你还不去向孙元帅赔礼谢罪！"吴祯闻言极不情愿地站起身来，昂首走到孙德崖跟前，纳头便拜，说道："刚才多有冒犯，还望元帅大人不计小人过，原谅则个。"

孙德崖见朱元璋手下的将领跪拜在他跟前向他道歉，无论颜面还是虚荣心都得到了大大的满足，于是得意忘形地哈哈大笑起来，说："起来，起来，有话好说嘛。这人哪，就是要像你这样识时务才对。这人哪，如果不懂得识时务……"

刚说到这里，他突然觉得眼前寒光一闪，正惊愕间，吴祯的大刀已架在他的脖子上了。"你想干什么，来人哪……"孙德崖惊叫起来。埋伏的武士蜂拥而出，手持刀剑围将过来。"你们再敢上前一步，我就杀了你们主帅。"吴祯厉声道。

"退下，不许乱动。"孙德崖吓得双脚打战，对那些武士喝道。

"孙元帅，得罪了，还请你跟我们到城外走一趟。"朱元璋一脚踢翻身前的桌案，吓得挡在门前的士兵们纷纷向两边躲避。

就这样，朱元璋提刀在前，吴祯押着孙德崖在后，纵然濠州城里孙德崖的部下有数万人，也只能对他们行注目礼。

而负责接应的徐达和胡大海早已隐蔽在濠州城外，监视着城里的一举一动。此时突然发现城中人流攒动，情知有变，当下也顾不了那么多了，徐达怒吼一声，带着人马便往濠州城下奔去。一旁的胡大海拉喊不住，也只得带着大部队前往城下接应。

无巧不成书，就在徐达奔到城下时，城门倏地打开了。只见朱元璋一马当先，吴祯押着孙德崖随后，再后面跟着黑压压的孙德崖的部队。

"元帅快走，徐达来也。"说着徐达一马当先，直冲入敌阵中。孙德崖的部队都知道徐达的勇猛，乃是朱元璋手下最凶狠的大将，有"战神"

之称。

主帅被擒，他们原本就投鼠忌器，此时，被徐达这狮子吼般地大叫一声，更是吓得心惊胆战。还没回过神来，徐达已冲杀过来，前面的士兵本能地去抵挡，哪知徐达手起刀落，人头便如西瓜般滚滚而落。

这时殿后的胡大海也已到了城门前，朱元璋早已虎口脱险，倒是孙德崖此时脸色像猪肝，瘫软得像一团泥。而吴祯眼看孙军在徐达的力阻下，还是如潮水般从城门口奋勇而出，心中一急，对朱元璋说："元帅，孙军这般拼命，怕是因为孙德崖还在的缘故，不如就地砍了他的人头，彻底摧毁孙军的精神支柱，再乘机攻杀，夺了濠州城，这样既除了孙德崖这个恶贯满盈的大贼，又占了濠州城，一举两得。"

"这个……会不会有点做得太绝了，孙德崖再坏，也是我们队伍里的同盟军啊！"朱元璋有点犹豫地道。

"当断不断，反受其害。孙德崖原本就不是什么好鸟，他怎么就不念战友之情了？他先前三番五次欲陷郭大帅和我们于死地。此时当机立断，待会儿孙军全出了城，我们反而要受他们的迫害了。"胡大海也在一旁劝说。朱元璋长叹一声，挥了挥手，闭上了眼睛。吴祯再不迟疑，手起刀落，可怜的孙德崖连叫声都没有发出，就人头落地了。

胡大海提着孙德崖的人头，大声叫道："孙德崖欺行霸市、恶贯满盈，已被我元帅依法诛杀了，你们还要为他卖命吗？"

孙德崖的手下听说孙德崖被杀了，一下子全都傻了眼，呆若木鸡。唯有孙德崖的弟弟一马当先冲出来，想要为哥哥报仇雪恨，但城门口的徐达岂是吃素的，他策马上前，手起刀落，孙德崖的弟弟人头亦滚落于地，血流如注，惨不忍睹。

孙军此时早吓破胆了，无心恋战，正欲往城内撤，徐达砍掉城门吊索，大声喝道："愿意归顺的就留下，不愿意归顺的请自便。再有顽抗者，与此相同。"孙军眼看进退无路，便都放下了武器，举起双手，濠州城转眼间竟易了主。

如果说关云长的单刀赴会是潇洒走一回，那么朱元璋的单刀赴会便是难得几回醉，这正是：

　　龙潭虎穴何足惧，剑戟丛中久鏖兵。

　　义不负心泰山重，忠不顾死何言轻。

拓出艳阳天

第八章

富贵险中求

　　吞并了孙德崖，占领了濠州后，朱元璋的实力进一步扩大，名声越来越响，当地的豪杰义士竞相归附。这对于仅占据着滁州、和州、濠州三州的朱元璋来说，显然是不够的。前面已经说过，朱元璋在进攻滁州时，冯国用曾对朱元璋提出了夺取军事要地集庆为根据地，进而四处出击、扫平天下的战略构想。也正是因为这样，朱元璋在夺取滁州后，马上又说服了郭子兴，从而带兵夺取了和州，为的就是打通夺取集庆的通道。然而，夺取了和州，向集庆进攻的计划就此搁浅了。原因很简单，那时的朱元璋还是朱元璋，而郭子兴却变成了"传说"。朱元璋是郭子兴的部下，当时的军事调动权都得归郭子兴所有，凡事要经过他才能行动。当时的郭子兴本来就对朱元璋格外提防，分外嫉妒，为了不再引起功高震主的猜疑来，朱元璋当时没敢提攻打集庆这个想法。

　　因此，此时朱元璋挣脱了郭子兴的桎梏，在实力又更上一层楼的基础上，自然不会选择再等了，而是马上挥军渡过长江，向集庆进军。

　　当然，进军之前，朱元璋进行了一次誓师大会，首先说了集庆的三美：山美、水美、女人美。接着说了集庆三多：金多、银多、粮草多。再接着说了集庆的"吉祥三宝"：太阳红、月亮蓝、星星亮。最后是誓言：直捣集庆，与诸君痛饮。

告子说："食色，性也。"而集庆一带有"姑苏城外稻谷飞扬，秦淮河上佳丽如云"的美誉，那里的美女遍地都是，因此朱元璋的话勾起了大家的共同兴趣，说得大家掌声雷动，兴奋不已。恨不得长了一双隐形的翅膀马上就漂洋过海，飞到集庆去。"请元帅下命令。""赴汤蹈火，万死不辞。""不夺集庆誓不还"的口号响彻云霄。

举世皆浊我独清，众人皆醉我独醒。就在大家欢呼雀跃时，唯有一人却面无表情，定定地看着激动不已的众人。朱元璋是何等人物，自然很快就注意到了他。于是问道："李先生有何高见？"

李善长闻言这才站出来，缓缓地环视了大家一圈，直接教会了大家一个关键句："水击三千里，抟扶摇而上者九万里，去以六月息者也。"解析：集庆是江南一带的军事重镇，这个大家都知道，因此守城的元军自然是既众多又精锐，城墙自然是既高大又坚固。如果我军贸然去进攻，一旦久攻不下，便犯了军事上的屯兵于坚城之下的大忌，如果到时候元军乘我军疲惫再发动反击，那就吃不了兜着走了。

这盆冷水泼得大家心里也湿淋淋的，不由得齐刷刷地望着李善长，显然是在等他的下文，期待他的妙计出炉。于是，接下来李善长马上又教会了大家一个成语——曲径通幽，即取集庆必先取采石矶（今安徽马鞍山西南），占据险要，再克太平（今安徽当涂），扫清外围，最后顺流而下，一举定乾坤，拿下集庆。

李善长分析得头头是道，"三步走"方能成就曲径通幽。朱元璋第一个站起来鼓掌，大家紧跟其后掌声雷动。是啊，这般透彻的分析却又入木三分，这般深刻的理论却又通俗易懂。如果说朱元璋是指明了占领集庆为根据地的方向，那么李善长的话就是指明了路线。有了方向和路线，还有什么可怕的！路在脚下，走下去便是一片新天地。

大家统一了方向，统一了目标，统一了思想，接下来就是统一行动的时候了。朱元璋带着大家浩浩荡荡地从和州城出发，一路上激情澎湃，斗志昂扬。

然而，他们很快就面临了一个大难题：如何渡江。出发时，大家的准备都是相当充分的，干粮、衣被都不缺。唯一没有准备的就是过河用的船。都说面朝大海，春暖花开，可此时，大家面朝长江，一筹莫展。

原来自从朱元璋占据和州后，元军未雨绸缪，为防止朱元璋偷渡长江向集庆一带进军，对长江一带实行了禁航，没收江边所有的船只，销毁所有的民用船只，硬生生地打造出"千里无船只，行人望江叹"的场面。

因此，朱元璋带着大家看到河面空空如也、一望无垠时，都傻了眼。遥想当年，苻坚和曹操就是因为一条长江的阻隔，而没能完成统一大业。当然，朱元璋没有让大家过多地发泄情绪，而是来了个紧急补救。既来之，则安之，既然没有准备船只，那就是死马当活马医，明明知道希望渺茫，但朱元璋还是叫部下分头在附近寻船访舟，飞渡长江。

我们常常提到"贵人相助"四个字，意思是在关键时刻，能拉自己一把，从而提升自己地位的那个人。朱元璋这样从小经过大风大浪、忍辱负重地苦练内功，百折不挠地修身养性，处事不惊且大智若愚的人，自然能赢得贵人相助了。这不，此时到了长江边的朱元璋看似已到了"山穷水尽"的绝境，但因为贵人的相助，很快就"柳暗花明"起来。别人遇一个贵人就差不多了，而朱元璋却是强者运强，一下子遇到了两个。正是这两个贵人的相助，使他成功实现了渡江的梦想。

变形计

下面我们先来看朱元璋在长江边遇到的第一个贵人。

这个贵人的名字叫赵普胜。

这个赵普胜不是一般的人,他是巢湖庐州路无为州庐江县(今安徽庐江)人,因为善使一把双刀,得了个响当当的绰号——"双刀赵"。至正十一年(公元 1351 年)徐寿辉在蕲州起义,赵普胜会同俞廷玉父子(俞通海、俞通源、俞通渊三子)、廖永安兄弟(弟廖永忠),以巢湖为根据地,发展水师,有战船千艘,水军万余人。然而由于独处湖中,毕竟势单力孤,常常受到庐江强敌左君弼的骚扰,在赵普胜的奋力反击下,左君弼一怒之下挂靠在元军门下,联合元军对赵普胜一直虎视眈眈,欲吞并之而后快。赵普胜不厌其烦,便也想寻棵大树做庇护,听说朱元璋带着大军来到附近,大喜过望,说了句"缘来就是你",于是立马派俞通海来找朱元璋商谈投靠事宜。

因此,当一筹莫展的朱元璋听说巢湖水军头领俞通海求见时,正躺在床上的他,说了句"天助我也",来不及穿上鞋,便跳下床出寨相迎了。

当然朱元璋的"跣足出迎"也没有白费。两人一见面,便如同手足般又亲又抱,俞通海作为感谢,很快说了三句话。

第一句话:我们主公赵普胜要我代他向你问好。

第二句话：我们主公派我来是联系归附问题的。

第三句话：我们拥有一万多水师和一千多只船。

这是雪中送炭的好事，朱元璋没有不答应的道理，因此，他也回了三句话：

第一句话：谢谢赵将军的诚意。

第二句话：我会本着平等互利的态度扎实推进合作事宜。

第三句话：事成之后，共享富贵。

俞通海听完很满意地走了，末了还忍不住说了句意味深长的话：巢湖欢迎你。

朱元璋问李善长这话是啥意思，李善长想了想说："虽然赵普胜很想归附于你，但目前对你还是只闻其声不见其人，他派手下最得力的干将前来表示了归顺的诚意了，我们理应去巢湖拜码头，一来可以显示我们的诚意，二来可以商谈具体的合作事项。"

"莫不是又要我上演单刀赴会？"朱元璋笑道。

"这不是单刀赴会，这叫礼尚往来！"李善长说着顿了顿，才接着道，"赵普胜的人品我早已耳闻，他不是背地里使下三滥手段的卑鄙小人。再说，他正愁摆脱不了仇人左君弼的纠缠，没必要对我们使阴招，而且就算使阴招对他也没有好处。这次我可以陪元帅去，绝无危险。"

"妙极，妙极，听君一席话，胜读十年书。"朱元璋抚掌大笑。

果然，当朱元璋来到巢湖时，受到了赵普胜的热烈欢迎和盛情款待。一个是良主，一个是虎将，两人一见面就惺惺相惜，因此，很快达成共识，赵普胜来了个交根交底交兵权给朱元璋，一万多水师，一千多条战船，无数粮草。作为回报，朱元璋给名给利。一大箱子金银珠宝、一批良马、一群美女，并承诺事成之后封妻荫子。双方约定了交接日期，并且很爽快地画了押。

朱元璋一下子拥有了一万多水师和一千多条渡河的战船，还得了赵普胜这样一个威震一方的猛将和俞通海等五虎将。他高兴之余，在临行前，说了这样一句话："我最初打造的只是二十四将领，后来在和州时得到了胡大海和邓愈两员虎将，现在再得六员虎将，加起来正好是三十二将，昔日光武帝打下江山后，弄了个封将榜，分封了云台二十八将，再加王常、李通、窦融、卓茂等人，合称三十二人，彪炳青史，名垂千古啊！今日我亦得三十二大将，莫非这是冥冥之中的天意？"

人一得意，就容易忘形，一忘形，就容易失言，一失言，引发的后果往往是非常严重的。

这不，朱元璋的话一出口，赵普胜的脸色倏地变了。要知道赵普胜是个抱负很高，理想远大的人，如不是势单力孤，再加上仇人紧紧相逼，他又怎肯轻易委身于他人之下。此时想结束单干，寻求朱元璋的庇护，那是觉得朱元璋雄才大略，是个值得侍奉的好主子。当然，赵普胜觉得这样虽然不能当"一把手"，至少也要混个"开国元勋"，一人之下、万人之上是他的目标。此时朱元璋的话无疑在他沸腾的心上浇了一盆冷水，我将来只能并列为云台三十二将，这不是我想要的结果啊！

好在一旁的李善长洞若观火，很快察觉到了赵普胜脸上丰富的表情变化，于是马上圆场道："就算将来再排个云台三十二将，赵将军巢湖献兵献船，功不可没，将来亦是排在第一位啊！"

朱元璋马上醒悟过来，说道："那是，那是……"赵普胜憨厚地笑起来。

一场风波看似就这样化解了。然而，阴影就此埋下。赵普胜突然对归降朱元璋犹豫了，朱元璋的话仿佛一把利箭刺穿了他火热的心，他转而一想，自己再怎么献兵献船献殷勤，对于朱元璋来说也只能是算"半路出家"的和尚，不管是现在还是将来，他都不可能取代徐达、汤和他们在朱元璋心中的"正统"地位。

荣华富贵，我喜欢，但不强求；海誓山盟，我向往，但不相信；刀光剑影，我能舞，但不空舞；朱元璋能力强，本领大，但我不稀罕。

也正是因为这样，接连几日，赵普胜心事重重，茶不思饭不想，面对朱元璋免费提供的美女也不感兴趣。很快，商定交接的日子就到了。赵普胜带着他巢湖的水军和船只粮草倾巢而出，并且在和州举行了交接仪式。整个过程，和朱元璋的喜笑颜开相比，赵普胜面无表情。朱元璋给赵普胜的官职：急先锋。带着他的水军原人马打先锋，马上向采石矶进军。

急先锋，赵普胜心里冷笑一声，长叹道："这个急先锋怕是铺路人才对吧，只有苦劳没有功劳，只有危险没有保险。只可惜我看走了眼，误把庸主当明主，白白误了手下将士的前途和前程啊！"是啊，他原本是巢湖叱咤风云的土霸王，凡人见到他都要给他三分薄面，此时却要寄人篱下，当别人的枪手，当别人的铺路石。而且前途也是一片渺茫，看不到光明……越想越不心甘，越想越气愤，越想越懊悔。想着想着，在行军途中，"双刀赵"玩起了"躲猫猫"——不见了踪影。

赵普胜玩"躲猫猫"那是不得已，他一路行军，一路狂想。最后想出的办法：反悔。带着自己的人马再去闯天下。

他的想法是好的，好则合，不好则分嘛。这跟婚姻是一样的。既然跟朱元璋有缘无分，就不必强求了。然而，赵普胜不会料到，他早已收了人家的"定金"：金银、马匹、美女。对方自然也不是好惹的主。

在和州城外完成交接手续后，朱元璋虽然仍然叫赵普胜带着自己的原班人马作为先锋去攻打采石矶，一是想表现对赵普胜的信任，二是想表达对赵普胜的期望。当然，朱元璋也是有心计的人，他也留了一手，那就是安排了一些自己人，名义上是说"当向导"，实际上是"勘探员"。

勘探员也不是吃素的，赵普胜想"单飞"的想法，他们很快知晓了，于是，马上快马加鞭向朱元璋进行了汇报。行军在后的朱元璋一听当机立断，立即派徐达等人带兵追上了赵普胜的先头部队。

赵普胜眼看此时朱元璋的大军已压境，马上向大家公开了反悔的想法，令他意料不到的是，不说没得到手下士兵的响应，就连和他称兄道弟的五虎将俞通海、俞通源、俞通渊、廖永安、廖永忠也都不呼应。无奈之下，赵普胜发出"翅膀硬了，都能飞了"的感叹后，选择了悄然离去。

赵普胜离去，选择了投奔老相知徐寿辉，"双刀赵"果然不是浪得虚名的，在徐寿辉那里很快打造出了双刀无敌的神话，得到了徐寿辉的重用，被封为"四大金刚"之首。宁为鸡头，不为凤尾。应该说赵普胜的选择是正确的，他如果待在朱元璋那里，在那如云的良将中，可能一生永远都只能当绿叶。只是赵普胜不会知道，选择了徐寿辉，就等于选择了悲情。因为后来徐寿辉被后起之秀陈友谅架空了权势，惨遭杀害。赵普胜虽然被陈友谅挖墙脚过去，继续当其将领中的"四大剑客"，但最终还是被朱元璋的谋士刘伯温设下反间计，遭陈友谅杀害，落得个不得善终的下场，这是后话。

众里寻他千百度

第一个贵人虽然最终离朱元璋而去，但朱元璋却挣大了，不但白白多了一万多水师，更重要的是多了一千多条船只。有了水师，在水上作战能力就非同小可了，有了船只就可以渡河了。为了让降军彻底归附，朱元璋又给他们封官加衔，这些局囿于巢湖上的士兵们，哪里有过这样的殊荣，哪里受到过这般重视，因此，大家都对新主子朱元璋服服帖帖。因此，第一贵人赵普胜虽然最终选择了抛弃朱元璋，但助了朱元璋一臂之力却是事实。

接下来，朱元璋带领人马继续向采石矶进军，不会料到，他马上又得到了第二个贵人常遇春相助。

怀远人常遇春和朱元璋少年时概括起来有"三同二不同"，三同：出身一样，都是穷苦农民；成长一样，都是少年便历经风雨和磨难；个性一样，都是历经苦难痴心不改。不同：选择的工种不同，朱元璋从小选择放牛（这个没得选，父母之命，生活之压），而常遇春选择的却是习武（天生臂力盖世，也没得选择），这样的结果是导致后来选择的就业方式不同，朱元璋后来选择了当和尚（为了混口饭吃，没得选择），而常遇春却选择了当武师（为了混口饭吃，同样没得选择）。长大成人后，常遇春和朱元璋再度上演"三同二不同"。三同：选择的人生道路相同，在天下大乱、走投无路之下，两人都选择了加入起义军。受到的待遇相同，都是从最基层做起，朱元璋的官职最开始只是个亲兵，后来为九夫长（相当于班长）。常遇春最开始是个十夫长（相当于队长），地位低微得像尘埃。两人面临的困境相同，都是主子昏庸，怀才不遇。二不同：两人选择投靠的主子不同，朱元璋选择的主子是郭子兴，而常遇春选择的主子是刘聚。两人发迹方式不同，朱元璋是靠忍辱负重，凭着坚韧、勇敢、顽强，一步一步赢得了元帅的位置。而常遇春发现刘聚是个庸主之后，直接上了一道炒鱿鱼的菜，然后隐居山林，以待明主出现。

当然，常遇春并不需要"众里寻他千百度"，因为明主很快就出现了，这个人便是朱元璋。史书上是这样记载的：这天，常遇春带着几个追随者在和州城外"打草谷"，由于这天手气差，没有觅到食物，这个时候刚刚到了中午，又饥又饿又困的常遇春便躺在一棵大树上想打个盹，结果这一躺就睡着了，睡着了通常可以干四件事，一是养精，二是蓄锐，三是胡思，四是做梦。常遇春却对这四件事来了个"串烧"，养精、蓄锐、胡思一气呵成后，最美妙的莫过于做梦了。他梦见了一个奇怪的人，这不是一般的人，他是一个身披金甲、手拿坚盾的神人。这个神人不但长相神，行为举止更神，只听那神人唱着神曲。正当常遇春听得入了迷时，神人又说话了，这次，他说的不是神话，而是人话："起来吧，起来哟，你的主子就要来了！"

被神曲一吹，被神人话一催，常遇春想不醒来也不行啊，美梦也就此戛然而止了，接下来，常遇春没有诸葛亮那样的才华，睡醒了可以直接吟唱出"大梦谁先觉，平生我自知。草堂春睡足，窗外日迟迟"之类的诗词来。而是站起身来，伸了伸懒腰，揉了揉眼睛，看了看远方。这一看不打紧，直看得双眼再也收不回了。只是远处山底一队人马整齐有序、浩浩荡荡地通过，"朱"字旗帜迎风飞扬，特别是为首一个，骑着高头大马，气宇轩昂，英气勃发，如同神人一般。

莫非梦中神人所指的便是他？当下常遇春不管那么多了，马上冲上去，如一只拦路虎，直接堵住了朱元璋前行的路口，并且大声叫嚷道："此路乃我开，此树乃我栽。欲从此处过，留下买路财。"

凭一人之力居然敢拦一队之军，朱元璋向"拦路虎"投去赞赏的眼光，细细地打量着他：身高八尺，额宽脸阔，燕眉虎须，不怒而威，果然不是一般的拦路虎。朱元璋心里这么叹道，嘴里却说："天下本没有路，走的人多了便成了路。壮士怎么说这路是你开的呢？"

常遇春肚子里的墨有限，哪里晓得这是千百年之后鲁迅的名言，因此，慌乱地回答道："我……我，我说是我开的，就是我开的，谁也不能与我争辩。"

"那你是土霸王、山大王、地头蛇、墙头虎了。"

"废话，我现在明明是一只拦路虎。"

"不巧了，我什么本事也没有，唯一拥有的本事便是虎口拔牙。你的牙齿要不要我来帮你拔拔试试？"

"我的牙齿不痛，要你拔个屁？"常遇春的话刚一出口，朱元璋手下的士兵们便发出一阵哄笑。个个笑得东倒西歪，弄得常遇春丈二和尚摸不着头脑，"你们笑什么？有什么好笑的？"

"在下朱元璋，敢问壮士尊姓大名？"

"啊……你就是朱元璋啊，久仰大名。"常遇春虽然早就料到眼前这人是朱元璋，但当朱元璋自报大名时，还是有点惊讶，"大丈夫行不改名，坐不改姓，怀远常遇春是也。""啊……你就是常遇春啊，大名久仰。"朱元璋说着赶紧下马来。两个素未相识但神交已久的人，双手终于牵在了一起。就这样，常遇春寻到了明主朱元璋，而朱元璋又新添一员大将，这员大将可以称为他的贵人，因为在攻打采石矶和集庆时，他立下了头功。

一鼓作气

得到了善战的水师，拥有了渡河的船只，又新得了一员猛将，朱元璋心情大好，接下来，是该行动的时候了。

公元 1355 年，在元朝那边称为至正十五年，在宋小明王这边称为龙凤元年。这是六月的一天，天空尽管下着毛毛细雨，但朱元璋却带着他的起义军忙得热火朝天。朱元璋威风凛凛地站在主将台，看了看不作美的天空，又看了看整齐如一的将士，他没有情不自禁地说"生活有多美好"，而是这般摇头晃脑地吟道："江南好，风景旧曾谙。日出江花红胜火，春来江水绿如蓝。能不忆江南？"就在大家不知道是啥子意思时，朱元璋改口白话文，进行了战前总动员："昔日项羽破釜沉舟过黄河，巨鹿显神威，从此成为一代霸主。今日我们来个破釜沉舟过长江，采石矶显神威如何？"

"采石矶显神威，采石矶显神威……"士兵们附和着。

朱元璋很是满意大家的表现，突然唰地拔出身上佩剑，指向天际，大声叫道："出发！"

顿时大炮长鸣，十万雄师鱼贯而出，迈开了前进的步伐。正在这时，一个身影挡在朱元璋面前，正是常遇春。

"常将军这是干啥？"朱元璋见状不恼反喜，嘴上却道，"莫不是临阵畏敌，想要当逃兵喽！"

那常遇春跨前一步，厉声道："俺归元帅，手无寸功，很是惭愧，因此，斗胆请求担当先锋。"

"想当先锋可没那么容易，先不说徐达等人了，我这里还有个绰号'急先锋'的花云在，你得问问他答应不答应。"朱元璋使出的是激将法。

"什么急先锋，我是应急先锋，比他还多一个字呢。"常遇春道。

"可是，你现在当应急先锋，谁也不服啊！"朱元璋继续将他的军。

"签下军令状，如果我这个应急先锋打不下头阵，攻不下采石矶，不拿敌军将帅的头颅来见元帅，便提自己的人头来见。"常遇春急得双眼像杀猪似的，通红通红。

"既如此，君子一言……"朱元璋话音未毕，常遇春已接口道："驷马难追。"

就这样，常遇春成了先锋，就这样，朱元璋的大军很快向江对岸的采石矶驶去。徐达、邵荣、汤和、常遇春、胡大海、廖永安的战船一字排开，顿时出现了舳舻齐发、云帆蔽江的盛壮场景。军士们无不欢呼雀跃，群情激昂。然而，船行到中流时，朱元璋盯着远处的采石矶看了半晌，突然道："先攻牛渚矶（今安徽当涂西北长江边）。"看着众将面面相觑、一脸惊讶的表情，朱元璋顿了顿，收回幽长的目光，目光如鹰眼一样，一一扫过众将的脸庞，接着道："采石矶乃元军沿江的军事重镇之一，防备必然森严，贸然去攻，效果未必好。不如先占领了防守相对薄弱的采石矶南部的牛渚矶，站稳了脚跟，再攻采石矶便事半功倍了。"

众将一听，只有叹服的份儿了。当然，说归说，牛渚矶的守将是元军名将蛮子海牙，他也不是浪得虚名的，早已磨刀霍霍，做了紧急备战预案，因此，矶边布满了弓箭手和长枪手，就等待送上门来的猎物。

当然，他们料到朱元璋的军队会来，没料到会来得如此之快（怎么一下子找到了这么多过河的船只呢？怎么采石矶那边还没有动静，就一下子到我们这边来了呢？），如此之猛（个个如狼似虎直扑而来），如此之多（密密麻麻，比蚂蚁还多）。

事实上两军都很勇猛。当朱军靠近牛渚矶时，元军在矶上万箭齐发，同时朱军在船上万箭齐发，进行了互射大比拼。但毕竟元军占据了地利，因此朱军的船很难再靠近矶边半步，即使有个别船只靠近了石矶，但想托起云梯搭在石壁上往上攀登时，没有"攀登高峰望故乡，风沙万里长"的美妙感觉，而是"何处传来惨叫声，声声敲心坎"。原来，此时矶上轰隆隆滚木礌石落下来，死，是必然的；不死的，是奇怪的；伤残，是幸运的了。场面于是就这样僵持下来，朱元璋看着这一切，一筹莫展。他没有料到牛渚矶名副其实，就像一头犟牛一样难以攻破。不由得叹道：攻牛渚矶难，难于上青天。

就在这时，只见上游一条小船飞一般地驶过来，撑船人浓眉大眼，目如铜铃，昂首而立，威风凛凛，却不是应急先锋常遇春又是谁？但见常遇春手里拿着一根两丈有余的长竹竿，当船离矶边只有数丈远时，这时矶边守军的箭如雨般射向他，常遇春临危不乱，蓦然双手撑着竹竿，凌空跃起，身子在空中划过一道完美的弧线，如燕子般落在了矶上。

元军们看得目瞪口呆时，常遇春已从背后抽出大刀，使出"常家刀法"挥舞起来，顿时乱石纷飞，山昏地暗，刀锋所向之处，敌军惨叫而倒，吓得元军纷纷败退。

这一切，督战的朱元璋看得真切，看得惊心动魄，也看得热血沸腾，当下再不迟疑，令旗一挥，大声叫道："元军已经败溃了，大伙冲啊！"

顿时，战鼓擂动，朱军呼啸着，如排山倒海般冲杀过去，元兵早已吓破了胆，哪里还有心思抵抗，纷纷夹着尾巴逃跑。蛮子海牙此时虽然心有不甘，还想再力挽狂澜，但已是孤掌难鸣，无力回天，为了不和朱军同归于尽，他只好带着残兵败将跑得比秋风扫落叶还快。就是这样，牛渚矶很快成了朱元璋渡江后占领的第一块地盘。

牛渚矶失陷后，给采石矶带去了巨大的震撼，结果在应急先锋常遇春的努力下，采石矶很快竖起了白旗。至此，朱元璋第一步计划圆满实现。

值得一提的是，牛渚矶和采石矶两"矶"之战，常遇春在形势不利的危急之际，寻找机遇，用实际行动证明了自己的才能，取得了最后胜利，得到了朱元璋的赏识，赢得了大家一致认可，从而取代花云奠定了急先锋的基础，他的人生也开始发迹。有诗为证：

力拔山兮气吞江，震六合兮惊八方。
若问猛士何许人，大名遇春本姓常！

破釜沉舟

攻下采石矶后，朱元璋正在喜头上，麻烦却来了。原来采石矶是很富裕的城池，城里屯了大量的牲畜和粮食，对于长期忍受饥饿的朱军来说，没有什么比吃的更重要了。因此，进了城后，一向以纪律严明著称的朱军再也抵不住诱惑，露出了人类贪婪的本性，纷纷停止了对元军的追击，转头对粮草、牲畜展开了疯狂的追击。

抢到粮草背着走，抢到牛羊拉着走，抢到女人扛着走。满载而归后，纷纷往船上装载，整个场面用九个字可以形容：杂而乱，乱而糟，糟而糕。俗话说："牡丹花下死，做鬼也风流。"此时的士兵是粮草马下死，做鬼也不悔。吃饱喝足，就算死了，也值得。朱元璋眼看叫喊已是没用，制止已是无效，马上把徐达叫到眼前，然后说了这样一句话："我们好不容易渡江过来，有幸占领了采石矶。下一步应该是马上实行第二步去攻取太平才对。现在如果对士兵们的抢夺劫掠听之任之，得到这点蝇头小利便满足，再渡江回和州，那么，我们就前功尽弃，前程尽毁了，那还谈什么下江东、占集庆，成就霸业？"

"元帅说怎么办，就怎么办，得当机立断才行。"徐达道。

"只有断了大家的归路，大家才会奋勇向前。"朱元璋说着意味深长地看着徐达，马上说出了"断路"的具体操作方法，八个字：砍断船绳，随波逐流。

接下来，徐达知道该怎么做了，他马上带着亲信士兵来到了江边，手起刀落，将船只的缆绳砍断，再将船推入疾流中，船便如脱缰之马，顺流而下，一瞬间便孤鸿渺渺了。亲信士兵自然也知道该怎么做了，他们纷纷学着徐达的举动，砍绳，推船，一气呵成。不多时，那些满载的船便纷纷随波逐流了，上千船只上演了飞流直下的盛世景观。

等将士们赶到江边准备满载而归时，发现江边空空如也，已无一船，正惊愕慌乱间，朱元璋出现了，他大声道："大家知道这是怎么回事吗？"

"想必江边风大把船吹走了。"一人道。

"答对了三分之一。"朱元璋道。

"想必有人故意砍断了缆绳，船才能吹走吧。"有人接着道。

"又答对了三分之一。"

"想必有幕后指使，不然一般人也没有这个胆量。"另一人道。

"全部答对了。"朱元璋大声说道，"这个人便是我。"

"啊？！"众人惊呼出声，显然，朱元璋的举动令他们很不解。摧毁了船只，销毁了财物，这岂不是断了自己的退路吗？

"大家知道这叫什么吗？"朱元璋又问。大家都沉默不语，不少人在心里肯定在说，这叫自取灭亡，自寻死路，自不量力……隔了半晌，朱元璋这才徐徐地道："这叫破釜沉舟！刚渡江时，我就说过，昔日项羽靠破釜沉舟大获成功，今日我们也来个破釜沉舟，大显神威。"大家顿时安静下来，静静地听朱元璋的下文。

朱元璋接下来直接教会了大家一个关键句：干大事而惜身，见小利而忘命，非英雄也。解析如下：我们的目标是解救天下黎民百姓于水火，成就大业于乱世，建立不朽功勋留于后人，现在我们刚刚拿下采石矶，万里长征才跨出第一步，如果这时我们就沾沾自喜，就自我满足，就故步自封，那么，我们跟流氓土匪又有什么区别？那么，我们离灭亡散伙的日子也就不远了。现在我破釜沉舟的目的就是要断了大家的归路，就是要和大家齐心协力共展宏图大志，共图美好未来，共建美好家园。按"三步走"计划，第二步的太平近在咫尺，那里财帛美女应有尽有，比这里富裕百倍、千倍。到时候荣华富贵大家享之不尽，用之不完，既可封妻荫子，又能衣锦还乡，岂不美哉壮哉喜哉？

一席话说得大家热血沸腾，豪情满怀，壮志凌云。于是乎，大家的情绪没了，抱怨没了，心情又开朗了，力量又聚集了，向着太平这个目标磨刀霍霍起来了。

当然，朱元璋说到了太平便让大家享受荣华富贵，纯属忽悠之言。因为他说完这段话，等大家心潮澎湃地回营后，他马上走进了他的智囊团"团长"李善长的营寨。一阵寒暄后，李善长道："元帅来找我不是聊天，而是叫我办事的吧！"

"先生真是火眼金睛，谁有点风吹草动都逃不出你的眼。"朱元璋笑道。

"做点呆事、傻事、笨事我还是能做到的，做大事就不能办到。"

"这事不是呆事、傻事、笨事，说大不大，说小不小，说难不难，说容易不容易，说一千句道一万句，就是……"朱元璋话还没出口，李善长早已接着他的话道："就是起草一份文件而已。"

"知我者，先生也。"两人说着抚掌而笑。

"先生无非是想学昔日刘邦到咸阳为了防止士兵们扰民，出台了一系列具有法律约束性的文件和制度，从而得到了百姓的拥护，最终成功统一了天下。"李善长说着呷了口茶，才定定地看着朱元璋道："昔日刘邦出台的政策叫《约法三章》，元帅这一套政策叫什么好呢？既要创新，又要朗朗上口，还要通俗易懂。"

"先生一直在思索这个问题，想必早就想好了吧。"朱元璋问。

"《戒戢军士榜》如何？"李善长道。

"戒戢军士榜，戒戢军士榜……"朱元璋念了几遍，接着道，"好，这个名字既创新，又朗朗上口，还通俗易懂，就定这个名字。内容就有劳先生费心了。"

"元帅且看这个如何？"李善长说着，从身上变魔术般地变出了一份文稿来。封面上"戒戢军士榜"五个大字格外耀眼。朱元璋惊喜交加，接过书稿，从头到尾翻了一遍，赞叹道："知我者，先生也；棋高一着者，先生也。"

事实上，朱元璋果然很有眼光，李善长起草的这份《戒戢军士榜》很快在战场上就派上了用场。

第二天，朱元璋便向太平进军，打出的口号：不夺太平，誓不罢休；夺下太平，天下太平。事实上，太平离采石矶只相隔二十多里路，因此，朱军由观渡经太平桥，不到半日的工夫便抵达了太平城下。守城的元将平章（官名）完者不花、万户（官名）万钧、达鲁花赤（官名）普里罕忽里等将领很配合，根本没给朱军练靶子的机会，马上来了个弃城而逃，太平自然是不战而降。

兵不血刃地占领太平后，士兵果然见到了朱元璋所说的那般美好，太平城里不但粮草如云，财帛如云，更诱人的是美女亦如云。

"抢啊，拉啊，夺啊，打啊，追啊，要啊……"士兵们觉得是朱元璋履行诺言、让他们付诸行动的时候了。然而，正在这时，却见城中的大街小巷贴满了布告，布告的名头便是《戒戢军士榜》，其内容：掳掠奸淫者，杀无赦；聚众生事者，杀无赦；打架斗殴者，杀无赦……

"杀无赦"三个大字触目惊心，顿时镇住了原本骚动的士兵，刚要现出"兽性"本能的他们又再回到"文明"。当然，也有个别不信邪的"愣头青"，要以身试法，结果被朱元璋派出的治安队员捕获。朱元璋二话不说，直接推到闹市，来了个斩首示众。杀一儆百后，士兵们见状哪里还敢再乱来，于是为了不做罪犯，个个秋毫无犯。

朱元璋的军队进了太平城后，表现得文明、文雅，让城中百姓大为称赞，有的纷纷拿出美酒佳肴来慰问朱军。很快，士兵和群众就展现出一片其乐融融的景象。

第九章

我和集庆有个约会

广纳贤才

当然，到了太平城，朱元璋除了未雨绸缪，出台了《戒戢军士榜》，还再度把自己的军队打造成纪律严明的威武之师、雄壮之师，不但收获了民心，还收获了当地有名的儒士，从而使自己的智囊团进一步壮大。到太平城之前，朱元璋的智囊团成员主要有：淮西和江北的李善长、冯国用、范常，濠州的郭景祥、李梦庚，定远的毛骐，滁州的杨元杲、阮弘道，全椒的侯元善、樊景昭，舒城的汪河、王习古、范子权等人。他们各有所长，各有千秋，各具特色。也正是在他们各司其职、各显神通的帮助和支持下，朱元璋才得以逆境扬帆，各个击破，进驻太平。

朱元璋不会知道，太平不但是个金窝、银窝，还是个"才窝"。他到这里又得到了不少奇人异士，为他日后打天下打下了坚实的基础，这里且提一下太平城的绝代双骄陶安和李习。

陶安，字主敬，姑孰（今安徽当涂）人。用一句话来概括他的相貌特征：貌癯而内蕴机略，少敏悟。用一句话来概括他的才华：六岁失怙，读书日记千言，人异之。意思就是说，小时候就聪明过人，每天都读完大量的书，而且读完能背诵出来。用一句话来概括他的特长："弱冠博极群书，尤深于《易》。"用一句话来概括他的理想："有大志，尝以王佐自负，人未之许也。"

至正四年（公元 1344 年），久负盛名的天才少年陶安初试锋芒，参加了浙江乡试，高中榜首。陶安再接再厉，接着参加了北京的会试，结果阴沟里翻船，榜上无名。四年后，磨刀霍霍的陶安卷土重来，再度参加了北京的会试，结果还是四个字：名落孙山。倔强的陶安没有参加第三次，因为他终于知道了内幕，知道再考也是一样的结果。灰心之下，他当起了老师，任集庆明道高节书院山长，讲授濂洛关闽之学。用一句话概括他此时的感受：怀才不遇。

然而，他的教师生涯并没有维持多久，起义的浪潮便席卷而来，于是书是没法教了。又回到了太平故里过起了"小隐隐于野"的生活。起义军的风起云涌曾一度让陶安热血沸腾，骚动不已。然而，起义军的低素质也让他一度感到很失望（烧杀抢劫，鼠目寸光，残暴不仁）。正在这时，元军的最后一位贤相脱脱为了力挽狂澜于既倒，采取了缓和民族矛盾的政策，选拔了南方一些才子在中央中书省、枢密院、御史台等重要部门任职。得到这个消息后，陶安激动不已，当时对起义军失望的他，对元朝还抱有最后一丝希望。就在他准备"复出"时，在"应聘"过程中却看清了元朝的"庐山真面目"，腐败、虚伪，尤其是对汉族的歧视、对知识分子的歧视。当时元朝对社会各阶层的排位：一官二吏，三僧四道，五医六工，七匠八娼，九儒十丐。第九等才是儒生，当时知识分子的地位居然在娼妓之下，出现了"笑儒不笑娼"的奇观，还好儒生不是垫底的，垫底的是乞丐，所以在那个时候知识分子开始有了个外号叫"臭老九"（因为都排到老九去了，还不臭吗）。最开始，陶安还觉得这只是"虚位"罢了，有脱脱丞相在，这一切应该会改变了吧！然而，他在面试时，依然遭到的是冷嘲热讽，依然遭到的是赤裸裸的歧视。他真真切切地感到了这种歧视实实在在，且会延续下去，原本火热的激情降到了冰点，毅然选择了打道回府。不久之后，脱脱成为元朝内讧的政治牺牲品——光荣"下岗"了，而陶安也因此对元朝彻底死心了。

从此陶安两耳不闻窗外事，一心一意过起了隐居生活。他原本以为，他的一生就会在这样的自由自在、无束无缚、无花无果中虚度，然而，一个人的出现却让他原本如死水般的心荡起了一阵涟漪。

这个人便是朱元璋。朱元璋的义举、善举、豪举……早已传到他的耳朵里。俗话说："百闻不如一见。"听到这些的时候，陶安还是将信将疑，举棋不定，但当他亲眼看到朱军来到太平城后的所做、所为、所行时，他发出了这样的感叹："这绝对是一支仁义之师啊！"仁者无敌，跟着他们干，大有前程啊！于是，陶安不再迟疑，马上叫上太平的另一位名士李习一起来投奔朱元璋。

李习，字伯羽，在当地可以用"三大"来形容。一是名气大（当地有名的儒士，德高望重），二是年纪大（八十多岁了），三是胃口大（据说每顿能吃一升米、十斤肉、一壶酒）。但现实生活中他却顿顿吃不饱、穿不暖。为此，他一看到朱元璋，不顾八旬年纪，被陶安一拉就同意了。

也正是因为这样，陶安和李习成为朱元璋渡江后最早迎接朱军的举人。

朱元璋听说来了两位奇人异士，很是高兴，亲自出门来相迎。一见面，朱元璋便说了句石破天惊的话："久仰二位先生大名，今日得以相见，实乃三生有幸。"

陶安明知道这是朱元璋恭维的话，但见朱元璋这般爱才，心中一动，不由得在心里发出这样的感叹："龙姿凤质，非常人也，我辈总算找到明主了！"

千军易得，一将难求

攻占太平后，朱元璋一边伺机夺取集庆，一边努力经营这块临时根据地。他决定加强行政管理，将太平路改为了太平府，并任命李习为知府，掌管民政等一切繁杂工作。同时，又设置了太平兴国翼元帅府，自封为大元帅。任命手下目前头号谋士李善长为帅府都事，陶安、宋思颜为幕府参事，汪广洋为帅府令史，梁贞、潘庭坚为帅府教授，共同处理帅府日常政务。

要知道陶安、李习、汪广洋、宋思颜、梁贞、潘庭坚都是太平一带的名儒，都是德高望重、呼风唤雨的人物。自陶安和李习归顺后，他们闻风而投，结果朱元璋没有亏待他们，采取了"师夷长技以制夷"的策略，用太平人来管太平城，知人善用，别出心裁，独树一帜，别具一格，让人称叹。

就在朱元璋在太平大刀阔斧地进行改革经营，忙得不亦乐乎时，元军也没有闲着，元朝右丞相阿鲁厌、副枢密使绊住马、中丞蛮子海牙等人也组成了强大的智囊团，召开了军师扩大会议，集众人智慧，商量对付朱元璋的应敌之策。最终决定以牙还牙，同样以两步走来对付朱元璋的三步走。当然，朱元璋的三步走是胸罗天下、放眼全局、气吞山河的三步走。而阿鲁厌的元军两步走，则是急功近利、鼠目寸光、亡羊补牢的两步走。

第一步是以大船封锁住了采石江面，并且封闭了姑孰口。目的很明显也很毒辣，切断了朱军的退路，准备来个瓮中捉鳖。

果然，第一步，非常成功。朱军又惊又恐，军心开始动摇。

元军大受鼓舞，接着第二步走，采取借刀杀人之计，以利诱的方式引诱当地的两个土霸王康茂才和陈野先攻打太平府。康茂才和陈野先也知道，集庆一旦让朱元璋占了，他们这两个土霸王也就当不成了，再加上元朝承诺事成之后，封官加爵。于是，康茂才联合陈野先带领军马很快就对太平府进行了赤裸裸的挑衅。

朱元璋刚拿下太平城，还正在休养生息中，面对康茂才和陈野先的突然兵临城下，也感意外，再加上此时元军已在采石江面上做了手脚，截断了他们的退路。因此，朱军防守起来很是吃力，手下的智囊团又刚刚各司其职，忙得晕头转向，一时哪有妙计退敌啊！正在朱元璋陷入苦恼的时候，他的第二任夫人郭宁莲出场了。前面已经说了，朱元璋的元配夫人马秀英，对他的帮助很大，当年郭子兴猜忌朱元璋，如不是马秀英从中相助，恐怕朱元璋有九条命也不够当政治牺牲品的。

因此，朱元璋的元配夫人马秀英可以用"贤惠"来形容，而他的第二夫人郭宁莲却可以用"泼辣"来形容。郭宁莲的泼辣具体体现在，她从小跟父亲郭山甫及哥哥郭英、郭兴学武，不爱文章爱武装。整天打打杀杀的人能不泼辣吗？当初朱元璋纳他为第二夫人，一是为郭宁莲的父亲的诚心所感动，二是被郭子兴一波又一波的猜忌所感喟，三是被郭宁莲独有的气质所感染。事实证明，朱元璋的眼光果然独特，郭宁莲虽然泼辣，但做事雷厉风行，甚至连行军打仗都是一马当先，当真是巾帼不让须眉。而此时，就在朱元璋忧愁烦恼时，郭宁莲出现了。她的出现让朱元璋发出了这样的感慨之言：何以解忧，唯有莲儿。

莲儿是朱元璋对郭宁莲的昵称，这句话的分量之重可想而知。因为郭宁莲的这一计，使得太平城转危为安。

郭宁莲的计谋很简单实用，只有一句话：枪林雨弹不如糖衣炮弹，金杯银杯不如众人的口碑。一句顶万句，只这一句话就足够了。接下来，朱元璋知道该怎么做了，他打开了国库中囤积的金银财物，然后全部搬到城墙上，当然，不是站在城墙上抛下去给康茂才和陈野先的士兵捡、让他们拿了手软，从而退兵。而是当众赏赐给守城的将士。

重赏之下必有勇夫，果然，朱元璋把糖衣炮弹对自己人一轰，士兵们士气大振，马上把枪林箭雨朝城下射击，锐不可当。守军一发威，攻城的康茂才和陈野先，连攻数日，都毫无进展，于是双方进入僵持胶着状态。

与此同时，朱元璋已想出了破敌之策：偷袭。具体行动如下：派徐达和邓愈在夜里偷偷潜出城外，然后走"绕城公路"，绕到陈野先军队的后面。等一办妥之后，朱元璋开始发威，他领着汤和等猛将突然打开城门，结果打了陈野先一个措手不及。慌乱之下，陈野先只好先选择了撤退，心想：等回过神来再收拾你这个臭小子。事实证明，这只是他一厢情愿的想法，因为接下来，徐达和邓愈又开始发威了。他们等在那里，这时正好来个"痛打落水狗"。前有堵兵，后有追兵，这是什么概念？正如陈野先发出的感言：吾中计也。说完这四个字，他已成了阶下囚。

阶下囚通常有两个结局，一是投降，二是宁死不屈。但陈野先却硬是重新生出一个新的结局：伪投降（既不投降，又不宁死不屈）。过程如下：

当陈野先被押到朱元璋面前时，朱元璋大怒道："怎可对陈将军如此无礼？"说着，马上亲自为陈野先松绑。

"败军之将，要杀要剐悉听尊便，何必假惺惺故作大方。"陈野先不吃这一套。

"不是我大量，是我实在不忍心对你下手。"朱元璋看着陈野先一字一句地道，"同是造反人，相煎何太急？"

"莫非想要我投降？"

"正是此意！"朱元璋喃喃地道，"千军易得，一将难求。"

"如果我不投降呢？"

"将军是个识时务的人，不会这么看轻自己的生命，你说是吗？"

"我的确还舍不得死！"陈野先说着顿了顿，才又接着道，"为了表达我对你的谢意，我愿修书一封，叫我的部下也来归顺你。"

"如此甚好！"

于是乎，陈野先立即修书一封，叫人送给他的部将。原本这只是他的忽悠之计，目的是先麻痹朱元璋，再寻脱身之策。他原本以为这封信投出之后会如泥牛入海般杳无音信。但事实证明，他的部将看了信不但信以为真，而且还以实际行动来证明了。第二天，几万人马便呼呼地来到集庆城外，朱元璋开始还以为又是哪股蟊贼想来夺城，正要备战时，却发现来人竖起白旗，上书，奉陈将军之命，前来归顺。朱元璋看了大喜过望，马上把他们迎进城来。陈野先看了欲哭无泪，伤心地转过身去，不让手下士兵看见自己的眼泪。什么叫弄巧成拙？由此可见一斑。

"我们结拜成兄弟吧！"朱元璋大喜之下，提出了这样蓄谋已久的想法。目的不言而喻，一是进一步稳住陈野先的心，二是进一步稳住陈野先三万归顺将士的心。

对此，陈野先没有提出异议，事情发展到这个地步，他只能破罐子破摔，还能做什么？于是乎，朱元璋杀牛杀马，祭告天地，两人跪拜于地，说出这样老掉牙的话来："不求同年同月同日生，但求同年同月同日死。"说着，两人喝血酒，点香烛，总之，场面热闹而庄严。

稳住了陈野先后，朱元璋马上上演对集庆的第一次进攻。当然，战前，朱元璋采取的办法：兵分两路。一路由徐达率领，绕到集庆城后面进行包抄攻城；一路由张天佑率领，直接对集庆进行强烈攻城。

徐达率领的是朱元璋的主力人马，为什么却被安排间接攻城？那是因为张天佑率领的是陈野先的旧部，所以派他们直接攻城进行火拼，可见朱元璋对陈野先还是有提防之心的。不让陈野先亲自带领他的旧部人马上阵，嘴里美其名曰："你需要好好休息一段时间。"

朱元璋玩儿的是阴招，陈野先也不是吃素的，他也玩儿起了阴招。你让我的士兵上阵，我现在虽然不能直接拒绝，但我可以对士兵进行动员啊，告诫他们四个字：不能给力。他的老部下毕竟跟他久了，所谓心有灵犀一点通，马上知道了陈野先的意思。于是在进军中，他们表现得很不给力。

结果可想而知，一支没有进取心的队伍怎么能取胜，结果一到集庆城下，便被以逸待劳的元军打得兵败如山倒，很快撤了回来。结果另一路徐达带领的朱军在少了援助的情况，也无功而返。

借刀杀人

朱元璋第一次攻打集庆就这样草草收场，结果虽然没有拿下集庆城，却探出了陈野先的心意，于是朱元璋找到陈野先，来了个直接"摊牌"："我俩虽然结为兄弟，但人各有志，勉强不得，你是想归顺元军，还是跟着我干，请你仔细思考再做选择。"

陈野先闻言后，先是一惊，随即又镇定下来，接下来为了证明自己的"清白"，他马上对着朱元璋进行了发誓："元帅对我们的再生之恩永世不忘，我愿誓死追随元帅，如违此誓，天地不容，神人共诛！"

誓言之所以感人，那是因为承诺得太多、承诺得太重、承诺得太快。但誓言和谎言只有一字之差，通常一脉相承。因为太多的誓言承诺到最后往往成了谎言的代名词。

此时此刻，眼看陈野先发起了毒誓，朱元璋当然感动了，连忙说："我们都是结拜兄弟了，不必发此重誓！我当然相信你了。"为了证明"相信"，朱元璋也来实际的，他马上派陈野先带领他的旧部到集庆南部外围"剿匪"，并且马上还以承诺：我随后便派大军来支援你，到时候一起攻打集庆，军功章上自然会记上你的功劳。

陈野先闻言大喜，心里叹道："这个世上的人还是喜欢听真实的谎言啊！这是脱离虎口最好的机会！"

当然，朱元璋也不是那么好忽悠的，他本着害人之心不可有、防人之心不可无的原则，在陈野先带兵出发时，以"战场上太危险、前线太危险"为由，要陈野先及部下的家属留在太平城，美其名曰照顾，实则是把他们强行留下当作人质。陈野先的妻儿也没有幸免。朱元璋原本想，我扣押你的妻儿在手上，谅你有狼子野心，也不敢轻举妄动。然而，他不会料到，陈野先人如其名，一是"野"，在他心里妻儿如衣服，破了还可以"缝补"，而兄弟如手足，手足断了不可"续补"，因此，朱元璋扣其妻儿对于陈野先这个具有狼子野心的人来说，并不算什么，更谈不上威胁。二是"先"，朱元璋的派遣令才下，陈野先早已先一步派人到山寨，收集三万余旧部，随即进驻板桥，并与集庆的元行台御史大夫福寿联系上了，密谋联手对朱元璋下黑手。

于是乎，到了前线的陈野先，很快就给朱元璋写了一封信。信中不是叙说分别之后的相思之苦，就是叙说分别之后带兵攻集庆的功劳、困难、建议等。功劳有二：一是与元兵交战屡战屡胜，二是杀敌无数。困难有二：一是集庆城池坚不可摧，二是我军粮草不足，形势不利。建议：放弃攻打集庆改攻镇江。舍不得孩子套不住狼，出其不意地打下镇江后，一是可以切断集庆的粮道，二是进可攻退可守，长此以往，集庆不战自乱，不堪一击，不攻自下。

总之一句话，陈野先这一招在《孙子兵法》上可以用四个字来形容：缓兵之计。应该说陈野先的思路和想法都是好的，如果能这样把朱元璋"引蛇出洞"来攻打镇江，到时候，他和福寿联手对朱元璋进行夹击，自然是"大事可成也"。他原本以为自己的计划天衣无缝，无懈可击。然而，他百密一疏，忘了朱元璋不是吃素的，他除了扣押了他的妻儿做人质，还在他的旧部中安插了间谍。陈野先的一举一动，自然完全在朱元璋的掌控之中。因此，当陈野先的"绝密信"送到朱元璋案前时，早已不"绝密"了。陈野先的信刚到，朱元璋便进行了回信。信的内容概括起来只有四句话：

第一句：集庆是龙盘虎踞之地，是军事咽喉之地，是立足之本之地，易守难攻。

第二句：你现在屡战屡胜，形势应该是一片大好，需要继续发扬这种精神。

第三句：转攻镇江，那不叫迂回战术，而叫舍近求远，舍本逐末。

第四句：你现在乘胜对集庆发动大举进攻，我随后发兵来支持你。

朱元璋在信中不但成功戳穿了陈野先的阴谋，而且还要陈野先当攻打集庆的"炮灰"，因此，接到朱元璋的回信后，陈野先气得把信撕了个"灰飞烟灭"。

当然，陈野先气归气，没有气到吐血，而是马上调整了心情，恢复了元气，很快气下眉头，计上心头。第一招缓兵之计"引蛇出洞"没有成功，马上使出第二招"瞒天过海"。具体步骤：

一是对内密约元将左苔纳识里到营中进行谈话，商谈相关合作事宜；

二是对外诈称左苔纳识里是俘虏；

三是邀请朱元璋来参加左苔纳识里投降的交接仪式。

总之，一句话，朱元璋一旦来了，便生擒软禁他没商量。

朱元璋此时已对陈野先知根知底，彻底看清了他的真面目。因此，陈野先这样的雕虫小技，对于他来说不值一哂，就推托说：我最近很忙，交接手续你看着办就是了。

就这样，朱元璋轻轻松松便化解了陈野先先发制人的两个阴招，但此时陈野先毕竟像放飞的风筝已是自由之身，随时都有飘走的可能。朱元璋也没有让他进行无穷无尽的出招，而是马上就进行了反击。他反击的计谋在三十六计里有个很好听的名字：借刀杀人。他派郭天叙、张天佑甥舅两个率领所部人马前去和一线的陈野先会合，伺机攻取集庆。

原来郭天叙、张天佑一直雪藏在滁州，但听说朱元璋一路势如破竹攻下太平后，使出"陆地飞云"的轻功，朱元璋率大军刚进城，屁股还没坐稳，郭天叙兄弟在舅舅张天佑的庇护下便来到了太平城。

一山不容两虎，这样一来，朱元璋为难了。郭天叙被小明王封为都元帅，朱元璋只是左元帅，虽然朱元璋掌握了兵权，从郭氏集团里"分割"出来了，但名义上郭天叙还是朱军真正的主儿。也正是因为这样，郭氏兄弟一来，朱元璋失眠了。如何处置这个烫手的山芋的确是件棘手的事。然而，他的麻烦很快就解决了，因为陈野先的步步紧逼，反而让朱元璋有机可乘。陈野先"吃外爬里"，而郭天叙则"吃里爬外"，他们才是般配的一对。朱元璋此时派出郭天叙、张天佑甥舅就是要让他们去跟陈野先火拼，双方无论谁伤谁亡都是朱元璋想要看到的结果，鹬蚌相争，渔翁得利，等他们两败俱伤后，他再来收拾残局。用一句话来形容，这就叫"一石二鸟"。

　　而事情的进程也验证了"一石二鸟"的可行性。张天佑和郭天叙舅甥非但没有领会到朱元璋的计中计，反而认为这是一次体现和展现自我的大好时机。是啊，朱元璋几乎把所有的功劳都夺走了，这让他们感到了肩上沉甸甸的压力。是啊，枪杆子底下出政权，不打几次胜仗，何以服众？不打几次胜仗，何以扩充实力？不打几次胜仗，何以树立威信？不打几次胜仗，光芒永远都会被朱元璋笼罩。于是乎，他们出兵后，热情很高，并且很快和陈野先来了个"约定"，他们攻打集庆东门，陈野先配合攻打南门。

　　很快，张天佑和郭天叙舅甥就体会到了现实与理想之间的差距。他们两面夹击的方针和策略是好的，但想法却过于一厢情愿。张天佑和郭天叙是真功实做地攻城，而陈野先是假戏真做地表演攻城。所以尽管雷声大，但雨点小；尽管炮声大，但效果差；尽管士气高，但城墙更高。坚持了数天，连续发动了好几次猛攻，都没有实质性的效果，张天佑和郭天叙舅甥只好暂时停止了盲目进攻，转而苦思破敌妙计。

　　而正在这时，一直沉默寡言的陈野先说话了。他派人对张天佑和郭天叙舅甥说，他准备了一顿酒席，一来为两位将军压惊，二来叙叙旧情，三来共商破敌妙计。请两位将军务必以国事为重，大驾光临。

　　张天佑和郭天叙舅甥接到了邀请函，高兴地对视一眼，小陈这个小子还是蛮乖顺的嘛，蛮懂得礼貌的嘛，蛮识时务的嘛，等破了集庆城，得给他记上头等功。于是想也没有想就去赴了约。殊不知，等待他们的不是压惊宴，而是鸿门宴。鸿门宴之所以叫鸿门宴，那是因为酒无好酒，宴无好宴，去了没有好果子吃，甚至会掉脑袋。单纯而善良的张天佑和郭天叙舅甥很快就体会到了鸿门宴的残酷，席间，陈野先喝着喝着，故意装着酒杯没拿稳，啪的一声，酒杯落了，酒花四溅开来。就在张天佑和郭天叙舅甥惊异万分的时候，陈野先事先埋伏好的刀斧手开始上场表演了，他们冲上前，对着张天佑唰唰就是一阵练靶子，张天佑很快成了刺猬。一旁的郭天叙眼看亲舅舅变成刺猬，吓得尿湿了裤裆。

是啊，对于陈野先来说，张天佑是最危险的人物，因此，对他实行了快刀斩乱麻式的"斩立决"。当然，如果你认为陈野先良心发现，放了郭天叙那就大错特错了。不杀郭天叙，一是因为他太文静、太懦弱，二是因为郭天叙另有他用。陈野先很快就把郭天叙送人了，献给的自然是元军，他的想法很简单：邀功请赏。元军接到这样一个大礼物，也相当重视，很快召开了批斗大会，然后在闹市上对郭天叙进行了"斩首行动"。

别人喝酒要钱，张天佑、郭天叙舅甥却被要了命，看来赴宴吃饭还是得悠着点儿啊！

一石二鸟

接到噩耗后，朱元璋很是悲伤，悲伤到泪流成河。有人很不解，便问朱元璋，张天佑、郭天叙舅甥一直视你为眼中钉肉中刺，想除之后快。现在他们"罪有应得"了，你摆脱了桎梏，应该高兴才对啊！

一开始，朱元璋选择沉默，不回答也不理会，问的人多了，朱元璋终于回过神来，目光悠长而深远，喃喃地答了四个字：唇亡齿寒。的确，朱元璋此时的感情是复杂的，郭天叙再坏，但毕竟是自己的妻兄；张天佑再坏，毕竟是自己的妻舅。虽然在利益方面不能相容，但他也不希望这么快就"相煎"！更何况是惨遭陈野先的毒手！

于是乎，朱元璋下一次于公于私于情于理，便是作秀也要找到陈野先去报仇雪恨才对。当然，就在朱元璋做围剿陈野先的准备时，陈野先却来了无疾而终。

原来，陈野先交出郭天叙想邀功请赏，但元军斩杀郭天叙以儆效尤时，给陈野先的奖赏是戴罪立功。原因是太平城没拿下，朱元璋也还没有抓到，郭天叙的腕儿太小，做事不能靠糊弄过关，而要脚踏实地。

陈野先接到"谴责信"后，大为惶恐，于是马上对朱元璋在集庆附近的余部展开疯狂追杀。事实证明，陈野先一发威，和老虎有得一拼，很快集庆附近的朱军被他打得落花流水。对此，陈野先采取的政策是赶尽杀绝，往死里整。因此，对打败的朱军采取的政策是千里追踪，大有不彻底吞没誓不罢休的英雄气概。然而，他追击朱军到全坛县葛仙乡时，触怒了当地的卢德茂。这个卢德茂打出的口号是两耳不闻天下事，一心只守圣贤地。奉行的宗旨：我的地盘我做主。陈野先追朱军到了人家的地盘，因为时间匆忙，他奉行的却是低调做人，高调做事，只顾忙自己的活——高调追击朱军。结果在做人方面低调到极点：一没有自报大名，二没有去拜码头，三没有献礼金。

"什么人这么大的胆，敢来我的地盘撒野！给我拿下再说。"于是乎，他马上设了伏兵，对陈野先来了个"关门捉贼"。陈野先没料到卢德茂会来这么一手阴招，猝不及防下，被捉了个正着。

"你敢抓我，你不想混了啊！"陈野先想用这种吓唬的方式给卢德茂一个下马威，从而让他赶紧放人。哪知卢德茂是个吃软不吃硬的人，他原本就恼怒陈野先的撒野行为，此时见他成了阶下囚还这般野蛮无礼，更是怒不可遏，一怒之下，直接把陈野先推到门外就砍了头。

在头掉下的这一瞬间，陈野先心里肯定在忏悔和懊恼，更不明白：我还没有拿下朱元璋的人头，怎么自己的人头就掉地了呢？自作孽，不可活。这句话用在陈野先身上再合适不过了。

朱元璋给陈野先安排的是"借刀杀人"之计，结果陈野先借刀杀了郭天叙等人后，又反被卢德茂借刀杀之，结果"借刀"之人被杀，"杀人"之人也被杀，朱元璋的妙计大获成功，"一石二鸟"的目的戏剧般地实现了。

值得一提的是，郭子兴唯一健在的小儿子郭天爵，在朱元璋占领集庆后，被小明王封以江南行中书省右丞之职。但郭天爵并没有因此就放弃对朱元璋的仇恨，拥有权力后，他秘密联络组织父帅当年的嫡系旧部，试图反叛，准备斩杀朱元璋，夺取最高统帅位子，但最终事情还是坏在保密工作上，结果事情败露，他也得到了跟哥哥郭天叙一样的下场——砍头。至此，朱元璋彻底摆脱了郭氏力量的桎梏，成为名正言顺的统帅。

人心齐，泰山移

前面已经说了，自从朱元璋攻占太平城后，元军采取了两步走：一是在采石一带设防，阻止或延缓朱元璋进军的路线和时间；二是借用陈野先和康茂才的势力抵抗朱军。结果朱元璋在成功搬掉陈野先这只拦路虎的同时，派出徐达、常遇春等人去打通封锁采石江面的蛮子海牙，肃清集庆外围势力。

蛮子海牙和朱军在采石的第一次交锋，本来严防密守得连鸟儿也插翅难飞，但最终被半路杀出的常遇春给搅黄了。所以，不服输的元军名将蛮子海牙卷土重来也在情理之中。这次得到了上级领导的高度重视，人力、物力、财力都充足，因此，在采石江面上布防了一道密不透风的势力网。蛮子海牙还制定了"联责制"，规定自己的船只在江上必须互相往来，相互支援。

但徐达和常遇春都是一夫当关、万夫莫开的人物。蛮子海牙实行的是"联责制"，他们却制定了"分区包干制"，徐达负责外围清剿工作，切断敌人的粮草和支援路线。常遇春负责主攻采石江面的"攻坚战"。事实证明，徐达和常遇春的包干制方针路线是正确的，在攻坚战中，常遇春再次发威，从而进一步巩固和稳定了自己应急先锋第一人的位置。

闲话少说，话说常遇春和蛮子海牙的第二次对决中，双方都摩拳擦掌，志在必赢。常遇春用襄阳大石砲猛轰元军水寨和船队，然后分军三路。他一马当先，率领着一股部队将敌人拦腰截为两段，其他两部则左右开弓，对敌人分而歼之。这场战斗晚上开始行动布置工作，第二天早上正式开始交战，一直激战到下午才结束。结果是不可一世的蛮子海牙旧仇未报，又添新恨，眼看一败涂地的局面无法挽回了，只好带了些散兵游勇狼狈地逃往集庆。

两军交战勇者胜，事实上，常遇春的无畏付出也没有白费，收获颇丰：俘获敌人一万多人，缴获敌人战舰无数。

元军在采石精心布下的海上"天堑"瞬间土崩瓦解后，朱军不但重新打通了和江北和州等地的后防通道，稳定了士兵们的军心，而且剪除了攻打集庆外围的羽翼，震慑了元朝守军的军心。随后，朱元璋再接再厉，分路出击，不久，接连占领了溧水、溧阳、句容、芜湖等州县，集庆城的外围势力几乎全部被肃清。做好这一切准备工作后，朱元璋终于决定对集庆发动第三次总攻，也是最后的进攻。

至正十六年（公元1356年），这是一个阳春三月烟花如海的季节，雄心万丈的朱元璋来了个"烟花三月下集庆"。

在集庆城下，朱元璋带领他的部队在江宁镇和元军陈兆先的部队上演对决大战。

这个陈兆先可不是一般的人物，他是臭名远扬的军阀陈野先的侄儿。陈野先死后，他收集叔叔的旧部，充当元军防守集庆的一支劲旅，与朱元璋展开浴血奋战，原本想替叔叔报仇雪恨，不料终究没有敌过兵多将广的朱元璋，很快便成了阶下囚。

而大发神威的朱元璋生擒了陈兆先的同时，还俘虏了他手下近四万元军。按理说朱元璋应该很高兴才对，然而，朱元璋却眉头紧锁，他面临两个难题，一是如何处置陈兆先，二是如何处置这么多叛军。

一番思索后，朱元璋最终还是决定善待陈兆先。是啊，冤家宜解不宜结，陈野先是陈野先，但陈兆先是陈兆先，虽然他们有很深很浓的血缘关系，但这又如何，不能一棒子打死啊！再退一万步来说，如果砍了陈兆先的头，四万降军肯定又会再度生乱，这不是给自己添麻烦吗？就这样，陈兆先被留下来了，第一个难题也就迎刃而解了。

接下来是处理第二个问题，如何处置近四万降军，这是个大问题。一是降军人数多，二是降军人心杂。也正是因为这样，朱元璋的部将都主张对降军痛下杀手。理由：当断不断，反受其乱。解析：这些降军是在万不得已的情况下才选择归顺的，并不是真心归顺。日子一久，必然会再生叛心，收留他们其害无穷啊！陈野先便是前车之鉴。

但朱元璋并不为所动，通过全面思考分析后，他做出了出人意料的决定。一是降军一个也不能杀。二是从降军中随机选五百士兵，充当自己的亲兵，负责晚上的站岗放哨工作。"元帅，你疯了啊？！万一这些降军晚上图谋不轨，那岂不是白白送死啊！"冯国用是个直肠子的人，一急之下，便对朱元璋"无礼"了。

"先生少安毋躁，降军既降之则安之，我既用之亦安之。"朱元璋说着胸有成竹地大笑起来。

冯国用也笑了，只不过他是苦笑，他现在只有苦笑的份儿了。

而事实上，朱元璋当晚就把原先的亲兵全部撤走，然后让这五百降军上岗值班。也许是为证明什么，他只把冯国用留在了身边。

冯国用感到自己的责任巨大，压力也巨大。他的目光一直盯着门外巡逻士兵的身影，心却如十五个水桶，七上八下，每一个脚步声都深深敲入他的心坎里。夜已深，他睁着铜铃一样的双眼，无半分睡意。反观身边的朱元璋早已鼾睡如泥，此起彼落的鼾声如雷般响亮，在寂静的夜里显然格外清脆。冯国用不禁在心里纳闷了：元帅在这种氛围下何以睡得这么香？何以这么从容不迫？何以对这些降军这般信任？难道是我以小人之心度君子之腹？难道元帅早已胸有成竹？

就这样，一整夜冯国用都是在提心吊胆中度过的。直到第一缕晨曦射过来，直到若隐若现的鸡鸣狗叫之声传来，直到外面人声鼎沸，冯国用这才长长地出了一口气，心里叹道：这难熬的一夜终于度过了。

而这时，朱元璋也已悠悠转醒，看见冯国用坐在窗前，惊问道："先生何故起来这么早，莫非思念家中的娇妻幼子了？"冯国用嗯了一声，含糊应答着，站起身来。

朱元璋又道："头发凌乱，眼含血丝，脸色苍白，憔悴不堪，莫非先生一夜未睡？"冯国用唯有苦笑着搪塞道："我一到陌生的地方就睡不着。幸而没有吵到元帅的休息，不然，罪过就大了。"

朱元璋说着定定地看着冯国用，笑道："先生只怕不是地方陌生睡不着，而是心中有事才睡不着吧！"

"我只是担心元帅的安危罢了。"冯国用抬起头来，鼓足勇气道，"我的命不值一哂，但元帅可是千金之躯，宝贵之体，怎么可如此冒险呢？"

"先生跟随我这么久了，还不知道我是个什么样的人吗？我平常做事慎之又慎，决不轻易以身试险。但今日之事，我也是没有办法，不得已而为之啊！"朱元璋叹道。

"既然如此，又为何要出此险棋，如果降军昨晚突然生变，如之奈何？"

朱元璋看了看冯国用，然后定定地望向帐外，良久，才道："兵法云，虚者实之，实者虚之，虚虚实实、实实虚虚乃用兵之道。我这次之所以敢这般冒险出这一招'漏招'，那是因为我抓住了虚实的本质，偶一为之，虽有一定的风险，但绝对没有危险。"

冯国用只有洗耳恭听的份儿了。朱元璋顿了顿，才又接着道："一是，我所选的五百降兵是从三万多人中大海捞针般地海选出来的，他们来自各个营，彼此之间根本就不认识。就算有认识的，这夜晚黑黢黢的，再加上各自有负责的岗位和职责，也难以联络上，难以形成共识。二是，我把他们当成亲兵来使用，对他们如此重用，他们这些幸运儿感激都来不及，更别说起歹心了。因此，我晚上依然可以做到两耳不闻窗外事，一心只睡安稳觉。"

对此，冯国用只有赞叹的份儿了。

与此同时，那五百新选的亲兵，这一晚也是忐忑了一夜，他们高度紧张，全线警戒，生怕稍有疏忽，而发生什么意外。恪尽职守了一整夜，也高度紧张了一整夜，直到天亮才长长地舒了一口气。在换班时，五百士兵异口同声道："元帅视我等为心腹，为知己，为亲人，我等无以回报，只愿以死效忠。"

尽管当时的通信设备还不是很先进，但第二天，一传十，十传百，百传千，很快三万多降军都知道了这件事，他们心中的疑虑和思想顾虑就这样打消了。

也正是因为这样，三月十日，当朱元璋发动了对集庆外城蒋山的总攻时，这五百亲兵自告奋勇担任了先锋。他们个个奋勇争先，在蒋山大败元兵。

人心齐，泰山移。此时集庆便如一个裸露的婴儿，没有任何的庇护。这时朱元璋挥师直指集庆，一边是万众一心、团结奋战、奋勇向前，一边是士气受挫、孤立无援、毫无斗志。接下来的战斗已毫无悬念可言了。

守城的元行台御史大夫福寿和平章阿鲁灰进行了最后抵抗。为保卫城池战斗到最后，这叫尽忠。明知不可为而为之，这叫愚忠。为了尽忠和愚忠，元行台御史大夫福寿和平章阿鲁灰亲自督兵出战，但很快被朱军打回来，于是只能关上城门进行防守了。

朱军这时已是势不可当，他们一边用箭矢、火器等对城内进行猛攻，一边架设云梯快速登城，守军忙得焦头烂额还是没能抵挡住起义军进军的脚步。结果很快城就破了。

城破，人亡。结果，元平章阿鲁灰、参政伯家奴及集庆路达鲁花赤、达尼达思等皆战死。而元行台御史大夫福寿成了元军在这座古老伟大的城市的最后的"守望者"，他血战到最后一刻倒下，一直没有停止挥动手中的宝剑。只有蛮子海牙依然发挥他"钻山豹"的风格，在乱战之中，逃出了城池，结果在走投无路的情况下（丢了集庆，元朝政府肯定会拿他问罪），选择了投奔张士诚。而水寨元帅康茂才，苗军元帅寻朝佐、许成、刘哈刺不花，海军元帅叶撒及阿鲁厌部将完都等人则选择了投降。

自从至正十四年（公元1354年）冯国用向朱元璋提出了攻占集庆为根据地的战略设想后，到至正十六年（公元1356年）三月占领集庆，朱元璋只用短短不到两年的时间，这一年朱元璋二十九岁，在而立之年终于"而立"了。

第十章

强基固本

金字招牌是这样炼成的

攻下集庆，朱元璋马上做了三件大实事。

一是立宪法。朱元璋马上出台了"新约法三章"。前面已经说过，朱元璋在攻下太平时，出台了《戒戢军士榜》，结果严明了军纪，稳定了民心，团结了一切可以团结的力量，从而为攻打集庆打下了坚实的基础。攻下集庆后，为安抚民心，朱元璋召集原来的官吏、父老、士绅和百姓，说了四句话：

第一句话：不是我不小心（来到了集庆），只是真情难以抗拒。不是我存心故意（打搅了你们），只因无法防备自己（大伙被困守在这个危城里，整天提心吊胆地过日子，整天惶惶不可终日）。想告诉你（元朝政治腐败，生灵涂炭，干戈四起），我的心情（我才来到这里只想为民除害，只想救民于水火）。

第二句话：不管是金饭碗、银饭碗、铁饭碗、塑料饭碗，我不会砸烂你们的饭碗。请大家不要惊慌，我只是代为管理一下城池，我不会惊扰大家，大家可以依然各守旧业，各操旧职，各谋旧志。各级官员还是照旧任职，凡是属于仁者、智者、勇者一技之长的平民百姓，如果愿意在我手下当个一官半职的，我必定以礼相待，给予重用。

第三句话：法律面前人人平等，不管是谁触犯都得依法惩处。严禁有贪暴腐败的现象发生，凡是对人民有害的旧政要予以革除。

第四句话：真心希望大家安居乐业、笑口常开。

"新约法三章"的出台，效果很明显，于是乎，城中军民各操各业，各司其职，相互之间更加亲近，更加友爱关心了，城里的秩序更加和谐了。

二是立政权。任何一个朝代的改朝换代都会有标志，所谓新人新气象。朱元璋占领集庆后，为了和旧元朝政府彻底划分阶级界线，立马把集庆更名应天，建立了属于自己的政权。

当然，为了把事情做得更加圆满些，在更名时，朱元璋特征求了手下大臣的意见。他带着李善长、徐达等人来了个集庆"一日游"，结果看到集庆城雄伟无比、繁华无比、富庶无比，不由得发出这样的感慨："啊，集庆真美啊，风景旧曾谙。啊，集庆真奇啊，天设地造的天堑之都。啊，集庆真丰啊，仓廪实，民众足。啊，集庆真幸也，有诸位的鼎力相助，何愁功业不成啊！"

"好诗，好词，好句。"众人无不点头称赞。

朱元璋接着道："既然这里上应天命，下应民意，不如把集庆改作应天吧！"

"应天，应命，应民。"众人无不点头称善。

于是乎，集庆很快有了一个新的名字——应天。而集庆路自然也变成了应天府，设置大元帅府，朱元璋自任大元帅。与此同时，还设置天兴、建康翼统军大元帅府，以廖永安为统军元帅，命赵忠为兴国翼元帅以守太平，让他们独当一面。

三是立军威。兴国之本，在于强兵足食。朱元璋自从参加起义以来，一直着力打造一支纪律严明、战斗力强的军队。从和州出发进军集庆的过程中，他对士兵要求更高，也正是因为这样，才会在采石命人推粮船入激流，才会在太平挑选五百士兵为自己守夜。才会顺利拿下集庆。到了集庆，他一边立大法，一边立军威。

此时有着集庆"东北门户"之称的镇江还没有完全被攻下，朱元璋很快就把战略目光对准了镇江。然而，此时由于接二连三的胜利，将士们骄逸的情绪、小农的思想、流寇的做派马上又流露出来。如果任其随波逐流，将士们将很快走向腐败的、堕落的深渊。对此，朱元璋马上召开了收复镇江的动员大会。

会上，朱元璋首先是仰起脸讲道理，重申了严明军纪的重要性、可行性和急迫性。然后是板起脸讲事例。事例都是具有典型示范意义的，都是一些重要级人物登场，朱元璋倒豆子般把徐达、花云、汤和等将领自攻陷和州以来，纵容士兵所犯烧杀、抢劫、奸淫的罪过一桩桩、一件件、一例例数落出来。就在大家听得毛骨悚然时，朱元璋突然厉声叫道："国无法不立，他们既然知法犯法，给我拉下去，统统砍头示众！"

说时迟，那时快，两边的亲兵一拥而上，把这些将领都统统拿下了。将领们吓得赶紧跪地求饶。朱元璋哪里理会，喝令亲兵们赶快拉出去行刑。

正在这个节骨眼上，冯国用该上场了。只见他挺身而出，求情道："众位将士没有功劳也有苦劳，没有苦劳也有疲劳，看在这三劳的分上，饶了他们一命吧。"朱元璋怒目圆睁，呵斥道："什么三劳不三劳，这样的土匪行为，长此以往，谁还肯为其卖命！长此以往，我等平定天下大业的愿望就是纸上谈兵了。与其让他们祸害天下百姓，不如砍了，眼不见心不烦好些。"

亲兵们只得把各位将领往门外推去。这时，李善长扑通一声跪下，磕头如捣蒜："出了这扇门，从此不是人。还望主公高举贵手，饶过他们这一回，他们一定会知错便改，改而勉之。"

作秀作到这里可以打住了，再玩下去只怕会真玩出火来了。朱元璋这才极不情愿地饶了他们，并叫他们带兵攻打镇江，戴罪立功，将功折罪。并且拿出了一张保证书叫他们签下，如果下次再犯，决不轻饶。

朱元璋的这手假戏真做立军威之举果然非同小可，小小的镇江很快便被朱军以摧枯拉朽之势攻占下来了，苗军（苗族人组成的军队）元帅完者图来了个"不羞遁走"，而守将段武、平章定定选择了"宁死不屈"。而当朱元璋入城时，军队号令严肃，没有出现一起士兵扰民现象，朱元璋的铁腕政策取得了良好成效。

就在朱元璋三步走，打造自己的金字招牌的同时，小明王似乎也不甘落后，来了个一步走：安抚人心！是啊，朱元璋攻下集庆后，无论势力还是实力，都已是今非昔比，为了政权的需要，小明王立即提升"左元帅"朱元璋为枢密院同金，李善长为经历。不久，小明王又任命朱元璋为江南行中书省平章政事、右丞相、吴国公，李善长为左右司郎中，以下诸将皆升为元帅。虽然这些都只是虚名，但朱元璋终于用自己的亮剑行动，证明了自己，得到了别人的认可。

本是同根生，相煎何太急

机遇是可遇而不可求的。它像凤毛麟角，罕见至极。朱元璋抓住了机遇，一鼓作气地拿下集庆后，拥有名和利的他却突然悲哀地发现，他此时最大的敌人竟然不是元军了，而是起义军的同行。要知道，元朝此时屋漏偏逢连夜雨，四处的起义军早让他们疲于应付，同时还得应付温饱问题。原本元朝的粮食主要来自江浙、江南、江西、江北一带，但这些地方都是起义爆发的重灾区，有粮的地方都闹独立了，没粮的地方闹荒灾，元朝很快连自身温饱问题都解决不了。元军逃离得越来越多，元朝已是一个风雨飘摇、摇摇欲坠的政府了，只等最后一根稻草将其彻底压垮的这一天了，已经是个彻彻底底扶不起的阿斗了。

但与之相反的是起义军的日新月异，在群雄并起的年代，此时的起义军形成了"四大天王"的格局。

四大天王之首当然是小明王，他建立了"宋政权"，并且拥有"正统"这个得天独厚的宣传牌子和帽子，因此，起义军都默认他为首领。

其实朱元璋之所以能够这么顺风顺水地拿下集庆，除了元朝的政府腐败无能外，还有一个很重要的原因就是来自小明王等起义军的牵制，要不然，元军也不会坐视朱元璋从采石矶到太平到集庆的三步走一步步变成现实，却任凭这里的守军自生自灭，不派精兵强将来支援。

是啊，就在朱元璋吞并了濠州孙德崖的军队，从和州出发攻打集庆时，小明王也在干一件大事——北伐。前面已经说过，在韩山童"身先死"的情况下，"泪满襟"的刘福通接过了韩山童手中的接力棒，他很快拥立了韩山童的儿子韩林儿为小明王，挺过了起义之初的艰难困苦，励精图治，发愤图强，红巾军发展势头喜人，如雨后春笋般焕发出勃勃生机。这个时候的小明王和刘福通已不再是靠整天躲着藏着苟延残喘，而是拥有大量地盘拥有大量军队的先驱者，他们从元军蹂躏的对象变成了元军的主宰者。他们的目标是推翻腐败的元朝政府，解救天下苦难的大众。

也正是因为这样，至正十五年（公元1355年），元军聚集多路人马欲消灭最大的威胁——小明王的红巾军，但都被强大的红巾军一一化解。在反击与被反击、防守与被防守、侦察与被侦察中，红巾军和元军就这样耗下去了。结果，这给了朱元璋机会，使他得以避开元军的主力，出其不意，攻下了淮北的军事重镇——集庆。当真印证了这样一句话：鹬蚌相争，渔翁得利。

但实际上，"挂靠"小明王的兵马虽多，真正属于他嫡系部队的军队却少。而真正拥有势力者却是西边（占据两湖、江西诸州县）的徐寿辉（后来实际掌权的是陈友谅）和东边（占领了常熟、平江，即今苏州、昆山、嘉定、松江、常州、湖州等东南富庶之区）的张士诚，他们两个才是起义军的绝代双骄和中流砥柱。而后起之秀的朱元璋凭着占领集庆，势力日涨千里，从而跻身于"四大天王"之列，尽管居于末位，却是最具潜力的新生力量。原因除了朱元璋本人善于治军、严于治军、懂得治军外，还有一个就是他此时正好处在小明王、徐寿辉、张士诚"包围"的中央，此时元朝的军队都被这三大天王隔挡在外面，要想经过他们来找朱元璋秋后算账，那是非常困难的，因为三大天王不是吃素的，他们岂容自己的地盘被元军占领！岂容元军从容地从他们的地盘上"路过"！更何况元军早已是强弩之末，很难再掀起大风大浪了呢！

总之，在小明王、徐寿辉、张士诚三人合力形成的温暖怀抱中，朱元璋是幸福的、甜蜜的，也是快乐的，但这并不代表他就是安全的。原因是元军现在暂时插翅难飞进来，但张士诚和徐寿辉却对他虎视眈眈。

本是同根生，相煎何太急。但同在这个乱世，"起义军"只是一个统称，在一致对"外"（元军）时是一家人，但对"内"时又是敌人。这个简单的道理朱元璋懂，要不徐寿辉和张士诚刚成为起义军时，就是打出红巾军的金字招牌，可势力大了，翅膀硬了以后就变了，就摆脱了小明王的桎梏，建立了自己的政权。"单飞"只是起义军内变的征兆，接下来，当地盘和利益受到侵害和剥削时，他们还会这么文静，还会这般文雅，还不刀枪相见吗？

逆水行舟，不进则退。朱元璋冷静地分析了形势后，认识到了潜在的危机。是啊，他眼下虽然拥有集庆这个险要的根据地，但被起义军小明王、徐寿辉、张士诚及方国珍四面包夹，如不积极寻求自保，随时都有被自己人吞并的危险。

也正是因为这样，身为吴国公的朱元璋首先加强了对政权的管理，等"安内"后，再来"攘外"。于是，他马上封李善长、宋思颜为参议，李梦庚、郭景祥为左右司郎中，侯原善、杨元杲、陶安、阮弘道为员外郎，孔克仁、王恺等为都事，夏煜、韩子鲁为博士。同时，设置了江南行枢密院，以元帅汤和摄同佥枢密院事；设置了帐前总制亲兵都指挥使司，以冯国用为都指挥使；设置了左右等翼元帅府，以华云龙、唐胜宗、陆仲亨、邓愈、陈兆先、张彪、王玉、陈本等为元帅；设置了五部都先锋，以陶文兴、陈德等为先锋。设置了省都镇抚司，以孙养浩为镇抚；设置了理问所，以刘祯、秦裕为理问；设置了提刑按察使司，以王习右、王德芳为佥事……

总之一句话，朱元璋对手下的文武大臣进行了具体分工，目的是让大家各司其职，各尽所能，进一步增强责任感和使命感，大家共建美好未来。

煮酒论英雄

"安内"之后，朱元璋决定"攘外"，他决定对起义军中最具实力和冲击力的"绝代双骄"徐寿辉和张士诚动刀。是啊，与其坐等这对绝代双骄来攻，不如先下手为强，先给他们一点儿颜色瞧瞧。

然而，制定了战略目标，却没有制定战略方针，原因是朱元璋不知道对这对绝代双骄中的哪个先动手。这类似一个向左走还是向右走的问题，如果选择失误，可能就一着不慎，满盘皆输。因此，面对这样艰难的选择，朱元璋陷入了迷茫期，每天郁郁寡欢。这天，偶尔翻开泛黄的日历，发现是九九重阳，朱元璋突然心血来潮，决定登钟山散散心。考虑到自己一个人去，也无聊得很。这次登山，他还带上了文武大臣。

站在钟山之巅，众人或激扬文字，或指点江山，或发出"荡胸生层云，决眦入归鸟。会当凌绝顶，一览众山小"的感慨。

唯独朱元璋沉默不语，眺望远处的江面，目光悠长而深远。良久，他回过神来时，却发现众人早已停止了喧哗，目光齐刷刷地看着他。他知道他们在等着他的金口玉言。见此情景，朱元璋不再隐藏自己的心思，终于道："既然大家都这般热衷于指点江山、激扬文字，我们不妨在这钟山之巅煮酒论英雄如何？"

"这集庆虽然真是虎踞龙盘之地，但北有元兵，南有方国珍（也算是后起之秀），西有陈友谅，东有张士诚，咱们四面受敌，如果我们只图安逸享受，那离灭亡也就不远了。要想图谋发展，只有走出去，大家帮我想想征讨方略啊！"

"元朝蒙古人甚是可恶，简直不把我们汉人当人看，我觉得应该派大将进行北伐，攻占了元军的巢穴，天下人心必然归于主公，群雄必然臣服于主公，这样一来，天下不是就平定下来了吗？"大将邵荣第一个站出来发言。

"勇气可嘉。"朱元璋称赞他敢于第一个站出来"献计"，但接着话锋一转道："方略不妥。"解析如下：元朝现在只剩下一张空壳了，只要轻轻一推就会倒，如果我们花精力北伐，集庆必然空虚，如果这个时候徐寿辉和张士诚等人在我们背后捅一刀，那岂不是既无招架之功，也无还手之力了！

邵荣听了满脸通红，羞愧而退。

"举兵北上，与小明王和刘福通争夺淮北之地。"徐达说道。

"一派胡言。"朱元璋斥道。解析如下：我等既已接受小明王之封，便是属臣，攻打刘福通，便是犯上作乱，便成了众矢之的，这样一来，我等还如何立足？如何实现梦想？徐达耳红面赤，惭愧而退。这样一来，群臣都不敢再进言了。良久，李善长站出来，打破了这难熬的沉默，喃喃地说了四字："打陈友谅。"

"战略可嘉。"朱元璋说着，顿了顿接着道，"方略欠佳。"解析：陈友谅占有湖广、江西各州县，兵多将广，地多粮足，占据天时、地利、人和。我们现在举兵去讨伐，无异于鸡蛋碰石头，没有一点儿胜算可言。如果到时候进攻无门，后退无路，那就是自取灭亡啊！李善长嘴角嚅动，本还想再说点什么，但终究还是忍住了，很乖顺地退到了一边。李善长那是啥人物，他是第一谋士啊，向来有真知灼见，连他的方略都没能通过，那谁还敢再站出来班门弄斧啊！

沉默良久后，冯国用这才站出来，来了个"沉默是金"："臣等愚昧，请元帅明示。"冯国用自从那一夜陪着朱元璋在五百降军值班下度过一个不眠之夜后，变得"成熟"多了。"请元帅明示！"众人齐声道。

朱元璋的目光一一扫过众人的脸庞，半晌，才缓缓地道："以战略的眼光来看全局，我们现在有四不能攻，元朝于我等'腐朽'，暂不能攻；小明王于我等有'义恩'，亦不能攻；陈友谅于我等'给力'，急不能攻；方国珍于我等'地远'，缓不能攻。唯有东边的张士诚与我等'比邻'，有四可攻：一是张士诚所在地富裕，得此地，天下粮草足；二是符合应由近及远、先弱后强的方略，张士诚的疆土与我们的地盘相接壤，有直接的利益冲突；三是张士诚是个鼠目寸光、胸无大志的人，势力看似强大无比，但实际上弱不禁风；四是拿下张士诚，可以确保集庆万无一失，这给图谋向外更大发展创造了条件。"

朱元璋分析得精辟、深远。拥有四度：高度、深度、气度、厚度。众人只有称赞的份儿了。朱元璋一吐心中所思所想所感，心情也悠然好转起来。此时，一阵山风吹来，山上遍地的野菊花随风摇摆不定，翩翩起舞，荡起金波，荡起乡情无限，荡起希望……朱元璋心有所动，心有所感，心有所思，不禁脱口吟出一首流传千古的打油诗来：

　　百花发时我不发，我若发时都吓杀。

　　要与西风战一场，满身穿就黄金甲。

第十一章

征途漫漫

张士诚的发迹史

既然朱元璋指名道姓地点张士诚的将，这里不妨来简单地看看这个有着"枭雄"之称的张士诚的个人档案。

姓名：张士诚。

乳名：张九四。

出生日期：元英宗至治元年（公元 1321 年）。

出生地：泰州兴化白驹场（今属江苏省大丰区）。

家庭背景：贫苦的盐民之家。

家庭成员：除了父母，他还有三个弟弟，分别是张士德、张士信、张士义（张士诚和三个弟弟的名字合起来就是"诚德信义"，佩服其父的才学啊）。

从事职业：少年时以"驾运盐纲船，兼业私贩"为业，长大后从事"拯生民于涂炭"的造反事业。

优点：不奸险，不虚伪，不小气，礼待读书人。

缺点：小农思想严重，"吃苦在前，享受在后"的思想太重。

绰号：及时雨。

绰号来源：因子承父业的关系，张士诚在青少年时，就做当地盐场的帮闲记账一类的杂差，很能损公肥私，凭关系让三个弟弟干上操舟运盐的营生，顺便走私贩盐。虽不算什么大恶，却无"职业道德"可言。手中有了钱，张士诚却跟一般人不一样，别人是目空一切，而他却是仗义疏财，广结天下英豪之士，跟《水浒传》中的宋江有一比，也正是因为这样，颇得当地老百姓欢心，便有了"及时雨"的称号。也正是因为这样，张士诚后来被俘后自尽，葬于南京，缅怀者甚多。

点评：他不是良民，不是君子，也不是英雄，只是一个平庸的天才。

理由：拥有江浙这个中国最富裕的地方，造反之初，草根出身的张士诚勤政爱民，大力减轻税赋，让饱受战乱、苛政之苦的百姓过了一阵好日子。然而，他是个小富即安的人，随着他渐渐坐稳了割据东南的"吴王"位子，他便骄奢淫逸起来。建造了"香桐"和"芳惠"两座楼阁，专门安置四处搜罗来的美女，供他淫乐，如今此地就有"桐芳巷"。再比如"锦帆路"，当年是一条河，张士诚用锦绣丝绸做船帆，泛舟河上游玩，便有了现在这样一个路名。张士诚一心享乐，朝政交给了弟弟张士信。偏偏张士信和张士诚一个样，"性荒淫，务酒色"，虽然当着丞相，却无心公事。哥哥将朝政"承包"给他，他又"转包"给黄敬夫、蔡彦文和叶德新三个文人。这三人每天醉心于舞文弄墨，也都不是干实事的料。于是自上而下，贪腐成风，最终张士诚败于朱元璋，也是势在必然。

工作经历：可分为五个阶段。

第一阶段：经商生涯。张士诚尽管因为贩卖私盐挣了些钱，过上了丰衣足食的日子，但相对那些财大气粗的人便是小巫见大巫。同时因为地位低下，他也受了不少气。他经常贩盐到一些富人家，这些富人家却为富不仁，没少凌辱他。压价是小，不给钱的也大有人在。盐场弓手（管治安的）丘义就是欺侮老张最过分的一个，估计当日的情景就类似今天的城管欺压小贩吧。他有事没事就找张士诚当出气筒，有事没事就辱骂张士诚。刚开始，张士诚总是选择忍让。后来丘义变本加厉，越来越嚣张，越来越目中无人。忍无可忍就无须再忍，惹得张氏兄弟一怒之下，来了个一窝端。至正十三年（公元1353年）年夏天，正值天下开始大乱，张士诚和他三个弟弟，以及一个名叫李伯升的好汉，率众起事，当时一伙人一共才十八位。

起事时，他们并无远大理想，只是杀人泄愤而已。就这十几号人，先冲进盐场保安室把弓手丘义乱刀剁死，然后遍灭周围诸富人家，放火烧掉不少大宅院，史称"十八条扁担起义"。从举事的这一刻起，张士诚也宣布"经商生涯"正式结束。

第二阶段：创业生涯。张士诚不会料到，就是他一时愤起发起的十八条扁担起义，会带来多米诺骨牌效应。由于当时盐场百姓生活极其艰辛，苦大仇深，见有人带头挑事，纷纷报名加入，共推张士诚为主，百多人聚集一起，一下子就"攻克"了泰州。接着，他又破兴化，占领重镇高邮，开始了他新的"创业生涯"。

第三阶段：皇帝生涯。至正十四年（公元1354年）正月，张士诚称诚王，建国号大周，以天佑为年号，开始过称王称帝的生活。

第四阶段：监狱生涯。皇帝生涯虽然快活、快乐、快意、快慰，但也很"快速"。因为张士诚很快就体会到了什么叫树大招风。至正十五年（公元1355年），元朝的丞相脱脱亲自率百万大军来剿张士诚这个"匪"，并且在高邮把张士诚及他的起义军来了个里三层外三层的包围，当时的张士诚就像坐牢狱一样，叫天不灵，呼地不应，悔得肠子都青了，连扇自己嘴巴怪自己招摇惹事。皇帝是这么好当的吗？最惨的是，他想投降都不行，脱脱铁定了心攻下高邮后要尽屠当地兵民，以在江南树威示警。张士诚也因此可能由皇帝生涯涉入"监狱生涯"。当然，好在他吉人天相，很快结束了非人的"监狱生涯"。脱脱想把张士诚当成典型来抓，想法是好的，但现实却不尽如人意。人算不如天算，正当脱脱一步一步向高邮城逼近，要完成他的"宏图大志"时，不料阴沟里翻了船，背后中了朝中奸臣的"暗算"，元顺帝听信谗言后，当机立断，一纸诏书把他就地解职，并且要押往吐蕃进行"服役"。脱脱欲哭无泪，心中的愤怒欲罢不能。走到半路，他又因"欲盖弥彰"，被毒酒赐死。至于那"百万大军"，一时星散，群龙无首，张士诚终能逃出生天，率一股人马逃出高邮。

第五阶段：起义生涯。在形势不断发展下，张士诚很快东山再起。至正十六年（公元1356年），就在朱元璋率大军破釜沉舟进攻集庆一带时，张士诚也没闲着，他们迅速占领了江南最富庶的常熟、平江两个重镇，从而在江东地区站稳了脚跟。而后，张士诚势力发展极为迅速，湖州、杭州、诸全（诸暨）、绍兴、宜兴、常州、高邮、淮安、徐州、宿州、泗州全部被其占领。一波三折的张士诚很快进入了起义生涯。

"投石问路"的背后

朱元璋和张士诚在起义的道路上浮浮沉沉，经历了风风雨雨后，都占据着强大的根据地，可谓一路风雨兼程，一路高歌前行。两个都是后起之秀，两个又比邻而居。一个雄才大略，一个大略雄才。一个心怀天下，一个心忧天下……也正是因为这样，朱元璋和张士诚之间的较量注定跌宕起伏，精彩纷呈。

概括起来，他们之间的较量又可以分为：试探期、实战期、生死期。首先来看试探期。兵法有云："知己知彼，百战不殆。"朱元璋决定本着就近原则，先拔出张士诚这颗钉。在彼此不知根知底的情况下，他也没有马上贸然派兵出击，而是来了个"投石问路"。

这里不妨先来看看一个有关"投石问路"的很经典的故事。有一个走江湖的相士，一日，忽蒙县官召见。见面时县官对他说："坐在身旁的三人当中，有一位是我的夫人，其余是她的婢女。你若能指认哪一位是夫人，就可免你无罪。否则，你再在本县摆相命摊，我必将以'妖言惑众罪'惩处你！"相士将衣饰发型一致、年龄相仿、同样面无表情的三位女子打量一眼，就对县官说："这么简单的事，我徒弟都办得到！"他的徒弟应师父之命，将三位并排端坐的女孩子从左往右看，从右往左看，看了半天，仍然一头雾水。他满脸迷茫地对相士说："师傅你没有教过我啊？"相士一巴掌拍在徒弟的脑袋上，同时，顺手一指其中一位女子说："这位就是夫人！"在场之人全部傻住了，没错，这人还真会看相。而真正的事实是，相士一巴掌拍在徒弟脑袋上时，师徒二人的模样颇为滑稽。少见世面的两个丫鬟忍不住掩口而笑。那位依然端坐、面无表情的女子当然是见过世面又有教养的夫人啦！

由此可见投石问路的重要性。如果这块"石"投得好的话，"路"马上就露出来了。闲话少说，言归正传。话说朱元璋想探路，方法当然不是"石头"，而是信笺。

信笺当然是朱元璋亲笔书写的，内容如下："近闻足下兵由通州，遂有吴郡。昔隗嚣据天水以称雄，今足下据姑苏（今苏州）以自王，吾深为足下喜。吾与足下东西境也，睦邻守国，保境息民，古人所贵，吾甚慕焉。自今以后，通使往来，毋惑于交构之言，以生边衅。"概括起来只有六个字：睦邻、安邻、富邻。

然而，当送信人杨宪把这封信送到张士诚手上，接下来演变成的是展信、看信、撕信。撕完信后，陈述自己的理由："鼠辈朱元璋欺人太甚，笑我是隗嚣。我要给他一点颜色瞧瞧，让他看看我究竟是谁！"

结果直接受害者是送信的杨宪，他被关押起来了。

结果，朱元璋的"投石问路"彻底触怒了张士诚，并发誓要与朱元璋势不两立。应该说这并不是朱元璋想要的结果。

来而不往非礼也，张士诚是个说到做到、雷厉风行的人。随后，他也来了个"投石问路"，只不过和朱元璋投信相比，他投的是金银珠宝。是啊，他的地盘什么都缺，唯一不缺的就是财富。当然，他选择投的人不是朱元璋，而是徐达手下的将官陈保二。他要通过贿赂来挖朱元璋的墙脚。

事实证明，陈保二是人而不是神，所以面对从天而降的钱财，他没有拒绝的理由，很快便带了自己管制的一队人马，呼啦啦地投降了张士诚。

当真是行家一出手，就知道有没有。与朱元璋形成鲜明对比的是，张士诚一出手就知道有没有，用钱财换来了朱元璋手下一员大将。

双方的试探期就此结束，应该说这一阶段，张士诚利用自己占有的独特优势，蝇营狗苟取得了一点小利。虽然利小了点儿，但毕竟旗开得胜，无论是气势还是心态上都占据了一定的优势。

好了，试探期过后，接下来便是实战期了。

考虑到第一次"投石问路"取得了不错效果，张士诚马上来了第二次。这次问路的地方是镇江，也就是朱元璋千辛万苦打下来的集庆的靠山。张士诚和朱元璋的间接交接战就此拉开了序幕。

张士诚亲自出马来镇江，朱元璋也不敢怠慢，他马上派徐达来了个面对面。结果张士诚是远道而来，摸着石头过河，而徐达却是以逸待劳。结果可想而知，徐达没有给张士诚一点面子，张士诚碰了一鼻子灰，灰头土脸地打道回府了。

第二次"投石问路"就这样以失败告终。但张士诚是执着的人，他永不言败。很快又来了第三次。这一次，他学乖了，没有再选择大的地方去，而是选择了并不起眼但却属于军事重地的宜兴。结果打了宜兴的守将耿君一个措手不及，耿君在走投无路的情况下，选择了城在人在，城破人亡。就在张士诚第三次"投石问路"成功时，朱元璋也没有坐等张士诚没完没了的骚扰。他也马上进行了第二次"投石问路"，派出手下的战神徐达对张士诚的常州发起了猛攻。这一招叫围魏救赵。果然，刚占领了宜兴，心情正不错的张士诚听到了这个消息，大惊失色，他决定以牙还牙，马上派出了有着"战仙"之称的大将吕珍率数万大军去解常州之围。

真情对对碰

战仙吕珍对战战神徐达，这是一场好较量，结果，事实证明，战神徐达明显胜出一筹。面对气势汹汹的吕珍，徐达采取的是以退为进的战略，先是装着惧怕的样子，然后"兵败如山倒"地立即退军十八里，最后才停下来喘气。结果，吕珍自然不会让这煮熟的鸭子飞了，选择了猛追猛打。哪知徐达已在那里进行了设防。

吕珍一去，便中计了。结果，面对突然铺天盖地涌来的朱军，吕珍只有溃逃的份儿。至此，朱元璋的第二次投石问路取得了决定性胜利。

与朱元璋形成鲜明对比的是张士诚，吕珍增援失败后，数万大军一夜之间灰飞烟灭，极大地震撼了他的心灵。对此，张士诚来了第四次投石问路，当然，参考了前三次的效果，这次他依然决定采取"柔"的方式——写信。

内容是求和。他知道朱元璋必然还会派徐达来围困常州，便放回拘押的杨宪，并派使者持他的亲笔信至应天求和。不同的是，朱元璋的是一封家书似的叙旧信，而张士诚的却是一封委曲求全的请求信。他在信中阐述了自己的三个观点：一是自我谴责，二是请求谅解，三是罢兵休战。提出的条件：一是送还杨宪，二是每年向朱元璋输粮二十万石、黄金五百两、白银三百斤。

当然，朱元璋是啥人，他自然知道这是张士诚的忽悠之计，于是将计就计，既然你愿意"进贡"，那好，就进贡得多点嘛！他把信一挥，对张士诚的使者说了自己的条件，需要把馈粮由二十万石增加到五十万石，方可班师。

张士诚这一招求和其实只是缓兵之计，他遣还杨宪只是为了迷惑朱元璋，他提出条件只是为了诱惑朱元璋。他哪里会真的实现自己的"进贡"诺言呢？只是为自己的回防赢得时间罢了。果然，等使者把朱元璋的"条件"带到时，张士诚想都没有想就来了个直接拒绝。

这下没得谈了，朱元璋只好对张士诚说："对不起了。"说完这句话，张士诚的弟弟张士德便成了刀下鬼。然后又对张士诚说了第二句话："你要不服，咱们战场上见。"于是乎，早已待命的徐达马上又挥师向常州进攻了。

当然，徐达原本以为，凭着他手下勇猛的士兵，拿下常州那是不费吹灰之力。然而，他没有料到，常州城在张士诚和朱元璋进行谈判的这段时间内，又是增兵，又是加强防备军力和军事设施，总之，常州已经大变样了，不是开始的常州了。

也正是因为这样，热血沸腾的徐达第二次来到常州城下时，很快就被冷水泼醒。常州城的防守严密有序，几乎无懈可击。尽管徐达充分发扬不抛弃、不放弃的精神，但结果围攻了一个多月，不但常州城屹立不倒，而且手下还损了不少兵折了不少将。

攻打常州不仅关系到朱元璋的面子问题，还是朱、张双方此消彼长的分水岭。眼看漫长的一个月时间过去了，徐达居然在常州城下寸步难行，再耗下去，一是面子耗不起，二是粮草耗不起，三是人力物力耗不起。对此，朱元璋让徐达进一步增强责任感、使命感和危机感，对他来了个双管齐下。一是降职。下令降徐达半级，撤销徐达行军大将军一职，行代将军一职。徐达手下官级一律降一级。二是写信。信的内容大致分三层意思：一是"解释"为什么要给他们降级降职处分；二是"陈述"攻打常州的重要战略意义；三是"希望"他们能团结一心，众志成城，戴罪立功，尽快拿下常州。

与此同时，朱元璋自己没有在集庆坐等"喜从天降"，而是马上奔赴军事前线——镇江，亲自到最前线坐镇指挥战斗。他知道常州城墙坚、粮足、兵多，单靠徐达的一味蛮攻效果肯定不会好到哪里去。要想攻下常州，还得切断常州与外境的一切来往，让常州彻底孤立无援，从而达到"困"死的最终目标。于是乎，他马上来了个"双管齐下"：一是派胡大海率精兵增援徐达；二是命常遇春分兵出击，断敌粮道。

　　面对朱元璋的出击，张士诚也不会坐视不管，他也对常州进行了几次增援，并且派出的是自己的另一个亲弟弟张士信去增援。然而张士信虽然骁勇，但却根本过不了外围更加骁勇的常遇春和胡大海这"双保险"的关。于是乎，双方就这样耗下去了。

　　这样耗下去结果遭殃的是常州。没有外面的支持，常州的守城主帅吕珍真真切切地体会到了什么叫"坐吃山空"。为了解决温饱问题，他只好带着兄弟们多次出城"打草谷"，但结果都被徐达迎头痛击，落得个"赔了夫人又折兵"的下场。没有粮，这仗还怎么打？这城还怎么守？到最后，城里居然出现了人吃人的悲剧。

　　吕珍眼看再也无力回天，再耗下去，这条老命也要丢了，没办法，他只好决定突围。于是乎，在一个漆黑的夜里，他带着百余亲信，组成了"敢死队"，结果出其不意，竟然侥幸突围成功。

　　常州城没了主心骨，这城是没法守了。因此，城里的士兵很快打开城门，热烈欢迎徐达进城。就这样，在第一回合实战中，朱元璋一举占领了张士诚的军事要地常州等地，大获全胜。

仁者无敌

　　常州告捷，尽管朱元璋前后耗时近十个月，但巩固了以应天为中心的根据地。张士诚部被逼退在太湖以东一带，是继续以"剩勇"追张士诚这个"穷寇"，还是另辟新的战场呢？就在朱元璋陷入苦思时，冯国用出来帮他解忧了。他提出了两大方针。一是对东边的张士诚的下一步战略部署，八个字：搁浅争议，共同开发。并且直接教会了朱元璋一个关键词：狗急了会跳墙。解析：张士诚被我们拿下了常州等地，折损了亲弟弟，一朝被蛇咬，十年怕井绳，自然暂时不敢乱动。如果我们这时再对他进行猛攻，原本就属于"风吹两头倒"的他，被逼急了说不定投降元朝也未必可知。如果是这样，对我们没有半点好处啊，因此只需派好兵马对他进行严防即可。二是选择转攻南边的元军战略方针，同样八个字：曲径通幽，纵深发展。解析：我们现在如果转而向南推进，可以挥师直指元兵所占的宁国、徽州、婺州、衢州等地。现在的元朝已成了强弩之末，此时派兵南进，一来缓解和张士诚的对立冲突，二来可以稳操胜券。冯国用分析得头头是道，有板有眼，朱元璋只有点头的份儿了。于是乎，朱元璋马上派徐达、常遇春率兵南下，前去攻取皖南的宁国。

　　徐达和常遇春满以为凭着他们两个在朱元璋手下"绝代双虎"的美名，一到宁国城，一定会迫使敌人望风而逃。事实上，宁国城守城元帅谢国玺听说朱军大兵压境，也是赶紧脚底抹油，拍拍屁股，带走了一车金银珠宝，不曾带走一个士兵。当真是士兵诚可贵，财产价更高。若为生命固，城池皆可抛。

然而，走了一个谢国玺，还有副帅别不华和杨仲实在。他们两个和谢国玺相反，是若为城池固，生命皆可抛。他们关闭城门拒不投降，进行了顽强的防御战。当然，他们之所以这么有决心和勇气，一是宁国城"城小而坚"，属于易守难攻型；二是得益于城中还有一员猛将，有着"虎痴"之称的朱亮祖，此人能文能武，有"一夫当关，万夫莫开"之勇。

棋逢对手，将遇良才。因此，朱军的"应急先锋"常遇春很快就和朱亮祖上演了一场对抗战。过程虽然很激烈，但结果却是以常遇春负伤告终。常遇春失利的原因是，他是带兵攻城，而朱亮祖却是站在城上看着他这个"风景"，然后选择了出其不意，突施暗箭，结果一箭射中了常遇春的左臂。当然，出乎朱亮祖意料之外的是，常遇春受伤后，并没有选择退缩，而是拔出箭，继续带兵进攻。虽然最终无功而返，但常遇春还是用实际行动证明了自己的勇猛，同时也对敌军起到了震慑的作用。

前线遇阻，朱元璋知道后，不敢怠慢，立即亲自出马赶赴一线督军。他到来后，马上做了三件事：第一件事自然是慰问受伤的常遇春和一线战士们；第二件事是参观，由于宁国城进不了，只能围着城在外面远远地观望；第三件是令所有士兵不要再攻城，而是改做一种叫"飞车"（前有数排竹片作屏障，上架云梯，可推着前进）的工具。

做完这三件事后，朱元璋大手一挥，说了句"可以攻城了"。顿时出现"前编竹为重蔽，数道并进攻之"的场面，士兵推着这种可遮挡飞箭、礌石的飞车，从四面八方攻城，效果自然看得见，很快就穿过了宁国城守军的密集防守，登墙入城了。这样一来，任凭守将别不华、杨仲实及朱亮祖"三剑客"本事再高，也无力回天了。留得青山在，不怕没柴烧。想通了这一点，"三剑客"选择了逃走。但结果是，朱亮祖为了掩护别不华和杨仲实突围而被活捉。

听说朱亮祖被擒后，朱元璋对这位能把他手下"绝代双虎"之一的常遇春整伤，打得徐达也无计可施的朱亮祖很感兴趣。

然而，朱元璋一看到被绑得严严实实的朱亮祖，心里就赞叹道："长得比马还强壮，比马还俊俏，比马还威风，不愧为'虎痴'啊！"但脸上却不动声色，厉声道："败军之将为何不拜啊？"

"男儿膝下有黄金，只跪苍天和娘亲，你不是苍天也不是我娘，我为什么要跪你？"朱亮祖昂首道。

"你不怕死？"朱元璋心里暗暗称奇，嘴里却试探地道。

"生又何欢，死又何惧？"朱亮祖大义凛然地道。

"你真想死？"

"话不投机半句多，是杀是剐，悉听尊便，何须多言！"

"既如此，来人哪，给我……"朱元璋叫道。亲兵们"会意"，一拥而上，推着朱亮祖就往外去动刑。

"你们这是干吗？给我松绑……"说着朱元璋走下来，亲自为朱亮祖松绑。

"你这是干吗，如果我还是不愿跟随你，并且乘机发难呢？你岂不是投鼠忌器，前功尽弃了。"朱亮祖被朱元璋的举动弄得有点莫名其妙。"你不会冒这个险，你不会把自己往绝路上逼。"朱元璋目光如炬，盯着朱亮祖，一字一句地道："也有老母亲，也有心上人，也有生死情，也有离别恨……"

"士可杀不可辱！"

"士可忠不可愚！"朱元璋道，"元朝这样黑暗的政府，就要倒闭了，还值得你这样卖命吗？试想想，你们拼死拼活在前线，又得到了什么，士兵们吃不饱穿不暖，而那些高官坐在家里享清福，丰衣足食，安逸享受。这样的朝廷、这样的主子，你还打算愚忠下去吗？"朱元璋的话句句说到朱亮祖的心坎里去了，他原本以为被擒后必死无疑，因此对生不抱任何希望，只希望能死得痛痛快快，少受些折磨就行了。但朱元璋的一系列举动出乎他的意料，也让他看到了一位求才若渴的贤主的光辉形象。我伤了他心爱的大将，他却能相逢一笑泯恩仇，这需要怎样的胸襟和气魄？这样的贤主才是自己要跟随的贤主啊……良久，朱亮祖终于说话了，没有直接点头答应归顺朱元璋，而是说了这样一句一语双关的话：良禽择木而栖，贤臣择主而侍。

就这样，朱亮祖选择了易主朱元璋，不管怎么样，他们都姓朱，说不定五百年前还是一家呢。而朱亮祖也是一个知恩图报的人，从此死心塌地追随着朱元璋南征北战，为朱元璋打江山立下了汗马功劳。

朱元璋就是朱元璋，再次用实际行动证明了自己"仁者无敌"的神话。一出手就知有没有，宁国一战，不但招降了朱亮祖，还得到了降军十余万、战马两千余匹，当真是得了将领又得兵。

后院起火

　　然而，就在朱元璋风风火火地在宁国一带攻城拔寨时，他的后院却着火了。点火的人不是别人，而是老相识张士诚。

　　经过上一轮的试探期后，两人早已知根知底了。因此，也不用再藏着掖着，而是直接拿出真刀、真枪、真本事来面对面。因此，张士诚趁朱元璋全力进军宁国一带时，他也开始了自己的"复仇之旅"。张士诚进攻的主攻点是长兴。长兴之前是属于他的"固有领土"，后来被朱元璋以"购买"的方式强行占有了。现在他想夺回来也在情理之中。

　　然而，张士诚想重夺长兴，且不说朱元璋不答应，长兴的守将耿炳文也不答应。因此，两人就只有拳头下见真功夫了。结果张士诚和耿炳文大战一百个回合后，耿炳文故意露出破绽，然后使出一招"回头马"，大败张士诚。

　　张士诚偷鸡不成反蚀把米，灰溜溜地走后，朱元璋带着大军火急火燎地赶回来了。他原本是来救援长兴的，见张士诚走了，不喜反忧，如果我到外面一打，张士诚就来骚扰，那我不是防不胜防吗？与其被你攻，不如再给你点颜色瞧瞧，不然，你不知道天高地厚；不然，你不知道你朱爷爷的本事。于是他马上派江淮分枢密院副使张鉴和金院何文政率兵去进攻张士诚所拥有的另一座军事重镇——泰兴（在今江苏）。

张士诚也没有坐视不管，立马派兵前去援救，结果朱元璋早有提防，设下埋伏，大败援军，张士诚的大将杨文德等人也成了阶下囚。结果泰兴在孤立无援的情况下，很快被朱军攻破。

至此，张士诚一定会后悔得肠子都青了。是啊，本来双方在有争议的相邻边疆达成了搁置争议、共同开发的协议，但因为自己一时耐不住寂寞，从而搅了局，弄得双方再度大动干戈，结果他继偷鸡不成反蚀米之后，又损失了一只"鸡"——泰兴。这不是他想要的结果，但事已至此，又有什么办法呢？张士诚不满意，朱元璋也不满意。他觉得一个泰兴不足以起到完全震慑张士诚的作用，决定再来一票大的，起到"敲山震虎"的作用。于是乎，马上派出俞通海等水军大将，带领水师从水路进攻张士诚在太湖中的马迹山。

俞通海也不是吃素的，他在进军途中，先是凭着一张三寸不烂之舌，成功地降服了沿途把守的张士诚的部将钮津等人，从而得以"飞流直下"，如同天兵般出现在东洞庭山。

然而，此时张士诚的强大水师在吕珍的带领下，早已在此"恭候"多时了。因此，俞通海的水师还没看够东洞庭湖的美妙风景，立足未稳之时，吕珍带兵呼啸着杀了出来。面对震耳欲聋的杀声、喊声、锣鼓声，俞通海的水兵们惊慌失措下，准备掉转船头先"打道回府"再说。然而，正在这个节骨眼上，水军主帅俞通海突然唰地拔出身上佩剑，大声道："'朝辞白帝彩云间，千里江陵一日还。两岸猿声啼不住，轻舟已过万重山。'我们此次好不容易才到达东洞庭湖，不是来'一日还'的，是来打仗的。现在敌众我寡，我们是不能撤军的。我们一旦慌忙地撤兵，不但自乱了阵脚，而且也会给敌人可乘之机，这样一来，他们必定会全心全意集中所有的水上优势和力量来追击我们。如果他们再用烽火传告各险要处驻军来阻击我们，到时候前有阻兵后有追兵，我们岂不是进退无路，死路一条！与其这样自寻死路，不如放手一搏，现在就和他们决一死战，或许这样还有生的可能。"

说着，俞通海充分发挥模范带头作用，挺身而出，率先冲向敌阵。俗话说："枪打出头鸟。"敌人岂会让俞通海如入无人之境，很快就用箭雨对他进行了招呼和问候。俞通海挥剑左挡右阻，舞成一道密不透风的网。箭羽纷纷掉落在他身边的船沿或是湖水中。然而，尽管如此，还是有一支漏网之箭穿过了他的"天女散花"剑阵，直奔他的面门而来。说时迟，那时快，俞通海突觉眼前寒光一闪，本能地正要低头时，突感一阵钻心的疼痛传来，那支箭不偏不倚，正中了他右眼下面的颧骨。

按理说俞通海这个时候总该"歇歇"了，然而他展现的却是另一种场景。他没有丝毫退缩，没有丝毫畏惧，依然挥旗号令，依然大无畏地冲向前……直到血流到快要干涸，力气撑到快要枯竭，人快要倒下时，这才不得不叫人给自己包扎了一下，然后又站到船头指挥战斗。

士兵们见俞通海这般勇猛、这般顽强、这般身先士卒，感动之下，进行了顽强反击，结果硬是顶住了铺天盖地而来的敌军。

两军对垒勇者胜，吕珍见俞通海这般不要命，本就已吓得心惊胆战，又见朱军个个如狼似虎，吓得更是面如土色。他哪里还敢再恋战，来了个"退一步海阔天空"。俞通海以自己的神奇达到了应有的目的。

吕珍不会料到，他的退一步看似海阔天空，但也是孤独的一大步。因为朱元璋并没有善罢甘休。派俞通海的第一步任务基本完成后，马上来了个第二步，派赵继祖、郭天爵、吴良进攻张士诚的另一座军事要地江阴，以图拦腰斩断张士诚南北交通运输和来往的通道。

结果江阴在朱军的顽强攻势下，很快也以城破的方式告终。随后朱元璋又来了个第三步、第四步走，派缪大亨督兵攻取扬州，派徐达乘江阴大捷取常熟。

结果缪大亨不鸣则已，一鸣惊人，不但破了扬州城，还得到了一员扬州守将，绰号"一片瓦"的骁将张明鉴，一万"青军"（张明鉴等人最开始在淮西进行起义时，以青布为号，故他所部也叫"青军"）归降，两千余匹马，还有数不胜数的财物，当真是赚得个盆满钵满。而徐达也没有让朱元璋失望，他也很快轻车熟路地拿下了常熟。

如果大家认为常熟是很容易攻打的话那就大错特错了，因为常熟守将是张士诚的亲弟弟张士德。这个张士德文武双全，是张士诚的重要智囊团成员之一。然而，文武双全的张士德没料到朱元璋这么快就敢对他动手，结果在徐达到达眼前时，才匆忙应战，最终步三国时关羽的后尘，来了个大意失常熟。张士德穿的虽然是新鞋，但走的是关羽的老路，所以在常熟被徐达攻入，准备走"麦城"逃跑时，与朱军碰了个正着，结果成了阶下囚。

一句话：朱元璋是东边通亮西边亮通，西边开花东边花开。而张士诚则是左边失城右边失镇，前边失火后边失鱼。两人当真是悲喜两重天哪！

杀还是不杀

张士德被朱军生擒后，最惊喜的莫过于朱元璋了。是啊，一条这么大的鱼上钩，的确是意外之喜啊！最惊怒的莫过于张士诚了，是呀，打虎亲兄弟，上阵父子兵，亲弟弟成了阶下囚，以后这仗还怎么打？

接下来，朱元璋和张士诚各自面对难题。朱元璋面对的难题：杀还是不杀？张士诚面对的难题：救还是不救？

答案也很快出炉，朱元璋是不杀，张士诚是不救。朱元璋不杀张士德的原因是想利用他钓张士诚这条大鱼。张士德不是你的弟弟吗，要想他活命，一个条件，你张士诚投降。张士诚不救的原因是救不起。能力有限（对打一直处于劣势），爱莫能助。

一个不杀，一个不救，接下来只有一种方案可以选择了，那就是谈判。既然是谈判，自然是由"占理"的朱元璋提方案开条件了。朱元璋的条件当然很简单，一命换一命，要想获得张士德的自由身，除非你张士诚亲自来替换。当然，这个方案和条件显然是张士诚不能接受的。对此，张士诚也提出了自己认为比较合理的条件和方案：非常 3+1。即输粮十万石，布一万匹，一张永结联盟的合同书，外加一个人。

这个人虽然不是他张士诚本人，但也是一个非同小可的人，他便是朱元璋手下有着"三将"（猛将、悍将、爱将）之称的廖永安。原来枢密院事廖永安率领水师在太湖中配合着俞通海等部作战，打得敌人落花流水，结果他一时兴起，犯了孤军深入的大忌。他如一把刀直插入敌人的心脏部位，结果对方也不是吃素的，很快就碰到了张士诚手下的"战魂"——吕珍。这个吕珍自然不是浪得虚名，他对廖永安说："既然你进来了，那我就成全你。"结果说到做到，硬是凭着真刀真枪，直打得廖永安趴在地上为止。

鉴于廖永安在朱元璋手下的身份和地位，此时张士诚拿出来作为谈判的条件显然也是合情合理的。一将换一将，还加了三个附加条件，张士诚在谈判上可谓"诚至义尽"了，他满以为朱元璋应该很满意了。

然而，出乎他意料的是，朱元璋马上回了一句话：你这是白日做梦，你不要再痴心妄想！

张士诚见状，知道朱元璋铁了心肠，不放张士德。于是心中忍着痛，回了这样一句果断霸气的话：白日放歌须纵酒，白日做梦好还乡。

其实朱元璋做出这样的决定心里是在滴血的，毕竟廖永安是他很宠爱的大将之一，毕竟他从和州出发到集庆，一路走来，廖永安身先士卒，立下了汗马功劳，在军中也颇有威信。此时不救他出来于情于理都说不过去。然而，朱元璋是无奈的，廖永安固然重要，但张士德更重要。他不仅是张士诚的亲弟弟，更重要的是，他还是张士诚南征北战的定海神针。大型战略方针几乎都是经过他的手制定出来的，他是张士诚的支柱。如果就这样换给了张士诚，那不是放虎归山，给自己以后徒增苦恼吗？为了事业，为了江山社稷，为了美好明天，他只好忍痛割爱，大义舍亲了。为此，朱元璋给廖永安的弟弟廖永忠赏赐了大量财物，并且加官晋爵，连升三级。一是安了廖永安的心，二是为了安手下将士的心。

就这样谈判彻底破灭。既然谈不成，那就接着开打，两人的关系很快从地盘之争发展到不共戴天的血仇之争。

值得一提的是，廖永安是"身在张营心在朱"，他拒绝了张士诚无数次甜言蜜语的劝降、严刑拷打的逼降。誓将狱底坐穿也不投降。后来，在经过了八年暗无天日的铁窗生涯后，他的生命也走到了终点。

而张士德也是个"威武不能屈"的人，他也抵抗住了朱元璋的多次劝降，最后在秘密写了一封信想方设法叫人送到了张士诚那里去后，他觉得自己再活着是对哥哥张士诚的一种累赘了，于是，他选择了以绝食的方式结束了自己短暂而匆匆的一生。

张士诚接到了张士德的遗书，泪如雨下，展开血书一看，但见里面只有带血的十二个字：投降元朝，忍辱负重，借壳发展。

这时的张士诚原本就屋漏偏逢连夜雨，被朱元璋痛击的时候，还受到南面军阀方国珍的偷袭，已是焦头烂额。此时，张士德如同千里眼一样，这十二字方针，给他在迷惘困惑中指明了方向。是啊，以前我在刚发迹的时候不是也靠和元朝拉近乎、忽悠元朝官兵从而积蓄力量，最终成为一方诸侯的吗？现在形势危险，"挂靠"元朝确实是以退为进的万全之策呀！想到这里，他马上召集手下文武重臣进行商量，结果得到了大家一致赞成。就这样，张士诚"投降"了元朝（有名无实，只是每年献粮草给元军迷惑他们罢了）。

元朝政府的高官受益匪浅，军功章里可以记上重重的一笔。而张士诚除了名誉受损外，获益也匪浅，他从此可以和元军及军阀方国珍部和平共处，而朱元璋也不敢再继续对他进行逼宫了。他得以休养生息，励精图治，获得卷土重来的良机。福兮祸所伏，祸兮福所倚。这话诚不欺我也。

第十二章

天下谋士尽入吾彀中

"奇人"朱升

时间：元至正十七年（公元 1357 年）七月。

地点：徽州。

人物：朱升。

个人简介：朱升，字允升，号枫林，又号隐隐老人、墨庄主人。安徽休宁县人，与朱熹同宗。受亦儒亦农之父朱秀和大家闺秀之母汪氏的熏陶，自幼刻苦好学，先后师从同乡江敏求、金斋谕、陈栎、黄楚望等名家，颇受陈栎赏识。他重"华夷之分""严华夷之辨"，反对蒙古贵族入主中原，因而不乐仕进。后开馆讲学于故里霞瀛、紫阳书院、商山书院、歙县石门、郑庄等地。元至正四年（公元 1344 年），四十六岁"高龄"的他登乡贡进士第二名。至正八年（公元 1348 年），五十岁的朱升任池州路学正，整顿学规，教育有方，学者云集，彰显才干。不久，元末农民战争爆发，烽火愈燃愈炽，譬如徐寿辉已将其势力伸到徽州区域内。此时的朱升"避兵奔窜，往往闭户著述不辍"，静观时局的变化。至正十二年（公元 1352 年），朱升避乱弃官"秩满南归"，归隐乡里。

特长：渊博学识，对经学尤其擅长研究。《明史》记载有三：一是"自幼力学，至老不倦，尤邃经学。所作诸经旁注，辞约义精"；二是"虽治学施教，却儒而务本，不弃农事耕作"；三是"春深雨足长青草，数亩山田自可耕"。

个人风格：性情洒脱，淡泊名利，超然物外。元末第一次退隐时，他写下了"两河兵合尽红巾，岂有桃源可避秦"。他的一生都在读书，却不弃耕作，他写道："春深雨足长青草，数亩山田自可耕。"明朝建立不久，他又第二次退隐，并写下了生命的感悟："百战一身存，生还独有君。越山临海尽，吴地到江分。暮郭留晴霭，荒林翳夕曛。归途当岁晚，霜叶落纷纷。"他的另一首诗《送僧归南岳寺》则体现了其淡泊名利、一心向佛的情怀："山路花香上衲衣，云深南岳一僧归。尘生古像开寒殿，风度闲房掩夕扉。踏雨棕鞋苔藓滑，炊香野饭稻粱肥。禅余犹转千声偈，总有游人得见稀。"

辅助人物：朱元璋、邓愈。

事件：二顾朱升。

背景：朱元璋打得张士诚落花流水"归降元朝"后，朱元璋暂时放弃了对张士诚进行穷追，以免弄出狗急跳墙的事来。于是再度挥师南下，结果四处开花，先锋大将胡大海和邓愈很快攻占了绩溪、宣城和休宁，但在进攻鄱阳湖时，却遭遇了元军的顽强阻击，久战不下，朱元璋于是亲临前线督阵。此时朱军死伤甚多，士气低落，朱元璋见了之后，非常忧虑，愁眉紧锁。邓愈是个很善解人意的人，便为朱元璋解忧道："鄱阳湖固然重要，但却远不及一个贤士重要。"朱元璋一听来了兴致，问道："你不说我倒忘了，我不是一直叮嘱你每到一处注意明察暗访，寻找当地名儒的吗？至今还没见到你给我送个名儒贤士来。"邓愈道："我之所以没有攻下鄱阳湖，是因为心有旁骛不能专心进攻的缘故。""这里荒山野岭，哪里有什么名流儒士？""远在天边，近在眼前。据山民们说，距此三十里处的休宁回溪隐居着一位德高望重的老儒朱升，他善于观星相、擅长占卜，能预测天上地下人间事，主公何不请他出山，为我军运筹帷幄。"朱元璋听说有这样的高士，又与自己同姓，十分欢喜，当即带领人马赶往回溪拜访朱升。

故事情节回放：三国时的刘备为了请诸葛亮下山，来了个三顾茅庐，朱元璋请朱升下山，来了个二顾回溪。首先我们来看朱元璋的一顾回溪。

朱元璋是个雷厉风行的人，在邓愈的推荐下，早已求贤若渴的他恨不得立即把朱升请到身边来。于是，他马上带着几个亲信马不停蹄地赶到了回溪。勒马四望回溪景物，果然山不高而秀雅，水不深而澄清；地不广而平坦，林不大而茂盛；猿鹤相亲，松篁交翠……此情此景，端的美不胜收。累得够呛的朱元璋一行便在西边的一个山岭头（后人将此岭定名为思贤岭，岭下有一个亭子叫访贤亭）休息，准备养精蓄锐之后，再访朱升。正在这时，山下以东传来刺耳的鞭炮声。朱元璋感到很好奇，这个穷山僻野，会是哪户人家办喜事呢？于是就沿着鞭炮声赶到回溪，看到一个姓洪的大户人家正在上梁，周围人山人海。朱元璋看到中柱上有副对联，上联"竖柱喜逢黄道日"，下联"上梁恰遇紫微星"，梁上横匾为"紫微高照"四个大字（后来徽州人家建房上梁必贴"紫微高照"）。朱元璋见这副对联写得很不一般，就问主家，对联是谁写的。家主说：朱升写的。朱元璋一听大喜，踏破铁鞋无觅处，得来全不费工夫。正愁找不到朱升的隐身处呢，于是按照山人的指点，找到朱升家。他敲了半天门，朱夫人正在厨房切菜，闻声急忙出来开门，向来人行礼，问有什么事。朱元璋说："大宋江南行中书省平章政事、右丞相、吴国公，特来拜见先生。"朱夫人说："我记不得许多名字。"朱元璋道："你只说朱元璋来访。"朱夫人道："我家夫君昨天早上出门了。"朱元璋道："何处去了？"朱夫人道："踪迹不定，不知何处去了。"朱元璋再问："几时归？"朱夫人道："归期亦不定，或三五日，或十数日，或二三月，或年半月。"朱元璋闻言惆怅不已。邓愈道："既不见，自归去罢了。"朱元璋道："且待片时。"也就是这"且待片时"，朱夫人又道："夫君去时，叮嘱我这两天如果有贵客到，可领到陋室一观。"说着朱升夫人领朱元璋等人进了屋，到"陋室"一看，空空荡荡，只有一个竹匾，盖住一只碗。朱元璋揭开竹匾，碗里有半碗水，水中有一只螃蟹。正当朱元璋看得云里雾里时，朱夫人说："你们有事请教，就看这个东西。"朱元璋走近拿起螃蟹仔细一瞧，螃蟹的脐子已经被扒掉了，转而一想大悟，鄱阳湖就是蟹的形状，有七门，其中一门就叫齐门，朱升这是暗示我攻打齐门。"先生真乃神人也。"朱元璋叹道，便大有赖在陋室不走之意，最后邓愈提出折中办法："不如且归，再使人来探听。"朱元璋这次才一步三回头地走出来。后来，朱元璋照此用兵，结果一举攻克鄱阳湖。

也正是因为这次见证了朱升的神奇，朱元璋马上又来了个"二顾回溪"，非要找到这位旷世奇才不可。

当年冬天，朱元璋派邓愈重兵包围徽州城，元军依然进行了顽强的坚守，双方相持半月余，仍是棋逢对手，将遇良才，呈僵持状态。朱元璋还是一如既往地前来"督战"，结果邓愈再次举荐朱升，说："如果有朱升在，取徽州城如探囊取物。"

对此，朱元璋的回答是："然也。"见证了上次战役的神奇胜利，朱元璋对朱升的谋略和才华佩服得五体投地。邓愈的提议，正合他的心意。考虑到他上次拜访大张旗鼓地去请人，结果出现"人去楼空"的情况，朱元璋这一次学乖了，吸取教训后，把带领的队伍化装成商队，并带一百零一匹战马，其中一匹为金马，乃是请朱升出山的礼物，并且美其名曰：以一敌百。

接下来的情景跟《三国演义》里的刘备三顾诸葛亮差不多。时正值隆冬，天气严寒，彤云密布。行无数里，忽然朔风凛凛，瑞雪霏霏，山如玉簇，林似银妆……然而，天寒地冻阻挡不了朱元璋求贤的决心和信心。在离草庐半里之外时，为显诚意，朱元璋便下马步行，来到门前时，正遇见朱夫人。朱元璋忙施礼，问道："令相公可在否？"朱夫人答："昨暮方归。今日先生虽在家，但今在草堂上昼寝未醒。"朱元璋道："既如此，且休通报。"于是叫手下"商人"站在外面等着，他徐步而入，见朱升仰卧于草堂几席之上。朱元璋拱立阶下。半晌，朱升未醒。望堂上时，见朱升翻身将起，忽又朝里壁睡着。朱夫人正欲相报，朱元璋曰："且勿惊动。"又立了一个时辰，朱升才醒，翻身问朱夫人道："有俗客来否？"朱夫人道："吴国公在此，立候多时。"朱升乃起身曰："何不早报，尚容更衣！"遂转入后堂。又半晌，方整衣冠出迎……

朱元璋一看，走出来的是一名年约六旬的老者，满脸深深的皱纹，花白胡子，两眼炯炯有神。见朱升是个糟老头子，朱元璋心里有点失望，但还是赶紧施礼道:"终于见到了老先生了。"朱升说:"请问您是谁?"朱元璋双手一抱拳,恭敬地说:"我是朱元璋。"朱升施礼说:"原来是朱元帅到了,我不过是一个乡野村夫,怎么敢劳您大驾屈尊下问呢?"于是赶紧把朱元璋让进屋里。

进屋后,朱元璋开门见山地说了三句话。第一句是恭维:久闻先生博览群书,学识渊博,如雷贯耳,恨不能早见。第二句话是自述:我本布衣,为了推翻元朝统治,拯救天下百姓,才起来造反的。第三是问策:如今元朝腐败,群雄并起,逐鹿中原,恳请先生教我救国之策。

朱升通过两次"试探",已知朱元璋平易近人、礼贤下士,而且胸怀大志,于是沉思了一会儿,说:"那我也同样送您三句话。"第一句话是高筑墙:要轻徭薄赋、减刑废苛,让百姓安居乐业;要广纳贤才、兴师重教,让士兵凝聚成一股绳。要有强大的军事力量,可以战胜和抵挡强大的敌人,要以此来巩固自己的根据地,这是立足之本。第二句话是广积粮:要劝民农桑、广储食粮,有充分的物资准备;要积蓄力量,防患于未然,有充分的给养;要有经济实力做支撑,要有饭吃要有衣穿,要多措并举千方百计地让将士们为你死心塌地地卖命,这是发展之源。第三句话是缓称王:枪打出头鸟,不要过早地出头,过早地出头就成为别人攻击的目标,你想称王,别人更想称王呢!谁想称王先灭了谁。要先继续臣服小明王,寻求他的"庇护",蓄势待发,再图发展壮大,这是安邦之策。

朱元璋听后,轻轻地重复一遍,突然眼前一亮,喜上眉头,说:"我明白了,谢谢您的指教。您这三句话,好像给我心里点燃了一盏明灯,使我豁然开朗。照这三句话行事,大业可成。您是让我操练兵马,积蓄力量;发展农业,备足军粮;韬光养晦,以待时机啊!"朱升见朱元璋对他的话理解得如此透彻,非常高兴,说:"您果然不是平常之人!"朱元璋闻言,拱手谢道:"先生的话让我顿开茅塞,使我如拨云雾而睹青天。然而,现在纵观天下形势,东有张士诚,西有陈友谅(徐寿辉已被架空),都是起义队伍,我不忍心兄弟相残啊。"朱元璋明明早就和张士诚动武了,还装着假仁假义,显然更是在试探朱升的心。

朱升说："我夜观天象,徐寿辉不久于人世,陈友谅弑主必然会人心所背,众叛亲离,不足为虑;张士诚非立业之主,这天下日后必归将军您啊!"

接下来,朱元璋便来最实际的了,要请朱升下山。请词当然还是很客套的:"某虽名微德薄,愿先生不弃鄙贱,出山相助。某当拱听明诲。"这个时候,作秀是必要的。"作秀"有三种解释:一是表演、演出;二是展览宣传活动;三是弄虚作假,装样子骗人。朱升显然是属于第一种了,一来显示谦卑,二来作秀的需要,推托道:"升久乐耕锄,懒于应世,不能奉命。"

见了朱升的作秀,朱元璋也马上玩起了作秀。他突然擦了擦眼睛,神情极为伤感地说:"先生如果不出山,如何拯救这天下苍生啊!"说完,来了个"泪沾袍袖,衣襟尽湿"。能在这么短的时间挤出泪来,看来朱元璋天生就是当演员的好料子。

作秀到此算是点到为止了,如果再作下去,那就不是作秀,而是作假了,效果会适得其反。朱升见好就贴金,于是乎,说了这样一句"雷同"的话:"将军既不相弃,愿效犬马之劳。"

接下来,朱元璋也要来实际的了,马上叫手下"商人"送上金马为"聘礼",拜献金马礼物。朱升当然还要接着秀一把,于是推辞不接受。朱元璋也得再劝,进行忽悠:"这并非聘请先生这样的大贤之士的礼物,先生是无价之宝,只是这份薄礼,略表我朱元璋一份心意罢了。"

朱升只好极为"难为情"地接下了。就这样,朱升终于被朱元璋的诚意感动,下了山。朱元璋也没有食言,下山后当即拜朱升为中顺大夫,备顾问于内廷,参密命于翰苑。从此,朱元璋待朱升如师如父如敬上宾,到了"食则同桌,寝则同榻,终日共论天下之事"的地步。朱升后来以诗的形式叙述了朱元璋来访的时令、方向、马匹等,以及自己的喜悦心情,诗云:

西风笳鼓东南来,国本应须老手裁。

净洗甲兵过练水，早随冠冕上云台。

传宣导系门前柳，作颂人磨石上苔。

机会到时须勇进，无边莫待羽书催。

知恩图报

当然，朱元璋如此器重朱升，朱升也是血肉之躯，有情有义之人，自然感恩于心，于是，马上知恩图报。他献给朱元璋三件礼物。第一件礼物是一座城——徽州城。徽州城城小而坚，易守难攻，邓愈大军久攻不下，朱升下山后，徽州城将是他的"试刀石"，能不能拿下来，怎么拿下来，拿下来的代价是什么，这是朱元璋和他手下千万将士拭目以待的。否则，朱元璋这么大张旗鼓地请他下山，这么关爱他，那是会成为笑柄的。因此，当朱元璋问起攻打徽州城之计时，朱升回答很惊人："有计便是无计，无计便是有计。"朱元璋眼睛睁得像灯笼，这是啥意思啊！朱升却是笑而不答。接下来，却马上来实际的了。他们来到最前线，看着双方正在进行你死我活的拼斗，一边是奋不顾身地进攻，一边是视死如归地防守；一个是利矛，一个是坚盾，正打得难解难分。朱升突然要求朱元璋撤兵。朱元璋尽管很不解，但还是照办了。

"兵法云，攻城为下，攻心为上。徽州城这样坚城，强硬攻城是下策，唯有攻心方是良策啊。"朱升说着独自一人来到了城下，徽州城守城元帅福童原本正在指挥着和朱军进行大决战，正在生死搏斗的节骨眼上，突见朱军呼啦啦都撤退了，原本感到很奇怪。这时，又见朱升独自一人来到城下，更感惊讶，此时城上元军弓箭手早已拉满弓，只等福童一声令下，便把朱升来个万箭穿心。

"站住。"福童说着上箭拉弓，只听见嗖的一声，一支利箭穿过天空，落到了朱升身前，显然是在警告他，往前一步是孤独，退后一步是幸福。

朱升却不理会，依然向前走。于是乎，越来越多的箭或是落在他前面，或是后面，或是左边，或是右边，总之，他被箭羽包围着。但朱升没有丝毫畏惧之色，他跨着沉重的步伐，徐徐走到了城门口，这才站定。

"开门！"朱升叫道。

"你想进来送死？"福童道。

"我想救你们出来。"朱升道。

"如果我们不开门呢？"福童道。

"你会开的。"朱升显然胸有成竹。

"为什么？"福童问。

"因为你不开门就只有死路一条，只有开了门才有活路。"朱升道。

"城在人在，城破人亡。"福童表明自己视死如归的心迹。

"好骨气。可惜你现在这么做不值得。"朱升道。

"为什么？"福童再问。

"因为你这是愚忠。元朝已是风雨飘摇，是扶不起的阿斗了。你这般卖命也于事无补，反而会搭上上万士兵的性命。"朱升望着福童，一字一句地道，"救人一命胜造七级浮屠，你非要逼他们往绝路上走吗？"

对话到此戛然而止，福童呆住了，站在那里一言不发，沉思半晌，突然长长地叹了一口气，厉声叫道："开门！"

就这样，朱升凭着一己之力，冒万箭之镞，独立城下，说服守城元帅福童开城归降，使朱军兵不血刃地拿下了徽州。小试牛刀，朱升表现得极为精彩，朱元璋对他更为倾倒，于是对他愈爱。

朱升再接再厉，送给了朱元璋第二件礼物，也是一座城——婺州城。

话说朱升攻下徽州后，他调兵遣将，继续大举南征。龙凤四年（公元1358年）十一月，朱元璋派出的三剑客邓愈、胡大海、李文忠（朱元璋外甥）直指浙东军事重镇——婺州，但结果是婺州"久拒不下"。朱元璋依然亲临现场"督导"作战。这一次，朱升献的计："杀降不祥，唯不嗜杀人者，天下无敌。"意思很明显，婺州城的守军死守的信念是为了保命，如果我们不嗜杀，能留给他们一条生路，他们意志很快就会崩溃了。果然，朱元璋采纳他的建议，下令"城破不许妄杀"的政策后，不到一个月，婺州便被攻破了。烽火连三月，城池抵万金。应该说朱升的礼物既实惠又实用。

朱升给朱元璋的第三件礼物是一个大活人，一个满腹经纶的大活人。这个人的名字响当当，亮晶晶，闪光光，他便是名满天下的大谋士——刘基。

人的欲望是无穷尽的，朱元璋得了婺州后，得陇望蜀，又打起了处州的主意。但他知道处州不是那么好打的，那里的防守强度比婺州高出何止十倍。于是，打之前，他便问朱升："我想攻打处州，你看可不可以啊？"朱升回答说："得处州者，得天下。"朱元璋一惊，问道："处州有这么神奇，难不成是汇集帝王灵气之处？""非也，不是帝王灵气之所，而是天下才俊藏身之地。"朱升说着，定定地看着朱元璋，喃喃地道："处州名儒之士多如牛毛，其中刘基、宋濂、叶琛、章溢，号称处州四杰，四人个个有王佐之才，特别是刘基，如三国的伏龙、凤雏，是得之能安天下的人物。如能招至麾下，天下何愁不定！""那这个刘基跟先生比如何？""犹如银河之比皓月，鲲鹏之比蓬间小雀，是没有办法与之相提并论的。"

朱元璋听说有这样的奇人异士，自然很感兴趣，马上调兵遣将对处州发起了强攻。婺州原本就是处州的门户，婺州被朱元璋攻下后，对处州的元军起到了"隔城震心"的作用，结果看到朱军势不可当地猛扑过来，甚至连抵抗这样必要的"装腔作势"都直接免了，便在城头上挂起了投降的标志物——白旗。原本以为这将是南征最艰难的一战，没想到以这种戏剧性的方式结束了，这令朱元璋哭笑不得。一句话：只要努力，一切皆有可能。

朱升给朱元璋推荐了刘基这个人，接下来便是朱元璋如何去"请"的问题了。当然，朱元璋没有盲目地马上行动，在去之前，他还找他的智囊团主力成员之一的李善长在一间古色古香的密室进行了一次密谈。

"当年刘邦也是一介布衣出身，是凭什么打下天下的呢?"朱元璋一开始就话中有话。"刘邦之所以能在楚汉之争中战胜强大的项羽，主要靠一个运筹帷幄的军师张良、一个决战千里的武将韩信、一个周济三军的后勤部长萧何，正是因为三个不世之才的辅佐，才能统一天下。"

"你就是我的萧何，徐达是我的韩信，却不知谁可当我的张良呢?"朱元璋开始"亮剑"了。

"青田的刘基和金华的宋濂皆有张良之才。"

"如果二选一呢?"

"刘基文韬武略，运筹帷幄，决胜千里，谋略说他天下第二，没人敢说第一；宋濂精通诗词、擅长经文儒家学问，说他天下第二，没人敢说第一……"

"我明白先生的意思了，刘基才是我的张良，而宋濂可比陈平是吧!"朱元璋说着和李善长对视，意味深长地笑起来。

李善长在朱元璋攻打集庆的过程中，扮演的角色都是智囊团的"大哥大"角色，朱升来了后，两人算是"绝代双骄"了。特别是朱升连拿两座城池，让朱元璋对他已经宠爱到了极点，两个新旧宠臣都对刘基进行推荐，可见这个刘基不简单。朱元璋也不是孤陋寡闻的人，以前对刘基便早有耳闻，因此，他不再迟疑，马上准备聘礼去"礼聘"刘基。

"神人"刘伯温

首先来简单地看一下刘基的情况。

字：伯温。

曾用名：刘青田。

出生地：浙江青田九都南田山之武阳村（今浙江文成县南田镇岳梅乡武阳村）。

启蒙老师：父亲刘爚（曾官遂昌县学教谕）。

爱好：读书、识字。

绰号：神童（好学敏求，聪慧过人，读书能一目十行、过目不忘）。

成长经历：十二岁考中秀才。泰定元年（公元 1324 年），十四岁的刘基入郡庠（即府学）读书。他从师习《春秋经》。这是一部隐晦奥涩、言简义深的儒家经典，很难读懂，尤其初学童生一般只是捧书诵读，不解其意。刘基却不同，他不仅默读两遍便能背诵如流，而且还能根据文义，发微阐幽，言前人所未言。老师见此大为惊讶，以为他曾经读过，便又试了其他几段文字，刘基都能过目而识其要。老师十分佩服，暗中称道："真是奇才，将来一定不是个平常之辈！"一部《春秋经》，刘基没花多少工夫就学完了。泰定四年（公元 1327 年），刘基十七岁，他离开府学，师从处州名士郑复初学周（周敦颐）程（程颢、程颐）理学，接受儒家通经致用的教育。刘基

236

博览群书，诸子百家无一不窥，尤其对天文地理、兵法数学，更有特殊爱好，潜心钻研揣摩，十分精通。天生的禀赋和后天的努力，使年轻的刘伯温很快在当地脱颖而出，成为江浙一带的大才子、大名士，开始受到世人的瞩目。

预言：他的老师郑复初就曾对刘基祖父说："他日这个孩子必定会光大你家门楣，振兴刘氏家族！"西蜀名士赵天泽在品评江左人物时，将刘基列为第一，将他与诸葛孔明相比。

形象：虬髯，貌修伟，身着布衣，威猛刚烈，慷慨有大节，论天下安危，义形于色。全然一副梁山好汉的模样（和羽扇纶巾、谈笑自若的传统学士名臣儒雅潇洒的形象完全不同）。

性格：嫉恶如仇。

最大不幸：怀才不遇（仕途生涯坎坷曲折，跌宕起伏）。

仕途经历：元统元年（公元 1333 年），二十三岁的刘基赴元朝京城大都（今北京）参加会试，一举考中进士。涉入仕途后，刘基这才真真切切地感受到元王朝的腐败昏聩、贪婪残暴、醉生梦死，最后他没有选择和他们同流合污、沆瀣一气，很快蛰居隐退。在家闲居三年后，也就是（后）至元二年（公元 1336 年），又被元朝政府授为江西高安县丞。作为天子门生，他还是无限感激元朝皇帝赐给他这一施展才华的机会，以实现自幼立下的宏图大志。所以，他一出仕就立志要用自己的全部才华和忠诚，去干一番大事业。县丞虽然是个辅佐县令的小官，刘基并没有因为位卑职微而敷衍塞责，他勤于职守，执法严明，很快就做出了政绩。他深入乡间，体察民情，发现高安县一些豪绅地主勾结贪官污吏，无法无天，骗人钱财，夺人妻女，杀人害命，无恶不作。刘基倾听百姓的哭诉后，义愤填膺，决心为民除害。经过明察暗访，掌握了真凭实据后，对几个劣迹昭著的豪强恶霸，坚决予以严惩，并对县衙内贪赃枉法的官吏也进行了整治，高安县的社会风气很快就有了好转。刘基的刚正不阿、一身正气赢得了百姓的赞誉。然而，正是因为他的正直，地方豪绅对他恨之入骨，总想找事端陷害他，最终在刀锋上过日子的刘基再度选择辞官归隐青田。至正三年（公元 1343 年），朝廷再度请刘基出山，给他的职务是江浙儒副提举，兼任行省考试官。至正十八年（公元 1358 年），因反对招抚方国珍而被革职，四十八岁的刘基第三次弃官回到浙江青田九都（南田）武阳故里，归隐山林，研读兵法，著书立说。

主要成就：哲学家、谋略家、文学家、军事理论家、易学家、天文学家。

主要作品：著有《烧饼歌》（全文是用隐语写成的"预言"歌谣，是从一定的"象数"规律排开，涉及"象、数、理、占"的文化应用，在民间流传很广，影响极深，难以理解，视为神撰）、《郁离子》（想象诡异，寓意深远）、《百战奇略》（兵书宝典）、《天文秘略》（天文历数）、《观象玩古》（卜筮方面）、《玉洞金书》（历书）、《注灵棋经》（共二卷）、《解皇极经世稽览图》（共十八卷）。

人生格言：二分人生，五十岁是个分界线，五十岁前行尸走肉，五十年后行走江湖（五十岁前效忠于元朝；五十岁后辅佐朱元璋）。

代表诗词：《游云门记》。诗云："语东南山水之美者，莫不曰会稽。岂其他无山水哉？多于山则深沉杳绝，使人懵凄而寂寥；多于水则旷漾浩瀚，使人望洋而靡漫。独会稽为得其中，虽有层峦复冈，而无梯磴攀陟之劳；大湖长溪，而无激冲漂覆之虞。于是适意游赏者，莫不乐往而忘疲焉。"

最自豪：家乡美。刘基曾有诗形容家乡南山之美景及风俗之醇厚，"我昔住在南山头，连山下带山清幽。山巅出泉宜种稻，绕屋尽是良田畴。家家种田耻商贩，有足懒登县与州。东邻西舍迭宾主，老幼合坐意绸缪。山花野叶插巾帽，竹箸漆碗兼瓷瓯。酒酣大笑杂语话，跪拜交错礼数稠……"丰收之后，乡人们欢乐的宴饮图，或许构成了刘基心目中永远无法抹去的太平景象。宴饮过后，人们"出门不记舍前路，颠倒扶掖迷去留""朝阳照屋且熟睡，官府亦简少所求"的生存状况，是多么宁谧而值得回忆啊！

传说：西湖望云和陈说天命的故事。据说，刘基在做江浙行省儒学副提举时，曾游西湖，见异云起西北，光映湖水中，同游者鲁道原、宇文公谅等人都以为是庆云，将分韵赋诗。刘基独纵饮不顾，大声道："这是天子之气啊，应在金陵，十年后有王者起其下，我当辅之。"当时，杭州城还是一片繁华，同游的人都以为刘基说狂话，吓得纷纷避走，说："这不是要连累我们灭族吗?"刘基与门人沈与京痛饮而归。十年之后，即朱元璋攻破处州时，刘基大摆筵席，向亲朋好友陈说天象，说："此天命也，岂人力能之耶?"于是与朋友叶琛、章溢应征赴集庆，等待命运的安排。

风雨故人来

考虑到刘基是个难得的人才，朱元璋自然不敢怠慢，但是要用什么办法请他出山呢？朱元璋第一感觉还是"老调重谈"，亲自去请他出山。但此时南线战局复杂，一来他离不开身，二来亲自去请效果也未必好。

思前想后，朱元璋决定首先对刘基来了个投石问路。还是发挥自己的爱好——写信，写了一封热情洋溢的信。信分三大部分。第一部分是"恭维"：无非是一些"先生之名，如雷贯耳"之类的大话、空话、客套话。第二部分是"展望"：分析天下形势，展望未来发展局面。第三是"恳求"：请刘基出山相助，共同完成祖国统一大业。

如果说写信是为了给素未谋面的刘基正"名"的话，那么叫人准备金银财宝，就是想给他"利"了。朱元璋的想法很实在，有了"名利"，刘基应该会乖乖地下山吧。准备好这一切后，朱元璋叫朱升来给自己分析这样做妥不妥。朱升见了信，点了点头，给出的评价：朴实之中有华章，平淡之中见真情，情之所至，感人至深。可他见了黄金，头摇得像拨浪鼓，笑道："黄金难买志士心！将军应该择其所爱，投其所好。"朱元璋只有"求教"的份儿了，朱升只说一句话就让他茅塞顿开：黄金万两不如好书一部。

于是乎，朱元璋马上派人四处寻访奇书。当时天下乱成那样，找一部好书不是那么容易的事。但功夫不负有心人，经过一番大海捞针的寻找后，总算勉强弄到一部《吕氏春秋》。

一封信为"名"，一部书为"利"，朱元璋派出"邮寄"的人叫孙炎。

孙炎此时是处州总制官。孙炎这个人，在《明史》中不是很出名，今天的人也不怎么知道他，但在当时，他可是朱元璋最为得力的干将之一。时人夏煜描述朱元璋与孙炎之间的关系说："我皇入金陵，一见颜色厚，高谈天下计，响若洪钟扣。"根据史书的记述，孙炎这个人身高六尺余，面黑如铁，有一只脚还有点跛，不怎么读书，但却喜欢赋诗，往往有奇句，又善于雄辩，一开口就是数千言，在他的面前，人人都怕他那张嘴。孙炎还非常喜欢喝酒，喝了酒后作诗辩论，有如神助，豪情万丈。孙炎交友广泛，夏煜、宋濂、汪广洋都是他的好友。可以想见，孙炎确实是一个非常有人格魅力的人。总之一句话，朱元璋派孙炎出马，就是想利用他的一张利嘴出奇制胜，成功地把刘伯温请下山来。事实上，孙炎格外珍惜这次来之不易的机会，当下，孙炎贴身带好书信，带了随从便向东南进发，翻高山，绕曲水，大费周折地来到了青田九都南田山之武阳村，结果只闻其名不见其人。吃了闭门羹的孙炎最后只好带着书信怏怏而归。第一次请刘基下山就以这种方式告终。

朱元璋刚开始听了孙炎的汇报，觉得刘基过于恃才骄矜，不给他一点儿面子，他精心准备的名利居然看也不看，很是生气！但转念一想，人说刘基是孔明再世，不同凡人，当年刘玄德三顾茅庐，以诚意请诸葛亮出山，何等屈尊！我不过派人前去请了一次，岂能得天下奇才呢？于是，他马上再派孙炎去请刘伯温。

这一次，孙炎还是带着"名利"——朱元璋的亲笔书信，一路风尘仆仆来到了武阳村，这一次终于见到了刘基。刘基当时正在撰写《郁离子》，稿子堆满石板，听说孙炎来了，于是迎出来道："啊，想不到是'风雨故人来'！"原来孙炎跟刘基是"君子之交淡如水"的故交。

双方礼毕，寒暄过后，孙炎开始谈正事了，他首先是宣传朱元璋的好，说他如何如何气量大，如何如何求贤若渴，日后必登九五之尊。随后并说明自己在朱元璋面前推荐了他。希望他能出山辅佐，完成大业。并且不失时机地拿出了书信，对刘基说，这是朱元璋写给他的亲笔信，请你下山共谋大事，可见他对你的重视。

刘基接过书信，看罢，捋捋胡须，沉思片刻，笑道："谢谢老弟荐举。只是多年来宦海浮沉，已经饱尝滋味，对于富贵荣华，我一向看得薄如浮云。何况如今年近半百，精力已衰，军机大事，实难胜任。请多拜上朱将军，我刘基向他致谢。"

孙炎还想再劝，刘基却摇手道："老弟要纹枰论道一番，请坐下来，如谈国之大事，就请自便吧！"说着，刘基取出一把由花纹钢锻制而成的龙泉剑，交给孙炎。

孙炎见刘基一意坚辞，接过剑，只好悻悻而别。

两次请不出刘基，第三次朱元璋便决定放下繁杂的军务，亲自出马去请刘基。这一次朱元璋为了避人耳目，只带了一个人——大家很熟悉的孙炎，带了一件"礼物"——刘基回赠给孙炎的龙泉剑。

剑可以用来杀人，也可以用来请人。朱元璋在孙炎的指引下来到了武阳村，很快见到了传说中的神人刘基。但见刘基体态修长，两眼宛若清澈的水潭，高耸的鼻梁，薄厚适宜的嘴唇，举手投足之间气质非凡。于是施礼道："元璋今日得见先生，实在万分荣幸。"

刘基连忙还礼道："将军太客气了，刘基无才无德，何劳远道前来。"

"实不相瞒，我这次来是想请先生出山的。"朱元璋也不转弯抹角，而是直奔主题。

"山野村夫，叫我出山有何用。天下名士多得是，先生还是请回吧。"刘基淡淡地道。"既如此，我有一礼物相送。"朱元璋说着朝身边的孙炎使了一个眼神。

孙炎会意，只见他一边从后背抽出那把龙泉剑，一边说："这是你的剑。"

"送出去的礼物，泼出去的水，怎么收得回？"刘基道。

"可是你这礼物我承受不起。"孙炎喃喃地道，"宝剑当献之天子，斩不顺命者。我不臣，岂敢私受？"刘基闻言大吃一惊，抚剑喃喃自语："好一个孙炎，竟胁吾要斩不顺命者！"望着剑，陷入了深思。

原来，孙炎第二次来请刘伯温，失败而归后，朱元璋细细察看刘基的赠剑，突然，猛拍了一下自己的脑袋，然后说了这样一句话：原来如此，我早该猜到才对啊！他心中早已明白刘基的用心，他之所以不肯出山做官，一是受古训"忠臣不事二主"的影响，碍于世议，很是为难；二是在仕途上屡遭挫折，纵有满腹经纶，如不遇明主也很难施展，不如隐居故里。刘基赠他一把宝剑，分明是表示拥护朱元璋起兵打天下，只是自己不能为朱元璋效劳……朱元璋抽剑察看，那剑寒光闪烁，当真是"切金断玉，削铁如泥"的宝剑。他玩弄了一番，突然一拍脑袋，不觉计上心来，于是当即叫孙炎带上剑第三次来请刘基。

此时，刘基接到"回剑"，自然明白孙炎这是在向自己"逼宫"，暗示要斩不顺命者。就在这时，孙炎开始充分展示才华的时候到了，他出口成章，吟出了一首脍炙人口的《宝剑歌》来：

> 宝剑出鞘光耿耿，佩之可以当一龙。
> 只是阴山太古雪，为谁结此青芙蓉？
> 明珠为宝锦为带，三尺枯蛟出冰海。
> 自从虎革裹干戈，飞入芒砀育光彩。
> 青田刘郎汉诸孙，传家惟有此物存。
> 匣中千年睡不醒，白帝血染桃花痕。
> 山童神全眼如日，时见蜿蜒走虚室。
> 我逢龙精不敢弹，正气直贯青天寒。
> 还君持之献明主，若岁大旱为淋雨。

刘基放下剑，静静地听着孙炎赠诗，不由得痴了。联想近来旧交陶安、宋濂也有书信劝他出山，家人又为他两次谢绝朱元璋来使而不胜担忧。再看朱元璋亲临寒舍，殷切期盼的眼神，他思来想去，还是想到"识时务者为俊杰"那句俗话。而今元朝气数将尽，群雄中又数朱元璋最得民心，已占据大江南北大片富庶地区和城池要津，朱元璋又这般礼贤下士，将来能得天下，我不助他助谁？

"恳请先生出山，拯救社稷于水深之中，拯救苍生于火热之中啊!"朱元璋不失时机地来了一句。一句顶万句，刘基心中一动，眼中一热，泪水便要往外流，权衡利弊，再不迟疑，终于点了点头，说了一句石破天惊的话："恭敬不如从命。"

时务十八策

    元至正二十年（公元 1360 年）的春天迈着毫不迟疑的步伐来了，到处都有惠风吹拂，吹得人们周身上下有一股说不出的舒坦。暖阳高挂在当空，一扫它在寒冬时节的惨淡。朱元璋端坐在书房里，暖阳透过雕花绣栏的窗格照射进来，暖洋洋的，于是，他闭上眼睛，静静地享受着这阳光带来的惬意。蓦地，一阵急促的脚步声打破这难得的沉寂。

    "主公，刘先生来了。"一个亲兵进来报告。

    朱元璋一听来了神，马上跳将起来，迎出门来。却见满面春风的刘基正不疾不徐地走来。"路途颠簸，一路劳苦，先生昨天睡得可好？"

    "谢谢将军关心，将军安排的住宿，古色古香，可比我那陋室好何止百倍千倍。"

    两人寒暄着进了屋。客套完毕，两人正襟危坐。朱元璋痴痴地看着刘基，刘基定定地看着朱元璋，眼神坚定而执着，此时屋子里突然静得出奇，两人心知肚明，他们接下来马上上演的是一场克隆三国版的新"隆中对"——"房中对"。

    果然，沉默片刻，朱元璋言归正传，问的第一句话是："能诗乎？"刘基的回答："诗是儒者的末事，哪有不能的！"朱元璋指着案前的斑竹箸（筷子），柔声道："请先生赐诗。"刘基随口念道："一对湘江玉并看，二妃曾洒泪痕斑。"朱元璋蹙眉道："秀才气味太浓。"哪知刘基接着道："汉家四百年天下，尽在留侯一借间。"留侯指张良，他是刘邦的谋臣，也是汉朝开国功臣，曾借刘邦吃饭用的筷子，用以指画当时天下大势，为刘邦出谋划策。这就是"借箸"的故事。朱元璋听完刘基的"解析"，脸色由阴转晴，喜道："好诗。出口成章，章而有序，序而有节，节而出典，典而儒雅，雅俗共赏，赏心悦目，目转流美，美不胜收啊！"

一席对话，让朱元璋对刘基的印象由一个术士变为一个酸儒，再变为一个张良般的谋略之士。

如果说朱元璋第一轮是考验刘基的"才气"，那么，接下来便是考验刘基"才识"的时候了。朱元璋道："我出生寒贱，饱尝流离失所、饥寒交迫之苦。恰逢元朝暴政致使民不聊生，四方抗元之火点亮了神州大地，我不求苟活于乱世，亦随波逐流于抗元的洪流之中不可自拔，所幸几多拼打征杀，几多人生沧桑，几多风雨如磐，几多鸿运高照，才谋得一块弹丸之地，得以暂时栖身立足。我有心拯救天下黎民百姓于水火，使他们安居乐业，但无奈我空有其志，只恨才疏识浅，面对这混乱的世道，不知道如何寻一个万全之计，立于不败，还望先生不吝赐教。"

"元帅过谦了，不知有何顾虑？"刘基见招拆招。

"我军现在处在各路诸侯的夹缝中，物竞天择，适者生存。我现在举步维艰，是而顾虑啊！"

"放眼如今天下，小明王有名无实，成不了大气候；大元朝有死无生，已是明日黄花；方国珍有心无力，不足为虑，消灭他在弹指一挥间。"刘基说着顿了顿，才又接着道，"想必元帅忧虑的是陈友谅和张士诚吧。"

"嗯！"朱元璋叹道，"实不相瞒，张、陈乃是我的心腹大患，为此我费了不少脑筋，至今还没有想出万全之策。"

"我想元帅不仅仅是为张、陈两人的存在烦恼，而是为先灭张还是先灭陈所困扰烦恼吧。"

"嗯！知我者，先生也。"朱元璋点了点头，道，"还请先生指点迷津啊！"

"我也有一个迷津，想请元帅解惑。"刘基话锋一转，也不等朱元璋回话，接着道，"从前有座山，山里有一只老虎和两只狼。你说最后是老虎称霸山林，还是狼呢？"

"当然是老虎了。狼哪里是虎的对手啊！"朱元璋不假思索地说。

"错。"刘基盯着朱元璋一字一句道，"是狼。"

这下朱元璋睁着一双好奇的眼睛，只有期盼下文的份儿了。好在刘基马上解惑道："因为老虎被饿死了。"

"每次老虎捕获食物时，那两只白眼狼便会来'虎口夺食'，老虎自然要发威，不然狼还当它是病猫。但当凶猛的老虎赶走了这只狼时，那只狼却乘机来偷他的猎物。老虎只好再来赶那只狼。这时，这只狼又来了。就这样，老虎在两只狼的牵制下，顾此失彼，结果所获猎物都被狼叼走了，最终，老虎被饿死了。"

"猛虎难敌群狼，好汉难敌四拳，我现在面临的就是那只老虎的处境啊！如果处理不当，便会活活饿死啊！"朱元璋叹道。

"老虎想要活下来，前提条件必然是要先除去狼。这是生存之道。"刘基道，"元帅便是一只虎，张士诚和陈友谅便是两只狼，如果不当机立断除掉这两只来争食的恶狼，终究是养狼为患啊！"

"以我现在的实力，恐怕还不能算是一只虎，就算是虎，也只能算是一只病虎，或是打盹的虎。张士诚和陈友谅就算是狼，也不是一般的狼，比披着羊皮的狼更狡诈百倍。我现在是除狼无计啊！随便对哪一只狼动手，另一只狼都会乘势而上，两狼联手，腹背受敌，岂不危矣！"

"天地万物，参差不齐。狼亦如此，也有强弱之分。先找准切入点，对那只较弱的下手，以快刀斩乱麻之势除之，再来全力对付那只强狼，如此便可以各个击破啊！"刘基说着突然话锋一转，问道："元帅觉得张士诚和陈友谅实力孰强孰弱呢？"

"我觉得陈友谅实力强一些。"朱元璋接着马上说了三点理由：一是地盘大。陈友谅包围着饶、信二州，占据着荆、襄之地。占领了大半个江南。二是威信大。陈友谅挟天子以令诸侯，架空徐寿辉的权力，行使至高无上的权力，拥有至高无上的地位。三是势力大。陈友谅手下水军超过六位数，陆军也超过六位数，水军、陆军加起来据说超过了七位数，再加上大都是由一些亡命之徒组成，战斗力非同一般。总结陈词：势力大是拥有"天时"，地盘大是拥有"地利"，威信大是拥有"人和"，所以陈友谅是只超级无敌大猛狼。

朱元璋分析得头头是道，然而，刘基却把头摇得像拨浪鼓："元帅只看到了事物的表面，没有看到内涵。陈友谅看似有三大，实则是三小。"解析如下：一、伪天时。陈友谅军队虽多，但军队纪律松散，士兵恶为，百姓离心离德。军民不同心，打起仗来便是一群乌合之众。二、虚地利。陈友谅占据的地盘虽然大，但大都是一些沿海的地方，狭长而难守，一旦突其防线，便会丢之千里。三、假人和。陈友谅是个伪君子，拥有三大特点。一是沽名钓誉，欺世盗名。为博得贤主之名，对投靠他的人来者不拒，致使鱼龙混杂，庸才的加入有百害无一利。二是胸无大志、故步自封。陈友谅原本跟从徐寿辉、倪文俊起义，最开始不过是倪文俊手下一个小小的书掾，后来倪文俊专横独权，陈友谅乘机投奔徐寿辉灭掉了他，后来又在军中私营党羽，彻底架空了徐寿辉。后来陈友谅攻下友兴后，便幽禁了徐寿辉。从现在的局势来看，杀徐寿辉是迟早的事了。这样一来，陈友谅的名号就不正了。三是贪恋女色、安于享受。陈友谅一旦得到权势后，便整天不务国事，醉生梦死。结论：张士诚看上去很弱，但他所在的城池易守难攻，且投靠元朝后，不管真假，都有狐假虎威之势，具有很强的后劲。而陈友谅看强实弱，所以我们应该先灭陈友谅这只恶狼，并时时提防张士诚的动向，把他当成一个长期的战略目标和军事目标更加合适。

"如果我们攻打陈友谅，张士诚相助，我军腹背受敌，又当如何应对？"朱元璋问。"张士诚的致命缺点是气量小、心胸狭窄、目光短浅，满足于小富即安，不足为虑。陈友谅虽然看强实弱，但野心大，人心不足蛇吞象，是心腹大患。我们一旦攻打陈友谅，张士诚多半会袖手旁观，而我们如果先打张士诚，陈友谅必然会闻风而动。因此，先打陈友谅，既符合先弱后强的原则，又能起到各个击破的目的，两全其美，何乐而不为呢？"

朱元璋听了点了点头，但心里仍有疑惑，沉思了半晌，才道："去年，方国珍遣使刘因带了五十斤黄金、一百斤白银来到我这里，说是要求我和他对张士诚进行合围，当时我正对张士诚冲突不断，便答应了他。结果方国珍为表诚心，马上把他的儿子方关送到我这里当人质。我收了人家的钱财，怎么好意思再收人家的宝贝儿子，于是很快就让方关回去了。这时，方国珍又增加了新的条件，说只要我去平定张士诚，一来出钱和出兵是他的事，二来事成之后，将温州、台州、庆元三地献给我。可直到现在还不见方国珍有任何动静。"

"方国珍乃是口蜜腹剑的小人，他这一招叫一石二鸟。叫你跟张士诚火拼，他却坐收渔翁之利。"刘基说着喃喃地道，"先灭陈再除张，平定江南后，再图江北，天下可定也。这些我都写下来了，还请元帅明鉴。"说着从衣袖中取出一个纸卷给朱元璋。

朱元璋惊喜交加，接过纸卷，但见上面写着："时务十八策。一、灭陈去张。二、剿灭方国珍。三、军屯之自养。四、勿过度扰民、过度使用民力。五、严肃军纪，治下有方。六、粮草供应之对策。七、水战、火战之配合。八、坚城固守与弃城引敌。九、疑兵计与反间计。十、儒学教化。十一、农田水利之构建。十二、招贤纳士之标准。十三、军中将领俸禄。十四、劫寨与反劫寨。十五、谋士参议制。十六、属官编制。十七、北伐。十八、定都。"

刘基的"时务十八策"归纳起来分两步走：

第一步，力劝朱元璋脱离小明王的节制，自立、自强、自信。理由：韩林儿没有统一中国的气魄与能力，早点儿离开他，可以早点儿脱离苦海，早点儿展翅高飞。

第二步，协助朱元璋制定"先西后东"剿灭群雄的正确路线。理由：先灭陈友谅，再灭张士诚，最后北伐中原，帝业可成也。

刘基剖析精辟，构思精妙，层次分明，立意精深，语言精练。对此，朱元璋真诚地赞叹道："先生真乃天赐吾之子房也！"

另外，值得一提的是，就在朱元璋三请刘基时，浙东四杰的其他三位宋濂、章溢、叶琛也被朱元璋成功说服加入。就这样，朱元璋打造了一支天下无敌的超级智囊团队，运筹帷幄之中，决胜千里之外。也正是这个智囊团，最终协助朱元璋统一了天下。

第十三章

陈友谅这一生

曲折发迹史

要知道朱元璋手下的将领们多半是在滁州、濠州刚起兵时就跟随他的人，多年来征战有功。因此，刘基此时要想真正成为朱元璋的重要谋士，还有四件事要做：立德、立言、立行、立功。

都说机会是留给有准备的人，同样的道理，机会也留给有实力的人。此时朱元璋的势力范围已不再是以集庆为中心的小江南了，而是拥有包括浙东半壁江山在内的大江南了。朱升的"高筑墙、广积粮、缓称王"犹如一股春风，吹得朱军兵强马壮、士气高昂，百姓安居乐业、丰衣足食。此时，刘基的战略正好符合征伐陈友谅的基础和机遇。于是乎，朱元璋采纳了刘基的建议，并且很快就付诸行动。

征伐陈友谅，对朱元璋是挑战和机遇；对于刘基来说，也是挑战和机遇；而对于陈友谅来说，更面临着挑战与机遇。

天下没有不透风的墙，消息传到陈友谅耳朵里，他先是一怔，随即马上恢复了平静，然后便自我解嘲地道："天堂有路你不走，地狱无门你偏来。我正想趁机东进去攻占你朱元璋，你倒好，自己送上门来了。那好，休怪我手下不留情了。"

这里不妨来看看陈友谅的前世今生。

姓名：陈友谅。

本名：谢友谅。

改姓原因：其祖父陈千一作为上门女婿"倒插门"来到了陈家，便跟着姓了陈。

出身地：湖北沔阳（今湖北仙桃）玉沙。

出生年月：元延祐七年（公元 1320 年）。

外号：小三（陈友谅排行第三）。

家庭成员：父亲陈普才，母亲（姓名不详），兄弟五个分别为陈友富、陈友直、陈友谅、陈友仁、陈友贵（合起来为富直谅仁贵）。

家庭背景：世代渔民。

成长经历：用六个小插曲可以概括。

小插曲一：一把木剑带来的思考。

陈友谅刚满周岁时，陈普才按当地风俗为陈友谅举行了一次"抓周"仪式，以试将来的志向和前途如何。结果，这天，面对桌子上摆满的毛笔、木剑、筷子、章子、大饼之类的东西，"小寿星"陈友谅伸出小手，便直奔桌上那支精致的小毛笔抓去。陈普才见状，心里叹道："看来又是穷酸书生的料了。"然而，说来也奇怪，小寿星的手就在要碰到毛笔时，突然停住了，然后一把抓起了旁边的小木剑，舞了一圈后，便往地上丢。说来也巧，正在这时，陈家一头小猪正好蹿进家门，从桌前经过，那木剑不偏不倚，正好落在小猪身上，结果，木剑顿时断为两截。这时小寿星突然哇哇地哭起来，显然是心疼那木剑被折断……而这时，陈普才的头摇得更猛，一边思考着什么，一边在心里叹道："当屠夫还不如当穷秀才呢！"当然，陈普才不会料到，陈友谅长大后既不当穷秀才，也不当莽屠夫，而是当了一方之王，他不用拿木剑杀猪，而是拿真剑杀"朱"（朱元璋）……当然，这个故事的真伪，拿一把木剑对着猪去试一下便知。

小插曲二：一块石头引发的血案。

相比于朱元璋苦难的童年，陈友谅则显得幸福多了，六岁的陈友谅便在一个远房伯伯开的私塾里读书。当时玉沙县里有一个恶霸叫马铁成，绰号"马一刀"，他的儿子马彪和陈友谅互为"同桌的你"。但有一次，陈友谅的伯伯处罚了调皮的马彪，结果马彪马上搬来了父亲。马一刀岂是浪得虚名的，他一来就对伯伯进行了教训，结果打得伯伯满地找牙……而这一幕正好被陈友谅看到了，他拾起一块小石头，拿起自己平常喜欢玩的弹弓对着马一刀就是一弹，结果就是这一块小小的石头，引发了一场血案。结果马一刀的眼睛瞎了，陈友谅伯伯的私塾被砸了，只读了四年书的陈友谅辍学了。

小插曲三：一个水桶折射的定理。

没有学上了，陈普才把陈友谅送到了崇鸣寺。一是为了"避难"（马一刀的寻仇），二来为了"深造（修炼习性，锻炼品质）。于是乎，陈友谅和朱元璋都上了同一条路（当和尚）。寺里的静空长老给他安排的工种和朱元璋在皇觉寺里的也差不多，每天的任务只有三样：一是提水。到寺庙后山上的井里去提水，并且要将寺里的十来口大水缸都装满水。二是推石狮。每天推庙门口两尊大石狮一百下。三是念经（这个是偶尔为之）。光阴荏苒，五年后，只有十五岁的陈友谅变了，变得强壮无比，变得结实无比，变得力大无比，双手竟然能搬起寺门前的大石狮。直到这时，陈友谅才明白师父的苦心：原来提水、推石狮、念佛经都是在练内功，挖内潜啊！

小插曲四：一支箭射出来的爱情。

长成帅小伙的陈友谅很快就情窦初开，遭遇爱情了。他的丘比特之箭射中的是当地有名的潘大财主的千金潘金花。当时潘金花年方十六，追求的人多如牛毛，原因是她具有三大得天独厚的优势：一是钱多。据说当地人形容潘家，什么都缺，唯独不缺钱。二是貌美。潘金花人如其名，长得似一朵娇贵滴艳的花朵。三是独女。潘老爷子膝下无子，唯独生了这个宝贝女儿，自然视为掌上明珠。能娶到她，财貌双收，你说，追求者能不多吗？也正是因为这样，潘家的门槛都被踏破了。然而，潘金花这位集美貌智慧于一身的富二代，为了能找到自己心目中的"白马王子"，拒绝了父母之命、媒妁之言，而是决定"自由恋爱"。但鉴于当时的条件，她选择的方式是比武招亲。谁有能力，谁有本事，谁最具亲和力，谁人气指数最高，我就跟谁。而刚从崇鸣寺学艺出师不久的陈友谅听说后，喜不自胜，心道：

都说机遇留给有准备的人，这话一点不假，我才艺学成归来不久，便有崭露头角的机会了。接下来的过程可以参照超女比赛，经过海选的大浪淘沙后，最后进入前十强的，陈友谅自然在其中。接下来的终极竞赛，更是残酷。海选的裁判是潘老爷子，而这时潘金花亲自坐镇来当主考官，一生的幸福就在此一举了，她能不亲力亲为吗？为了公平公正起见，潘金花把终极比武改成了三回合：一是文斗，二是武斗，三是战斗。文斗很容易理解，就是比知识水平，看才气。陈友谅四年私塾不是白读的，因此，对对联还是没有问题的。据说，当时潘金花出的上联是：人生如歌七音跌宕前程好。而陈友谅立即答道：爱情是酒五谷酝酿余味长。潘金花听了俏脸微红，心里却心花怒放。第一回合，陈友谅敏捷的才思令潘金花对他印象非常好。第二回合，武斗比的是搬石雕，意思很明显，是想测测力气和功夫。这个对于陈友谅来说是小菜一碟，他五年一直推抱石狮，因此，自然也毫无悬念地过关了。前两回合一过，闯过最后一回合比拼的只剩下五人。最后一轮的战斗才是最重要的，比射箭，不是十强选手互射，而是一致对外，向天空射白鹭。谁能又快又准地把白鹭射下来，谁就是"花魁"。他们来到野外，当地的白鹭很多，很快就有"一行白鹭上青天"，而这时潘金花宣布比赛开始后，除了陈友谅外，其他四位进入终极比拼的人，拔箭便射，结果由于出手太急，加上白鹭一直在向前飞，因此四人中只有一位射中了白鹭。那只射中的白鹭直往地上掉。就在大家认为"花魁"非他莫属时，说时迟那时快，只见陈友谅搭箭上弓，唰的一声，那离弦之箭穿透云霄，一箭射中了三只白鹭，三只白鹭叠加在一起，下降的速度自然要快些，结果比先前射中的那一只白鹭还先落于地上。这时场上响起了经久不息的掌声，这掌声是惊叹，是祝贺，更是恭喜。就这样，陈友谅一射定乾坤，抱得"白富美"潘金花归。这一年，陈友谅十八岁，没有举行成年礼，却举行了结婚大礼。

小插曲五：一个官职带出来的潜规则。

陈友谅收获了爱情后，好运接踵而来，事业很快有了起色。陈友谅家乡所在的隔壁县蒲圻县因为少一个主簿（相当于县政府办公室秘书），结果在公开招聘中，陈友谅凭着扎实的功底，顺利通过了笔试、武试、面试三关，在众位应聘者中，脱颖而出。也正是因为这样，陈友谅很是感谢领导的关心，感谢亲人的关爱，感谢朋友的支持，工作起来很是努力认真。然而，正是这个小小的主簿，使陈友谅看清了官场的黑暗，看清了社会的腐败，看清了元朝的堕落。义愤填膺的陈友谅最开始每每看到"不平"，都想拔刀相助，但每次都无能为力。那些欺压百姓的地霸恶匪都有自己的势力网，"上面"都有人罩着，他们犯了法，如同儿戏一般，你除了睁一只眼闭一只眼，别无他法。大官吃小官，小官吃百姓，百姓只剩下吃草皮了，这个是官场的潜规则，你只能当游戏玩。也正是因为这样，陈友谅的工作热情很快就由高涨变成了低落。对此，县令对他的"忠告"是，凡事不可不认真，但凡事又不可太认真。陈友谅明白这话中的意思，但他又是眼里容不下一粒沙子的人，在县衙当了四年的主簿后，陈友谅终于还是选择了炒县令的鱿鱼。辞呈上写的理由有二：一是当官不为民做主，不如回家种红薯。解析：我能力有限，不能胜任这份工作，还是回家去种红薯的好。二是他日若遂凌云志，敢笑周郎不丈夫！我想"下海"。这个时代进步太快，我也下海去闯一闯自己的事业。

小插曲六：一次绑架引发的命案。

陈友谅决定辞官下海，这是需要很大的勇气的，毕竟主簿是衣食无忧的铁饭碗，砸破铁饭碗去捡塑料碗，这事没有勇气是不行的。而更需要勇气的是，陈友谅不是经商，而是造反，这就更需要勇气。毕竟，这是一条没有回头的路，一旦踏上了征程，就必须义无反顾地走下去。而陈友谅之所以会选择走这条路，原因是逼出来的。谁逼的呢？前面已经说过，陈友谅还是十多岁的小孩时，就用弹弓弹瞎了黄蓬山恶霸马一刀的一只眼睛，后来马一刀一直没有放弃对仇人陈友谅的寻找，结果陈友谅讨了一个"地主婆"的妻子，又当上了主簿，双管齐下，马一刀觉得对陈友谅下手，难度很大，于是，他选择了"隐忍"。是啊，君子报仇，十年不晚嘛。结果他的耐心没有白费，陈友谅的辞职归来，让马一刀大喜过望，以前怕你，那是因为你是当官的，俺不敢在太岁爷头上动土。现在你是一介布衣，不拿你动手，拿谁动手！再说，我的眼睛还是拜你所赐。当然，马一刀在动手前，也进行了旁敲侧击，拿陈友谅的叔叔陈普文开刀。当时陈友谅的叔叔一直靠打渔为生，但马一刀却找他要高额的"保护费"。行为类似于黑社会性质。恰好当时陈普文家里穷，缴不起保护费，马一刀二话不说，直接把陈普文抓起来了，说得再直白点就是绑架。目的很明显，别人是杀鸡儆猴，他是"杀叔儆侄"，想通过这件事，试试陈友谅的能耐。陈友谅岂是省油的灯！他听说消息后，马上找来儿时的伙伴张定边共同商量对策。张定边和陈友谅的关系就像朱元璋和徐达、汤和的关系一样，一个字"铁"，两个字"很铁"，三个字"非常铁"，四个字"铁树开花"。朱元璋带着两个儿时的伙伴参加起义，实现的是"铁树开花"。而陈友谅和张定边也同样如此。也正是因为这样，当陈友谅怒不可遏地说要"干"时，张定边附和道："要干就要干一票大的。"结果两人夜闯马府，不但成功救出了陈普文，还使马一刀一刀毙命，永远"沉睡"过去了。

有诗为证：

> 大禹导汉入三澨，我要导汉入大海。
> 不做河里缩头鳖，要做海中昂头龙。

弱者回首就变强

　　杀死了马一刀，陈友谅和张定边没有选择"远遁"，而是选择"小隐隐于野"，隐藏在老家的湖边一带，成了不折不扣的流寇。因为除了恶霸，当地百姓对他很是敬佩，因此，加入他"流浪帮"的人越来越多。也正是因为这样，官府忌惮陈友谅的势力，也不敢追捕。

　　官府"有意"放陈友谅一马，但陈友谅却无意放官府一马。至正十年（公元1350年）的中秋节，对陈友谅来说，是一个刻骨铭心的日子。这天，一大清早，陈友谅就忙碌起来，并且做了三件事。第一件事是视察了他的结拜兄弟柳涛和范洪军等人的"打金场"（打造兵器的地方），看到刀、枪、剑、矛各色都有，陈友谅很是满意地点了点头，说了这样一句话：万事俱备。

　　接着，陈友谅做了第二件事，召集跟随他的数百名兄弟，召开了一次紧急会议。会议开始后，他便开始了长篇大论，中心思想只有一个，分析天下形势。无非是陈述元朝政府的腐败无能。在他满含深情的讲解下，众人无不动容。正在这时，密室的大门倏地打开了，吓得在场所有人都惊出一身冷汗，唯独陈友谅面不改色心不跳，对着来人叫道："叔叔。别来无恙否？"

　　众人这才透过门口微弱的光线，看清来人正是陈友谅的叔叔陈普文。

只见陈普文接下来上气不接下气地说了这样一句话："听说官府知道我们打金场的事了，马上要派兵来抓我们。"

"啊……"众人一听，都惊呼出声，顿时密室里像是炸了的蜂窝闹将开来。陈友谅定定地看着众人，眼看时机差不多了，这才说话了，"我们都是一条绳上的蚂蚱，不干只有死，干才有活路。我们磨刀霍霍这么多天了，此时不举事，更待何时？"

"干，当然干，马上干，干他个热火朝天，干他个轰轰烈烈，干他个前无古人后无来者的大事。"众人异口同声地附和道。而此时，陈友谅和陈普文四目相对，眼中同时露出会心的一笑。发表完"举事宣言"后，陈友谅紧接着做了第三件事：通知遍布四周的"信徒"共同参加举事。考虑到以嘴传播的方式太过直接，走漏风声的风险过大，最终陈友谅采用了加工月饼的方式进行联络。具体做法如下：写好"今晚在崇鸣寺集合，杀尽蒙古人"之类的字条，然后把字条藏于月饼内，再把这些"特制"的月饼分发到众人手中。

接下来的进程很简单，这天晚上，陈友谅做了他人生中最重要的一件事——造反。流浪帮的成员齐聚崇鸣寺后，陈友谅斩杀了一只白狗，祭告天灵后，再和大家喝了血酒，说的话很雷同，参见《三国演义》里的刘、关、张三人桃园三结义的场景。

接下来，陈友谅带着数百名流浪帮成员除去了当地的另一个恶霸曹天龄。在名气和实力进一步壮大后，马不停蹄地攻下了玉沙县，并以此为根据地，向四周扩军，很快，部队人数就达到万余人。陈友谅对军纪、军规很是重视，为了起到杀一儆百的效果，陈友谅在这一方面和朱元璋采取的苦肉计很相似，朱元璋可以痛打汤和、徐达等亲如手足之人，陈友谅为了军法，连亲弟弟犯法也进行了军棍伺候。结果，军威就这样树起来了。也正是因为这样，队伍战斗力也进一步加强了。接下来在玉沙城，陈友谅巧妙运用战术，以少胜多，成功击退了元朝派出的河南行省平章太不花的数万大军的围攻。太不花第一次围攻玉沙城，被防守反击的陈友谅打得损兵折将后选择了退军。但太不花是个不肯轻易认输的人，马上又卷土重来。

来了个第二次围攻玉沙城。尽管陈友谅早就做好了防卫，但这一次太不花势在必胜，不但兵马带得更多，粮草和重武器也备足了，因此，将玉沙城围了个水泄不通。围城最重要的就是两样东西：一是粮食，二是水。没有这两样，就会饿死，还怎么谈守城！玉沙城不缺水，但缺粮。因此，坚守月余后，眼看粮草用尽，陈友谅选择了突围，死守只有死这一条路，而突围还有一线生机。为了突围成功，陈友谅借鉴了汉朝刘邦的招数，来了个三步走。第一步走，突围走在最前的居然是一群打扮得花枝招展的女人。果然，城门打开，元军本来严阵以待，但看见了这些靓女，个个眼睛都直了，垂涎三尺，更有甚者，交头接耳，嬉笑着品头论足起来，情绪不由得松懈下来。正在这时，陈友谅实行了第二步，他的起义军突然气势如虹地冲出城来，很快就杀出一条血路来。等元军们回过神来，奋起直追时，这时陈友谅第三步走发威了。只见那些老弱病残推着大箱小箱为了减负开始打开箱子扔东西了。接着一串串、一个个亮晶晶的东西被扔到路上，发出夺目的光。元军好奇，有人拾起来，突然惊呼道："啊，黄金手链、白银耳坠、青铜食器……"元军们眼看天上掉下这么多财宝来，哪里还有心思去追陈友谅，开始争抢起金银珠宝来。

弱者回首就变强。这时，陈友谅大胆做出决定，反戈一击。君子爱财，取之有道，那些财产都是我们的，怎么能轻易送给你们呢？果然，当他带着士兵回击时，元军傻了眼，只有溃逃的份儿了。杀败了元军，陈友谅重新夺回了财物，正准备满载而逃时，这时太不花出现了。他听说陈友谅突围后，既震惊又气愤，叹道："看样子我低估了陈友谅的能力。"原本对追击陈友谅没有抱多大希望了，然而不料正碰上了"再回首"的陈友谅。结果可想而知，把陈友谅的起义军又围了个水泄不通。陈友谅一边发出"谋事在人，成事在天"的感慨，一边选择华山一条路走：再突围。这一次就没有那么容易了。结果陈友谅在张定边等一些亲信将领的保护下，成功突围了，但付出的代价是几乎全军覆没。万余人的大军，只剩下百余人。对此，参加起义以来一直顺风顺水的陈友谅第一次体会到了现实的残酷，体会到了英雄末路的无助和凄凉。站在江边，陈友谅没有学项羽来个拔剑自冽、就是不肯过江东。而是拔剑在江边的一棵大树上舞动起来，众人顿时觉得寒气逼人，树屑纷飞……不一会儿，陈友谅挽了个剑花，收起宝剑，突然厉声道："蒙古人，你等着，这血海深仇，我一定会来报的。"说着跳上了渡船，此时，晶莹的泪水掉落在江水中，瞬间被浑浊的河水吞噬。众人再看树时，但见上面竟然出现四行小字："胜败兵家事不期，包羞忍耻是男儿。江东子弟多才俊，卷土重来未可知。"

与狼共舞

好不容易才拉上一支上万人的军队，转眼间便灰飞烟灭，只剩下孤零零的数百人了，陈友谅哀痛欲绝。痛定思痛后，他觉得凭自身实力，已很难在短时间内"东山再起"，于是，他决定寻求"保护伞"。

那选择谁呢？此时天下英雄很多，枭雄也很多，狗熊更多，英雄、枭雄、狗熊鱼龙混杂，多如牛毛，非得有一双慧眼不行。陈友谅觉得自己没有慧眼，单凭别人道听途说不能确定谁才是真正的英雄、是真正值得庇护的。于是，陈友谅把手下剩下的残兵败将全部派出去寻找英雄。一个月后，大家又重新聚到一起，然后把收集到的情报进行了汇总。结果人气最旺的有以下几位英雄：一是小明王（实际掌门人却是刘福通），二是郭子兴（此时的朱元璋还处于发迹期），三是徐寿辉。

三选一，陈友谅没有进行盲目选择，而是对三人的优劣进行了全面分析。

一号热门人物小明王。优势：元末最早的起义发动者韩林儿的儿子，得到了元老级人物刘福通的鼎力支持，很快建立了自己的政权，称国建号，因此拥有先入为主的"正统"优势。劣势：成也萧何，败也萧何。小明王韩山童队伍壮大离不开刘福通，但同时，刘福通的存在，也把小明王的权力给架空了。这样一来，这支队伍里存在很大的不稳定性、不确定性和不和谐性。

二号热门人物郭子兴。优势：郭子兴仗义疏财，是个有理想、有抱负的人，并且拥有五大帮手（当时朱元璋还没有入伙），坐拥濠州这个要地。劣势：僧多粥少，地盘只有濠州这一块，却有五队人员共驻，并且各自为主，这样发展下去，也很难有所作为。

三号热门人选徐寿辉大家可能还比较陌生。徐寿辉是湖北罗田多云乡上五堡（今天堂九资河）人，长相俊美，亲和力强，起义后，打出"摧富益贫""不侵扰百姓"等惠民口号，得到了广大人民群众的积极响应，队伍很快以滚雪球的方式壮大，并以蕲水（今湖北浠水）及黄州路（今湖北黄冈）为根据地，建立了自己的国号——天完。并且拥有彭莹玉和邹普胜等超人的支持，攻占了饶州和信阳等地，地盘扩大可以用日新月异来形容。因此，他的优势很明显：后起之秀，亲和力强，战斗力强，发展潜力大。劣势：暂时没发现。

分析的结果很明显，小明王是一只"病老虎"，郭子兴是一只"小绵羊"，而徐寿辉是一匹"狼"，一匹奔跑的野狼。

"与狼共舞，方显英雄本色。"陈友谅是这么说的，也是这么做的。于是乎，他马上投奔了徐寿辉。

而事实证明，陈友谅的选择是正确的，也正是因为在徐寿辉手下，他一步一步走向了成功的彼岸。

元至正十三年（公元1353年），陈友谅率领经过百浪淘沙剩下的几百号嫡系人马抵达黄州，投靠了徐寿辉部将倪文俊，正式加盟徐寿辉阵营。而陈友谅不会料到，他接下来要经过三个火与冰的阶段。

首先是潜伏期，陈友谅的遭遇和朱元璋初到濠州投奔郭子兴一样，得到了卑微的官职——簿书掾。

但陈友谅既来之则安之，通过努力，很快让倪文俊改变了对他的看法，饶是如此，山还是那座山，桥还是那座桥，陈友谅还是那个陈友谅，升为黄州路总管府总管（相当于办公厅主任）后，便裹步不前了。

吃得苦上苦，方为人上人。陈友谅并没有因此就自暴自弃，而是奉行这样的八字方针：低调做人，高调做事。光阴荏苒，就这样度过了三个年头。这时，徐寿辉的天完政权已是日新月异，实力和地位进一步加强，但为了夺取更多的地盘，徐寿辉采取了兵分多路、全面开花的战略。一是派丁普郎、徐明攻打汉阳、兴国。二是派邹普胜攻打武昌、龙兴。三是派曾法兴攻打安陆、沔阳。陈友谅发迹的机会也不期而至。这个机会是等来的，也是"请"来的。陈友谅主动要求去前线支援曾法兴打沔阳。倪文俊没有拒绝的理由，便给他挂了半个职务——"副将军"，给了他一千士兵，两个将领——张必先、张定边，算是全部家当。

兵虽然少得可怜，但陈友谅很高兴，一来蛰伏了这么久，终于有一次展现自我的机会；二来有铁杆哥们儿张定边在，他豪气冲天、信心百倍。结果他们先一步来到沔阳，和他们有个约定的曾法兴却迟迟没有到来。陈友谅没有一直干等，而是决定偷袭沔阳。他叫张定边和几个勇士化装成樵夫混进了城。是晚，张定边带着勇士们在城里四处放火，结果闹得城里一团糟时，张定边冲向了城门口，一阵刀光剑影后，守门士兵被他砍倒了，城门被他打开了。而看见火起，候在城外多时的陈友谅此时很快便冲入城内来。结果，毫无悬念，沔阳城的元军只有溃逃的份儿，把城池送给陈友谅做见面礼了。

接下来，陈友谅没有小富即安，立即又向中兴城进军，结果，挟着胜利的余威，兵不血刃就把中兴城拿在了手上。两城在手，陈友谅向倪文俊报喜。部下立了这样的大功，倪文俊接到报喜后当然高兴了。然而，他正要向徐寿辉邀功时，麻烦已接踵而来了。元朝听说连丢两城，派了数万大军在威顺王宽彻普化的带领下，进行了疯狂反击。他们没有去沔阳和中兴等城，而是目标直指天完的根据地所在——蕲水。这时徐寿辉手下的猛将几乎都在一线征战。听到消息，倪文俊不等徐寿辉的圣旨到，便马上亲自带兵去解围。在汉川的鸡鸣汉进行布防，成功击败了敌军。

陈友谅和倪文俊的胜利，让徐寿辉大为高兴，在嘉奖倪文俊的同时，他还特意召见了陈友谅。蕲水城的清泉寺成了陈友谅人生扭转的第二春。

进去的时候，陈友谅还是一个"兵"，出来时，已经是一个"将"了。

徐寿辉封给他的官职是天完国将军。为了试探其真功夫，交给他的任务是攻打江西行省江州路、南康路一带，兵马是两万。两万士兵，这可以和陈友谅刚起义时最繁盛的时期相比了。回想起失利后几年来所受的种种苦难，终于苦尽甘来，迎来了人生的转机，他不禁热泪盈眶。

接下来，陈友谅进入了加盟徐寿辉后的第二个时期——发展期。

权力的角逐

至正十六年（公元 1356 年），这是一个莺飞草长的春天，陈友谅带领自己的嫡系人马陈普文、张定边等人和两万大军抵达江州以北，目标直指江州路。江州路是军事要地，元军派了重兵防守。陈友谅知道只能智取。于是，他选择了趁着天黑，神不知鬼不觉地渡了江，然后叫大部队全部隐藏起来，只让陈普文带着一千老弱病残去大张旗鼓地攻城。

江州路的守城总管叫李辅，他见陈普文这么少的人居然敢来叫嚷，马上打开城门，来了个亲自迎接。接下来上演的便是和陈普文的大战了。胜负很快便揭晓，陈普文败走了。那李辅岂肯让他逃脱，马上追！结果，追着追着，陈普文不见了，而是出现了许多起义军。而中计了的李辅转身想逃时，已悔之晚矣。陈友谅没有给他这个机会，一箭射穿了他的头颅。剩下的元军想逃回城，但起义军已抢先一步涌入城内了。结果没有什么悬念，江州城就这样被拿下来了。正如"蝴蝶效应"一样，接下来，陈友谅接连拿下江州路的瑞昌、彭泽、湖口、德安等县城，紧接着又拿下南康路所属的建昌州、都昌县等地，再紧接着又攻取了瑞州、彭州、吉春、襄阳等地。几乎在一夜之间，陈友谅名震江南，令元军闻风色变。

陈友谅交了一份圆满的答卷后，徐寿辉的喜悦之情无计可消除，才下眉头又上心头。于是乎，在发出"真乃将才也"的感慨后，将陈友谅提拔为朝廷的"上将军"，一跃成为最高决策层成员之一。当然，陈友谅之所以迁升这么快，一是功劳使然，他立了几次大功，领导不提拔他说不过去；二是政治需要，此时徐寿辉手下太尉倪文俊功高震主，大有"儿大不由娘"之势。提拔陈友谅到"内阁"来，一来分解了倪文俊的势力，二来可以牵制倪文俊。

这时陈友谅还蒙在鼓里，但倪文俊却心知肚明。眼看徐寿辉想尽办法一点一滴地蚕食他的权力和地位，他坐不住了，与其这样坐以待毙，不如放手一搏。王侯将相，宁有种乎！既然你徐寿辉能当这个皇帝，我的才能不比你差，为什么不能当？

计谋定下后，倪文俊开始物色合作伙伴。最终把目标定在曾经的部下、如今的朝中新贵陈友谅身上。如果能把陈友谅拉下水，那么他举事的成功系数将大大增大。而正在这时，随着地盘的不断壮大，徐寿辉马上进行了迁都。把都城从蕲水迁到汉阳来，这样有利于统筹全局。这正是浑水摸鱼、趁机下手的好时机啊！于是乎，就在徐寿辉收拾细软浩浩荡荡往汉阳进发时，倪文俊也没有闲着，带着自己的嫡系部队浩浩荡荡地向黄州进军。因为黄州有他的老部下陈友谅在。

倪文俊原本以为凭着他和陈友谅多年的交情，他一定会很快搞定陈友谅。哪知陈友谅听了他的来意后，先是一怔，随后说了这样一句话：先不谈国事，先谈杯中事，先吃了我的接风宴再说。

倪文俊没料到接风宴其实是鸿门宴，他很快就被陈友谅和他的部将轮番敬酒给灌醉了。接下来陈友谅轻而易举地割下倪文俊的头颅，派自己的亲弟弟陈友贵把倪文俊的人头献给了刚刚入主新都的徐寿辉。徐寿辉一直视倪文俊为眼中钉、肉中刺，听到这个消息大喜，除了心头大患啊！高兴之余，徐寿辉对陈友谅进行了赏赐。迁升陈友谅为天完国莲台府平章政事兼天完国兵马都元帅，接管倪文俊在中兴路的所有兵马。倪文俊的部队除了明玉珍"单飞"，去四川剿匪外，其他大将胡延瑞、熊天瑞、辜文才、王奉国、康泰等威震一方的大将都纳为陈友谅的属下。陈友谅一夜之间几乎掌管天完政权的全部兵权，权力之大，势力之盛，岂是言语可表达的！

徐寿辉高兴之余显然昏了头脑，他不会料到，就是他的这样一个决定，送走了一个倪文俊，又来了一个陈友谅。从此，陈友谅走上了历史的舞台，并且逐渐成了天王级的人物，而徐寿辉从此头上空戴美丽的花环，却渐渐成了一个花瓶，只能当摆设，换成实物便是两个字——傀儡。

　　徐寿辉是天完政权名义上的皇帝，而陈友谅是实际的皇帝。看来做什么都得留一手，不然留给自己的可能就是两手空空了。

第十四章

博弈的背后

邯郸学步

掌握兵权后，陈友谅在体会"人在高处不胜寒"的同时，也体会到了"人在高处不胜忙"，一边要对"外"——元军，另一边要对"内"——起义军。元军呈下降趋势，越打越不来劲，越打越少。而起义军越来越多，越来越强。正所谓英雄所见略同，正当朱元璋听从刘基对天下的形势分析，把对内的主要目标锁定为陈友谅时，陈友谅也通过慧眼分析，把对内最主要的目标停留在了朱元璋身上。也正是因为这样，朱元璋和陈友谅之间的比拼注定不会擦身而过，注定会来得更快更急更猛烈些，注定会精彩纷呈，注定会波澜起伏，注定会惺惺相惜成为一辈子的对手。

因此，就在朱元璋一边和张士诚纠缠，一边南下时，陈友谅也没有闲着，他一边四处打击元军，扩张地盘，一边把战略目标对准朱元璋，准备随时给朱元璋送上致命一刀。考虑到朱元璋的实力已今非昔比，他最终决定走联合张士诚来共同对付朱元璋这条路。

为此，陈友谅也马上来了个两步走。第一步是邯郸学步。学谁的步呢？学朱元璋的，师夷长技以制夷嘛！朱元璋最开始不是写了封信给张士诚进行"投石问路"吗？他也写了一封信给张士诚来了个"投石问路"。不同的是，朱元璋在信中故意带有"污蔑"性质，主要目的是试试张士诚的态度和反应。而陈友谅在信中却是带着"真诚"的情义，主要目的是想和张士诚共同合作，共赢互利。

对此，张士诚马上也回了一封信：感谢天感谢地感谢命运让我们相遇，自从有了你生命里都是奇迹；多少痛苦多少欢笑交织成一片灿烂的记忆……

一封家书收到了良好的效果，陈友谅高兴之余，发出了这样的感慨：俗话说："好言一句三冬暖，恶语伤人六月寒。"这话一点不假啊！于是，他马上开始了他的第二步走：联姻。他决定把自己的宝贝女儿陈惠嫁给张士诚做儿媳。

此时陈友谅的女儿陈惠已经十六岁了，是个清纯动人、含苞欲放的妙龄少女了。而张士诚的儿子张诚已经十八了，是个目若朗星、面如冠玉的帅哥了。如果联姻成功，两人便是亲家，这样联合起来对付朱元璋，自然比任何关系都来得铁些。

什么叫门当户对？什么叫金童玉女？什么叫天造地设？什么叫千里姻缘一线牵？我们从陈友谅的贵千金和张士诚的贵公子身上就可以看出来。因为一封家书，张士诚对陈友谅的第一印象本来就很好，此时陈友谅又愿意把宝贝女儿嫁给他儿子，这正是求之不得的好事，再加上此时他被朱元璋轮番打击，已是焦头烂额，和陈友谅联姻，自己就有了坚强的靠山和后盾。正是因为这样，两个人一个想嫁，一个愿娶，一拍即合，很快成交。

陈友谅就是陈友谅，不愧为走南闯北，历经风霜多年的不死鸟，他一出手果然非同小可。如果双管齐下成功实现，那么，陈友谅和张士诚就结成了牢不可摧的统一战线，对于朱元璋来说，那将是极为不利和极为危险的。也正是因为这样，朱元璋也没有坐视陈友谅和张士诚眉来眼去，独居期间（他拥有的地盘正好隔开了陈、张势力）而撒手不管。于是接下来马上上演的是半路劫新郎的闹剧。

半路抢劫新娘的故事听说过不少，但抢新郎的故事倒是很少见。朱元璋之所以这么做，肯定有他的原因了。

原来，陈、张两家的婚事一拍即合后，张士诚决定马上举行隆重的定亲仪式。可是定亲礼送什么好些？金银珠宝一来太俗气了，二来也不新奇，三来提不起陈友谅的兴趣（陈友谅就算什么都缺，也不缺这东西啊）。为此，张士诚陷入了沉思，他想啊，想啊，送一份什么特别的礼物给亲家呢？最后突然拍了拍脑袋道：有了。他的礼物是献上朱元璋的脑袋。是啊，朱元璋对他和陈友谅来说都是眼中钉、肉中刺，如果能除去朱元璋，那就再也没有后顾之忧了。可是，经过零零散散的这么多次交手，单凭一己之力，是很难搞定朱元璋的，只有走联合道路才能彻底击败朱元璋。凡事宜早不宜迟，既然早晚都要动手，不如就乘这次定亲的机会直接对朱元璋下手。

于是，他把正等着当新郎官的儿子张仁叫到身边，极为慎重地说："你这次肩负两大重任，一是带回陈友谅的宝贝千金，二是转告你岳父一句话：'九九重阳节我们有个约定，共同向集庆的朱元璋进军。'光荣和使命重大，务必保证完成任务。"

见父亲说得凝重，张仁原本笑容满面的脸也变得庄重起来，头点得像鸡啄米似的。于是，在陈友谅派来负责迎接张仁的胡兰将军的带领下，喜船开始从长沙向黄州进发了。胡兰提议喜船从简，不要过于招摇，以免引起朱元璋的"海上保卫厅"的注意，从而节外生枝。但张仁却说，太寒碜了的话就对不起岳父陈友谅这张老脸啊！于是乎，那喜船自然打扮得花枝招展，喜气风发。

都说面子害死人，这话一点都不假，果然，过于招摇的喜船在长江中很快被朱元璋的"海上保卫厅"发现并且拦截住了。

听说是张士诚的儿子张仁被拦住了，正在做攻打陈友谅准备工作的朱元璋，不想因为这件事触怒张士诚，于是决定放张仁的喜船离开。

就在这个节骨眼上，神奇的刘基开始发挥他神奇的作用了。他只说了两个字，就是这两个字，却发现一段惊天大秘密。第一个字：慢。暂时不能放他们走。第二个字：审。拿张仁和胡兰两位头头是问。

结果这一审，张仁哪里吃得了这皮肉之苦，很快就回了一个字：招。一个惊天秘密就这样水落石出：一是他要和陈友谅的女儿陈惠联姻；二是他的父亲张士诚要和陈友谅联手。朱元璋听后，半晌没有吭声，脸色铁青阴沉得可以拧出水来了。说实话，他心里对张士诚和陈友谅单挑的话谁都不怕，唯独怕的就是两人联手。不是有这样一句话，好汉敌不过人多！两强一旦联手，腹背受敌，那是凶多吉少啊！但正在这时，刘基接下来又说了三个字，马上令朱元璋的脸色雨过天晴。第一个字：改。把张士诚约定共同进军日期由九月初九改为八月十五中秋节这一天。第二个字：写。口说无凭，立字为据。刘基亲自操刀，把约定的内容以书面形式写出来。智者千虑必有一失，刘基不会料到，就是这一写，差点弄出画蛇添足的后果来。第三个字：冒。张仁是不能再放虎归山了，改派年轻帅气的华云龙去冒充张仁当新郎官，带着这封信去黄州的陈友谅那里，确保万无一失。

而这时的胡兰在朱元璋软硬兼施的诱逼下，已归降了。也正是因为这样，当胡兰带着假新郎华云龙来到黄州时，陈友谅欢天喜地，没有丝毫的怀疑。而当假新郎华云龙献上那封绝密信时，陈友谅展信一看，发出爽朗的笑声，这笑声震耳欲聋，穿透云霄，直入天际。

大难不死，必有后福

　　陈友谅在笑，张定边却在哭。作为陈友谅手下的得力干将，作为儿时关系最铁的伙伴，作为最早追随陈友谅起义的张定边，不但资格老，资历老，见识也老。他仔细一琢磨，觉得事情有点儿不对劲。主要体现有二：一是如果正常水路行程，应该早好几天就返回了，准女婿"张仁"给出的解释是江面风大，不利于行船，以致误了行程。再问胡兰时，他一脸的惊慌之色，说是张仁对江面的美妙风景十分迷恋，边走边欣赏所以耽误了行程，两人的"解释"显然略有出入，值得怀疑。二是按常理来说，举事之事张仁只需带来张士诚的口谕就行了，不必再写这样一封信，万一这封信泄露，岂不是"画蛇添足"，而且写密书这不符合老练警惕的张士诚的风格啊！

　　张定边是个雷厉风行的人，他把心中的疑虑第一时间向陈友谅进行了汇报。然而，此时的陈友谅正在喜头上，听完他的汇报后，只是淡淡地说了一句："你想得太多了，一个人不能没有怀疑心，但疑心太重也是一种病啊！"说完拂袖而去，弄得张定边怔在那里足足数分钟没有动过。

　　第一次劝说失败后，张定边没有放弃自己的"申诉"，很快想出了个办法——现场揭发。佯装喝醉了酒，提出了自己心中的疑惑，请求"张仁"现在解惑。假冒张仁的华云龙自然不知道如何作答了，场面很尴尬，弄不好就要露马脚了。好在关键时刻，叛变了的胡兰成了救火队员，搪塞着应了他的急。

结果可想而知，张定边揭发不成功，反而打草惊蛇了。华云龙见张定边起了疑心，采取曲径通幽的办法，通过准新娘陈惠向陈友谅大打亲情牌。陈友谅第一眼就喜欢上了"张仁"，时间久了，更是喜欢。当真验证了这样一句话：岳父看女婿，越看越满意。也正是因为这样，陈友谅再一次出人意料地不信任亲密战友张定边的真话，而是深信"准女婿"的假话。

光阴飞转，眼看离八月十五越来越近了，陈友谅叫全体士兵磨刀霍霍，准备在这一天大干一场。张定边急得像热锅上的蚂蚁，坐立不安，最后很快上演的是第三谏——闹洞房。结果这一闹，陈友谅很生气，后果很严重。陈友谅心里是这么想的，你第一次闹喜宴，我念在旧情上，既往不咎，但你非但不知悔改，反而变本加厉，现在又闹到了我的头上来了，不给你点儿颜色看看，不足以服众啊！为此，张定边付出的代价是，被摘掉了头上的乌纱帽。少了张定边这个绊脚石，陈友谅轻松多了。八月十二日，也就是距离约定日期还有三天，陈友谅亲率大军向九江口出发了。是啊，从黄州到九江口需要两天的路程，此时出发才能在约定的日期顺利到达啊！这一次，陈友谅没有像往常一样带着旧宠张定边，而是带着新宠华云龙。其实华云龙是主动要求去的，陈友谅见"准女婿"这般"孝顺"，高兴都还来不及，自然没有拒绝了。

走在路上的陈友谅一脸的兴奋，想到马上就可以割下朱元璋的首级了，他怎能不兴奋！而随行的华云龙同样兴奋，想到自己这次"不辱使命"，马上就要把陈友谅请入瓮中了，他怎么能不兴奋呢！

就在这时，前方一阵骚动。"前方有人挡路。"一个士兵上前报告道。陈友谅眉头紧锁，定睛一看，但见一行人穿着孝服，抬着一口棺材。领头的人双目含泪，面容悲戚，模样却似曾相识。定睛细看，不是张定边又是谁。

"你这是干吗？"陈友谅眉头紧锁，行军打仗最忌讳的就是遇上这种事情。

"苦海无边，请主公回头是岸。"张定边淡淡地道。

"我现在已经在岸上，所以要去渡海，实现自己的梦想。"

"洪水无情，三思而后行。"

"无须再思，这一次我去定了，谁也阻拦不了。"陈友谅终于暴怒了，他命令士兵继续前进。

张定边突然收起泪水，对身边的人喝道："让路！"

一路马不停蹄，陈友谅带着队伍很快便来到了黎山。黎山再过去就是和张士诚约定会合地——九江了。"大家先原地休息一下。"陈友谅见士兵们都精疲力竭了，便决定歇歇再进行"冲刺"。然而，士兵们解衣卸甲，刚躺下，就传来了一阵铺天盖地的叫喊声，然后四面八方都涌现出朱元璋的士兵来。

"不好，有埋伏，大家稳住，分兵拒敌！"陈友谅赶紧组织部队应敌，然而这时成功打入陈友谅内部的"间谍"华云龙该出手了，他乘机从陈友谅内部砍杀起来。这样一来，陈友谅手下的大军不战自乱起来，没法了，陈友谅只剩下撤兵这一条路可走了，这一退很快就退到了长江边。此时放眼望去，江水凶又急，却无一艘船只。"吾命休矣！"陈友谅长叹一声。正在这时，江边茂密的芦苇丛中突然涌现出成百上千的船只来。为首一个，手持利剑，威风凛凛，大声叫道："都元帅，快上船，张定边来也。"

陈友谅惊喜交加，跳上船，喜极而泣，握着张定边的手，喃喃地说了三句话。

第一句话：不听将军言，吃亏在眼前。差点就阴沟里翻船，不明不白栽在朱元璋这小子手上了啊！

第二句话：一定要给我抓住华云龙和胡兰，碎尸万段。

第三句话：大难不死，必有后福。朱元璋，你给我等着，此仇不报，不共戴天。

剑走偏锋

华云龙是抓不到的，他早已龙归大海，回到朱元璋身边去了。胡兰是不用抓的，他早已幡然醒悟，挥剑自刎了。朱元璋是不用等的，他早已磨刀霍霍，找上门来了。而陈友谅是不用愁的，他早已把自己关在厢房里，进行反思了。

反思的结论是，13世纪人才最重要。理由是朱元璋因为有了刘基，才想出了这么一个请君入瓮的好招。我因为有了张定边，才能绝处逢生，不至于步项羽的后尘。如果能多一些良臣谋士，何愁打不败朱元璋呢？

想明白了这一点，陈友谅马上开始四处张罗人才。重赏之下必有勇夫，同样的道理，重寻之下必有人才。很快，陈友谅手下便多了两位得力谋士：黄昭和解观；两位得力干将：祝宗援和赵普胜。

提起"双刀将"赵普胜，细心的读者还有印象。至正十五年（公元1355年），朱元璋向集庆进军的第一站，过长江时，当时在巢湖当土霸王的赵普胜原本有归顺朱元璋之心，但他把部队交给朱元璋时，突然反悔了，觉得跟着朱元璋没有什么前程，于是"另择高就"。后来便一直在寻找"明主"，这一找，最后把目标定在了"后起之秀"陈友谅身上。

"我看好你……"这是赵普胜见到陈友谅说的第一句话，直言不讳。

"我也看好你……"这是陈友谅对赵普胜说的第一句话，同样直言不讳。

什么叫惺惺相惜，由此可见一斑。

实施了引进人才战略后，陈友谅很快焕发第二春。马上率大军占领了元军把守的江南重镇安庆城。这一战中，赵普胜大发神威，一举奠定了"应急先锋"的地位。小试牛刀，就取得了不错的效果后，陈友谅决定攻打朱元璋的军事重镇——池州，以报九江口溃败之心头大恨。

这一次的应急先锋还是赵普胜，他主动请缨，陈友谅自然不会拒绝了。鉴于他在安庆城的不凡表现，陈友谅对他充满期待。结果赵普胜再一次不负陈友谅重望，带领三万先头部队，佯装从陆地上去进攻池州，暗地里大部队却从水上偷渡到了池州城下，结果偷袭得手，兵不血刃便把池州城占领了。

于是，在前两个回合的交战中，朱元璋和陈友谅应该是一比一，打平了。接下来上演的是第三回合的较量。

话说朱元璋听说池州丢了，惊得云里雾里。池州一丢，集庆便像个裸露的婴儿，岌岌可危啊！为了夺回这个军事要地，朱元璋马上派他手下的头号大将徐达带三万人马去夺回池州。徐达那是啥人物，他一出手自然非同小可。

他来了个以其人之道还施其人之身。他也是佯装从陆地上进攻，暗地里却以水军进军，结果打了赵普胜一个措手不及，池州城很快就易主了。被打败的赵普胜只好灰溜溜地回到了安庆。收复了池州，徐达对赵普胜的评价：不过如此耳。于是带兵退回了集庆。

那赵普胜岂是轻易肯认输的主儿，听说徐达和自己一样，在池州城里连屁股都还没坐稳就走了，他觉得这是重立威名的大好时机。于是乎，带领大军再向池州行。结果池州再度成了赵普胜的囊中物。

就这样，池州如变戏法般在飞快地易着主，与其说是陈友谅与朱元璋的较量，不如说是赵普胜和徐达之间的较量较为合适。能和自己手下第一猛人过招，且不分伯仲，这让朱元璋很惊诧，更为惊慌的是，在一次又一次的攻防战中，朱军每次对赵普胜都忌惮三分。看样子，赵普胜一天不除，朱元璋一天就不得安宁。对此，朱元璋决定虎口拔牙，先除去赵普胜这个眼中钉、肉中刺再说，这样，一来可以斩断陈友谅的左膀右臂，二来对陈友谅也可以起到杀一儆百的作用。

可是，要怎样除掉他呢？硬碰硬地想要在战场上消灭他，难度系数为9.9。赵普胜的勇猛在这数次池州攻防战中已表现得淋漓尽致，连自己的"虎痴"徐达都对他无可奈何，这个赵普胜至少也有"虎啸"之威。既然硬杠效果不太好，那么就只能来智取了，可要用什么样的计谋呢？

就在朱元璋陷入沉思时，他三顾茅庐请来的手下第一谋士刘基又登场亮相了。他只跟朱元璋说了三个字，就让朱元璋喜笑颜开。

"反间计。"刘基说出这三个字后，还马上进行了解析：一是陈友谅虽然有勇有谋，但性格狡诈多疑，属于典型的鼠目寸光之人；二是赵普胜虽然勇冠三军，但是性格过于刚猛，属于典型的有勇无谋之人。结论：用反间计可使两人相互猜忌，各怀鬼胎，势不相容。

对于刘基的计谋和分析，朱元璋同样惜字如金，只说了四个字："妙不可言"。

计谋定下，接下来便是实行的时候了。具体的做法如下，概括起来可以叫三步走。

第一步：贿赂。贿赂谁呢？贿赂赵普胜手下的一个超级谋士，据说这个谋士上通天文下知地理，知兵法通谋略。都说一个好汉三个帮，一个篱笆三个桩。赵普胜之所以能横行天下，战无不胜，除了自己勇猛外，也离不开这个谋士的鼎力支持，因此，赵普胜对他也是相当器重。刘伯温通过分析认为，可以从这个谋士这里寻找突破口。

第二步：造谣。有钱能使鬼推磨，这话一点儿不假。面对朱元璋的糖衣炮弹，这个超级谋士很快便成了超级杀手，这个谋士充分发挥能说会写的优势，开始替朱元璋的第二步行动造势。他四处散布谣言，一方面是虚夸赵普胜作战如何如何厉害，如何如何英勇，如何如何善战，战绩如何如何辉煌，如何如何高明；另一方面说陈友谅如何如何忌妒贤才，如何如何雪藏赵普胜，如何如何不重用赵普胜。结论是，赵普胜如何如何追悔莫及，如何如何想另择良主，如何如何想除去陈友谅，如何如何想回到朱元璋身边……总之，事情是如何如何地复杂，情况是如何如何地不妙，社会是如何如何地多变。

谣言之所以成为谣言就是因为传播的速度过快。众口铄金，积毁销骨，当谣言传得满城风雨时，陈友谅不知道那是不可能的事了。面对这样严重的问题，陈友谅显得很平静，他不动声色，很快也来了个三步走：

第一步：调查取证。陈友谅马上派了心腹之人曾法兴去调查这件事。曾法兴是天完军"大哥大"级别的人物，在军中素有威信，而且和赵普胜也是老交情。赵普胜是个性情中人，平常说话大大咧咧惯了，此时眼看老朋友来了，不但嘴里吟着"有朋自远方来，不亦乐乎"之类的话，而且并没有认识到曾法兴这次不是叙旧的，而是来调查他有没有"违纪违规"的行为。于是乎，在接下来的谈话中，他充分发挥口无遮拦的作风，天南地北一阵乱侃，最后又炫耀自己的种种功劳，发泄自己的一些牢骚。大有黄河之水天上来，滔滔不绝之气概。

曾法兴听了脸色凝重，回去后一五一十地向陈友谅进行了汇报。陈友谅听了脸色更加凝重，对赵普胜由将信将疑演变成完全怀疑。

于是，陈友谅马上来了个第二步：开会论证。把陈普文、张必先、张定边等文将召集来召开了一次内部分析会。得出的结论：谋反之心有之，谋反之证据不足，还需继续观察留看。

就在陈友谅又是调查又是论证时，朱元璋将反间计进行到底，马上上演第三步：出兵。他集中优势兵力，对赵普胜进行了猛攻，结果，赵普胜防守的责任区的两座小城连接被攻占。朱元璋得了城池还不忘"卖瓜"——继续造谣。又在败兵中收买人四处制造谣言，说赵普胜跟朱元璋暗地来往，故意把城池献给朱元璋，再下一步就是要献上陈友谅的人头作为投奔的大礼了。

铁证如山，不容改变。原本就多疑的陈友谅没有再选择沉默。他也马上来了第三步走：出兵。立即带着五万水师往安庆赶，并且美其名曰：解围。

赵普胜听说陈友谅不远千里亲自带兵来为解围，既高兴又感动。立即带兵冲破朱元璋布下的"天罗地网"，想要和陈友谅来个"牵手"，以示内心的感激之情。然而，他不会料到，等待他的将是他命运的终点。他刚一踏上陈友谅的指挥船，伸出去的手没有握住陈友谅的"玉手"，而是握住了冰冷的铁铐。他还没有明白是怎么回事，已被绑了个狗啃泥。

"啊……"他正要询问是怎么回事时，陈友谅却没有给他机会，只见他大喝一声道："拉下去砍了！"可怜的赵普胜空有一腔热血，空有一身本事，空有一颗红心，空有一个远大志向，却无处施展了。陈友谅来时就想好了，为了不让自己过不了"亲情关"和"友情关"，他决定以快制快，把一切感情消灭于无形中。因此，赵普胜没有机会再陈述了，因为刀斧手那冰冷的刀很快就把他的人头砍下了。然而，当赵普胜的人头落地的那一瞬间，陈友谅突然醒悟了什么似的，心里暗叫道：不好，我中计了。当他不顾一切地冲上前时，一切都已经悔之晚矣。赵普胜已和他阴阳两隔了。

就这样，在这一回较量中，显然是朱元璋再次取得了优胜。诱使陈友谅斩杀了他手下的"虎啸"赵普胜，为他拔去了眼中钉、肉中刺，也为他和陈友谅终极对抗的胜利奠定了坚实的基础。

也难怪，朱元璋在这一回合获胜后，笑得灿烂无比，笑得惊天地泣鬼神，边笑边大声叫道："陈友谅蠢材一个，赵普胜莽夫一个，这天下，唯我朱元璋绝顶聪明。"

果然，当朱元璋再次向池州发起总攻，失去了赵普胜这个"铁阀"后，池州很快又成了朱元璋的一亩三分地了。再接着整个东线的形势都完全发生了逆转，很快成了朱家的天下。这当真是："一步行来错，回头已百年。古今风雨鉴，多少泣黄泉。"

秋后算账

面对着兵败如山倒，陈友谅后悔之余，更多地思考着对策。最后对策没有想出来，但又不能阻挡朱元璋连胜的锋芒，最后决定采取"退一步海阔天空"，把都元帅府从龙兴迁移到江州去了。君子报仇，十年不晚，咱打不起，还躲不起吗？陈友谅是样想的。

但天完皇帝徐寿辉却不是这么想的，他说怎么能放弃龙兴这样的风水宝地，去江州这样的弹丸之地呢？

徐寿辉决定去江州问个究竟，然而此时的徐寿辉太不自量力，他早已沦为傀儡皇帝，手中几乎没有兵权了。除了太师邹普胜鼎力支持他外，他几乎成了光杆司令了。他应该过的生活是今朝有酒今朝醉才对，他高估了自己的能力，却低估了陈友谅的野心。因此，当他风风火火地赶到江州时，陈友谅立即给予他最高级别的招待。随后让徐寿辉整天吃香的喝辣的，睡好的躺软的，除此之外，别无他事。

其实，陈友谅一直担心徐寿辉在背后搞小阴谋，这下徐寿辉自己送上门来，他当然不客气了。就这样，陈友谅"软禁"徐寿辉后，解除了后顾之忧。这当真印证了这样一句话：失之东隅，收之桑榆。

接下来便是再找朱元璋算账的时候了。于是乎，陈友谅决定再向池州行。是啊，要想攻打或是拿下朱元璋的根据地集庆，就必须拿下池州这个军事要地。于是，陈友谅和朱元璋马上上演的是第四回合的大战。

朱元璋为了守住池州，把正从浙江前线奋战的常遇春抽调过来协助徐达守池州。朱元璋手下最勇猛的两员虎将齐聚池州，可见朱元璋对陈友谅的重视程度，可见池州的分量。

饶是如此，朱元璋还是不放心，于是又请刘基献破敌之策。是啊，刘基接连妙计成功后，已牢牢坐稳了第一谋士的位置。刘基此时只说了八个字：分兵拒之，出奇制胜。

朱元璋很快就将战略部署传达给了池州城里的徐达和常遇春。而徐达和常遇春也没有令朱元璋失望，他们很快知道该怎么做了，于是事先进行了布防，并且在城外的九华山（今安徽采石矶风景区东部，当涂县境内）分兵，做好了埋伏。最后，静候陈友谅的到来。

结果可想而知了。陈友谅来攻池州，被城内的徐达和城外的常遇春前后一夹击，又是一败涂地。陈友谅虽然在部将的保护下顺利突出重围，但这一仗战死了万余人，还有三千兵马成了俘虏。用一句话可以形容陈友谅此时的心情：旧仇未报，又添新恨。第四次大战，还是以陈友谅失利告终。

前四个回合战成一比三，然而，陈友谅并没有灰心和气馁，他是个经过大风大浪的人，在人生的起起落落中，他什么没见过？眼前这点失败对他来说并不算什么。事后，他说了这样一句话：心若在，梦就在，人生只不过是从头再来。果然，他很快整顿人马，和朱元璋上演第五次战斗。

这一次，陈友谅卧薪尝胆，发誓一定要让朱元璋尝尝失败是什么滋味。为此，他来了个两步走。第一步，丢烟幕弹。陈友谅派出使者带着厚礼前往集庆去"赔礼"，无非是表达两层意思：一是池州争夺战纯属是误会战；二是呼吁双方重新回到和平的政治轨道上来，搁浅争议，和平共处。

对此，心知肚明的朱元璋要使者转达他的两层意思：一是对双方的误会战深表遗憾和内疚；二是和平共处有利于双方的共同发展，有利于团结。

使者走后，朱元璋马上给池州的徐达和常遇春下了这样一道命令：赶紧修城筑垒，加紧招兵练兵，接下来又要上演池城保卫战了。

对此，常遇春道："陈友谅不是被打得一败涂地吗？我看他是不敢这么快再来吧!"而徐达是个稳重之人,还是按照朱元璋的指示准备着。乍一看,陈友谅丢的烟幕弹非但不成功,反而有打草惊蛇之嫌。但事实上,这只是陈友谅故意扔下的烟幕弹,实乃"投石问路"之举,只要分散朱元璋的精神和注意力就达到了目的,而接下来才是他亮剑的时候。于是乎,陈友谅马上上演第二步走:亮剑。大举进攻太平。按常理要进攻太平,就必须先拿下它的保护伞——池州。但陈友谅决定绕过池州,进攻太平,显然是经过深思熟虑的。你们总以为我要么不出兵,一出兵必然会是对池州动手。我现在来个逆向思维,反其道而行之,绕过池州去攻太平,一来可以起到出奇制胜的效果,二来可以博得出手不凡的美誉。

太平是朱元璋当年从和州渡江之后所占领的第一座城池。也正是有这个落脚点,朱元璋接下来才接连攻下了采石矶和集庆等地,从而完成了"诸侯"梦,地理位置之重要可想而知。然而,因为太平外围有池城、铜陵、芜州等城,因此,朱元璋一方面在战术上重视对手,派了他的义子朱文逊、"黑先锋"花云、太平府知府许瑗、枢密院院判王鼎等重将把守太平。但另一方面在战略上却蔑视对手,安排守太平城的兵力只有五千余人。或许在朱元璋的眼里,兵贵于精,而不在于多,有五千兵力足矣。

然而,陈友谅就是看准了这一点,你太平既然防守空虚,我就要见缝插针,专攻你的薄弱之处。结果可想而知,当陈友谅的大军从天而降直抵太平时,太平城几乎没有什么防备,朱文逊和花云等四大天王只好仓皇应战。幸亏四大天王也不是浪得虚名的,特别是花云,这个黑先锋曾是朱元璋出兵打仗的不二先锋,可以用战功赫赫来形容。直到常遇春到来后,才夺了他第一先锋的交椅。此时虽然兵马少,但在他的带领下,防守起来一点也不含糊。他凭着有利地形,接连打退了陈友谅的进攻,硬是连守了三天,确保太平安然无恙。

这一次陈友谅带了十万精兵,武器装备也是最先进的。此时居然攻不破仅五千人把守的小小太平城,这不能不令陈友谅大为光火。于是,他亲自来到了太平城外,苦思破敌之策。思来想去,搜肠刮肚,居然想不出良策来,陈友谅不由得郁闷至极,心里叹道:这个朱元璋莫非有神助,当年那个战无不胜攻无不克的陈友谅到哪里去了呢？

这时，天气闷热，再加上心头急，额头的汗水如雨般渗出来。再看地下时，树荫下的泥土渗出水渍来。陈友谅突然想起了什么，嘴里喃喃叫道："天助我也。"

他立即叫士兵们停止猛攻，全部就地进行休息。直到第二天晚上，陈友谅突然召集手下士兵，说了这样一句话："大家都隐藏于树林之下，准备避雨，大雨过后准备攻城！"陈友谅说完这句话，天空突然传来几道响雷，然后便是倾盆大雨滚落下来。那雨越下越大，很快便泛滥成灾。雨一直下，陈友谅也没有停歇，从他的大本营连夜调来了他的战舰。战舰随着暴涨的洪水一路畅通无阻来到了太平城下。水涨船高，战舰很快可以和太平城试比高了。

雨终于不下了，陈家军却下来了。他们顺着巨舰下到太平城已如履平地。就这样，陈家军很快就进入了太平城。接下来毫无悬念，通报结果就行了，太平城失守，朱文逊、许瑗和王鼎三人带着五千朱军全部战死，唯一的幸存者花云也成了阶下囚。

陈友谅爱惜花云是个人才，对他进行了劝降，但无论陈友谅怎么甜言蜜语，花云只有一句话：头可断，血可流，忠臣不事二主。最后没办法，陈友谅只好把他绑在旗杆上，给他进行了隆重的"箭羽葬"。

陈友谅攻下了太平，对池州来说，就像在它的心脏插了一把利剑，早已摇基动础了。因此，当陈友谅挟着胜利的余威再向池州进发时，已无险可守的池州几乎兵不血刃便被占领了，而池州的守将眼看守不住，便来了个"跑得快"，这才保全性命。

至此，陈友谅连夺了朱元璋太平和池州两座军事要地，斩杀朱元璋四大猛将，陈友谅在第五回合的较量中以壮士断腕的英雄气概力挽狂澜，改变了命运，扭转了颓势，获得了光明，赢得了希望。

取而代之

　　第五回合大捷后，陈友谅收获的不但是城池，而且还有名誉和地位。一夜之间到达了顶峰。对此，陈友谅心中产生了秦末项羽一样大胆的想法：取而代之。是啊，他现在尽管风光无限，但毕竟在名义上还是附属于天完皇帝徐寿辉。尽管徐寿辉已是他的笼中鸟，但徐寿辉一天存在，他心里就一天不得安宁，也正是因为这样，他大获全胜后，首先想到的居然是徐寿辉。是啊，如果这一次他失败了，徐寿辉可能还是安全的，因为他需要徐寿辉来做挡箭牌，来背政治骂名。然而，这一次，他绝地反击，成功了，不但成功了，而且是大获成功。这成功带来巨大的满足和轰动效应，让他飘飘然起来。因此，徐寿辉所处的地位就显得格外尴尬，显然是多余的了。总不能让你来分享我胜利的成果，总不能让你来窃取我成功的果实啊！因此，陈友谅"取而代之"的想法是符合人之常情的。

　　而正在这时，那些善于察言观色的手下大将，显然从陈友谅的脸上和眼神里读懂了他的意思，于是乎，纷纷劝陈友谅，还是四个字：取而代之。

　　心中所想，再加上手下的支持，陈友谅顿时豪情万丈，信心百倍。因此，这件事很快就提上了议程。对此，做事一向有条不紊的陈友谅来了个两步走。

　　第一步是取。是啊，只有"取"，才能"代"啊！也正是因为这样，陈友谅朝身边的张定边使了一个眼色，心有灵犀一点通。张定边自然知道该怎么做了，千言万语抵不过一句话，张定边就为这个眼色，马上给徐寿辉一个更狠的眼色，结果徐寿辉的人生也就"身不由己"地走到了终点。

就这样，徐寿辉"意外"身亡后，陈友谅装模作样地抹了一把眼泪，然后开始了第二步走——"代"。是啊，江山代有才人出，各领风骚数百年。现在是该他陈友谅"代"的时候了。他接下来马不停蹄地上任了。

时间：元至正十九年（公元 1359 年）。

地点：采石矶的翠螺山。

人物：陈友谅。

事件：登基大典。

国号：大汉。

过程：祭拜天，祭拜地，祭拜神灵，祭拜祖先……最后黄袍加身大功告成。

分封，这个才是关键，大伙等的就是这个。

封陈善（陈友谅的大儿子）为大汉国太子。

封邹普胜（已识时务地归顺陈友谅）为大汉国太师。

张必先被封为大汉国莲台省丞相。

欧普祥（原天完国旧臣）被封为大司徒。

张定边被封为太尉，枢密院副使。

陈友仁、黄昭被封为莲台省平章政事。

余木春、解开、尹傅被封为参知政事。

陈友贵、王奉国被封为枢密院同知。

于光、康泰、赵琮、熊天瑞、辜文才被封为枢密院副使。

陈普文封为湖广行省丞相。

胡廷瑞被封为江西行省丞相。

邓克明被封为江浙行省丞相。

祝宗援被封为淮江行省丞相。

明玉珍被封为四川省丞相。

值得一提的是明玉珍。他原本是倪文俊手下的得力干将之一，倪文俊被陈友谅吞并后，明玉珍以进攻川蜀之地为由，带领所属数万军队选择了"出走"。后来便一直在西蜀一带活动。陈友谅这时称帝，封他为四川省丞相，显然是想给他一个官职，以安抚他的心。然而，明玉珍也不是省油的灯，他听说陈友谅踏着徐寿辉的尸体登基后，立即就翻了脸，面对陈友谅的安抚，明玉珍除提出强烈谴责和抗议外，还来了个拒不接受。紧接着他自立为陇蜀王。两年后他选择了赴陈友谅后尘，开始称帝，建国号为夏，定都于重庆。公元 1371 年，朱元璋在相继消灭天下群雄后，对他也进行了远征，结果明玉珍尽管进行了最后一搏，却还是落得个不得善终的下场。这是后话。

第十五章

悲喜两重天

苦肉计

陈友谅称帝后，新建立的大汉国呈现出一片欣欣向荣的景象。附近一些小股的起义军都觉得他是一个绩优股，因此，纷纷要求投资入股。陈友谅这时正是"融资入股"的时候，自然来者不拒，就连自从联姻失败后一直不见动静的张士诚也有了新的动静（他是投鼠忌器，儿子张仁自从被朱元璋扣留后，他哪敢轻举妄动啊），他没有要求入股，而是要求联合控股——夹击朱元璋。

俗话说天时不如地利，地利不如人和。陈友谅一看拥有了人和，顿时信心倍增，目标再度对准朱元璋的根据地——集庆。因此，陈友谅和朱元璋第六次大战上演了。

陈友谅这一次也是势在必得，他亲自挂帅，带领自己强大的水军，带着数百艘大型战舰，鼓声震天，旌旗蔽日，从长江上游飞流直下，目标直指集庆。场面可以用浩浩荡荡、连绵不绝来形容。

与陈家军的意气风发相比，这时的朱家军却颓废低迷。原因很简单，此消彼长，陈友谅偷袭太平一战打得太漂亮太完美了，打得朱家军心惊胆战，此时听说陈友谅来攻打集庆，不由得人心惶惶。有的主张弃集庆，另谋他就；有的主张投奔小明王，寻求庇护；有的左右摇摆不定，一半想战，一半想降。

陈友谅大兵压境了，朱家军还在"左右摇摆"中，眼看形势危急，朱元璋不得不召开一次紧急军事扩大会议，召集手下文武重将共商对策。结果，场面热闹，有主张降的，有主张战的，有主张和的，有主张逃的。总之，公说公有理，婆说婆有理，各抒己见，互不相让。结果可想而知，会议很失败，朱元璋很沮丧。

但关键时刻，何以解忧，唯有刘基。刘基教会了朱元璋三个关键句：

第一个关键句——当断不断，必受其乱。解析：现在形势很危急，我们不能坐以待毙，要明确目标，统一思想，坚决进行集庆保卫战才是唯一出路，否则就只有死路一条。

第二个关键句——人心齐，泰山移。解析：陈友谅看似强大，实际上很脆弱。他弑主称帝，便是不仁不义、不忠不孝，他的内部看似平和，但实际上一定是人心涣散的。只要我们团结一致，同心同德，打败陈友谅不是痴人说梦。

第三个关键句——多算胜，少算不胜。解析：要打败陈友谅，要靠智取，四两拨千斤嘛！

朱元璋是何等人物，自然一点就通，于是，他马上做了两件事。

第一件事，杀一儆百。他抓了几个主降和主逃的将领直接送上刑场，开刀问斩，并且发出这样的话：以后再有言降败逃者，格杀勿论。

第二件事，虚心请教。自然是请教刘基了。刘基只说用智取，那么智从何来呢？

面对朱元璋的虚心请教，刘基不再转弯抹角，说了两句话。第一句话：使用苦肉计；第二句话：要委屈一下康茂才。

那么，刘基为什么会把苦肉计挨刑的人选定为康茂才呢？这当然不是刘基和康茂才有什么过节，刘基想借此公报私仇，而是因为康茂才这个人不简单。

原来康茂才和陈友谅是老朋友。两人曾经一起"扛过枪"，但后来两人志相同却道不同，于是分道扬镳，一个当了人民的"英雄"（起义），一个当了元廷的"鹰爪"（做官）。朱元璋攻克集庆时，康茂才终于选择了立地成佛，回头是岸，投靠了朱元璋。就是这么一段几乎连康茂才也差点淡忘了的旧交情，刘基却看得清清楚楚，明明白白。于是，他想到了以康茂才为诱饵，钓陈友谅这条大鲨鱼上钩。

接下来，朱元璋该行动了，他首先找来康茂才进行了一次单谈的谈话，谈话的内容很简单：做康茂才的思想工作。无非是叫他受一点皮肉之苦，受一点不白之冤，受一点难消之气。面对朱元璋声情并茂的劝说，康茂才表现得很大度和通情达理。朱元璋和康茂才很快上演了一个愿打一个愿挨的演技大比拼。故事很老套，详情参见《三国演义》里的周瑜和黄盖的苦肉计。朱元璋以"莫须有"的借口和理由，狠狠地打了康茂才一顿。"气愤"的康茂才，写了一封"血书"给陈友谅。表达了三层意思：一是我被朱元璋这个乌龟王八蛋打了；二是作为老故交，这口恶气兄弟你一定要帮我出；三是你来攻集庆我愿为内应。我会在城外江东桥相候，诓开城门，直捣朱元璋帅府。

陈友谅接到信后，表情有二：一是喜，喜不自胜；二是笑，笑逐颜开。然后对康茂才送信的亲信回了一个字：行。分头行动。意思是就按您的意思办，我马上进军，你一定要来接应哦。

这其中陈友谅的亲信张定边表情有二：一是忧，忧心如焚；二是愁，愁眉苦脸。然后教会了陈友谅一个关键句：君子之交淡如水，小人之交甘若醴。解析有二：一是主公与老康之交早而淡，久而疏，已超过了淡如水、甘如醴的境界，成了情已断、难再续的尴尬；二是老康是君子还是小人还不得而知，他现在在朱元璋手下正风光，突然反戈一击投奔主公，居心何在？良心何在？用心何在？

然而，对于太尉张定边的忠言，陈友谅再一次鬼使神差地当成了耳边风，并且悠悠地回了这样一句话：人而无信，不知其可也。

对此，张定边只有摇头叹息的份儿了。

元至正二十年（公元1360年）的六月二十三日，这一天对于朱元璋来说是刻骨铭心的。因为这一天，他体会到了什么叫"当胜利来敲门"。同样，这一天对于陈友谅来说也是刻骨铭心的，因为这一天，他再次体会到了什么叫穷途末路。

这天深夜，陈友谅水陆大军兵分三路，齐头并进，以神不知鬼不觉的方式进发，目标直指朱元璋的老窝所在地——集庆。很快，陈友谅的大军便到达了江东桥，此时夜半三更，漆黑一片，四周一片寂静，唯有河水击打声带来了些许生机。陈友谅挥了挥手，一名亲信走上船头，大声喊着约定暗号："老康，老康，老康！"声音远远传出去，良久，四周依然寂静一片，并无回声。这时陈友谅朝身边的张定边使了一个眼色，张定边走向船头，轻轻一跃，落到了那桥上，扎了一个马步，挺胸收腹，大喝一声"起"，双掌猛然挥出拍打在桥栏上，张定边只觉得双手一阵钻心的痛，那桥却安然无恙。

"回主公，这是一座石桥。"

"明明是一座木桥，怎么变成了石桥了呢？"陈友谅嘴里说着，脸色却立马变了，心里暗叫道："不好，中计了！"于是乎，他赶紧下令撤退。

然而，事情到了这种地步，已来不及了。果然，陈友谅一下撤退的令，数万人马转身不是那么容易的事，很快就乱成了一团。是啊，生命诚可贵，谁不想保全自己的性命，正所谓留得青山在，不怕没柴烧嘛。

就在陈军大乱时，只听见三声炮响过后，埋伏在附近山上的朱军开始发威了。顿时震耳欲聋的喊杀之声铺天盖地而来。

形势危急中，陈友谅不愧是身经百战之人，只见他临危不乱，一面命令船队绕道而行，不准上岸，一边把自己的亲弟弟陈友仁叫来，吩咐道："你来当应急先锋，往龙湾撤军！"

事实证明，陈友谅关键时刻应变之举还是很识时务的，船队不靠岸，成功避开了朱元璋在河两岸设下的天罗地网。往龙湾进军，使全军有了明确的退军方向，不再漫无目的地乱窜。果然陈友仁也没令他哥哥失望，天亮时，陈友仁的先头部队冲破层层阻挡，来到了龙湾。随后陈友谅的大部队也成功抵达龙湾。这时，陈家军早已饿得前腹贴后背了，陈友谅于是决定就地安锅挖灶，煮饭的煮饭，休息的休息，准备填饱了肚子再伺机进攻。

然而，事实证明，这只是陈友谅一厢情愿的想法，这只不过是在寻找"安乐死"而已。因为这时朱元璋的主力便埋伏在龙湾后背的卢龙山（今南京狮子山）上，他们静静地观看着陈家军的举动。原来朱元璋在送信之后，做了两件事：一是派人连夜把江东桥的木桥拆了，再建了一座坚硬无比的石桥。二是在石桥建成后，马上出动倾巢之兵，埋伏在卢龙山静候陈友谅这条大鱼上钩。果然，陈友谅最终还是逃到了朱元璋设下的包围圈内。当然，这时的朱元璋却并不急着马上发动总攻，就算是瓮中捉鳖，也要掌握时机，把握火候。朱元璋在等待最好的时机。夏天的天气如娃娃的脸，说变就变，刚才还是艳阳高照，转眼间便是乌云密布，不一会儿，雨便稀里哗啦下个不停。饭不能煮了，休息也休息不好了，陈家军士兵四处寻找避雨的地方。

　　正在这时，朱元璋大手一挥，士兵们从四面八方杀向陈军，领头的是徐达和常遇春这对人见人怕的双子星。而这时，张德胜的水师也已追击过来了。这样一来，裹挟其中的陈家军只有溃逃的份儿了。

　　过程这里就不赘述了，赶紧通报陈朱第六回合交战结果吧：朱元璋大胜，史称龙湾大捷。陈友谅损失有三：一是损兵，陈家军被歼万余人，被俘两万余人；二是折将，陈友谅手下大将张志雄、梁铉、俞国兴、刘世衍等选择了投降；三是破财，损失财物无数，损失战舰百余艘，包括"混江龙""塞断江"等超级巨舰。

　　也正是因为这样，朱元璋登上陈友谅所乘的龙舰——"混江龙"，搜出康茂才的诈降信后，颇为得意地对陈友谅进行了点评，评语用了四个"至极"：愚昧至极，愚蠢至极，愚鲁至极，愚笨至极。

持久战

其实龙湾一战，陈友谅的战败还要加上第四点：丢城。因为张志雄等人归顺朱元璋后，为了将功赎罪，他们马上向朱元璋提供了一条很重要的情报：安庆空虚。于是乎，就在陈友谅突围之后，朱元璋马上派徐达来到了安庆，陈友谅又不会唱空城计，结果徐达几乎兵不血刃就占领了这座空城。

第六回合的惨败和第一回合一样，如出一辙。陈友谅太过于相信自己的"直觉"，意气用事，一意孤行。也正是因为这样，这一次败得更彻底，败得更凄惨，败得更无助。当然，陈友谅唯一的优点就是，他是个从哪里跌倒就从哪里爬起的人，从不轻易言败。因此，就在手下士兵还在言败时，他却在言胜了。一年后，也就是至正二十一年（公元1361年），陈友谅派手下"战神"张定边来了个出其不意——反击，结果出奇制胜——夺回了安庆。

朱元璋也不是省油的灯，见陈友谅重新夺回了安庆，马上采取了"声东击西"之策，一方面佯攻安庆，做出不夺回安庆誓不罢休的样子。另一方面主攻陈友谅的老巢江州（今江西九江）。结果可想而知，尽管安庆城在战神张定边的防守下，固若金汤，但江州很快成了一座孤城……

这一回合的交战结果是，陈友谅旧仇未报，再添新恨。具体表现为：

一是失城。首先是江州在朱军的猛攻下很快宣告失守（陈友谅还是充分发挥跑得快的精神才免做俘虏的危险）。江州不保，安庆岂能独撑，跟着再度失手。与此同时，很快南康东流、黄州（今湖北黄冈）、广济、建昌、蕲州、饶州等地相继成为朱元璋的一亩三分地，真可谓兵败如山倒。

二是折将。在江州保卫战中，太师邹普胜战死，这无异于断了陈友谅一臂。紧接着安庆失守后，江西行省丞相胡廷瑞投降了朱元璋。朱元璋听取刘基的建议，满足了胡廷瑞"编制不变、待遇不变、人员不动"的要求，结果引来陈友谅手下祝宗援、康泰、于光、丁普郎等人的加盟。

总之一句话，这一战之后，江西全境、湖北大部分地区都变成了朱元璋的后花园。

至正二十二年（公元1362年），朱元璋没有心思欣赏春暖花开的美景，而是本着宜将剩勇追穷寇的原则，派徐达和常遇春这对双子星继续深入湖北境内，向陈友谅的军事重地黄州进军。这是朱元璋和陈友谅之间的第八回合大战。

这时的陈友谅已退守武昌，而黄州就是武昌的门户，战略意义当然相当重要。也正是因为这样，陈友谅派出和朱元璋手下双子星交战的是手下重量级将领陈普文。陈普文作为陈友谅的叔父，是元老级人物，从陈友谅参加起义时就追随他，立下过赫赫战功，他和张定边有着陈友谅左膀右臂之称。但事实证明，还是朱元璋的双子星更胜一筹。因为黄州终究还是失陷了。

如果只用一句话来形容陈普文，那就是虽败犹荣。为什么这么说呢？因为朱元璋的双子星是费了九牛二虎之力才攻破黄州的。从伤亡报告中就可以看出端倪来了，陈家军战死和归降士兵各为七千余人，损失总兵力约一万五；而朱家军战死两万余人，伤残万余人，逃散万余人，损失总兵力四万余人。两相一比，朱家军比陈家军多损失两万余人。而陈家军付出的最惨重代价就是陈普文在黄州保卫战中光荣牺牲了。

黄州失守，陈普文战死，这两相抵消，才缓解了朱军多损失两万的兵马之痛。双子星徐达和常遇春自然不会故步自封，而是马上再度向陈友谅的新的立足地武昌进军。能拿下武昌，那么损失这么多士兵的"过"，也就可以通过这个"功"来弥补了。

当然，陈友谅自然不会让他们的阴谋轻易得逞，要想攻武昌，先过葛州这一关再说。而守葛州的正是陈友谅的战神张定边。

徐达和张定边已不是第一次交手了，知根知底，也知道对方都不是好惹的。因此，这一次在和张定边交战时，徐达先派康茂才来葛州"投石问路"。结果康茂才这一问路，路费贵得惊人：折将数名，折兵三万余人，折船数百艘。

陈友谅和朱元璋第八回合交锋中，陈友谅损失了一城（黄州城）一将（陈普文），外加两万余汉军。而朱元璋得到了一城（黄州城），损失兵马却超过了五万。因此，从这一回合双方交战结果来看，其实应该是平分秋色、难分伯仲才对。

一座小小的黄州，付出的代价如此惨重，朱元璋痛定思痛后，决定暂停对陈友谅这个穷寇进行赶尽杀绝，而这时的陈友谅也因为接连失利，不敢再轻举妄动。于是乎，朱元璋和陈友谅难得默契地进入了一个崭新的阶段——和平共处。

当然，这和平共处，其实只是表面现象，而搏斗中的朱元璋和陈友谅其实都用鹰隼的眼睛盯着对方，等着对方露出破绽来，再进行致命一击。那么等待的结果又会是怎么样呢？事实上，是陈友谅等来了机会，因为朱元璋百密一疏，终于露出了隐藏在"铁布衫"和"金钟罩"外的"命门"。

陈友谅能否抓住这千载难逢的机会，在第九回合中，给朱元璋致命一击呢？

一字值千金

人生不可能一帆风顺，就在朱元璋顺风顺水时，坎坷很快接踵而来。归纳起来有二：一是大将蒋英因为"怀旧"，选择了重新回到故主陈友谅的怀抱。蒋英离开事小，但却给陈友谅带去了一件大礼——献上了朱元璋手下一员猛将胡大海的头颅；二是朱元璋手下的另一员猛将邵荣，因为觉得自己"怀才不遇"，决定铤而走险，对朱元璋下黑手，结果事败被砍了头。连折了两员大将，这还不算什么，接下来第三件事才真正让朱元璋头疼：小明王请求他去救援。

原来，就在朱元璋和陈友谅及张士诚上演"三国演义"时，坐拥中原的小明王在刘福通的支持下，也不甘寂寞，对元朝政府发起最为猛烈的进攻：北伐。北伐军分为三路：第一路派遣山东的毛贵由东路沿运河而上直攻大都；第二路派遣关先生、破头潘（绰号）部绕道山西，转攻河北，与毛贵配合对大都形成钳形攻势；第三路调派白不信、大刀敖、李喜喜等部至陕西，增援在那里的红巾军，目的是牵制元军。

红巾北伐军磨刀霍霍多年，此时自然是气势逼人，为了表示恢复汉人江山、灭亡元朝的决心和信心，出发前，打出的口号：虎贲三千，直抵幽燕之地；龙飞九五，重开大宋之天。

应该说刘福通（实际上都是刘福通一手策划的，小明王只是个托儿）

的想法是好的，只有彻底推翻了元朝，才能救万民于水火。然而，现实与理想是有差距的，一切看似很美，但整个北伐有点操之过急。一是元军在北方还具有相当强的实力。二是红巾军内部思想并不统一，各路诸侯各为其主，人心杂、指挥乱。三是一部分人拥有盲目乐观的情绪。

首先来看第一路军，毛贵派东路军和元军大战于柳林，结果却是毛贵军遭遇元军铁骑的顽强阻击，毛贵军大败而归，退回了济南。我们久违的朋友赵均用又华丽登场了，他在濠州没有立足之地，便辗转到山东来发展，很快找到了毛贵为庇护伞。此时见毛贵大败而归，赵均用再度充分发挥"窝里横"的特点，一登场果然非同小可，成功把毛贵干掉了。赵均用原本以为自己将继任为山东之主，然而，毛贵的部将也不是吃素的，很快回了赵均用一剑。这场窝里斗的结果导致了整个山东红巾军四分五裂，各部互相争斗，互相残杀。这时以地主集团崛起的元将察罕帖木儿（王保保之舅舅、养父）部，马上派大军对山东进行了"剿匪"，结果山东地区很多势力相继被察罕帖木儿打败。元军很快收复了山东地区。至此东路红巾军全军覆没。

第二路北伐军也受到元军的重兵阻击，结果兵败退回到了太行地区。后来在得到刘福通派来的援军的情况下，士气大振，很快北上占领了大同、兴和等地，接着直捣元朝的上都（在今内蒙古锡林郭勒盟正蓝旗），并焚毁了上都宫阙；在占领了全宁路和夺取了辽阳路后，被胜利冲晕了头脑的他们，竟忘了自己的使命，带领大部队转攻独处一隅的高丽（朝鲜）。结果在征战中，第二路红巾军领导人关先生战死、破头潘被俘虏，余部退回辽宁后，遭到元军的伏击，进退无路的情况下，红巾军选择了降元。至此，中路军全军覆没。

第三路红巾军只是辅助军，但在元军的强攻下，很快放弃了自己的使命，虽然损伤有限，但起到的作用也是微乎其微。

就这样，刘福通的三管齐下，以失败的方式告终。好在刘福通也是身经百战之人，眼看三路大军形势不妙，他没有气馁，而是亲率大军进攻元军的北方军事重地——汴梁。结果，因为前三路大军吸引了元军的主力，汴梁很快成了刘福通的一亩三分地。于是乎，刘福通改汴梁为都城，作为红巾军新的根据地，并且把小明王迎接过来，大有以此为根据地，彻底扫平元军的气概。然而刘福通很快惹来了麻烦，元军在消灭了北伐军的主力后，很快掉转马头目标一致对准了汴梁。在多路元军的围攻下，形势很快就发生了逆转，最后已变孤城的汴梁被攻破，刘福通虽然带着小明王冲出了重围退守安丰（今江苏西北），可是起义军损失却很惨重，数万红巾军将士不幸成了阶下囚。

屋漏偏逢连夜雨。逃到安丰后，刘福通还来不及喘一口气，朝秦暮楚的张士诚却来了个"捡漏"，一来为了向元朝邀功（表面上已投降了元朝），二来为了扩大自己的地盘，于是，一直在坐山观虎斗的张士诚倾巢而出，把安丰围了个水泄不通。

在安丰城，刘福通愁得眉头几乎要拧出水来：一是人多，士兵加家属加平民，有好几万人马；二是安丰城小，小到几万人在城里都得背贴背、肩并肩；三是粮草不够，僧多粥少，怎么也填不饱肚子，甚至重演了人吃人的悲惨一幕。

形势这样危急，小明王韩林儿采取的对策是哭，天天哭，夜夜哭，时时哭，刻刻哭，大有不哭他个地动山摇誓不罢休之气概。好在刘福通没有选择坐以待毙，而是立即派出心腹之人连夜潜出城，去向朱元璋求救。

接到小明王的求救信后，朱元璋陷入了左右为难。救还是不救呢？救小明王，按理说是天经地义的，一来朱元璋原本就是挂靠在小明王旗下，是小明王的"部下"，他现在不是还拥有小明王分封的头衔——吴国公吗？如果不救，他就得落个不忠不义的恶名。二来张士诚如果攻下安丰，那么张士诚的势力就会因此而迅速扩张，这对日后的朱元璋来说显然是不利的。然而，如果派兵去救小明王，唯一担心的就是陈友谅这只恶狼。虽然他和陈友谅已达成默契，暂时罢兵了，但如果他去支援小明王，陈友谅肯定不会坐失良机，他肯定会乘机来攻。如果是这样，朱元璋等于是同时遭受张士诚和陈友谅这两只狼的夹击，腹背受敌，形势危矣啊！

救也不是，不救也不是。对此，朱元璋立即召开了一次军事扩大会议，商量这件事。会议一开始，就形成了"救援派"和"反对救援派"。"救援派"

的代表人物是李善长，他的理由：

一、救人一命胜造七级浮屠。数万红巾军被困安丰，我们怎么能眼睁睁看着他们白白困死而无动于衷呢？

二、人而无信，不知其可也。我们的起义军和红巾军原本就是一家人，再说小明王还是我们的主儿呢。亲不亲，一家人；美不美，故乡水。如果我们见死不救，便是不仁不义，会使兄弟们寒心啊！

"反对救援派"的代表人物是刘基。他的理由：

一、救安丰不等于救自己。我们应该把先前制定的"先灭陈后除张"这一战略思想很好地贯彻下去，毕竟现在陈友谅才是我们的心头大患，如果此时抽兵去救安丰，陈友谅乘机向我们进军，那么这两年对陈所做的努力就将付诸东流。

二、救安丰等于害自己。退一万步来说，就算成功把小明王从安丰救出来了，先不说付出的代价，就事论事，救出了小明王，如何安置他？难不成以后我等都要听从他的命令？小明王是个烫手的山芋啊，接到手上祸害无穷啊！

应该说主救派和不主救派都是重量级人物，而且公说公有理，婆说婆有理，最后定夺的自然便是朱元璋了。只见朱元璋沉吟半晌，终于抬起头，目光一一扫过大堂上众文武大将，然后说了一个字：救。

一字值千金。顿时主救派李善长、常遇春等人欢呼雀跃起来。而主张不救的刘基、徐达等人则一脸难色。当然，更多的人选择的是沉默。是啊，刘基自从"低就"朱元璋以来，所献计谋，朱元璋无不采纳，而每一次都证明了刘基的神奇，证明了刘基的计谋高人一等，此时刘基既然主张不救援安丰，自然是经过深思熟虑的。然而，朱元璋既然这般婉拒刘基的良计，自然有他的理由：

一是救安丰虽然不是救自己，但胜似救自己。造反的意气不能因为功利而放弃，小明王不救，于理于情于义都说不过去。

二是救了安丰，陈友谅也不敢乱动。陈友谅被我打得都快趴下了，他早已躲进武昌成了一统了，哪里还敢来轻举妄动呢？

至正二十三年（公元 1363 年）三月，朱元璋不听刘基劝告，亲率徐达、常遇春和二十万精兵向安丰进军。

步步惊心

花开两朵，各表一枝。话说陈友谅经过几次大败后，退守武昌，但并没有就此消沉，而是在励精图治，经营着他的地盘。一是摧富益贫。将富人的财产和土地平均分给贫苦农民，做到有衣同穿、有地同耕、有饭同吃。二是屯田积粮。大力开拓荒田，大兴水利，广大士兵战时为兵，闲时为民，大力重视粮食生产。三是大力扩军。因为有了粮食，陈友谅提出当兵就有粮食补给的条件很诱人。因此，陈友谅的军队进入了跨越式发展，很快达到了六十万人。这个数量是朱元璋望尘莫及的。

朱元璋向安丰进军，露出了致命的"命门"。陈友谅那双洞若观火的双眼早已把这一切看得真真切切，明明白白。也正是因为这样，他没有再犹豫，马上倾尽自己六十万大军，向朱元璋进军，他把攻击的目标选在了洪都（也叫龙兴）。

事实上，朱元璋命门真正所在是集庆，如果此时陈友谅直接挥师向集庆进军，那么，这将是对露在外面的朱元璋的命门致命一击。然而，陈友谅在这个关键时刻，却没敢直接打朱元璋的七寸，而是选择了试探性地打朱元璋的"三寸"——洪都。

集庆空虚，为何陈友谅不攻打，反而绕道攻击洪都呢？用一句话来解释就是陈友谅被朱元璋打怕了（果然验证了朱元璋所说的那句很自信的话）。陈友谅想退而求其次，通过拿下洪都来提振自己的信心。然而，陈友谅不会料到，就是因为这个错误的军事决定，导致的结果是白白错失了一举击溃朱元璋的战机。

因为洪都守将叫朱文正。

朱文正是朱元璋的亲侄子，虽然刚刚二十出头，但拥有的官衔却不小——大都督。他虽然有纨绔子弟的放荡不羁和风流倜傥，但关键时刻却是个铮铮铁骨的硬汉。此时他在洪都拥有的兵马不足一万。一万对六十万,六十打一，这是一场没有悬念的对抗，这是一场实力悬殊太大的比赛。也正是因为这样，陈友谅站在"巨无霸"的战舰上，豪情满怀，激扬文字，指点江山道："踏平洪都，直捣集庆，击溃朱元璋。"

对此，朱文正却以初生牛犊不怕虎之势坚决回击道："不。洪都不是你想来就能来，想走就能走，想摆平就能摆平的。"说完这句话，他立即来了个双管齐下。一是统一思想、提振信心。他迅速召集部将进行了紧急总动员，提出了"城在人在，城破人亡"的口号。在他的感染下，众人纷纷表示，誓和洪都共存亡，誓展朱军雄风，誓死保卫洪都。二是明细分工、明确责任。他派大将邓愈扼守洪州的要道抚州门，赵德胜守宫步、士步、桥步三门要地。派薛显守章江、新城二门。牛龙海守琉璃、精台二门。朱文正自己率两千精兵全面指挥，全盘调动，支持配合各部。

朱文正刚部署好，陈友谅的大军已吹响了总攻的集结号。陈友谅之所以敢夸下海口，一是拥有压倒性的兵力，二是拥有超级巨舰等先进设备和武器，三是拥有"水漫金山"攻克太平的历史记录。细心的读者都记得，上一次陈友谅之所以能攻克太平，利用的是江水上涨，从船上直接架梯攀附城墙，很快把太平给踏平了。因此，这一次陈友谅也准备来个故伎重演，对洪都也采取相同的办法。

然而，陈友谅一到洪都城下才发现自己想得太美，太天真了。他太低估朱元璋的能力了。朱元璋吸取了太平被攻破的教训，对洪都果断地采取了"退它三尺又何妨"的措施，拆毁了原来的城墙，改为离江退后三十步开外修筑新城墙。这样一来，陈友谅再想利用巨舰登城的计谋被朱元璋一招料敌在先率先防范住了。

投机取巧是没门儿了，陈友谅只好弃船登岸和朱文正展开真枪实箭的攻防战。

正如朱文正所部署的那样，陈家军攻得最猛的是抚州门。而守抚州门的邓愈也是一个硬角色，在陈友谅利用先进的炮弹技术炸开了城墙一个三十余丈的口子的关键时刻，他没有慌张，邓愈命火炮向陈家军进行了最猛烈的还击。结果炸得敌军血肉横飞，炸得敌军惊恐万状，炸得敌军不敢再贸然进军。就乘敌军"打盹"之时，邓愈一马当先，亲率士兵们竖起木栅，挡住了那三十余丈宽的城墙缺口。

当然，陈家军不是吃素的，他们见状，又立即组织兵马向缺口进军。幸好这时，朱文正亲自带领增援部队赶来。结果在朱文正的掩护下，邓愈用了整整一夜的时间终于将缺口给补上了。末了，邓愈不忘说了这样一句幽默的话："我补的不是缺口，是天。"

就在邓愈取得抚州门保卫胜利的同时，坚守在新城的薛显显示了强大的勇气和大无畏精神，在防守的空缝，居然还能反击汉军，他率敢死队冲出城门，出其不意地斩杀了陈友谅的大将刘震昭。

如果说邓愈拼死守住了抚州门让陈家军体会到了什么叫"撼山易撼朱家军难"，那么薛显斩杀刘震昭却起到了杀鸡给猴看的效果和作用，让陈家军体会到了什么叫步步惊心。

就这样，双方进行的是一场意志与毅力的对抗，双方在攻与防中，一个演的是猛攻、齐攻、单攻、夜攻、佯攻、古攻、现攻等各色攻城方法；另一个演的是死守、苦守、累守、坚守、抱守、残守、看守等各色守城办法。因此，双方尽管伤亡惨重，但洪都城还是那座洪都城。对此，最气愤的莫过于陈友谅，他很快改主攻抚州门为全面进攻，要来个各个击破。这样一来，朱军防守起来更加难办了。结果朱文正用士兵的尸骨换来的来之不易的胜果也失去了。汉军先是猛攻宫步、士步两门，结果成功击杀两门守将赵德胜。随后汉军攻克琉璃门，斩杀牛海龙、李继先、陈国胜等大将。接着，再攻破新门，斩杀徐明等大将……

否极泰来

洪都已到了强弩之末，眼看靠自身实力再也无法支撑下去了。危急时刻的朱文正充分发挥年轻人的丰富想象力，马上想出了"双管齐下"的盘外招。

第一招：天外飞仙。朱文正派心腹之人张子明趁着夜色潜出城去，目的是去找朱元璋搬救兵。

第二招：瞒天过海。朱文正派了一个绰号叫"舍命王"的人举着白旗会见陈友谅，目的是以诈降的方式来忽悠陈友谅。

事实证明，朱文正的盘外招非常管用，很快收到了实效。张子明艺高人胆大，乘着夜色，潜出城后，静如处子，动如脱兔，在汉军大本营里穿梭自如，成功突围而去。而"舍命王"也果然人如其名，他早已把生存置之度外，出了城，便信誓旦旦地对陈友谅表示朱文正已准备归降，正在安抚手下的士兵，并强烈要求他们停止进攻，给他们一点点投降的准备时间。

结果，陈友谅相信了"舍命王"的话，停止了对摇摇欲坠的洪都的最后一击，选择了静候佳音。然而，到了约定投降日这一天，洪都城里却无半点动静，陈友谅走上前一看，不看不要紧，一看气得直想吐血。城里已乘休战的机会，重新修筑了城墙，此时正对他们严阵以待。

"你小子敢忽悠我，活腻了是吧！"陈友谅说完这句话时，"舍命王"的人生便走到了终点。

舍命王是高尚的，是值得赞赏的，他牺牲了自己，不但为朱文正赢得了宝贵的喘息机会，更重要的是为朱元璋的回救赢得了宝贵时间。

话说张子明成功突围，找到朱元璋时，朱元璋此时正在安丰城外和张士诚的部将吕珍进行大战。此时的吕珍已在朱元璋的大军到达之前，在安丰成功把小明王的手足斩断了——杀死了刘福通。正在发起最后的猛攻，朱元璋来了，显然坏了他的好事，吕珍自然对朱元璋大为光火。

但朱元璋那是啥人物，两人交战后，吕珍才知道什么叫山外有山、人外有人。而朱元璋也体会到了什么叫棋逢对手、将遇良才。

两人正僵持，接到张子明的求救信号，朱元璋这一惊非同小可，心里叹道："看来我这一次一意孤行注定是要付出代价了。"当然，朱元璋就是朱元璋，尽管形势不妙，但他很快做出决定：既来之，则安之。既然已到了安丰，这个小明王是无论如何要救出去，才能班师回朝。于是他对张子明进行了这样的回复：再坚守一个月。

张子明一听心凉了半截，他原本以为朱元璋接到求救信后，定然会马上发兵去救洪都，毕竟洪都不但是军事要地，而且城里还有他的亲侄子在啊！饶是如此，张子明还是忠心耿耿地往洪都赶，不管前途如何凶险，他还是要回洪都"复命"。结果这一次张子明没那么好运了，在湖口时，被汉军逮了个正着。

士兵们把张子明带到了陈友谅面前。陈友谅马上对他进行了"糖衣炮弹"的利诱：我想给你享之不尽的荣华富贵。条件是说服朱文正投降。

对于陈友谅的利诱，张子明表现得相当"配合"，三个字：我试试。

结果张子明来到城下，这一试，居然说出了四句石破天惊的话来。第一句话：我是张子明（对此，陈友谅没有疑问）。第二句话：我见过了主公了（对此，陈友谅心中微微一动）。第三句话：我被汉军抓住了（对此，陈友谅警觉地站起来，想要阻止张子明往下说）。第四句：我们的援军马上就要到了（对此，不等陈友谅下命令，手下士兵早已万箭齐发，把张子明射成了刺猬）。

张子明死了，却给整个洪都城带来了希望。他的最后一句"援军马上就到了"，让处于崩溃边缘的朱军看到了生的希望。朱文正和将士们更加坚定了坚守就是胜利的决心和信心。从而再度抵挡住了陈友谅新的狂轰滥炸。就这样奇迹般地坚守三个月后，朱文正终于守得云开见日出，等来了朱元璋的援军。

原来朱元璋在和吕珍的决斗中，靠出奇谋打败了吕珍，成功地把小明王救了出来，并且安置在了滁州。安定了小明王，这时朱元璋知道不能再耽搁了，马上率领正在攻打庐州（今安徽合肥）的徐达和常遇春回师救援洪都。

朱元璋带领大军来到鄱阳湖时，正好是洪都被汉军围困的第八十五天。这一天注定不平常。这一天，朱文正盼星星盼月亮，终于盼来了救星；这一天，对洪都望眼欲穿的陈友谅没有奇迹出现，却望来了朱元璋这个久违了的老对手；这一天，陈友谅放弃了对洪都的进攻；这一天，陈友谅心潮澎湃，目光如刀似剑，仿佛在说，洪都只是一个诱饵，就是要引诱朱元璋这条大鱼上钩；这一天朱元璋目光如剑如刀，仿佛在说，洪都你吃不下，我朱元璋你也吃不下。反过来，我饿了，我是来吃你的。小鱼吃大鱼，你没见过，我试给你看！这一天，陈友谅六十万大军在鄱阳湖一字排开，威风凛凛，好不壮观。这一天，朱元璋二十万精兵严阵以待，旌旗林立，气势逼人。这一天，陈友谅和朱元璋在鄱阳湖迎来了第十回合的终极战。

这一天是至正二十三年（公元 1363 年）七月二十日。

第十六章

决战鄱阳湖

浴火重生

　　都说磨刀不误砍柴工，决战前，陈友谅和朱元璋各自进行了战前总动员。如果双方只用一句话的话，陈友谅说：有钱没钱，杀猪（朱）过年。朱元璋说：有理没理，擒臣（陈）问罪。

　　接着，双方进入实战演习。朱元璋率先出招，他首先派大将戴德率精兵驻守在江北径江口和财湖口嘴，封锁住了陈友谅的退路。然后派手下的战神徐达带着水军在鄱阳湖南部的康郎山（今江西鄱阳湖内康山）埋伏起来，准备来个"瓮中捉鳖"。

　　果然，陈友谅接着出招了，便是进军。当大军进入到了康郎山时，徐达率水军出其不意地冲到陈友谅战舰阵营中，结果杀敌近两千，炸毁敌人战舰二十余艘，缴获"撞倒山"巨舰一艘……这样一来，朱元璋的"投石问路"取得了预期的效果，朱军的士气因此得到了大大的提升。

　　然而，事实证明，陈友谅绝对不是"鳖"，他没有等着继续挨朱元璋的打，而是被徐达打清醒了头脑，马上来了个现场直播——派手下战神张定边进行了反击。

　　张定边那是啥人物，他一出手自然非同小可。他带领先锋部队，和朱军进行近距离的接触战，结果汉军战舰炮火威力显现出来了，很快打得朱军丢盔弃甲，徐达也因此受了伤，只好指挥先头部队且战且退。

张定边不是个小富即安的人，他乘胜率军向朱军的中心地带直插而入，大有"不成功便成仁"之势。朱军战舰的威力原本就和陈军不是一个等级的，此时再加上张定边勇冠三军，势不可当，因此朱军在徐达负伤的情况下，竟无人能掠其缨。

张定边也没有胡搅蛮缠，而是直奔朱元璋所在的指挥舰而去。是啊，擒贼先擒王，射人先射马。如果能把朱元璋干掉或是生擒了，那么朱军便不战自乱了。因此，张定边在乱军中发现朱元璋独一无二的指挥舰时，便不顾一切地朝他奔去。

等朱军明白张定边的真实意图后，想要再来围追堵截时，已晚矣，张定边指挥着超级战舰已如入无人之境，势不可当。尽管朱元璋手下大将陈兆先、宋贵等人献出了血肉之躯，但依然不能阻止张定边前进的步伐。

眼看张定边离指挥舰越来越近了，朱元璋吓得面如土色，嘴里不由自主地叫道："吾命休矣！"

正不知所措时，部将韩成挺身而出，对朱元璋说了这样一句话："请脱衣。"朱元璋先是一愣，随即明白过来，摇头道："这怎么行！"

"生，我所欲也，义，亦我所欲也。二者不可得兼，舍生而取义者也。"眼看朱元璋还在犹豫，韩成一边大声叫道，一边不顾君臣之礼，一把抓过朱元璋的帽子戴在自己头上，然后剥下朱元璋的衣服穿在自己身上。朱元璋眼看这秀是没办法再作下去了，只得躲进了船舱。

接下来便是韩成的表演舞台了。只见他装模作样地站在船头指挥着战斗，神态自若，目光坚定，竟无一丝惧色……

张定边很快让韩成的表演成了绝唱，他一箭让韩成永永远远沉入水中，葬身鱼腹。汉军一看"朱元璋"死了，齐声欢呼起来，从而放缓了进攻的速度。

俗话说乐极生悲。而正在这时，赶来救驾的常遇春悲愤交加之余，搭弓上箭，对着张定边就是一箭，张定边正和士兵相互庆贺，猝不及防，听闻一阵疾风声响后，他急忙低头，说时迟那时快，常遇春的箭已插入了张定边的左肩。而这时，俞通海和廖永忠等战船也赶来了。张定边已受伤，又见朱军援兵接踵而来，不得已，只好下了撤军令。

第一轮交战就这样结束了。结果朱元璋靠着韩成的"愚忠"侥幸保全性命。而张定边靠着自身实力，单枪匹马，差点把朱元璋来了个"瓮中捉鳖"，只可惜最后时刻朱元璋有"神灵护体"成功躲过了一劫，真是验证了"强者运强"这句话。

隔日再战，朱元璋依然亲自督战，这回他吸取了昨天的教训，进行了明细分工，把战船分成左、中、右三队，明确了责任，想通过这种联责制充分发挥潜力，从而给陈友谅一点儿颜色瞧瞧。结果证明，朱元璋的战舰和陈友谅的战舰相比便如小巫见大巫，不是相差一个等级，而是相差了好几个等级。

结果这一次战舰比拼，以朱元璋损失了几十只战舰的代价而告一段落。

接连失利，朱元璋眉头紧锁，苦思对策，就在一筹莫展时，一个叫郭兴的将领出来向他献计，两个字：火攻。

"火攻"两个字一下让迷惘中的朱元璋看到了光亮。是啊，敌舰巨大，且一艘挨一艘，如果用火攻，如之奈何？于是乎，朱元璋采纳了郭兴的建议，并且把火攻的任务交给了常遇春。常遇春按朱元璋的吩咐，先是找来七艘小船，然后让每艘小船里面装满火药，船上铺满芦苇，船舱上扎了许多稻草人，再对稻草人进行全副武装——穿盔戴甲，手持兵器，最后精心挑选了一批敢死队躲在船舱里，驾驶这些草船。

诸葛亮的草船是用来借箭的，而朱元璋的草船却是用来借火的。一切布置好后，朱元璋已是万事俱备、只欠东风了。当然朱元璋不需要像周瑜火攻赤壁时那样，他只需等东风就是。

朱元璋之所以想这样大胆地等，那是因为他通过对天时判断的结果。此时正值七月，鄱阳湖的"东风"就像娃娃的脸说来就来，说走就走的。这不，这天傍晚，美丽的夕阳把整个鄱阳湖倒映成千姿百态时，朱元璋恭候多时的东风终于在没有任何征兆的前提下刮起了。朱元璋朝常遇春使了一个眼色，常遇春令旗一挥，七艘待命多时的小船借着风势快如闪电般驶向陈友谅的战舰。在离陈友谅战舰只有数丈远时，敢死队员纷纷举手示意，然后一齐点燃草船，然后跳入河水中。很快七条火龙便钻到了陈友谅的战舰下，这时陈友谅的战舰一艘挨一艘，很快便被点燃了。此时加上风大，火势迅速蔓延，战舰一艘接一艘被点燃了。不多时，便成了火的海洋。

火是无情的，结果陈友谅的弟弟陈友仁、陈友贵及江西行省平章陈普略相继葬身火海。而这时，朱元璋早已发起了总攻，士兵铺天盖地而来，陈友谅只有溃逃的份儿了。结果，这一仗陈友谅损失将领数十人，损失战舰数百艘，损失兵马数十万，怎一个"惨"字了得！

枭雄的命

陈友谅遭遇朱元璋火攻重创后，不甘心的他马上选择了打击报复。可是在选应急先锋时，陈友谅遭遇临时性尴尬，原来他选来选去，竟然选不出一个可以令他放心的大将来。就在陈友谅暗自神伤时，箭伤未痊愈的张定边站出来为他解忧，主动请缨出战。陈友谅眼看军中没有一人能挑起重任，只好无奈地答应了张定边的请求。

然而，主动请缨的张定边面对朱元璋数次挑战，却选择了避而不战。张定边没有出战，而是选择了一直对朱军战舰行注目礼。三天后，张定边突然下达了出战令，并且说了这样一句话：大家目标一致，枪口一致，对准那艘白色的战舰高举高打，猛追猛打，谁打沉了这艘舰艇，谁就立了头功。于是乎，炮弹集中向这艘白色巨舰射击。

原来这白色巨舰是朱元璋的指挥舰，张定边的目的不言而喻，要把朱元璋置于死地，从而瓦解整个朱军。然而，在朱军的重重保护下，想要靠近朱元璋的舰不是件容易的事，因此，只能远射，而远射的精准度就大大降低了，结果张定边指挥汉军整整轰炸了一天，也没能给白色巨舰致命一击。第二天，当张定边再准备接着对白色巨舰攻击时，才发现朱军战舰都变成白色了，只能发出这样的叹息："朱元璋果然是一条狡猾的泥鳅！"当然，尽管如此，张定边并没有灰心，而且没有盲目进攻，他继续观察后，发出这样的命令："全力靠近炮轰戴白盔者那艘巨舰。"

于是乎，炮火集中向戴白盔的朱元璋乘坐的那艘巨舰轰炸。朱元璋一把摘下自己的头盔，愤愤地道："看来是我的头盔出卖了我。"原来朱元璋所戴的头盔是银盔，而其他将帅所戴的是铜盔，银盔反射的是银白色的光芒，而铜盔反射的是古铜色的光芒，因此，细心的张定边一下便知道朱元璋所在的战舰，这才集中火力对他进行全力攻击。

汉军的战舰本来威力就很大，也正是因为这样，朱元璋在取头盔时，一边的刘基却马上叫他换舰。并且不容分说，把朱元璋拉上了另一艘小船。说时迟那时快，就在朱元璋的身子离开指挥舰的一瞬间，张定边蓄势已久的一炮精准地命中了指挥舰。战舰桅杆轰然倒塌，舰上很快燃起了熊熊大火……

看到这时，陈友谅终于笑了，说了这样一句话："朱元璋啊朱元璋，你也有今天啊！"然而，说完这句话后，陈友谅脸上的笑容却突然僵住了。是啊，他突然发现了什么不对劲，因为朱军并没有慌乱，而是有条不紊地进退。

而这时虎口脱险的朱元璋不由得发出这样的感慨来：大难不死，必有后福。

就这样，双方进入了"缠绵期"。对此，朱元璋显得忧心忡忡，毕竟，他朱元璋总兵力才二十多万人，而陈友谅拥有六十万大军，双方这样胶着的时间越长，对他来说越不利。更何况在他身后还有虎视眈眈的张士诚。

可是如何才能彻底打败陈友谅呢？就在朱元璋烦恼时，朱升首先充当打气员："我们现在粮草缺乏，但陈友谅这次倾巢而出，所带粮草也有限，我们把他们拖住，耗到他们弹尽粮绝时，便是陈友谅穷途末路之日了。"

朱元璋听后，点了点头。

接着朱升又充当了救火队员："主公现在是为我们的粮草忧心吧。我觉得这对我们来说一点都不难。"接着朱升说出了自己的计谋，两个字：借粮。解析如下：湖北北岸有四大家族，他们家里囤积的粮草多如牛毛，我们可以到他们那去借粮，这样我军的温饱就不成问题了。朱元璋听后，点了点头，说了一个字：喏。

就这样，朱元璋很快派邓愈到湖北四大家族那里"借"来了大量粮食。与此同时，陈友谅的大军却陷入了粮荒。而这时，左金吾和右金吾两位将军的叛变更令陈友谅雪上加霜。

八月二十六日，陈友谅召开紧急军事会议，商讨何去何从的问题，最终达成了撤退的共识。对此，陈友谅来了个且战且退，然而，陈友谅撤军，朱元璋岂能让他白白溜走，选择了猛追。而与此同时，朱元璋在鄱阳湖大战开局布的一着棋——派戴德在江北径江口和南湖口嘴设防，这着料敌于先的棋充分发挥了作用。他们勒紧了口袋，拦住了陈友谅撤退的路线。前有阻兵，后有追兵。陈友谅选择了鱼死网破的打法，结果他没有畏缩，而是命大军朝朱元璋的大军进行了反击。他命令大伙集中火力对朱元璋所在的指挥船进行最后一击。结果密如雨下的箭朝坐在船上指挥的朱元璋飞过来，这一次救主的是朱升，他一把把朱元璋推进了船舱。

"朱元璋啊朱元璋，天堂有路你不走，地狱无门你偏来，这下怪不得我了。"陈友谅见状喜不自胜，他从船舱里走出来，想看看朱元璋是否真死了。哪知他刚出现在船舱，便成了朱元璋部将郭英的猎物。他二话不说，拉弓搭箭，一气呵成，结果在陈友谅猝不及防下，箭羽不偏不倚，贯穿了他的眼睛，并穿入了头颅中。一箭有二百米的距离，这一箭"两百步穿杨"，这一箭要了一个枭雄的命。这一箭把四十四岁的陈友谅从此送到了另一个极乐世界去了。

后人叹诗如下：

江汉先英三楚雄，蛇山之麓觅遗踪。

黄袍浸血登皇位，流矢穿额殒尊龙。

汉水激流青黛里，长江鼓浪雾空蒙。

石阶溅落红花蕾，墓草凄迷咽晚风。

冥冥归去无人管

面对这样的突发事件，张定边先是悲痛欲绝，但随即他马上化悲痛为力量，保护陈友谅的儿子陈理成功突出重围，逃回了武昌。

来到武昌这个好地方，张定边没有心思品尝武昌鱼，他想到的是如何收拾陈友谅突然身亡后的残局。对此，张定边决定死马当活马医，立即拥立陈友谅之子陈理为新皇帝，改元德寿。大有重整旗鼓、东山再起之意。

然而，此时的朱元璋自然不会坐视不管，他选择了"斩草除根"，要把陈理和张定边一锅端。

至正二十三年（公元 1363 年）九月十六日，朱元璋亲率常遇春、康茂才、廖永忠、胡廷瑞等大将，马步舟师，水陆并进，直逼武昌。

对付陈友谅，朱元璋都挺过来了，这时对付陈理这个乳臭未干的小子，自然是绰绰有余了。几乎一夜之间，陈军只剩武昌这一块根据地独撑了。当然，朱元璋也没有轻敌，相反，他将武昌团团围住后，见武昌城高城厚城牢，易守难攻，采取的办法是围而不攻。

兵法云：攻城为下，攻心为上。围而不攻，显然就是要利用心理战术，让孤城里的陈理和大汉军心理防线不攻自破，这样，武昌城便不攻自破了。

果然不出朱元璋所料，武昌城里的张定边被困在城里日复一日，月复一月，终于选择了与陈理商量一件事：投降。其实张定边这一举动是万不得已，坚守已毫无意义，不可能再有奇迹出现，坚守只会让城里再遭生灵涂炭。

投降是唯一的出路，也是一种解脱。至正二十四年（公元 1364 年），在武昌坚守了长达半年之久的陈理在张定边的陪同下最终选择了投降这条唯一的出路。投降这一天，陈理头扎白巾，身穿白袍，自绑双臂，赤裸着上身，口含璧玉，低着头，脸色惊恐中带着慌乱。

而与之形成鲜明对比的是朱元璋，他笑得阳光灿烂。陈理见了朱元璋，身子一抖，双腿不听使唤地跪倒在地上，嘴角哆嗦着吐不出一个字来。

朱元璋心中一动，为此，他扶起陈理便给了他一个承诺："我绝对可以保证你的人身安全。"他是这样说的，也是这样做的，他不但不杀陈理，而且马上封陈理为归德侯。

而张定边呢？他拒绝了朱元璋的任用，改名换姓，隐遁于泉南灵源山当了一名和尚。朱元璋当年是从和尚到将帅，而此时的张定边却是从将帅到和尚，这仿佛就像冥冥之中的天意。

不管怎么样，历经五年的朱、陈之战此时终于画上了一个句号。这正是：

算来堪数英雄，荒阶野鸟谁凭吊？巍巍龟蛇，滔滔汉水，空余夕照。墓草萧萧，车流声里，烟消云渺。将萋蒿折断，碑文轻触，因何故，无人悼。

遥想沔阳年少，伴西风，仰天长啸。渔家小子，江湖浪迹，胸怀远抱。不畏强权，不苟蝇利，高擎大纛。叹儒生谬论，古今历史，以成败较。

第十七章

各个击破

有多少机会可以重来

　　陈友谅死了，陈理投降了，大汉灭亡了，朱元璋笑了。他唱着我美了美了美了，此时众臣联名上书，要求他称帝。对此，朱元璋左右为难，一边是朱升最初提出的、而且他一直奉行的"缓称王"策略，一边是文武百官的强烈要求。如果答应了，这皇帝不是那么好当的，陈友谅已是前车之鉴了。如果不答应，臣意也不是那么好拒绝的，会寒了将士的心。思来想去，最终，朱元璋以"天下未平，人心未定"为由委婉地拒绝了大家的好意，暂不称帝。但与此同时，他选择了一个折中的办法来弥补臣意——称王。

　　我不称帝，但称王总可以了吧，更何况我拖到这个时候才称王，早已是"缓称王"了，这并不违背朱升定的计谋啊！可是，称什么王呢？思来想去，朱元璋还是觉得吴王最好。在集庆把自己的职务由吴国公改为吴王。尽管早在一年前，一直不声不响的张士诚已自封为吴王了，但朱元璋可不管那么多，这个吴王又不是你张士诚卖的，胜者为王，败者为寇，谁有实力谁就是真正的吴王。当然，当时的朱元璋灭了陈友谅后，他觉得连陈友谅也不是自己的对手，还怕你张士诚不成！

　　也正是因为这样，至正二十四年（公元 1364 年）正月，朱元璋正式加冕吴王称号。当时的民众为了区别两人，只好改叫张士诚为东吴王，称朱元璋为西吴王。

当然，朱元璋称了王也不忘本。一是信誓旦旦地公开表示，他只是小明王的一个属臣。二是改章立制地建立百司官属——中书省，设立了浙江、江西、湖广、江淮等行中书省。三是大张旗鼓地进行了分封。封李善长为右丞相，徐达为左丞相，常遇春、俞通海为平章政事，汪广洋为右司郎中，张昶为左司都事。立长子朱标为世子。四是对军队进行了重新编制。改翼为卫，废除了各翼统军的帅府，设立了武德、龙骧等十七个卫亲军指挥使司。

做完这一切后，朱元璋没有闲着，马上把战略的目光停留在了另一只饿狼身上，张士诚成了朱元璋接下来要征服的对象。

其实就在朱元璋和陈友谅大战十回合、历时五年多的对抗里，张士诚过的日子可以用"神仙"二字来形容。其间，张士诚有数次可以一举击溃朱元璋的机会，但他都错失了。一是，朱、陈大战刚拉开序幕时，陈友谅主动要求跟他结为儿女亲家。但儿子张仁在迎亲的途中被朱元璋"绑架"后，张士诚似乎吓破了胆，一方面主动和陈友谅划分了阶级界线，另一方面对朱元璋进行百般怀柔，目的不言而喻，希望朱元璋能不伤毫发地归还自己的儿子。然而，朱元璋那是啥人，当初抓住了张士诚的弟弟张士德后，宁肯牺牲自己手下一员虎将也不放回张士德。此时抓住了张士诚的儿子，自然不会轻易放手。

世上的事往往就是这样，你越不放手，别人越不能松手。也正因为这样，在随后朱元璋和陈友谅的大战中，张士诚面对朱元璋的空门却无动于衷。不知情的人说张士诚胆小如鼠，害怕冒险，才不敢去拔朱元璋这只老虎的牙。然而，其实张士诚是有不得已的苦衷的，他的儿子张仁在朱元璋手上，投鼠忌器，他哪还敢轻举妄动。

躲在元朝怀抱里的张士诚直到小明王的大举北伐被元军彻底打败，他这才选择了"灵蛇出洞"来安丰捡胜利的果实。然而，张士诚不会料到，朱元璋居然还会忙里偷闲，就在和陈友谅大战的空隙，来了安丰一趟，并且成功把小明王救走，致使张士诚落得个赔了小明王又折兵的下场。

总而言之，朱陈争霸的五年，是张士诚虚度了的五年。五年里除了长了记性外，一事无成；五年里除了添了岁月的痕迹外，醉生梦死；五年里除了从元朝那里骗得财物外，一无所获。

五年后，张士诚突然明白了这句话的含义：一寸光阴一寸金，寸金难买寸光阴。

是啊，人生就像逆水行舟，不进则退。这五年张士诚还是在原地踏步，而他的对手朱元璋却大步向前。五年一个轮回，蓦然回首，对手还是那个对手，但实力却早已大相径庭。五年前，多半是张士诚主动进攻朱元璋；五年后，攻守逆转，换成朱元璋讨伐张士诚了。至正二十五年（公元1365年）也就是在彻底征服陈友谅的第二年，朱元璋大举进攻张士诚，理由：屡犯其境。

口号：明犯我朱某人者，虽远必诛。

讨伐檄文：专打张士诚部队，绝不伤百姓毫发。

战略方针：先扫外围（取江北、淮东），再剪羽翼（攻湖州、杭州），后捣腹心（再攻浙西）。

十月十七日，朱元璋率大军跨过长江，先锋徐达更是一马当先，连败张军，直扑泰州而去。泰州守将严再兴一边选择了坚守不出，一边赶紧向张士诚求援。张士诚自然不会放任泰州不管，毕竟这是朱元璋和张士诚时隔五年后第一次真刀真枪的正面交锋。朱元璋有备而来，张士诚也不是吃素的。一上来就使出了围魏救赵之计。既然你大军围攻我的泰州，我就去围攻你的江阴。是想迫使徐达退兵去解救江阴，这样一来泰州之围自然解开了。

应该说张士诚的想法是好的，但他忘了他的对手是朱元璋，拥有一双慧眼的朱元璋。因此，当张士诚以四百艘战船大张旗鼓，虚张声势地向江阴进发时，朱元璋通过"望闻问切"四大诊断，很快识破了张士诚的诡计。对此，朱元璋很快来了个"双管齐下"，第一是告诫徐达要一心一意地攻城，不要管其他的事。第二是派廖永忠率小部队去增防江阴，以确保江阴万无一失。

果然朱元璋双管齐下后，张士诚很快便图穷匕见，放弃了"反攻倒算"

的想法，班师打道回府。接下来，泰州很快就被徐达和常遇春攻破。

从张士诚手上拿到第一桶金后，徐达和常遇春再接再厉，继续挥兵前进，直逼兴化和高邮，结果却是一喜一忧。喜的是徐达一鼓作气，成功击败了兴化的守将李清。忧的是攻打高邮的冯国胜遭遇了滑铁卢。原来高邮守将俞同金见朱军势大，没有选择硬碰硬，而是来了个真情对对碰。他派人到冯国胜军营中，进行诈降。便约定推倒城中女儿墙为信号，让冯国胜进城。结果冯国胜相信了使者的话，派副将康泰率一千士兵入城去受降。结果这一千人如同肉包子打狗，一去不复返。

冯国胜受挫的事朱元璋这个总指挥很快就知道了。他立即把冯国胜召回去，对他进行了惩罚：一是打，打屁股五十大板；二是罚，罚他步行回高邮。

羞愤交加的冯国胜回到高邮后，立即让士兵对高邮展开了猛攻。此时拿下了兴化的徐达也来支援他，在两人合力下，高邮很快也宣告易主。

接下来，徐达和常遇春势如破竹，先后将徐州、濠州、兴化、宿州、安丰等江北州县全部攻占，随后又平定了淮东。至此，攻打张士诚的第一步战略构想——扫除外围成功实现。第一轮攻击取得了预计效果。

声东击西

第一轮成功后，朱元璋马上召开了一次军事扩大会议，会议的中心思想只有一个：商讨下一轮的军事行动方案。

"张士诚据守在平江（今苏州），我们下一步该何去何从呢？"会议一开始，朱元璋抛出一个命题。于是文武重臣围绕这个话题马上进行了论证，并且很快形成了鲜明的主和派和主战派两大派系。

主和派的代表人物是李善长。李善长此时的职务是右丞相，在朱元璋手下属于一人之下、万人之上的地位。地位之高可想而知，因此他的话自然很有分量。李善长提出建议：暂时停止进攻张士诚。理由有二：一是瘦死的骆驼比马大，张士诚尽管目前屡战屡败、屡败屡战，但他实力还是摆明在那里，不但兵多将广，而且地广民富，并且他们比我们早一步做到了广积粮。我们如果再盲目进军，怕会偷鸡不成反蚀把米啊！二是狗急了会跳墙，更何况人呢？结论：按兵不动，以待天时，静观其变，再伺机进取。

李善长的话一出，得到了与会绝大多数将领的认可和赞同，然而，就在这个节骨眼上，主战派的左相国徐达却挺身而出，他不鸣则已，一鸣惊人，说出一句石破天惊的话来：丞相此言差矣！接着，徐达在众人诧异声中对自己的观点进行了阐述：应立即对张士诚进行讨伐。理由：张士诚一骄横，二暴敛，三奢侈，四淫乱，机不可失，时不再来，此时不乘机剿灭他，

333

更待何时！徐达的观点一出，得到的支持率也节节攀升。

主和派和主战派说白了就是朝中的一号首长和二号首长之间的对抗。李善长自然不甘落后，马上又对徐达进行了反驳：张士诚不是鱼腩，不是你想灭就能灭得了的。理由：湖州（今浙江吴兴）的张天祺、杭州的潘元明都有万夫莫挡之勇，况且他们和张士诚乃是结义兄弟，一旦我们攻打平江的张士诚，张、潘二人必然会全力来救，这样一来，我军孤军深入，又腹背受敌，岂不是在走钢丝，把脑袋系于一线间！

对此，徐达接着反驳道："我们讨伐张士诚前不是就制定了先扫外围、再剪羽翼、后捣腹心的战略吗？现在我们已经扫除了张士诚的外围，现在该是剪张士诚的羽翼的时候了。咱们先不攻打张士诚的老巢平江，而是先攻打湖州和杭州，剪掉了张士诚的羽翼张天祺和潘元明后，再移师北上，对张士诚进行最后一击，这样大事可成也。"

徐达话音未落，朱元璋马上就抢在李善长再度发言之前终结了这场辩论赛。他马上进行了总结发言，归纳起来有三点：

一是宣布这场辩论赛徐达获胜。

二是必须坚定三步走计划不动摇。

三是马上实行第二步走——剪其羽翼。

至正二十六年（公元 1366 年）八月初一，朱元璋做了三件有意义的事。

一是杀猪宰牛祭祀天地，祈求神灵护佑。

二是出版发行编著的讨张檄文——《平周榜》，阐述了元朝腐败无能，官逼民反的道理，分析了起义后的整体形势，回顾了个人参加起义军后的经历，历数了张士诚的八大罪状，制定了系列惠民政策。从而对天下民众展开了强大的舆论攻势。

三是调兵遣将向太湖方向进军。任命徐达为大将军，平章常遇春为副将军，率二十万大军，水陆并进。

徐达和常遇春一路风雨无阻，二十天后抵达湖州城外的三里桥。屯守湖州的张天祺岂是等闲之辈，听说朱军到他的地盘撒野，二话不说，分兵三路出城来迎战徐达和常遇春。两军相遇勇者胜。徐达见状，一马当先，率众直冲入敌阵而去。结果打得张天祺大败而退回城里去，不敢再出来应战了。

与此同时，张士诚听说朱元璋派大军包围了湖州，吓得花容失色，马上派司徒李伯升前来救援。结果李伯升也不负厚望，成功突破了徐达和常遇春这对双子星座的防线，潜入了湖州城。有了李伯升的协助，张天祺信心大增。而徐达和常遇春信心也不减，依然将城池团团围住。

张士诚见状当然放心不下了，于是马上又派大将吕珍、朱暹和太子张虬率兵六万，号称二十万，继续来支援湖州。结果双方在旧馆进行了交锋，并且僵持。而这厢的朱元璋自然也不会坐视不管，马上派儿时的伙伴汤和率数万精兵来支援徐达和常遇春。两军再战，张军没有占到半点便宜。于是坐立不安的张士诚立即来了个"三援湖州城"。上一次把自己的亲生儿子都派上场了，这一次派的出将领自然也不是等闲之辈，把自己的宝贝女婿潘元绍派上用场，再带兵前去支援湖州。而这一次，朱元璋也派兵来支援，不过不是直接支援，而是来间接的。他派大将李文忠和华云龙攻打杭州，这样一来可以分散张士诚的注意力，二来可以进一步孤立湖州。

果然，潘元绍只懂得花拳绣腿，哪里是打仗的料！他带领大军优哉游哉地还没来到湖州城外，就遭到了徐达的迎头痛击。被打了个当头一棒后，潘元绍不管三七二十一，逃回了嘉兴，什么救湖州不救湖州，保全自己的性命才是最关键的。

接着徐达对湖州城采取了切断粮道的措施，进一步孤立了湖州和旧馆之间的联系。而此时的朱元璋大军已成功完成了东边不亮西边亮的良好格局，就在徐达和常遇春在湖州和张天祺等人僵持时，小将李文忠却以初生牛犊不怕虎的气概，先攻克了新城，然后攻克了富阳，最后拿下了杭州，逼使杭州的守将潘元明签订城下之约。

而这时，徐达的采取围点打援战术取得了进一步的成效，徐达采取声东击西之计，一举攻破张士诚派来驻扎在旧馆的援军，六万大军非死便降，一夜之间灰飞烟灭，连援军统帅吕珍也选择了投降。旧馆已破，湖州城再无支援，再坚守下去也是毫无意义了。最终，张天祺和李伯升选择了放下屠刀，立地成佛。

至此，朱元璋的第二步——剪其羽翼又取得了圆满成功。接下来上演的是和张士诚的终极大战了。

给我一个失败的理由

湖州和杭州相继告失，张士诚赖以生存的两位结义兄弟张天祺和潘元明也以背叛的方式宣布了"不求同年同月同日生，但求同年同月同日死"的可笑。对此，欲哭无泪的张士诚预感世界末日就要来临了，因此，他整天唱着：你的眼睛背叛了你的心，别假装你还介意我的痛苦和生命，还介意我的眼泪，还介意我的憔悴，还骗我一切不愉快都只是个误会……

张士诚在唱离歌，却不能阻挡徐达前进的脚步。至正二十六年（公元1366年）十一月二十五日，徐达率大军对平江实行了包围。

平江在历史上原本就有第一坚城的名号，而张士诚对于自己的老窝又是格外重视，在修筑城防工事上可谓不惜血本。这平江城共有八个门，分别是葑门、虎丘门、娄门、胥门、阊门、盘门、西门、北门。每个门的城墙都极其坚固，是用大块条石混合糯米制成，城上设置有固定的弓弩位，攻城者，只要一靠近城墙，瞬间便会被射穿。

想一口吞下平江，那是白日做梦。当然，这一次徐达也学乖了，他没有选择硬攻平江，而是借鉴了上一次朱元璋最后围攻陈理所困守的武昌的策略，徐达一到平江，没有马上选择立即攻城，而是采取了围而不打的攻城方法——锁城法。具体操作如下：

一、明确分工，各司其职。徐达和常遇春、汤和、康茂才各负责围困

337

一座城门。

二、步步为营，步步设防。徐达在城外筑起了长围，层层设防，彻底斩断了平江与外面的一切联系。

三、大兴土木，筑垒建堡。朱军筑雕楼三层，再造耸天木塔，高度欲与城中佛塔试比高，可以把城里的一举一动看得清清楚楚，明明白白，真真切切。

四、虚张声势，攻防有序。一切准备就绪后，徐达命士兵在雕楼和高塔上架起弓弩、火铳和火炮，二十四小时不间断向城里轰炸。

尽管如此，张士诚带领平江城里的士兵进行了顽强的坚守，对于徐达打出的"你们已经被包围，投降才是唯一出路"的攻心战略，张士诚选择回击的不是言语，他觉得一切语言都是苍白无力的，他选择了独立城墙，以断箭的方式表明自己誓与城池共存亡的坚定决心。

劝降未果后，徐达进一步加大了对平江城的轰炸力度，我虽然暂不主动攻城，但通过轰炸一来可以摧毁你的军事基地，二来震慑敌人士兵的士气，三来让你无处可藏。

果然，五个月后，效果就显现出来了。平江城面临的最大危机：缺粮。因为缺粮，城里的军民开始了漫长的寻找食物之旅，天上飞的、地上爬的、水里游的吃完后，到最后只能选择人吃人了。弱肉强食，没办法，为了活下去，什么仁义道德，什么手足之情，统统都抛到脑后了，活着才是硬道理，这叫适者生存嘛。

这时，朱元璋亲自出马了，他写了两封信，一封信给徐达。信里只有一句话："将在外，君不御，古之道也。自后军中缓急，将军便宜行之。"意思就是说，平江的事你可以自己做主和决定，该怎么办就怎么办，你看着办。

这是对徐达的绝对信任。徐达看完信后，感动得热泪盈眶，更加坚定了攻克平江的决心和信心。

与此同时，朱元璋还写了封亲笔信给张士诚，并美其名曰慰问，但实际上是劝降。信的开头当然是"一别经年，别来无恙否"之类的客套话，当然客套之后便是来"实际"的了，信的大致内容有两点：一是苦海无涯，回头是岸；二是浪子回头金不换。

对此，已陷入绝境的张士诚的回信也很客气，首行是用"谢谢"表达心情，然后回了两个关键句：一是不到最后一刻，不轻易言败；二是人生自古谁无死，留取丹心照汗青。总之，他的意思很明显，拒绝投降。

这是一场没有悬念的战争。

这是一场惨烈悲壮的战斗。

但张士诚却选择了坚守到底。当然，在此期间，张士诚还组织了三次突围战，但结果却是一样的：未遂。最后一次突围，张士诚本来有机会远走高飞的，但却被自己的亲弟弟张士信给搅黄了。

这一次突围前，张士诚进行了总动员，大致内容就是说，不成功便成仁之类的话。此时在平江城的将士都是跟随张士诚的嫡系部队，自然个个摩拳擦掌，表示誓死保卫主公冲出重围，他日东山再起。俗话说，军民同心，齐力断金。这话一点不假，因此，这一次当张士诚下达突围令后，士兵们按既定计划，奋勇向前，直扑守在胥门的常遇春。

常遇春素来以勇猛著称，但见了这些杀红了眼、不要命的士兵，也只有败退的份儿。眼看就要突围成功了，但就在这个节骨上，张士诚的弟弟张士信木头木脑的，他根本就没有看清形势，还以为双方在僵持，于是突然鬼使神差地叫道："大哥，士兵们都累了，还是先歇歇再突围吧。"说完不等张士诚表态，居然擅作主张地鸣金收兵了。

张士诚带领士兵正要扬长而去，被张士信这一搅和，还没弄明白怎么回事，只得上前去质问张士信，结果这时，缓过神儿来的常遇春马上组织士兵开始了反攻。万般无奈之下，张士诚只好选择了退回城内。

就这样，张士诚第三次突围以这种戏剧性的方式宣告结束。随后，张士诚再也没有能力组织士兵突围了，因为不久张士信便在"将功赎罪"的防守战中英勇牺牲了。

至正二十七年（公元 1367 年）九月初八，在对平江围攻了长达十个月后，徐达终于下达了最后的总攻令。结果这次平州城的士兵因为饿，连走都走不动了，更别说防守了。很快便被攻破了葑门，接着其他城门相继失守。城破，人散。张士诚的女婿、守将潘元绍等人选择了投降，而张士诚却选择了死战到底。带领两三万残卒在万寿寺东街展开巷战，但此时已是回天无力了。

失败后张士诚逃回王府，泪眼婆娑地对他的妻子刘氏说："鸟之将死，其鸣也哀，人之将死，其言也善，只是不知我死之后，夫人该何去何从啊！"

"生是你的人，死是你的鬼。"刘氏说着，毅然决然地跳入了宫外的大火中。

张士诚早已成了泪人儿，恍惚中，他仿佛看见自己的妻子在烈火中重生，化成火凤凰向他走来，他双腿不由自主地走向火丛中，正当他将要跃入火海中那一瞬间，一名亲信拦腰死死抱住他，正在这时，朱军已冲进王府来……

后人凭吊

当两个吴王再见面时，已是物是人非了。朱元璋还是那是个朱元璋，张士诚却不是那个张士诚，他成了阶下囚了。

对此，朱元璋对他进行了最后一次劝降。理由无非是"好死不如赖活"之类的话，但朱元璋还没张口，张士诚早已抢先道："我本来以为见不到你了。"

朱元璋先是一怔，随即道："是啊，你在押往集庆的船上，绝食了七天七夜，但你还是挺过来了，看来你这个吴王的命还真大啊！"

"我命大但福不大，否则也不会成为阶下囚。"张士诚直视朱元璋道，"士可杀不可辱，我虽然成了阶下囚，但决不投降你。你不是早已派李善长来试探我了吗，就别再来白费工夫了。"

"看样子你输得并不口服心服啊！"

"朱元璋，你别得意，你只是运气比我好了一点点而已。"

"是啊，福大不如命大，命大不如运大。看来我是挣大了。事实证明，我才是真正的吴王，你又为何不认命呢？"

"你可以消灭我，但无法击败我。"张士诚痛苦地闭上了双眼，只是淡淡地说了一句，"但这并不代表你就比我强，我之所以败了，只不过是上天照顾你，没照顾我罢了。"朱元璋无言以对，来了个拂袖而去。

当晚，四十六岁的张士诚乘人不备，用一根白绢把自己带到了另一个世界去了。的确，张士诚从城破的那一刻就想来个自我了结，但一直没有成功。投火、绝食、单挑，直到这时上吊才算真正完事。如果要张士诚说一句临终遗言，他会不会说：死不起！而他这一辈子，因为这一死，总算落得个"有种"的下场。

而张士诚死后，吴地和江北民众以各种方式来纪念这位他们心目中的吴王：

一是建墓祭奠。当地民众偷偷盗回张士诚的尸骨，重新安葬，且不管是不是衣冠冢。二是立庙祭祀。把吴王塑像做成后，再涂以金粉或是赭色进行易容，避开朱明王朝的注意力，以正常的香火来供奉这位心中之王。三是高挂天灯。当年张士诚从常州败退，沿途百姓怕"子弟兵"迷路，便在路边竖立起一根根木棒，挂上灯笼，形似现在的路灯，取名"天灯"。后来，"挂天灯"作为一种节庆习俗一直延续到20世纪中叶，可见影响之久远。四是烧"久思香"。"久思"即"九四"的谐音，九四是张士诚的别名，苏州百姓每年到了七月三十日，以地藏王菩萨的生日为掩护，点上香油灯，放鞭炮，男女老少进行跪拜，祭奠张士诚。五是题咏赋诗。为缅怀张士诚，后人题咏赋诗一百余首，收录于《吴王张士诚载记》一书中。有诗为证：

庶卒射天狼，草莽群雄起四方。帷幄运筹施策用，称王，半壁东南尽属张。

别曲意深长，力谏难成隐水乡。寄意江湖豪客传，辉煌，花垛长留翰墨香。

第十八章

一路向北

求和阴谋

朱元璋接连灭了陈友谅和张士诚这两个最强的对手后，接下来把目光投向了以前一直若即若离的北方的元政权。

为什么说"若即若离"呢？原因是朱元璋在和陈友谅、张士诚争霸时，本来就时刻提防陈、张两人联手，更害怕元朝乘机在他身后捅一刀。以前有小明王做他的坚强后盾，成功地牵制住了元军的主力。但刘福通犯了军事错误后，中原的红巾军被元军各个击败，一夜之间，这道赖以生存的屏障消失得无影无踪了。如何再度稳住元军成了当务之急，为此，朱元璋想出了缓兵之计：求和。大致意思就是说，你看现在是多事之秋，我愿意割地盘进贡钱，咱们就结为百年之好，唇齿相依，共进共退吧。

元朝政府接到朱元璋的求和信后，很是高兴。对于焦头烂额、拆东墙补西墙的他们来说，朱元璋归顺正好也可以减少他们的一份"忧心"。于是，元顺帝很快派户部尚书张昶、郎中马合和奏差张链组成的"使者团"出访朱元璋。使者三人行一路并不容易，他们三人带着两件贵重的礼物：一是元顺帝御赐的美酒，二是元顺帝任命朱元璋为荣禄大夫、江西行中书省平章政事的诏书和官帽。

三人自然感到身上沉甸甸的责任和压力。然而，他们一到集庆才知道，朱元璋根本就没有归顺之心，纯粹是忽悠他们。因为他们一路颠簸，辗转了好几个月才来到集庆，朱元璋没有给他们吃"闭门羹"，却给了他们一个"下马威"。让士兵们扒去三人的元朝官服，赤裸着身子进城。这对三人的人格是一种极大的污辱和伤害。到了府上，朱元璋这才令人给三人穿上了起义军服装。这样一折腾，张昶等三人自然对朱元璋怒目相待还来不及，哪里还给他行什么三拜九叩之礼。

对于张昶等三人的无礼，朱元璋表示了最强烈的抗议和愤怒。他说了这样一句话："识时务者为俊杰。你们元朝现在都落寞到这种地步了，你们这些做臣子的还想狐假虎威不成？"对此，张昶因惧怕朱元璋的淫威，选择了三缄其口。而直来直去的马合却选择了破口大骂。对此，朱元璋没有选择和他们进行泼妇骂街，而是直接上道具：斧头。

你们不是嘴硬吗？我倒要看看是你们的头硬还是我的斧头硬。说着把三人推出了门外，马合和张链很快就用自己的头颅证明，还是斧头硬些。轮到张昶时，朱元璋突然叫了一声"慢"。然后走上前，对张昶说："你临死前还有什么话要说？"

"为元廷鞠躬尽瘁，死而后已，我无话可说。"

"元朝腐败无能，百姓处于水深火热中你这样为他们卖命，值得吗？"

"同流不一定要合污。清者自清，浊者自浊。何需多费口舌？行刑吧。"张昶毫不畏惧。"听说你对元朝的法典了如指掌，这样死去了，岂不可惜！"就在张昶惊愕时，朱元璋亲自为他松绑道，"先生之才，元璋渴望已久。实不忍心毁于我手啊！"说着封张昶为行中书省都事掌管行政。张昶见朱元璋一片诚心，最终被感化了，归降了朱元璋。

第二天，朱元璋拿一个死囚的头颅说是张昶已在夜里畏罪自杀了。然后把三颗血淋淋的头颅献给张士诚，表明自己和元朝公开敌对的决心。

就这样，朱元璋以缓兵之计，成功地忽悠住了元朝。收拾了陈友谅和张士诚后，这时他的战略思想已变成了：击垮元廷，一统中原。

当然，在北伐元朝之前，朱元璋做了两件事，两件消除隐患巩固政权的事。

第一件事：拔刺。

拔什么刺呢？拔小明王这根刺。看到这里，大家就会有疑虑了，朱元璋费了九牛二虎之力才把小明王营救出来，怎么这时却要拔他的刺了呢？其实，朱元璋一直就把小明王当成刺，只不过，这根刺还有利用的价值（小明王的存在，对元军是一种牵制和震慑），他才会甘冒大风险去安丰解救小明王。但除去陈友谅和张士诚这两只狼后，小明王非但没有利用价值了（没有能力抵挡元军），反而露出了"刺"的本质（一山不容两虎，小明王的存在，要把朱元璋置于何地，总不能朱元璋称了皇帝了，把小明王供为太上皇吧）。因此，小明王很快在朱元璋眼里成了赤裸裸的刺，无修无饰，锋利无比。原来刺就是刺，朱元璋发出了这样无奈的感慨。是啊，有刺存在，不拔又不行，不然，这根刺如何安排。这刺说不定会刺伤自己啊！朱元璋很快把拔刺行动交给了廖永忠。朱元璋对廖永忠说了这样一句话："你到滁州把小明王迎接到集庆来当王爷。"只有这样一句没头没脑的话，廖永忠自然表示听不懂，但当他要问时，朱元璋向他使了一个杀气腾腾的眼色。只一个眼色，廖永忠便不再问，他知道该怎么做了。在接小明王的途中，廖永忠"无意"中弄翻了小明王的船只，结果导致小明王溺水身亡。听到噩耗后，朱元璋一把眼泪一把鼻涕地哭得很是伤心，又是祭拜又是厚葬，总之，随着小明王落土为安，这根刺也就尘埃落定了。

第二件事：剿匪。

杀了陈友谅和张士诚两只狼后，朱元璋接下来继续扫荡其他"共匪"：笑傲中原的方国珍、称霸蜀川的明玉珍、盘踞两广的何真等势力。两只恶狼都不是朱元璋这只猛虎的对手，再加上朱元璋的牙齿已经磨砺得更加锋利无比，因此，对付他们显然是绰绰有余。很快，方国珍、明玉珍和何真这"三珍"成为朱元璋口中的"美味"。

攘外必先安内，安定"内"后，朱元璋把枪口对准了"外"，该是和元朝一决雌雄的时候了。

北伐宣言

至正二十七年（公元 1367 年）十月，正是秋高气爽、丹桂飘香的时节，秋风将校兵场上"朱"字大旗吹得迎风招展，二十五万大军列队成行，站得笔直挺立，个个英姿飒爽。朱元璋披盔戴甲，手持三尺宝剑，站在点将台上，开始了他关键一战的启动仪式。

一是点将。朱元璋亲点北伐军的两员大将徐达和常遇春。封徐达的职务是征虏大将军，封常遇春为副将军。

二是祭旗。（无非是杀牛宰马祭祀天地，过程从略。）

三是传檄。朱元璋宣读的檄文其实是由有着"天下第一文"之称的宋濂主笔的，因原文写得极佳，烁古绝今，这里特摘录如下：

> 自古帝王临御天下，皆中国居内以制夷狄，夷狄居外以奉中国，未闻以夷狄居中国而制天下也。自宋祚倾移，元以北夷入主中国，四海以内，罔不臣服，此岂人力，实乃天授。彼时君明臣良，足以纲维天下，然达人志士，尚有冠履倒置之叹。
>
> 自是以后，元之臣子，不遵祖训，废坏纲常，有如大德废长立幼，泰定以臣弑君，天历以弟鸩兄，至于弟收兄妻，子征父妾，上下相习，恬不为怪，其于父子君臣夫妇长幼之伦，渎乱甚矣。

夫人君者斯民之宗主，朝廷者天下之根本，礼仪者御世之大防，其所为如彼，岂可为训于天下后世哉！

及其后嗣沉荒，失君臣之道，又加以宰相专权，宪台抱怨，有司毒虐，于是人心离叛，天下兵起，使我中国之民，死者肝脑涂地，生者骨肉不相保，虽因人事所致，实乃天厌其德而弃之之时也。古云："胡虏无百年之运，验之今日，信乎不谬？"

当此之时，天运循环，中原气盛，亿兆之中，当降生圣人，驱除胡虏，恢复中华，立纲陈纪，救济斯民。今一纪于兹，未闻有治世安民者，徒使尔等战战兢兢，处于朝秦暮楚之地，诚可矜闵。

方今河、洛、关、陕，虽有数雄：忘中国祖宗之姓，反就胡虏禽兽之名，以为美称，假元号以济私，恃有众以要君，凭陵跋扈，遥制朝权，此河洛之徒也；或众少力微，阻兵据险，贿诱名爵，志在养力，以俟衅隙，此关陕之人也。二者其始皆以捕妖人为名，乃得兵权。及妖人已灭，兵权已得，志骄气盈，无复尊主庇民之意，互相吞噬，反为生民之巨害，皆非华夏之主也。

予本淮右布衣，因天下大乱，为众所推，率师渡江，居金陵形势之地，得长江天堑之险，今十有三年。西抵巴蜀，东连沧海，南控闽越，湖、湘、汉、沔，两淮、徐、邳，皆入版图，奄及南方，尽为我有。民稍安，食稍足，兵稍精，控弦执矢，目视我中原之民，久无所主，深用疾心。予恭承天命，罔敢自安，方欲遣兵北逐胡虏，拯生民于涂炭，复汉官之威仪。虑民人未知，反为我仇，絜家北走，陷溺犹深，故先逾告：兵至，民人勿避。予号令严肃，无秋毫之犯，归我者永安于中华，背我者自窜于塞外。盖我中国之民，天必命我中国之人以安之，夷狄何得而治哉！予恐中土久污膻腥，生民扰扰，故率群雄奋力廓清，志在逐胡虏，除暴乱，使民皆得其所，雪中国之耻，尔民等其体之。

如蒙古、色目，虽非华夏族类，然同生天地之间，有能知礼义，愿为臣民者，与中夏之人抚养无异。故兹告谕，想宜知悉。

　　檄文大致分四层意思。第一层意思：寓言。首先，特别强调中国应由中国人自己来治理。其次，通过元朝历代君主的得失和大小官僚的违法乱纪等具体事实，来说明蒙古统治不合于中国的传统礼教和文化道德，以唤起社会各阶层的拥护和同情。由此又证实了古语"胡虏无百年之运"的正确性，预言胡运将终了。第二层意思：提纲。首先提出北伐的目的就是"驱除胡虏，恢复中华，立纲陈纪，救济斯民"十六个大字。次言各地群雄，只知割据自私，绝无成事的希望，更谈不到"治世安民"为"华夏之王"了。又特别把元朝将军扩廓和李思济痛骂一顿。第三层意思：宣传。极力自我宣传，铺张辉煌的战果，并表示北伐的决心，"天道好还，中国有必伸之理；人心效顺，匹夫无不报之仇。"争取人民的协助。第四层意思：劝诱。为了缓和蒙古、色目的反抗，指出只要他们肯接受中国传统文化，"能知礼义"，并"愿为臣民"，便可得到和中国人民一样的待遇。

　　据说，这一宣传文告"故兹告谕，想宜知悉"后，确实产生了良好的作用：山东、河南州县纷纷归降，连蒙古人、色目人也望风投降了；北伐军因之得以顺利进军，在很短时间内收复国土，统一中国。这是后话。

　　四是誓师。朱元璋给徐达和常遇春分别盛上满满的一碗酒，然后缓缓地道："我们最初起义是为了解救民众于水火之中，在各位的共同努力和支持下，先灭陈友谅，后诛张士诚，再平闽、广等地诸雄，此去北伐中原，成败在此一举，静候尔等凯旋，再与之痛饮。"

　　徐达和常遇春齐声道："定不负主公厚爱。"

　　"北伐之路凶险重重，不知两位有何良计？"

　　徐达还没张口，常遇春早已抢先一步道："现如今南方诸雄已定，我军现在已不可同日而语，以百万雄师之力，直捣元朝大都，事半功倍，既方便又快捷，掀了他的老巢，看元朝还投不投降！"

　　朱元璋闻言头摇得像拨浪鼓，直接教会了常遇春一个关键句：知己知彼，百战不殆。解析如下：百年元朝，根深蒂固，岂是你说的那样，摧枯拉朽就能攻破的！元朝的老巢大都元军自然会重点布防，我们的大军孤军深入，受挫于坚城之下，既无救援之军，又无粮草供应，那岂不是面临灭顶之灾！

对此，常遇春羞赧满面，低头不敢再言。徐达道："请主公指点迷津，直言破敌之策。""重走灭张之路，来个三步走。"朱元璋说着，目光如炬地看着徐常两人，隔了片刻才道："第一步先取山东，清其外围。第二步进军河南，剪其羽翼。第三步进攻潼关，据其门户。到这时，元朝不灭也得灭了。"

朱元璋的话给在迷惘中的他们指明了方向，徐达和常遇春只有点头的份儿了。朱元璋"献计"之后，接着道："另外，这次北伐上应天意，下顺民心。目的是平定中原，推翻元朝政权，解民、救民、安民、为民，因此民生是个很重要的问题。因此，你们此次只是打仗，不能扰民。"

徐达、常遇春及其他二十五位将领这才一起异口同声地宣誓道："谨听主公教诲，不破蒙古人终不还！"

朱元璋要的就是这样的效果，这时，他大手一挥，十八响出征炮齐鸣，北伐将士浩浩荡荡地向前出发了。

步步为赢

徐达和常遇春不愧为双子星，他们兵行神速，出师仅仅三天即抵达了淮安。接着，徐达决定对守沂州的王宣父子采取"怀柔"政策——招降。

面对徐达的"怀柔"，王宣父子应的招是"怀孕"。王宣一边马上派人到淮安表示愿意归顺，并送上犒劳品；另一边派儿子王信四处联络，积极募兵备战。

来而不往非礼也，对此，徐达一方面快马加鞭把王宣父子的投降信向朱元璋汇报，另一方面对王宣父子极尽安抚之能事。

朱元璋马上给徐达回复，封王宣之子王信为江淮行省平章。另附一封信给徐达，信里只有一句话：害人之心不可有，防人之心不可无。

徐达是聪明人，自然明白了朱元璋的意思，对王宣父子提防起来。果然，当徐达派使臣给王宣"送喜"时，王宣却扣押了使臣，并且还准备公然违背两军交战、不斩来使的规矩，杀害他们。

徐达见派出的使者"一去不复返"，马上派兵来到沂州进行"逼宫"，当然，本着先礼后兵的原则，徐达还是再度派人对王宣进行说服。

王宣表面仍答应愿意归顺，别无二心，但等打发了说服的人后，他们又紧闭城门，拒绝让徐达的大军进城。

这下，徐达总算看出王宣父子是在忽悠他，所做的一切都只不过是缓兵之计罢了，对此，怒不可遏的徐达不再"谈""封""赏"，而是直接"打"。

沂州城小，王宣之所以敢公然和徐达翻脸，完全是因为儿子王信募兵来援这个美好信念做支撑。因此，徐达一生气，后果很严重，马上对他攻城，他选择了防守。然而，他等啊等，一连坚持了三天，就是不见王信的踪影。这时已无力抵挡徐达的攻势了，万般无奈之下，只好选择了开门投降。

徐达表现得很大度，他接纳了朝三暮四的王宣的"二进宫"，唯一的条件就是要他马上把他的儿子王信招降过来。王宣这时只有硬着头皮给儿子王信写了一封劝降信。王宣原本以为信到人来，然而，出人意料的是，王信接到信，却来了个信到人不来，并且还杀了徐达派去的信使。徐达一怒之下，再度出兵，结果打得王信满地找牙，孤身逃往山西避难去了，沂州及附近州县自然都成了徐达的地盘。

逃得了和尚逃不了庙，王信这一走，王宣的死期也到了。徐达将王宣送上断头台的目的只有一个：杀鸡儆猴。

攻占沂州后，徐达再接再厉，马上来了个三步走。第一步是原地踏步，徐达留一部分将士扼守沂州一带的黄河要地，目的是阻挡山东元朝的援军。第二步是稳步推进，徐达派一部分将士由徐州沿大运河沿岸进攻东平、济宁等地。第三步是继往开来，徐达亲自带领主力部队进攻益都。

结果，益都守将元宣抚使普颜不花虽然进行了顽强抵抗，仍然不能阻击徐达前进的步伐，最终，普颜不花选择了和益州共存亡。徐达攻下益都后，一路势如破竹，接连拿下临淄、昌乐等六州。而常遇春也不甘落后，很快带军拿下了东昌。就这样，仅仅三个月的时间，整个山东便都成了"朱"家地盘了。至此朱元璋的北伐第一步走"清其外围"计划圆满实现。

接着便是第二步剪其羽翼了。拿下山东后，徐达、常遇春马不停蹄，兵分两路向河南进发。驻守在河南的是元梁王阿鲁温，此人是个顽固分子，他忠于元廷，调集了五万大军，在洛水北岸严阵以待。

应该说，阿鲁温是个"找穴"专家，选择布防的位置那不是一般的好，而是相当好，什么易守难攻、一夫当关、万夫莫开，插翅难飞都可以用在这里。因为徐达大军一旦渡河，就会遭到他们的痛歼，水葬是他们的唯一出路。

然而，徐达通过观察，没有选择水葬，而是选择了夜飞，乘着夜色，徐达带领部队进行了偷渡。阿鲁温的防军认为打死徐达也不敢乱来，因此，他们大意了，疏忽了夜间的巡逻。这一疏忽是致命的，徐达偷渡成功后，马上向睡梦中的元军发起了猛攻，结果很多迷迷糊糊的元军还没弄明白是怎么回事，脑袋便搬家了。剩下的只有溃逃的份儿了，敌人逃到了哪里，徐达带兵追到哪里，结果硬是把梁王阿鲁温擒到手上。

生擒元朝猛将阿鲁温后，接着在汴梁击败元军另一员猛将左君弼，迫使左君弼在走投无路的情况下不得不投降。至此，北伐大军士气高涨，接下来一路过关斩将，元军不是闻风而逃，就是闻风而降，起义军连克汝州、陈州、嵩州、钧州等地，很快平定了河南。朱元璋的第二步"剪其羽翼"再度实现。

接着起义军向潼关一带进发，这个时候的起义军具有摧枯拉朽之势，软弱无能的元军已不能阻止徐达大军前进的步伐了。就在这时，大军出现了粮荒。是啊，越往北上，粮草供给难度就越大。断粮比断奶更要命，对此，坐镇后方的朱元璋为了能尽快把粮食送到前线去，想出了海运的大胆方法。结果朱元璋把儿时的伙伴汤和派上了用场，让他干了两件事，第一件事是造船，第二件事是督粮。结果汤和一出手，便知有没有，很快把粮草通过沿海一带运到了最前线，解决了北伐军的后顾之忧。

解决了温饱问题，北伐军很快恢复了战斗力，继续向前挺进，结果潼关元将李思齐和张良弼先是高举免战牌，随后选择了三十六计——逃为上计，这让北伐军直呼不过瘾。到至正二十八年（公元 1368 年）四月底，整个潼关东区皆成了朱家军的一亩三分地。至此，朱元璋提出的三步走计划圆满实现。而元大都已如一个裸露的婴儿，只等待那最后一根稻草一压即垮。

第十九章

翻云覆雨

该称帝了

徐达和常遇春不负众望，顺利完成朱元璋提出的对外三步走计划，但朱元璋对内还有一大步走计划。这一计划是称帝。最初朱升提出"高筑墙、广积粮、缓称帝"，现在墙已筑得不能再高了，粮也集得不能再广了，而称帝也是缓得不能再缓了。毕竟他消灭了陈友谅这只恶狼后，才把自己由"公"（吴国公）提升为王。接着他消灭了张士诚，部下劝他称帝的更是一茬接一茬，然而，朱元璋却一直拒绝。当然，他嘴里拒绝，心却在想着如何落实。或者说在做称帝的准备也不为过。是啊，毕竟相对于陈友谅、张士诚之流的早早称帝，朱元璋已经落伍很久了。于是乎，朱元璋一边继续将剩勇追穷寇，一边将集庆的宫殿进行了修复。

当北伐军节节胜利时，集庆宫殿的修缮工作也已全面完工了。

大臣们的眼睛都是雪亮的，纷纷使出浑身解数，"逼"朱元璋登基。而朱元璋故作矜持地几次三番作秀表演之后，顺理成章地坐上了原本属于他的帝位。

至正二十八年（公元 1368 年）正月初四，这是新的一年的开始，也是最为"明"亮的一天，朱元璋在集庆南郊举行了隆重的登基大典，定国号为大明，改元洪武，改应天为南京。

过程简单概述如下：先是祭祀，分三步走。

第一步：祭祀天神。礼仪官将猪、牛、羊等牲畜同时置于祭坛上，用燔烧柴火进行熏烤，让弥漫的气味升到天上去，告知天神。

第二步：宣读祭文。

第三步：祭祀地神。朱元璋走向祭台，上香祷告，行三叩九拜之礼，敬拜地神。

其次是接受百官朝贺，朱元璋宣读即位诏书后，文武百官欢呼雀跃，高呼：吾皇万岁！万岁！万万岁！

最后是分封。这个是最重要也是最实际的东西。毕竟大家跟了朱元璋这么多年，等的就是这一刻的到来；毕竟大家一直劝朱元璋早点登基，等的也是这一瞬间的到来。封妻荫子，荣华富贵，也不枉风里来雨里去、上刀山下火海这么多年了。

结果分封马王后为皇后，长子朱标为太子。封李善长为银青荣禄大夫、上柱国、录军国重事、中书左丞相、宜国公。封徐达为中书右丞相、兼任太子少傅、信国公。封常遇春为中书平章军国重事、鄂国公。其余文武百官，皆加官晋爵。总之一句话：皆大欢喜。

有些读者看到这里，肯定会有疑问了，怎么百官前三甲没有大谋士刘基的大名呢？其实，不光前三甲没有他的大名，前十名、前二十名也没有他的大名。因为他得到的封号只是一个小小的太史令兼御史台御史中丞。

刘基屡献妙计，屡建奇功，特别是朱元璋和陈友谅这个一生中最大的对手交战时，如何不是他的"苦肉计""反间计""攻城计""攻心计"及时数次在关键时刻解救朱元璋于危急之时，恐怕朱元璋很难度过那段阴霾期。而朱元璋也不是一个恩将仇报的人，他之所以"雪藏"刘基，那是有原因的。

原来，朱元璋在称帝前，令他头疼的事就是丞相的人选。不是说手下无能，一时找不到合适的丞相人选，而是人才太多，他难以抉择，难以取舍。李善长和刘基都是朱元璋认定丞相的不二人选。于是乎，李善长和刘基之间的大战就上演了。首先来看各自的优势。

李善长拥有先入为主的优势，还是在朱元璋"单飞"时，就追随了朱元璋，并且在攻打集庆这一路上，充分发挥了"第一谋士"不可或缺的作用。后来朱元璋手下谋士越来越多时，李善长"退居二线"，在后勤服务这一块又成功顶起一片天。也正是因为这样，朱元璋在公开场合表示，李善长就是他的"萧何"。

刘基拥有反客为主的优势。是啊，朱元璋之所以对刘基亲密有加，一是自己耳闻，二是朱升的强烈推荐，得刘基如得诸葛孔明，如鱼得水。因此，朱元璋才不惜来了个三请刘基。而千呼万唤始出来的刘基也没有令朱元璋失望，他用实际行动证明了自己"第一军师"的地位。见证了数次神奇之后，朱元璋在公开场合公然强调，刘基比张良不差分毫。

各有各的优势，各有各的特点，各有所长，难分伯仲，对此，朱元璋不由得发出了这样的感叹：鱼，我所欲也；熊掌，亦我所欲也，二者不可得兼，如之奈何？

感叹归感叹，朱元璋决定对李、刘二人进行考试。谁能胜出，丞相之位就由谁来当。

主考官自然非朱元璋本人莫属了。考试地点：集庆的烟雨楼。考试题目：随机而定。当然，接到通知的李善长和刘基自然很快往烟雨楼赶，到了烟雨楼，才发现"主考官"朱元璋并不在。两人只好静候朱元璋的到来。然而，左等右等，就是不见朱元璋的踪影。为了打破这难熬的寂寞，李善长和刘基开始闲聊。

"先向先生贺喜了。"李善长一出口就语出惊人。

"何喜之有？"刘基自然知道李善长话中有话。

"如今朝中上下都知道您要迁升丞相之位了，不道喜，难道还要道忧啊？"

"那都是空穴来风吧，无论资历和功劳，还是威望，都是先生鹤立鸡群，高出我等许多，应该是我向先生道喜才对啊！"

两人对话到此结束，"躲在"暗处的朱元璋这时现身了。他不公开地宣布，第一关自我辩论才艺大比拼，两人平分秋色，再度难解难分。接下来，上演"必答"比赛。

"这个莫愁湖以前属于宋国，后来属于元朝，现在归于我，也不知道以后将归于谁。元朝的得失在哪里？怎么好好的，一下就变成这样子了呢？"

"元朝之失主要在于失去了民心。"刘基第一个站出来回答，接着以两个关键句对自己的话进行了解析。第一个关键句是"得人心者得天下，失人心者失天下"，第二个关键句是"君为舟，民为水，水能载舟，亦能覆舟"。

李善长的回答是："元朝之失主要在于气数。"关键句：因成就了果，果决定了因。解析如下：历朝历代皆有气数，这是无法逆转的，是天命。暴君死，新君立，如今元朝气数已尽，是主公这条真龙天子上台的时候了。

对话戛然而止，必答结果后，朱元璋不动声色，嘴上也不露声色，但心里早已有了声色，结果立见。刘基把朱元璋现在所拥有的功绩比喻成"民意使然"，因此，元朝灭亡是偶然的。而李善长却奉承朱元璋是天命所归的真命天子，因此元朝灭亡是必然的。

一个偶然一个必然，一个淡化了朱元璋的功绩，一个神化了朱元璋的人生。一个直话直说，一个实话巧说。

结果胜负立分，朱元璋最终决定立李善长为丞相。但又怕刘基有意见，又主动找到刘基，表达了想封他为御史大夫的想法。然而，出乎朱元璋意料之外的是，他的"安慰"却被刘基拒绝了，理由：才疏识浅，不胜其职。

几番推托，最后刘基才屈任御史中丞之职。当然，刘基心里早已萌生了隐退的想法。是啊，历朝历代，功高震主都是个危险的信号。与其到时受猜忌，受荼毒，不如及早退身。"等徐达等北伐军凯旋的那一天，就是我归隐山林的那一天。"刘基如是盘算着。

败得如此不可思议

　　洪武元年（公元 1368 年）七月二十七日，徐达率大军攻克了通州，终于等来了直捣大都的好时机，终极目标就在眼前，终极胜利就在眼前，无限喜悦埋在心中。

　　大都拥有三大绝对优势：一是城坚，二是军众，三是粮多。可以说长期坚守的三个必要条件和要素都具备。因此，徐达和常遇春做好了打艰苦战的准备。然而，当徐达带领北伐军来到大都城下时，却发现城门大开，城上一个士兵也没有。

　　"莫非是空城计？"徐达马上派人前去打探，这一探不要紧，探出的结果，这的确是一座空城。原来，听说北伐军来了，元顺帝充分发挥不羞遁走的匈奴精神，来了个左手文武百官，右手一家老小，进行了"跑得快"。

　　元顺帝这一跑，便跑到了上都（今开平，内蒙古锡林郭勒盟正蓝旗境内），到这里依然做他的皇帝，国号依然为元，史称北元。

　　元顺帝这一逃，也宣告了元朝正式灭亡。当然，如果你认为万里长征就此结束，徐达和常遇春就可以凯旋、班师回朝，那就大错特错了。对于北伐军来说，占领了大都固然可喜可贺，但更严峻的考验还在后面，对于他们来说，真正和元军的决战才拉开序幕。作为全国性政权的元朝虽然正式结束了自己的使命，不过它的残余力量似乎还没做好向历史谢幕的准备。

因为元顺帝走了，元朝末代名将王保保出彩的时候到了，也是他该出场和亮相的时候了。

当然，在战斗前，还是先看看元朝的情况吧。话说腐败无能的元朝在全国各地发生起义后，内部也因为争权夺利而终日不得安宁，在外忧内患下，元朝政权已如风雨飘摇的楼阁，随时都有可能倒塌。当然，虽然无可奈何花落去，但毕竟瘦死的骆驼比马大，元朝自元世祖忽必烈始，曾经辉煌过，曾经风光过，曾经统治中原长达近百年，先后历经十一个皇帝。因此，就在这种内忧外患的情况下，元朝政府却不乏良将出现。譬如，脱脱丞相就是其中一个很著名的典型。但是，这个时候身为名相也无济于事，最终脱脱不是死于起义军之手，而是死于自己政权内部同胞的"弹劾"下。不能不说这是件极为悲惨的事。而在随后镇压以小明王、刘福通为首的红巾军时，元军成全了红巾军，红巾军也成全了元军。就在围剿与反围剿、争斗与反争斗中，练就了刘福通的铮铮铁骨，也使元军"四大天王"脱颖而出。

这四大天王分别是察罕帖木儿、孛罗帖木儿、李思齐和张良弼。而这四大天王之首察罕帖木儿还有一个汉文名字就叫王保保，他在阻击刘福通孤注一掷三管齐下北伐中利剑出鞘，逆境扬帆，最终打败了红巾军主力，收复了山西、陕西等地，一时间成了元朝的宠臣。考虑到孛罗帖木儿、李思齐和张良弼三人后来发挥的作用太小，根本没能给明军造成威胁就退出了历史的舞台，这里不妨先来简单看一下横刀立马，竭尽全力想力挽狂澜的王保保的个人简介。

王保保原名：察罕帖木儿。

家庭背景：元朝名将察罕帖木儿的外甥，也是他的养子，在察罕被杀后，他成了元朝的脊梁。

职务：元帅。

地盘：山西、甘肃。

拥有兵力：十万大军。

王保保的存在，是一颗定时炸弹，如果不"排除"掉，随时都有可能

362

会引爆。卧榻之侧，岂容他人酣睡！于是最终，徐达和常遇春决定马上拔刺。

于是乎，一场强强对话，一场超级比拼就这样上演了。

为了能顺利打败王保保，徐达和常遇春来了个兵分两路，双管齐下。

徐达部挺进漳德，从南路进攻山西。常遇春南下保定，从北路进攻山西。而徐达和常遇春约定的会师地点是太原，目标是全歼王保保。

而王保保显然不是鱼腩，他早已睁着一双慧眼，静候朱军的到来。很快，徐达率领的北路军急先锋汤和就出现在了他的视野范围内。汤和好不容易当一回先锋，自然想抢在有着"应急先锋"美誉的常遇春前面，立一回头功。

结果汤和忘了徐达对他的叮嘱，而是选择了就近原则，大举进攻泽州。

殊不知王保保早已"恭候"他多时，因此当汤和率往泽州的大军刚走到山西韩店，就遭到了王保保部下的"十面埋伏"。这场面只有当年的韩信知道，项羽见识过，此时的汤和再见识时，也只剩下一条路可走——溃逃。

结果元军告捷的消息很快传到了远遁千里之外的元顺帝那里。他一听，心里叹道："看来，关键时刻还有一个人能顶得住。"想到这里，一向懦弱的元顺帝，一边马上派人来了个"千里送信"给王保保，另一边团结能团结的力量，聚集能聚集的兵力，从居庸关浩浩荡荡出发，目标只有一个，收复大都，打败徐达的北伐军。

王保保听说元顺帝要和他来个双管齐下，收复大都，顿时豪情满怀，壮志凌云，马上率倾巢之兵力，直奔大都而来。目的也只有一个，和元顺帝胜利会师大都。

元顺帝和王保保弈出新招后，徐达马上也根据形势来了个"求变"，攻打王保保的军事重镇太原。

大都以前是起义军梦寐以求地想要攻克的地方，现在好不容易把这个梦想成功实现，王保保用倾巢之兵去攻，徐达不去相救，按理说于情于理于法都不相符啊！然而，徐达有他的想法。大都固然重要，但太原更重要。为什么这么说呢？首先，大都是一座坚城，坚城之所以叫坚城，如果我想坚守，你一时半会儿就拿不下。再次，大都是一座废城。我只是刚刚到城里转了一圈，全当旅游观光，既没有安家，我大明朝政也不在城里。如果你非要，丢给你没什么关系，大不了，咱再卷土重来就是。总之一句话：大都丢得起。再来看看太原。太原是王保保老根据地，王保保的大家小家都安在这里，是一切的政务中心，粮草供给地，兵器加工厂，后勤服务中心。王保保如果失去了太原，就会一无所有。总之一句话：太原伤不起。

既然伤不起，王保保最终还是选择了"回头是岸"——半路回师。

而徐达等的就是王保保的去而复返。按照徐达的设计是，设好伏，等着王保保的大军往"火坑"里跳。然而，徐达率先头部队刚刚到太原边，根本来不及做任何事情，王保保带着他的十万雄师已经回来了。见此，徐达不由得发出了这样的感慨：这就是传说中的铁骑，果然不是一般的快。

也正是因为这样，徐达和王保保在太原城第一次面对面时，双方显得很平和，既没有上前叙话，说一些"久仰大名""如雷贯耳"之类的客套话，也没有马上进行你死我活的大战。其实，两人都在犹豫。徐达的犹豫原因有二：一是他的主力军还没有来，此时贸然进攻，非但没有必胜的把握，反有遭蹂躏的危险；二是王保保的铁骑有着"天下第一魔鬼兵团"之称，还没有跟他正式交过锋，或多或少有点恐惧。

而王保保的犹豫原因同样有二：一是他火急火燎地连夜赶来，已是一支疲惫之师，在不知朱军虚实的情况下，当然不敢贸然进军了；二是徐达有着战神之称，他早已有耳闻，第一次面对面，有惺惺相惜之感，有高深莫测之虚，有静观其变之意。

就这样，两人相遇后，就这样大眼儿瞪小眼儿，都没有开打之意，都没有说话之闲，最后双方竟然默契地友好和平相处。

就在徐达和王保保眉目传情之际，常遇春也没有闲着，他绕到王保保身后，一直在寻找王保保的"命门"所在地，功夫不负有心人，到第三天时，常遇春兴奋地对徐达说："我找到了王保保的'命门'了，咱们可以开打了。"

"不知道我看的，是不是和你的一样。"徐达一脸平静地说，"你先不用说，咱们写在手上吧。"于是两人写好后，再摊开手掌时，大笑起来，但见两人的手掌心都写着两个同样的字：夜袭。

计谋定好，当晚，一切准备妥当的徐达和常遇春神不知鬼不觉地向王保保的"快乐大本营"出发了。此时王保保的骑兵们正睡得香，他们不会料到，灾难就此降临。因此，当火光冲天，喊声大震时，王保保的士兵们要么还没弄明白是怎么回事，脑袋已搬家了；要么知道了是怎么回事，想要跳出火坑，却怎么也跳不出来；要么即使跳出了火坑，也是伤残了。

王保保的铁骑已经没有上马的机会了，铁骑的威力和神奇也就自然无法施展了。失败已无可挽回，王保保这时，充分发挥了"钻山豹"的精神和风格，以百米冲刺的速度向前跑。而常遇春一直盯着的人就是王保保，见他跑了，自然选择了追。最终，王保保在亲信士兵的护卫下，跑出百里之后，才甩掉了常遇春这个"鬼难缠"的追击。

而王保保身后的十万大军却没有那么幸运了，结果除去死去的四万人，其余六万或伤或残或逃或散，总之，一夜之间灰飞烟灭。

常遇春的绝唱

随着王保保的十万铁骑的烟消云散，山西也改朝换代了，成了徐达手中的"责任田"。这个时候，战神徐达依然没有小富即安，他要到陕西去"信天游"一下。

留守陕西的不是元军的嫡系部队，而是大军阀李思齐和张良弼等人。结果这一次，徐达采取招安和武力逼迫双管齐下的做法再收奇效，很快陕西就成了徐达的另一块"后花园"。至此，中原已基本上姓"朱"了，唯独东北还姓"元"。

这个时候的元顺帝在心血来潮之后，听闻王保保惨败的消息后，吓得重新退回了关外。这个时候，歼灭元顺帝成了徐达北伐军的终极目标，只要消灭了元顺帝，那么就意味着北伐全面胜利。

常遇春这次变成了主帅，这对于一直充当"应急先锋"的他来说是破天荒的头一次，然而也是最后一次。不知道是不是造化弄人，这次征战也成了常遇春的人生绝唱。

洪武二年（公元1369年）六月，常遇春和副帅李文忠带领一万骑兵及八万步兵再度开始了神奇之旅。一路乏善可陈，把战绩和战果呈上吧：先击败元将江文清，攻占了锦州；接着又击败元丞相也速，夺下全宁；再接着击败元军并擒获元朝丞相脱火赤，拿下大兴州。此时，北元最后堡垒上都就在眼前！

元顺帝听说常遇春就要打到上都来了，再度发挥脚长跑得快的优势，带上银两，带上老婆，带上孩子，连夜逃到了应昌（今内蒙古达里诺尔湖）。元顺帝叹道："山高皇帝远，这下你总不可能追我追到这荒蛮之地来吧！"

然而，对此，常遇春的回答是："一切皆有可能。"他说到做到，一连追击几十里，收获颇多：诛灭了宗王庆生和平章鼎珠，俘虏了万余蒙古兵。最后回来也不忘顺手牵羊，带回了三千马匹和五万头牛。

然而，就在回师途经柳州时，正值不惑之年的常遇春却走到了生命的终点，死因不详，疑似突发性中风。

当然，常遇春在逝世前，还尽自己最后的职责，把副将李文忠叫到身边，"临终托孤"，并把军事指挥权交给他了。

李文忠强忍着悲伤，马上派人快马加鞭一边向大都的徐达报丧，一边南下向千里之外的朱元璋报丧。

半个月后，朱元璋接到了噩耗，做了三件事。一是悲伤。悲伤到了什么程度呢？四个字：泪流成河。二是厚葬。朱元璋亲自祭奠常遇春，赐葬钟山原。三是封谥。赠太保中书右丞相，追封开平王，谥号忠武，配享太庙。

后有颂诗如下：

> 将十万众之威名，常诵都人仕女；
> 居七八分之功业，永留大地河山。

王保保的反击

就在常遇春大胜而死之后，王保保却大难不死。虽然十万铁骑灰飞烟灭，王保保第一次体会到什么叫沧海桑田，什么叫心痛欲死。但是他毕竟是个名将，是个猛将，是个不服输的战将，因此，他很快走出失利的阴影，重新组织了人马，卷土重来。

而这时，徐达又派遣部将张温往甘肃进军，并且很快攻下了兰州等地。王保保于是把反击的目标盯在了张温身上。这一次他精心部署，祭出了惯以成名的撒手锏——围点打援。一方面大张旗鼓，做出佯攻兰州的态势，以吸引朱军主力来救援。另一方面把主力部队埋伏在定西，策略是伏击。

果然，张温听说王保保大兵压境，马上向各地朱军发出了求救信。结果就在附近打游击的明将于光，接到求救信后，火急火燎便往兰州赶，很快就进入了元军的"伏击区"，结果来了个全军覆灭。

被王保保围点打援成功后，兰州守将张温一边流下了伤心的泪，一边痛定思痛，决心痛击王保保，为死去的兄弟们报仇雪恨。然而，如何打败王保保呢？冥思苦想的张温想出了一个大胆的想法——出奇制胜。他组织了一支只有三千人的敢死队，是夜，开始了他们的"斩首行动"。结果他的奇招果然收到了奇效，大获全胜的元军都在军营里把酒言欢，相互庆贺，这个时候从天而降的明军打了他们一个措手不及。四处火光冲天，喊声如雷，元军只剩下溃逃的份儿了。就这样，兰州之围被张温一招力挽狂澜之举成功破解了。

面对王保保的咄咄逼人，远在集庆的朱元璋知道后，马上召开了一次军事扩大会议，并且很快制定出应急方案，具体来说是三步走：一是围魏救赵。命徐达不再救援兰州，而是自潼关出西安直接进攻王保保的后方重地定西，迫使王保保回军。二是擒贼擒王。对于已逃到应昌的元顺帝，采取继续追击的办法，命顶替常遇春的左副将军李文忠自居庸关出关，经沙漠地带追击元顺帝。三是声东击西。为了牵制和彻底消灭元军残余势力，朱元璋还派出大将金朝兴和汪兴祖等人佯攻山西、河北等地。

事实证明，朱元璋的三步走很快收到了奇效，首先传来佳音的便是"声东击西"这一路军，作为佯攻，作为疑兵之用的金朝兴和汪兴祖，两人一个攻下了胜州，一个攻下了朔州。接着传来佳音的是"擒贼擒王"的李文忠，他出居庸关后也是一路畅通无阻，直逼应昌的元顺帝的老巢所在地而去。

而接下来徐达和王保保的大战才是重中之重。徐达和王保保前两次争斗中，第一次王保保出奇制胜（打败了先锋汤和部队），第二次徐达出奇完胜（在太原一举击溃了王保保十万嫡系铁骑）。那么，这第三次交锋又是什么样的结果呢？徐达能出奇制胜吗？

徐达没有思考这些的时间，因为王保保听说徐达抵达定西后，马上放弃了对兰州的围攻，而是直奔徐达而来，下面就来看这场绝代双骄的终极对决。

时间：洪武三年（公元1370年）三月二十九日。

地点：定西附近的沈儿峪。

人物：王保保和徐达。

兵种：徐达的明军属于"突击队"，王保保的元军属于"阻击队"。

兵力：各为十万人左右，旗鼓相当。

赛事进程：当裁判一声哨响，吹响了比赛的序幕后，早已磨刀霍霍的元军义无反顾地向前冲。可是当他们冲到一半时，突然停下了向前的脚步，而且像被使了定身法般齐生生地站住了。因为他们惊奇地发现，明军根本就不配合他们的行动，一个都没有动。不动那不是因为害怕，而是因为他们很忙，在忙什么呢？

忙建筑。又是建营寨，又是修房子，忙得不亦乐乎，大有安居乐业之气势。

看来徐达是有备而来，准备跟我打持久战啊！原本准备速战速决的王保保这时发出了这样无奈的感慨。是啊，一个巴掌拍不响，既然明军不支持不配合，双方的决斗就此搁下。

一周后，徐达的"棚户区改造工程"顺利竣工。对此，徐达马上派人到王保保那里报喜。别人报喜要钱，他报喜要命。别人报喜选择在大白天，他们却选择在漆黑的夜里，别人报喜最多只要几个人，他报喜却要好几百人。这几百报喜的人一到王保保军营干起的就是杀人放火的勾当。王保保岂容他人在自己的地盘上撒野，一挥手，大军倾巢而出，要把这些报喜人变成报喜鸟。然而，这些报喜的人个个身轻如燕，眼看你要动真格了，在一阵"扯呼"声中很快消失得无影无踪了。王保保被气了一回，马上加强了军营的防备和警戒工作，以防止明军再来骚扰。然而，令王保保想不到的是，明军显然不是吓大的，他马上又来了个去而复返。当然，这一次对早有防备的敌营并没有来个亲密的"靠近"，而是来了个友好的"接近"。到了元营外围，他们裹足不前了，并且心有灵犀一点通地马上上道具——喇叭、锣鼓、口哨等东西，接着开始了他们的午夜音乐演唱会。

这演唱会美则美矣，但连锁反应就是听了的人就会着魔，一着魔带来的后果是兴奋，兴奋带来的结果是睡不着，睡不着意味着失眠，失眠意味着精力不济，精力不济意味着到了白天还想再睡五百年。眼看士兵们晚上听了这毛骨悚然的音乐会后，白天个个无精打采，酣睡如泥，王保保只好发出这样的感慨来：哥听的不是音乐，是寂寞。因为寂寞，所以他自然想要这音乐会立即消失。然而，人家演唱是在你外围，等你从军营出动人马赶来"砸场子"时，人家早已溜之大吉了。

哪里有压迫哪里就有反抗，为此，明军很快把午夜音乐演唱会改为全天音乐演唱会，二十四小时不间断直播。我唱，你听。你追，我跑。你停，我返。你返，我唱。我唱，你听。你追，我跑……就这样周而复始，明军的"戏班子"和元军进行着这样的"躲猫猫"游戏。当然，明军之所以这样有恃无恐，唯一的依靠就是身后有坚强的壁垒——营寨和防御设施。元军不敢轻易到壁垒前去碰壁。

音乐无止境，娱乐无极限，王保保再也忍受不了这种无休止的折磨，决定再来个以牙还牙，他精挑细选出了一支由一千人组成的敢死队，找了一个当地人做向导，选择了一条荒无人烟的羊肠小道，对明军进行袭击，目的只有四个字：出奇制胜。

然而，徐达早就料到了元军定然会有反击之举，因此早早严阵以待，在那里以逸待劳。因此，当元军一千人突然从暗处杀出时，徐达和明军一点也不惊慌和紧张。相反，马上组织人马进行了有效的抵抗。千人敢死队，唯一能取胜的方式就是以快制快，出奇制胜。然而，明军以快制快，成功抵挡住元军的"惊天一袭"后，接下来便是明军"全力一击"的时候了。结果没有悬念，一千人相对于十万明军来说，太少了，少得不够塞牙缝，最后这支敢死队都成了"赶尸队"。

反击失败后，王保保还在心有余悸时，明军却在上演他的演唱会。最后，王保保选择了无奈地接受现实，对演唱会采取了这样的策略：不闻不问，不管不提，不看不听……结果却是做不到，只能咬着牙，默默品尝这些痛苦的煎熬啊！一句话：元军大本营从此无人入睡。据说元军以后见面的招呼语都是：今天你睡了吗？

时间定格在四月七日的深夜，这天晚上明军的音乐演唱会突然消失了。元军大声欢呼。

然而，与士兵的庆幸相比，王保保的眉头却紧锁着，他明白，不用感谢明军，也不用感谢谁，明军不需要感谢，他们不搞演唱会，是要展开军事行动了。此时就是暴风雨来临前的沉静期。于是乎，王保保马上下达了一级备战令：加强警戒，准备作战。

可以说王保保具有一名良将的先天条件：勇敢、果断、敏锐、判断力强、侦察力强、战斗力强。然而，他不会料到，此时的元军已被明军的演唱会唱晕了头，因此，王保保一级备战令下达各营后，实行起来却变了样。正所谓上有政策，下有对策，每个营除了派出一两个老弱病残幼"执勤"外，其余士兵都选择了蒙头大睡。是啊，金窝银窝不如自己的老窝，喝香拥香不如睡得香。

夜已深，月光如水，寂静如墨；夜已深，元军酣睡如猪，明军却在行动。乘着月色，明军很快来到了元军大本营，然后按照战前部署，直奔元军的中路大军而去。此时的元兵酣睡如泥，很多人不明不白就到阎王那里报到去了。而那些被火光和血腥惊醒的元军面对这样的变故，想要起来组织抵抗，无奈一来身子软弱如泥，连站起来都困难，更别说拿起武器打仗了；二来勉强站起来想要硬杠的人，却哪里是如狼似虎的明军的对手。这根本就不是一个等级的较量，过程毫无波折，结果毫无悬念，共俘获元剡王、元济王及文武大臣两千余人，士兵近九万人，王保保重新组织的十万大军几乎消耗殆尽。值得一提的是，王保保在无法力挽狂澜的时候，依然选择了"不羞遁"，带着老婆、儿子一路向北狂逃。结果逃到黄河边上后，再也无路可逃。

没有船，如何渡河？王保保就是王保保，选择了自己动手，丰衣足食，他先是杀战马，把温饱问题解决了，然后再去砍树木。最后做成了简陋的木筏。一家人趴在木筏上，在黄河上来了个"漂流"，漂流的过程很惊险，但结果是好的，王保保一家人安然无恙地抵达对岸。过了河，王保保怔怔地望着对岸。来时，风光无限，十万大军浩浩荡荡，英气风发；去时，狼狈至极，十万大军灰飞烟灭，只剩孤家寡人。来时，雄心万丈；去时，心痛若死。来时鸟惊心，去时花溅泪。来时……男儿有泪不轻弹，只是未到伤心处。良久，一颗硕大晶莹的泪珠从王保保的眼眶里掉落下来，接着是第二颗、第三颗……

斩草要除根

当王保保在内蒙古大草原"兜风"时,他的老板元顺帝和他同病相怜,在广阔的沙漠里"兜风"。原来李文忠出居庸关后,一路势如破竹,先是打败了元太尉蛮子,接着击溃平章沙不丁朵耳只八剌,最后直捣元顺帝所"窝居"的老巢应昌。

元顺帝本想躲在沙漠成一统,但面对明军接二连三的光顾,他也急了,这一急,就病倒了。这一病,就一病不起。元顺帝是不愿再从应昌搬家的,从大都搬到上都,又从上都逃到应昌,他体会到了什么叫沧海桑田,体会到了什么叫人是物非,体会到了人情冷暖,体会到了天堂到地狱的转变。是啊,在上都住的是金銮宝殿,吃的是山珍海味,玩的是花天酒地。而到了这漠北,住的是寒宫陋室,吃的是粗茶淡饭,睡的是冰冷卧榻。

先苦后甜,那叫奋斗人生,先甜后苦,那叫痛不欲生。因此,当李文忠接连打败他派出的最后的阻击力量时,元顺帝知道,连应昌这个寒宫也待不下去了。是的,他下一步只能再逃离。可是,天下之大,又能逃到哪里去呢?中原是真真切切回不去了,只有向更北更偏僻更荒凉的漠北逃去了,只能……或许这样逃下去的结果只有两个:一是成为野人,一是成为欧洲人。元顺帝不想成为野人,更不想成为欧洲人,他选择了第三种人——死人。

元顺帝是可怜的，他也算是有骨气的，最终选择了不成功便成仁，因此，在李文忠的大军到来时，他来了个死去元知万事空。

可怜的元顺帝，他的追悼会还没来得及开，李文忠却不期而至，城里的王公贵族们都在忙于办丧事，根本来不及逃跑，结果，这些王公大臣们属于典型的酒囊饭袋，被李文忠来了个一窝端，这其中还包括元顺帝的大小老婆和最为优生的孙子买的里八剌。

只有元顺帝的儿子爱猷识理达腊脚下功夫厉害，就在大家束手就缚时，他却一个人跑了。这一跑相当于万里马拉松比赛，直接跑到了内蒙古，找到了暂时在和林栖身的王保保。据说爱猷识里达腊见到王保保后，抱着他就是不松手，流下了"老乡见老乡，两眼泪汪汪"的泪水。

爱猷识里达腊恢复精气神时，马上组建了临时政府，史称"北元"。他任命王保保为丞相，任命也速、哈喇章、纳哈出等为将军，一边摇旗呐喊元朝的残余势力迅速向他靠拢，一边负隅据守，并且不定点打击明军。

也正是因为这样，就在爱猷识里达腊和王保保再续旧情时，朱元璋也没有闲着，他再次召开军事扩大会议，制定了歼灭爱猷识里达腊和王保保的终极方案。是啊，斩草不除根，终究是祸害。因此，在明军"斩首"行动成功后，我们姑且把这次军事行动叫"斩草"行动吧。

斩草行动为分兵三路：

第一路：中路军。统帅：徐达。职务：魏国公。新封号：征虏大将军。兵力：五万。出发地：雁门关。目的地：和林。战略：诱攻。概述：这一路军看似是明军的主力部队，但实际上是以徐达的独特的人格魅力，吸引元军的主力与他进行决战，而给第二路军创造机会和条件。

第二路：左路军。统帅：李文忠。职务：曹国公。新封号：左副将军。兵力：五万。出发地：居庸关。目的地：和林。战略：主攻。概述：这一路军才是这次军事行动的重中之重。自从常遇春死后，年轻的李文忠接过了常遇春手中的帅印，并且很快挑起了重任，在漠北接连打败元军，并且逼使元顺帝"气死"，老巢应昌被拿下等，功不可没。这一次，朱元璋便将对王保保的最后一击交给了李文忠。在徐达军队与元军决战时出其不意发动攻击，一方面可以切断元军归路，二来与徐达夹击元军。

第三路：右路军。统帅：冯国胜。职务：宋国公。新封号：右副将军。兵力：五万。出发地：金兰。目的地：甘肃。战略：佯攻。概述：冯国胜出击甘肃，没有硬性任务规定，只需采取打游击的战略，打一枪换一个地方，成功牵制元军，作为疑兵使用，给徐达、李文忠与王保保大决战创造良好的条件。

绝处逢生

一切部署完毕，万事俱备，只欠东风，只等朱元璋吹响发动总攻的集结号这一天了。洪武五年（公元 1372 年）正月二十二日，朱元璋一声令下，三路大军按既定的战略方针开始了对元军余孽的"斩草"行动。

首先我们来看中路徐达的大军。徐达这次派出的先锋是"后起之秀"蓝玉，副先锋为汤和（鉴于上次的惨败，这次能当副先锋已经很不错了）。职务为都督的蓝玉就这样开始了他的神奇之旅。

一个星期后，蓝玉在野马川（今蒙古国克鲁伦河）和王保保的骑兵来了个约会。两军交战勇者胜，结果，蓝玉身先士卒，勇冠三军，打得王保保的骑兵只有溃逃的份儿。

蓝玉毕竟嫩了点儿，他没有料到这是王保保的诱敌之计，选择了继续追击。结果是一路风雨一路阳光，打得王保保的骑兵只有招架之功，毫无还手之力。连胜了几场，蓝玉不禁纳闷了，久闻王保保乃是元军第一名将，怎么会如此不经打啊！思来想去，他一边追击，一边马上把军情向总指挥徐达进行了汇报。徐达在和王保保的第三回合交战中取得了绝对性的胜利，十万人征战，数百人还。这一战之后，徐达改变了对王保保的看法，以前认为王保保是条龙，此时认为他只不过是一条虫罢了。因此，当蓝玉把军情汇报到他这里时，他想也没有想就进行了回答，三个字：继续追。

他不但叫蓝玉追，自己也带着主力部队追。就这样，明军很快深入了漠北腹地。图穷匕见，一直等到明军主力军全部到了伏击地点杭爱岭北后，沉默良久的王保保现身了，他大手一挥，剽悍的骑兵四面八方出现了，把明军围成了个铁笼。

因为长途跋涉的追击，明军到此时，已是筋疲力尽。此时面对从天而降、铺天盖地的元军铁骑，很快溃不成军，一万余人的脑袋就此搬了家，而受伤者更是不计其数。

面对王保保的围歼，明军到了最危险的时候，关键时刻战神徐达充分显示出一员名将的良好素质。士兵乱了，徐达没有乱；士兵慌了，徐达没有慌，他立即下达了"就地固守"的命令。

也正是因为这样，明军由慌乱的突围变成冷静的防守后，效果果然看得见，成功抵挡住了元军铁骑的围攻。双方进入僵持战后，徐达这才选择了有节奏有顺序的撤军，成功撤到安全区后，徐达没有选择"一溃千里"，而是就地安营扎寨，并且修建了防御的军事堡垒，从而抵挡住了王保保铁骑的追击。就这样，徐达凭借一己之力，力挽狂澜，渡过了全军覆灭的危险期，把损失降到了最低，给了自己卷土重来的机会。

总之一句话，徐达的中路部队因疏忽大意，让老练的王保保的看家法宝——"围点打援"战略的计谋再次得逞，明军损兵数万，两个字：失利。

接下来，我们就来看左路大军李文忠的部队。李文忠率领军队抵达口温（今内蒙古查干诺尔南）时，迎战他的是北元新政权的太师蛮子和哈喇。这个时候的蛮子和哈喇对李文忠采取的策略也是一样的，诱敌深入。一交战，元军便节节败退，面对溃败的敌军，李文忠也选择了乘胜追击，以图一举歼灭元军。当他追击到阿鲁浑河（今蒙古国乌兰巴托西北）时，终于追上了元军。他原本以为此时的元军已到了强弩之末，一击便会彻底崩溃。然而，他很快发现自己错了。这时的元军回头却来了个大变样：弱者回首就变强。

元军回首反击之时，明军惊奇地发现，他们非但没有一点儿颓唐之色，相反如早上刚升起的太阳，个个生龙活虎，一瞬间变强了，变得强大无比。

李文忠见元军越来越多，心里暗叫道：中计了！然后也果断做出决断，不选择马上逃，而是选择了与徐达一样的战术，亲自率领部队与元军交锋。也就是这个决定，李文忠挽救了左路的明军，结果不但成功抵挡住了元军，而且还歼敌数千人，虽然付出的代价是惨重的，损失近万明军，但好歹凭着勇猛击溃了元军。

元军眼看他们精心设计的计谋居然没能彻底打败明军，被不要命的明军吓破了胆，于是选择了逃。是啊，打不起，咱还躲不起吗！而这时依李文忠的脾气是要追的，但他却没有选择追。一来前方的凶险未知，再追下去伤不起啊！二来粮草不够了，再追下去伤得起，也饿不起啊！三来中路军徐达失利的消息已传来，再追下去，伤得起，饿得起，也耗不起啊！因此，当元军撤军时，李文忠也选择了撤军。就这样，双方握手言和。

一句话：李文忠凭着果断、勇猛和顽强，这一路军算是勉强和元军打成了平手。

一败一平后，接下来第三路右路大军冯国胜就显得尤为重要了。是啊，冯国胜这一右路军本来只是做陪衬的，但在前两路大军没有达到预期效果的情况下，他接过了打击元军的重担。要彻底打败元军已是不可能，关键是他能否为明军争回一点儿颜面呢？

奇男子诞生记

冯国胜派出的先锋是傅友德，这个以前默默无闻的大将，似乎格外珍惜这一次来之不易的机会，不经意间便成就了"奇男子"的美誉。

其实冯国胜叫他带领着五千精兵当先锋，本来也是"投石问路"之举，但傅友德这一块石头投得比较大，直接投向了西凉（今甘肃武威）。

一块石头落地，西凉被他砸出一个缺口，西门守将失剌罕也被砸断了手，很快弃城而逃。傅友德砸下的第一块砖收到奇效后，并没有停手，而是选择了砸第二块砖，这块砖砸向了永昌（今属甘肃），结果这一块砖砸下去，效果也是非同凡响，守永昌的元太尉朵儿只巴的额头被砸破了，他只好抱着头弃城逃跑了。按理说一般人都会见好就收，但傅友德却不这么认为，他认为自己手中现在握住的不是砖，而是定时炸弹。因此，他很快又砸出了第三块砖。这一块砖砸向了林山（今甘肃酒泉北），效果还是看得见，林山守将元朝平章管著显然被砸晕，居然忘了逃，结果被傅友德逮了个正着。

傅友德砸出三块惊天动地的砖头后，很快砸出了响亮的名声，疯子傅友德的绰号不胫而走。冯国胜马上又给他增添了一些新的"砖块"供他使用。而这时甘肃的元军被砸碎了心，一听到傅友德的名字就两脚打战。这就是蝴蝶效应产生的连锁反应。

元军越是害怕，傅友德越是如影相随，他很快又挥起了第四块砖，这一块砖砸向了亦集乃路（今内蒙古额济纳旗），结果守将伯颜帖木儿还没等砖头落下，便举起了双手，别砸了，俺服了你了，俺跟你走还不成吗？

"砖神"就这样诞生了。从此，傅友德砸砖砸上瘾了，接着第五砖又砸向了别笃山口，结果这一砖下去，砸碎了数万元军的头颅，砸得元军守将岐王朵儿心惊肉跳，藏身在马腹下面才逃得一命。之后，傅友德第六块砖砸向了瓜州（今甘肃安西），结果还是那个结果，砸得元军找不着北，只有溃逃的份儿。

最后，傅友德手中的砖居然无处可砸了，因为凡是他所到之所，元军早已逃得无影无踪了，最后，无奈之下，傅友德选择了班师回朝。

傅友德的六块砖头，砖不虚发，砖砖见血，砖砖封喉，砖砖成了传奇。虽然朱元璋的"斩草"行动没有达到最终的目的，而且还损失了数万人马，但无论如何，凭着"奇男子"傅友德的神奇表现，冯国胜这一路军的胜利，还是为朱元璋挽回了颜面。多年以后，回想这次"斩草"行动，朱元璋仍然唏嘘不已。后来，他对镇守在北方边疆的儿子晋王和燕王教诲道："我打了一生的仗，从没有吃过大的败仗，但北伐却对我印象最深，我没料想到会轻许了诸将的请求，深入沙漠，以致大败于和林。这是我轻信无谋，致战死将士数万，想来令人心痛不已啊！"此后，朱元璋不敢再贸然派兵进入沙漠追击北元军。北元军也守着他的一亩三分地，对中原虽然有"贼心"，却没有"贼胆"。为此，朱元璋还采取了招安的政策，但结果都没有成功。特别是对王保保，朱元璋给出了高官厚禄，最后王保保还是不为所动。人就是这样，越是得不到，越神往，后来，当元末四天王之一的李思齐投降后，朱元璋还派李思齐对王保保进行了最后的劝降。

结果李思齐到来后，王保保热情招待，但规定只叙旧情，而不谈军事。但李思齐为了完成自己的使命，还是忍不住对王保保进行了劝降。结果王保保大怒，马上送客。

出于礼貌，王保保还是派一个将领带着骑兵把他送到了百里之外的塞下。离别时，李思齐说："送君千里，终有一别。"

那将领说："是啊，此次一别不知何时再相聚，我家主帅说，请将军留下一物做永久纪念。"李思齐一怔，问道："可惜我这次来得匆忙，没带可留之物啊！""你身上件件都是宝，随便留一样就行了。"将领说着，顿了顿，接着道，"请留下一只手臂吧！"

说是"请"，其实，这时的骑兵个个拔刀相向，如果李思齐不答应，留下的就不是手臂，而是人头了。李思齐见状，长叹一声，闭上双眼，挥剑猛然砍下了自己的左臂，交给了他们。

李思齐因为失血过多，回到中原不久便死了。

但朱元璋却对王保保更加敬重。后来，在一次宴会上，谈起北疆征战之事，朱元璋来了个"煮酒论奇男"。结果在群臣中，常遇春得票最多，理由是常遇春征战数十年，从未尝过败绩。

然而，朱元璋却出人意料地把奇男子的称号给了王保保，理由：我能让常遇春做我的臣属，却不能叫王保保归顺于我，我能征服天下所有对手，却不能彻底征服王保保。

朱元璋既崇拜这个不可征服的对手，又因为这个可怕的对手的存在而头疼，最后没办法，朱元璋只好出台妥协政策：搁浅争议，共同开拓沙漠地带。

只是朱元璋不会料到，这一搁浅居然搁浅了十年。十年后，朱元璋才彻底征服北元，也成就了"沙漠之狐"蓝玉，这是后话。

第二十章

一波三折

休养生息

朱元璋作为草根出身的皇帝，十分想建立一个他心目中的"乌托邦"，这是一个复古而又兼有创新的社会。他在北伐的时候，就提出了"驱逐胡虏，恢复中华，立纲陈纪，救济斯民"这样一个口号。当然，这个口号并非空穴来风、只是说说而已。在徐达和常遇春等人的不懈努力下，很快实现了"驱逐胡虏"，推翻了以蒙古贵族为主体的元朝统治，元朝只剩下王保保的残余势力。在完成第一步"驱逐胡虏"后，也就"恢复中华"了。那么现在关键就是如何"立纲陈纪"和"救济斯民"了。

首先，我们来看朱元璋是如何"救济斯民"的。

1. 施民仁政。

朱元璋认为以仁义定天下，虽迟而长久。舍弃仁义就无以治国。建国后，朱元璋就对朝中文武百官说了这样一番告诫的话："天下新定，百姓财力俱困，如鸟初飞，木初植，勿拔其羽，勿撼其根。"并且很快进行实际行动。

2. 惠民农桑。

朱元璋极为关心农业，采取了一系列发展农业的措施。一是鼓励垦荒。他颁布了许多鼓励垦荒的法令条文，并且用免租作为噱头，规定"二十七年以后新垦田地，不论多寡，俱不起科"。与此同时，还以垦荒的多少作为对官吏奖罚的标准。二是推广经济作物的种植。颁令：农民有田五至十亩的，必须栽种桑、棉、麻各半亩，有田十亩以上者加倍种植。三是大兴水利。为了恢复和发展生产，朱元璋十分重视兴修水利和赈济灾荒。在即位之初，朱元璋就下令，凡是百姓提出有关水利的建议，地方官吏须及时奏报，否则加以处罚。到1395年，全国共开塘堰四万零九百八十七处，疏通河流四千一百六十二道，成绩卓然。达到了"潴蓄以备旱，宣泄以防霖潦"的效果。

3.减免税粮。

朱元璋出身农民，深知灾荒给农民造成的痛苦，在他即位后，常常减免受灾和受战争影响的地区的农民赋税，或给以救济。

通过休养生息的政策稳住民生后，接下来朱元璋便进行四大纲领的最后一步——"立纲陈纪"了。

1.广纳英才。

朱元璋在马背上打天下的过程中，深深体会到了人才的重要性，因此，在建国后，进一步在重才、爱才、喻才上下功夫。建国后，朱元璋很快恢复了科举制度，目的很明显，通过这种方法，从天下读书人中选择栋梁之材，封官晋爵，让他们为朝廷、为大明服务。同时，朱元璋诏告天下，所有郡县都设立学堂。每三年进行一次科举，有乡试、会试等名目。乡试定在八月，会试定在二月，每三年考一次，每次考试分为三场。第一场考四书经义，第二场考论判章表，第三场考经史策。到了后来，又将四书经义改为八股文，规定越来越严，范围也越来越窄。学子们纷纷揣摩迎合，都从八股文这边用功，弄得满口之乎者也，迂腐不堪，没一点实用。这种流毒一直延续了五六百年，才得到改革。

2.设立都察。

开国之后，朱元璋仿照元朝制度建立了御史台，洪武十五年（公元1382年），朱元璋将御史台改为都察院，主要人员是都察御史。他按照全国十三个省区来安排御史负责各地监察事务。这些人权力极大，什么都管，什么也不管，其业务好像现在某些国家的"不管部"，这些人平时并没什么具体事务，整天瞎转悠，今天去兵部检查，明天到刑部查看，办事的官员看到他们就哆嗦，但你也没办法。

3. 废除丞相。

自秦朝首创丞相之职以来，丞相是"一人之下，万人之上"的位置，地位之高可想而知。然而，丞相与皇帝的关系却是很微妙的。一方面皇帝总是"提防"丞相，害怕丞相威胁到皇权。另一方面，丞相以辅佐治世为己任，总是试图不断扩大自己的权势。应该说丞相为皇帝分了忧，也带来了忧，也正是因为这样，历朝历代都存在着"皇丞不和"的问题。刚开始建国时，李善长成为第一任丞相。然而，很快朱元璋就决定废除丞相。原因是朱元璋对李善长很快就有了审美疲劳。

审美疲劳的产生原因就是朝中两大派系淮西派和浙东派之间的对抗。

党派之争

朱元璋最开始崛起，是靠淮西老乡们的支持，最后才一步一步发展壮大，从而完成了"麻雀变凤凰"的蜕变的。朱元璋在建国后，自然没有少封淮西功臣，也正是因为这样，很快就形成了一个权倾朝野的集团——淮西派。前面已经说过了，明朝建国之初，在丞相之争中，最后李善长踩着天下第一谋士刘基的身子坐上了丞相的位置，拥有了"一人之下，万人之上"的地位和权力。因此，李善长自然而然成为淮西集团的"大哥大"了，其成员众多，包括徐达、郭兴、郭英、汤和、周德兴，以及英年早逝的常遇春等名将，个个都是精英。而与此同时，唯一可以和淮西派抗衡的就是浙东派。朱元璋在攻占集庆后，为了扩张地盘，向江浙一带进军，一边攻城拔寨，一边寻遍天下名士。结果在得到了朱升后，又接连得到了浙东四杰：刘基、宋濂、章溢、叶琛。事实证明，朱元璋的求贤若渴没有白费，朱元璋在接下来和一生之中最大的敌人——陈友谅、张士诚的争斗中，正是因为以刘基为首的浙东四杰的阴谋、阳谋，才最终破狼成功。在最后北伐元朝的时候，面对明军日益骄躁，唯有刘基劝告他要放平心态，要保持平常心，要高度重视敌人，特别是王保保。最后果然应验了他的话。可以说，朱元璋之所以能打下天下，军功章里有刘基一半的功劳。也正是因为这样，浙东帮的地位在明军中还是很有分量的。

正如一山不容二虎，正是因为淮西派和浙东派并存，为了争权夺势，两派之间的对抗就在所难免了。淮西派的大哥大是李善长，而浙东派的带头大哥是刘基。因此，两派的争斗，说白了就是李善长和刘基之间的比拼。

前面已经说了，朱元璋在选第一任丞相时，把李善长和刘基定为两名最热门的人选。甚至还一度决策不下。最后对两人进行考试中，刘基过于"刚直"，李善长因为"圆滑"而最终得到了朱元璋的认可，从而坐了第一交椅。而本来朱元璋想把刘基屈居第二，封为御史大夫。但刘基拒绝了，理由是自己才疏识浅，不能胜任。最后按他的意愿，当了个小小的"弼马温"——御史中丞（监察机构的言官首领）。虽说刘基对权位看得并不是很重，但在这一回合中，显然是坐上丞相宝座的李善长取得了绝对性的胜利。

考虑到了第一回的比拼，刘基有谦让的成分。那么接下来的第二回合就显得至关重要了。刘基本来无意和李善长争权夺势，然而，正如那句俗话：人在河边走，哪能不湿鞋！你不犯人家，并不代表人家不犯你。很快，一个叫李彬的人就"犯"了刘基，冲突就此拉开序幕。

李彬原本并不是一个知名人士，但因为他有关系——李善长的亲信，很快就由幕后转到了台前。因为李彬是当朝宰相李善长身边的红人，很快就露出狐狸尾巴来，一是经常干一些欺民奸淫的事儿，二是经常干一些违纪犯法的勾当。总之，一句话，很快他就成了雄霸一方的土霸王。国家刚建，就出了土霸王，老百姓对他自然是深恶痛绝。而身为监察机构"头目"的刘基自然不会放任李彬胡作非为而不管。

擒贼先擒王，捉奸要捉双。刘基为了掌握李彬的罪行，选择了比狼还有耐心地守候着，终于现场逮住了李彬作恶犯事的事实和证据。于是，他二话不说就将他逮进大牢，并且准备择日斩首示众。自己身边的红人不但被抓了，而且还要斩首示众，这传出去，作为一国之丞相的李善长脸往哪里搁？李善长显然是急了，一急，便直接去找刘基说情。大意是说，我们都是老相识老搭档了，不看僧面看佛面，这次就放李彬一马。按理说身为一国之相，能这样委曲求全来请求刘基刀下留情，这是需要很大的勇气的。同时，已经很给刘基面子了。然而，一根筋的刘基却执意要杀李彬。

"那就等皇上回来再裁决吧。"李善长弱弱地来了一句。

"不行，君子犯法与庶民同罪。李彬的罪大恶极，理应当斩，谁说情都没有用。"刘基强硬地回了一句。

李善长见刘基软的不吃，不由得大怒，很快来硬的："李彬你不能杀。"就在刘基惊愕时，李善长说出了他的理由：谁要敢杀李彬，老天爷就会把他带走。解析：京城一带已经有好几个月没有下一滴水了，这是因为惹怒了天庭所致，如果现在再枉杀人的话，老天爷一震怒，你吃不了兜着走啊！

李善长说得有恃无恐，眼看搬出朱元璋都无效的情况下，选择搬出老天爷来唬他。是啊，如果刘基杀了李彬后，天还是不雨，责任就归刘基了。

然而，刘基不是吓大的，他马上直截了当地回复李善长六个字：杀李彬，天必雨。意思就是说，我只要杀了李彬，老天定然会感动，感动之下定然会下雨。

就这样，李彬的脑袋搬了家。而就在李彬去阎王那里报到时，李善长和刘基也就彻底决裂了。然而，这一次，老天却很不给刘基面子，李彬死了，就是没有下雨的迹象。这下，反攻倒算的李善长开始出招了——诬陷。并且还发动了他淮西帮的所有成员，结果很快一块块"砖头"便堆到了朱元璋的办公桌上。这个时候，朱元璋就纳闷了，老好人刘基不是"拾砖男"，而是"钻石男"啊，怎么一下子就成了众人板砖的对象呢？怎么一下子就成了众矢之的了呢？本来无一物，何处惹尘埃呢？尽管如此，朱元璋选择的是沉默，一边派人介入调查，一边不给任何回复。是啊，这样的事，不能乱来，在事情没有水落石出之前，不能乱下决定。

面对朱元璋的沉默，刘基却寒了心。刘基原本以为凭自己这么多年的努力，没有功劳也有苦劳，没有苦劳也有疲劳，总之，他这样日理万机地操劳，还不是为了大明江山，还不是为了朱元璋！他认为，谁都可以不相信我刘基，但至少你朱元璋应该要相信我啊！

哀莫大于心死，于是，这一年的八月，刘基主动炒了朱元璋的鱿鱼——辞职。就这样，李善长和刘基之间的第二回比拼告一段落。这一回合中，虽然刘基"先发制人"，一举斩了李善长的一颗棋子，但最终还是李善长反击得手，因为刘基"丢盔弃甲"，官职也不要，回家种红薯去了。因此，第二回合，李善长胜。

当然，如果你认为刘基、李善长之间的比拼就此结束了那就大错特错了。走了个刘基，并不代表浙东派就无还手之力了，他还有后来人啊！这个后来人的名字叫杨宪。

内力大比拼

刘基走之前，虽然挥一挥衣袖，不曾带走一片云彩，却向朱元璋推荐了一个人——杨宪。杨宪不但是浙东派的成员，而且是刘基的亲信。刘基这样做，大有"肥水不流外人田"之意。这个时候的朱元璋本来就对刘基的离开后悔不已，因此，他推荐的人自然同意让其来接替他的位置了。

杨宪坐"中丞"这把交椅后，很快成了狠角色。他上岗后，接过了刘基的教鞭，做他还来不及做的事。首先，他从各个方面去收集李善长的材料，范围很广，连衣食住行都不放过。接着，杨宪对收集来的那些材料进行仔细筛选和认真核实。最后，把装订成册的"报告书"毕恭毕敬地交到了顶头上司朱元璋手上。接到杨宪如同小说连载般的报告，朱元璋头都是大的。他看完之后，头更大了。但是，这一次朱元璋还是选择了和对待刘基一样的办法——沉默。一边派人介入调查，一边不给任何回复。

面对朱元璋的沉默，李善长却"安了心"，是啊，沉默就代表老板是信任我的啊！于是，他更加嚣张了，更加不可一世了，做事也越来越放肆，越来越出格。而这一切尽收朱元璋的眼底，长此以往，朱元璋对李善长态度来了个三百六十度的大转变。是啊，曾几何时，朱元璋对李善长的依赖就像老鼠爱大米一样，但这时，当看清李善长的真面目，他对李善长已变成了"羊爱上了狼"。尽管如此，朱元璋还是保留了君子风范，没有对李善长马上"下手"，而是对归隐在青田的刘基"下手"——召回刘基并委以重任。

刘基又一跃成为"上手"后，李善长马上成了"下手"。眼看形势不妙，李善长开始了他作秀表演。

第一招：装病。借口身体有恙，从此长期请假在家里"休息"，希望朱元璋能对他"回心转意"。然而，结果是他回家后，朱元璋对他几乎不闻不问，仿佛他存不存在都无所谓。

对此，李善长很快使出第二招：辞职。以身体有恙为由，请求提前退休。是啊，刘基辞职后，最终还是得到了朱元璋的重新召回。他也想借鉴刘基的方法，目的还是一个：希望朱元璋能对他回心转意。然而，刘基辞职时，朱元璋还再三挽留，可他辞职信交上去，朱元璋马上就批了。朱元璋正苦着不知道如何对李善长下手，下多重的手，李善长提出辞职，正好"瞌睡给了个枕头"，朱元璋顺水推舟，哪里有不批的理由！这下，李善长傻了眼，他原本想以退为进，对朱元璋进行"逼宫"，然而，朱元璋却把他打入了"冷宫"。从此，他成了一介"布衣"。

尽管如此，李善长没有选择自甘堕落，也不肯轻易认输，而是祭出了第三招：找枪手。他的枪手叫胡惟庸，是啊，刘基找了杨宪这个枪手，一举击溃了自己，他以其人之道还施其人之身，也找个枪手来对付刘基。

那么这个胡惟庸又是何许人也？胡惟庸也是安徽定远人，算是淮西集团的骨干人物，在朱元璋起兵后的第三年投靠朱元璋，具有小人的一切特征，精明能干，做事极有魄力，而且极善于逢迎，史书上称他"尝以曲谨当上意，宠遇日盛"。先后担任元帅府奏差、知县、通判等多种低、中级官职，但在开国功臣中几乎排不上号。也就是说，朱元璋打天下的过程中，胡惟庸的建树非常小，只是因为追随了朱元璋，他才在乱世中混了口饭吃。但是，朱元璋建国时，也就是胡惟庸发迹时。因为老乡关系，胡惟庸在李善长当上丞相后，对他百般追随。因此，很快成了李善长除李彬之后另一个重量级亲信，因此仕途也就节节攀高，很快提拔为中书省参知政事。因此，李善长在辞职回家时，在带走一车金银珠宝时，还给朱元璋留下了一个人——胡惟庸。

面对李善长的强力推荐，朱元璋高度重视，就在正准备考察他的能力时，忽然想到先找刘基咨询一下，就主动找刘基亲切交谈，朱元璋想通过面对面谈话的方式，来判断胡惟庸的民意调研。另外，也想通过面对面的谈话，来了解刘基的内心世界。这叫一举两得，何乐而不为呢？

刘基不会料到，他的命运全系在这一次谈话之中。

密室，这一天的气氛还算融洽，朱元璋和刘基谈笑风生。就在这时，朱元璋话锋一转，马上来了个"五问"刘基。

"李善长走之后，你说谁可以做丞相啊？"

面对朱元璋的第一问，刘基显得十分警惕，进行了模棱两可的回答："丞相之位自然是要具有丞相之才，至于谁来当，这事要陛下来裁决。"

面对朱元璋踢来的皮球，刘基转了个圈后，马上又踢回给了朱元璋。这时，朱元璋接到球，马上又踢出去了。

"你觉得让杨宪怎么样？"

杨宪是自己的亲信，朱元璋这第二问显然喻意深刻。对此，洞若观火的刘基摇头道："杨宪虽有丞相之才能，却无丞相之器量。能担丞相之人，必定要持心如水，以仁政礼义为权衡，方能治好国家。"

"汪广洋如何？"

朱元璋第三问显然有他的目的，汪广洋不是淮西集团的成员，但朱元璋怀疑他和刘基勾结，所以第三个提出他来考验刘基。

刘基认真答道："浅薄之人，不可重用。"

"胡惟庸呢？"朱元璋的第四问新鲜出炉。

因为胡惟庸是继李善长离开后，淮西派新的掌门人，刘基也不敢乱做回答，只见他沉思良久，才缓缓地道："胡惟庸器量不够，才学也不够，现在还只是头小牛，如果用他驾车，一定会弄得车毁人亡。而且将来他一定会摆脱牛犁的束缚。"

"那谁可任之呢？"

朱元璋的第五问一出，刘基加快了速度，马上接着道："现在朝中还没有一个适合做丞相的。"

"如此看来，我的相位只有先生可以担当了。"朱元璋终于亮出了撒手锏。

一向谦虚的刘基此时像是突然变了个人似的，以更加快的速度回答道："我当丞相还是没有问题的，问题是我这个人过于刚直，喜欢做嫉恶如仇的事，如果当丞相，怕有负皇上的恩德，江山代有人才出，皇上还是慢慢找吧。"

对话到此戛然而止，结果是朱元璋拂袖而去，弄得刘基怔那里半天没有动。

祸根就此埋下。洪武三年（公元 1370 年），朱元璋终于亮出"屠龙刀"，没有直接屠刘基的命，而是屠了他的"龙"——职务，把刘基"赶"回了老家。

刘基这根浙东集团的顶梁柱一倒，是该胡惟庸反攻倒算的时候了。

反攻倒算

　　刘基一走，胡惟庸、杨宪、汪广洋三人开始了"三龙戏珠"，针对丞相一职开始了争斗。结果狡猾的胡惟庸成功运用勾股定理，以 1+1 > 1 的原理，联合汪广洋对付杨宪。史称这位杨宪"有才辩，明敏，善决事"，但和小人胡惟庸相比，又不是一个重量级的，更何况他有器量狭小、嫉妒刻薄的毛病。所以，尽管他韬光养晦，拼命反击，但最终还是被胡惟庸的组合拳打倒。

　　洪武三年（公元 1370 年）七月，杨宪被处死，成了派系以及君臣斗争的牺牲品。随后胡惟庸来了个过河拆桥，又成功地把汪广洋排挤出"内阁"大臣之列。

　　就这样，除去两位强有力的竞争对手后，胡惟庸终于如愿以偿坐上了丞相的宝座。其实，在朱元璋的眼里，胡惟庸还是挺有领导才能的，能力出众，政绩也不错，还有一张伶牙俐齿。另外，朱元璋希望把胡惟庸抬起来，用小人来制约有大家风范的李善长，从而从内部彻底瓦解淮西集团。然而，朱元璋不会料到，胡惟庸尽管是小人，但对李善长却有些君子式的感恩戴德。他在李善长的授意下，开始解决淮西集团最可怕的对手刘基。

　　此时的浙东集团新掌门人杨宪已被胡惟庸干掉了，老掌门人刘基退居了二线——告老还乡了，浙东集团已面临严重的青黄不接。然而，尽管如此，得势的淮西集团新掌门人还是决定赶尽杀绝，斩草除根，因此，远在天边的刘基也逃不脱他的魔爪。

英雄之所以成为英雄，是因为他们做了普通人做不到的事情。同样的道理，小人之所以成为小人，同样是因为他们做了普通人做不到的事情。胡惟庸果然不是一般的人，出的招也是属于一剑封喉型的。他接下来充分发挥小人风范——诬陷刘基。罪名：莫须有。具体方案：他指使淮西集团成员联名上书集体状告刘基占据了一块有王气的土地，显然是醉翁之意不在地，而在乎王者之身也。土地是实的，而"王气"这种东西是虚的，实的东西可以看得见摸得着，给你一双眼睛足够。而虚的东西就虚无缥缈，给你一双慧眼，也看不明道不明，你说有就有，说没有也没有，关键看领导信不信。

那么，朱元璋信吗？答案是信。其实朱元璋选择这个答案是很无奈的，甚至可以说是很痛心的。朱元璋不傻也不笨，他不可能这么快就被胡惟庸的迷魂术迷住了双眼，他之所以选择了"信"，原因是刘基自找的。一是上次密室对话产生的后遗症，刘基过于高傲，那一句"朝中除了我谁都不能胜任丞相"，深深地刺痛了朱元璋的心灵。尽管这次朱元璋反其道而行之，主动炒了刘基的鱿鱼，但并不能消除朱元璋对刘基的猜忌——一句话：放心不下。二是刘基的这块"风水宝地"深深地震撼了朱元璋的心灵。尽管很有可能这只是块普通的地，但你啥不好整，为啥非要整地呢？一旦真的整出了龙脉，整出了王者，那我和我的子孙们该何去何从。

也正是因为这样，朱元璋"被相信"了胡惟庸的话，于是很快再拿刘基进行开刀处罚。刘基此时已经"无官一身轻"了，这刀捅向哪里呢？扣除刘基的退休金。

人总要吃饭穿衣啊，没了退休金，此时已年逾七旬的刘基没有再选择"自己动手，丰衣足食"，而是选择了"再次回京"。是啊，朱元璋扣的不是他的退休金，是他的命啊！如果此时不去京城，安安分分地在朱元璋眼皮底下过日子，那么，他还能在青田这个世外桃源享受他的田野生活吗？

人算不如天算，刘基不会料到，这次的"三进宫"成了他的绝唱。刘基再次回京，本想给朱元璋送人情，却不料送上的是自己的命。

刘基踏着沉重的步伐来到了南京。朱元璋马上又召见了刘基。于是乎，朱元璋继上次"密中谈"之后，又来了一次"朝中谈"。这一次，刘基知道，这一谈关系他的命运。

首先两人自然是"别来无恙"之类的寒暄，气氛依然融洽。

"臣有罪。"刘基这次来了个先发制人，"臣私藏风水宝地，有负皇上厚爱，有扰皇上清净，因此，负罪而来，请皇上依法惩罚。"

"风水一事，信则有，不信则无。"朱元璋淡淡一笑，"朕夺你俸禄，逼你进宫，实乃是想一解相思之苦啊！"朱元璋果然老到，冠冕堂皇的理由说得天衣无缝。

"臣无德无能，害得皇上日夜牵挂，臣有罪，臣惶恐。"

"难得先生肯再度从山林回到了我的身边，先生以后还是陪在我身边吧。"朱元璋话锋一转，说道，"你做皇子的太子太傅如何？"

"此事万万不可。臣老了，不中用了。只剩下一具皮囊，别说做太子太傅，就是留下来也只能是给皇上添麻烦啊，还是让臣和儿孙们在世外桃源享受天伦之乐吧。"

"可怜天下父母心。谁不想和儿孙们享受天伦之乐啊！可我却不能，我很担忧皇子的前程啊！"朱元璋叹息道。

"我大明朝国力昌盛，皇上不必如此悲观啊！"

"皇子个个纨绔羸弱，朕恐日后江山社稷难长久矣。"朱元璋感慨着，目光却如炬，盯着刘基一字一句道。不知不觉，朱元璋已亮出了撒手锏。

然而，此时的刘基显然处于放松状态，忘了上次一言之失造成的严重后果，忘了这是一场生死大战。因此，面对朱元璋的感慨，他同样感慨道："冥冥之中，一切自有定数，皇上不必庸人自扰啊！"

刘基的话刚出口，朱元璋脸色大变。身为皇上的他，此时对风水、天命、气数等最敏感。是啊，我大明王朝才建立，你就谈这些，是不是巴不得我大明马上就垮掉呢？此时刘基模棱两可的定数，让朱元璋悟出了"诽谤"的感觉，悟出了"反叛"的气息，悟出了"挖墙脚"的味道，顿时，朱元璋眼中闪出一丝亮闪闪的杀气。

刘基那是啥人物，绝顶聪明之人，一言脱口而出，已知失言。对此，他马上进行了挽救："臣年老多病，恐来日无多了。又是分外恋家之人，如果没有什么要紧事，恳请皇上准许微臣再归故里，以享天年。"

"先生要弃朕而去？"

"臣不敢，臣惶恐，臣有罪，臣无能，臣……"

"先生，自你归隐青田之后，朕便成了孤家寡人了，没有一个能陪朕下棋、喝酒、散步、说知心话的人了。"朱元璋话里的意思很明显，四个字：不让你走。

"如此，臣谢主隆恩。"

对话到此结束。结果是，聪明一世的刘基再度糊涂一时，一句"冥冥之中，自有定数"让朱元璋和他再度决裂，朱元璋眼里的那一股杀气，化作一股青烟，盘旋在了刘基的头顶上。这是一道紧箍咒，更是一道魔咒，刘基这一辈子在劫难逃了。伴君如伴虎，对此，自知大祸将临头的刘基在后悔不迭之余，祭出了最后一招：装病。事实证明这一招是绝招，也是败招。

洪武八年（公元 1375 年）正月，朱元璋来"回访"刘基了。当然，朱元璋本人日理万机，特意派了一个人——胡惟庸代他去探视已在病榻上的刘基，并美其名曰：慰藉自己的智囊。胡惟庸来见刘基也没有两手空空，而是带了一件礼物——月光宝盒，并且对已"卧病不起"的刘基说了这样一句话："皇上听说你病了，很是担忧你，命太医们连夜研制了一味专治百病的'特效地黄丸'，祝先生药到病除，长命百岁。"

刘基一听胡惟庸来探访他，心里就叹道：是福不是祸，是祸躲不过。这黄鼠狼给鸡拜年不安好心啊！此时再接胡惟庸的"大礼"，刘基的双手颤抖得几乎接不住。打开"月光宝盒"，只见盒中盛有一粒药丸，那药丸只有佛珠般大小，无色无味……刘基的脸色顿时呈现出一片死灰之色，万种感情涌上心头：绝望、沮丧、神伤、痛苦、愕恼……

皇上真的不允许我回青田？

皇上真的忍心置我于死地？

皇上真的忍心赐我以毒药？

皇上真的已不能相容于我？

皇上，这一切都是真的吗？

皇上，您是真的已下定决心了吗？

一瞬间，刘基真有从病榻上跳下来，直奔皇宫质问朱元璋的冲动，然而，最终刘基还是忍住了，因为也就在这一瞬间，他明白了两个道理：一是冲动是魔鬼。说话做事都要三思而后行，现在所有的一切，都是自己一时冲动，一时失言所致，这便是冲动的惩罚。二是人生自古谁无死。是啊，人生百年，沧海一粟。终究是要化为青烟，化为朽土的。既然命星已衰，大限已近，早死与晚死又有什么区别，与其痛苦地活着，与其被折磨地活着，还不如痛快地死去，还不如及时解脱，还不如到另一个极乐世界去享乐。

想到这里，刘基脸上恢复了淡定，对胡惟庸淡然一笑，道："多谢皇上赐药，多谢丞相劳神。"说着不再犹豫，不再彷徨，将药丸放入口中，脖子一扬，便吞了下去。

"先生果然豪爽。"胡惟庸见他吃了药，原本绷紧的神经这才放松，脸上顿时笑靥如花，"这药味道怎么样？"

"这药是世上最好的药，味道好极了。"刘基道，"丞相要不尝一下？"

"不……不，不用了。"胡惟庸吓得面如土色，见刘基已服下药，他的目的已达到了，便想马上闪人，脚不由自主地往后退。

"可惜这世上最好的药不是用来救人，而是用来害人的。"刘基突然坐起身来，厉声道，"胡惟庸啊胡惟庸，你太狠毒了吧，假传圣意送毒药给我服下，你不怕皇上治你死罪吗？""不……我没有……我……"胡惟庸的脚退到了门边，被门槛绊了一下，跌倒于地。但他什么也不顾了，起来就向外跑，耳边传来刘基最后声嘶力竭的呐喊声："你的下场比我的更惨……"

对于刘基的死，历史上有过许多猜测。但是，属于猜测的东西大多数是很难具体表述的。不过，刘基死在京城倒是事实。这个结果无疑会让许多人感到：在刘基的生命基座中，是很难有办法去解脱政治权力的旋涡对他的摧残和伤害的。套用刘基所著《诚意伯文集》中一首感怀诗，作为对这位谋略家、文学家的缅怀吧。

稿叶寒槭槭，罗帐秋风生。
凄凄候虫鸣，呖呖宾鸿惊。
美人抱瑶瑟，仰视河汉明。
丝桐岂殊音，古调非今生。
沉思空幽寂，岁月已徂征。

第二十一章

兔死狐悲

胡惟庸的野心

杨宪死了，刘基死了，浙东集团在一夜之间几乎毁灭。而与之相反的是，淮西集团一夜之间强盛到了顶峰。

当然，胡惟庸给刘基"猝死"的责任找了个替死鬼。这个人便是汪广洋，此时的汪广洋虽是内阁成员，但早已被胡惟庸"剥削"得只剩空架了，毫无实权可言。便是这样，胡惟庸非但不念旧恩（汪广洋帮他一起打倒了杨宪），而是给以仇报。以"莫须有"的罪名挂到了他身上。结果可想而知，尽管毒杀刘基是经过朱元璋的纵容和默许的，但黑锅总要有人来背，既然胡惟庸找了个替死鬼，朱元璋也就顺水推舟了。毕竟，一代军师刘基的死还是要给天下人一个交代的啊！欲加之罪，何患无辞，结果可怜的汪广洋先是被朱元璋找了个"渎职"的借口摘去了乌纱帽，然后流放到广南，最后，在半路还是没有逃脱被斩杀的命运。毒死了刘基，斩杀了汪广洋，胡惟庸高兴了，他坐拥丞相之位，手握大权，可以高枕无忧了。人一高兴就容易忘形，胡惟庸不愧为李善长的弟子，不但学会了他的心狠手辣，就连这得意忘形也学得一点儿不差。接下来，胡惟庸好像皇帝他二大爷似的，走起路来趾高气扬，只看天，不看地。在政务方面，他越发大刀阔斧，独断专行，脾气也越来越大，动不动就骂人，简直比朱元璋还有魄力。所有官员的上疏奏事，都必须他先审阅，说自己坏话的当然得全部扣留。同时，他还找到一条发财之路，收受贿赂、卖官鬻爵。据史书记载，胡惟庸"独相数岁，生杀黜陟，或不奏径行。内外诸司上封事，必先取阅，害己者，辄匿不以闻。四方躁进之徒及功臣武夫失职者，争走其门，馈遗金帛、名马、玩好，不可胜数"。

当然，胡惟庸并不是没有想到东窗事发的那一天，有时候想起朱元璋那张阴森的驴脸，就会吓得出一身冷汗。但胡惟庸毕竟是胡惟庸，他想出了一个绝妙的主意，那就是全方位地结党营私，大面积地建立关系户，人民群众才是真正的英雄，要想不被朱元璋杀掉，就必须和广大人民群众站在一起，法不责众，你朱元璋总不能把大臣都一网打尽吧！于是，在这个精神指导下，吉安侯陆仲亨、御史大夫陈宁、都督毛骧等一批重臣都成了他的"人民群众"，一时之间朝中都是胡惟庸的眼线。

自作孽不可活。胡惟庸的所作所为，自然逃不脱朱元璋的法眼。对此，朱元璋很悲哀。这比得知刘基的死更悲哀。这是发自内心的悲哀，他知道自己的双手已经沾满了鲜血，如果不是心魔作怪也不会听信了胡惟庸的话而毒杀了刘基，也不会如此放纵胡惟庸，胡惟庸也不至于猖獗至此。

最终，朱元璋决定对胡惟庸表示不满。我们都知道，朱元璋一旦对重臣不满时，就会找其谈心，或是找与之相关的人谈论。对李善长不满时，朱元璋找了刘基商谈，对刘基不满时，他找了胡惟庸谈，最后在下手前，还找了刘基本人谈。这个时候，对胡惟庸极为不满的朱元璋同样找了一个人谈心。这个人便是他视为左膀右臂的战神徐达。

考虑到和徐达非同寻常的关系，这一次朱元璋没有选择密室谈，而是选择徐达过生日这一天。因为不是大生日，徐达也没有办酒宴之类的，但朱元璋却不请自来，不但来了，而且还是偷偷摸摸地、不动声色地来了。他一个随从也没有带，而是带一坛美酒。自从当上皇上，过去那种驰骋沙场、大碗喝酒、大块吃肉的日子对朱元璋来说已经不会再有了。所以每当想起当年的开心事，他都要找这几个哥们儿喝上几杯。只有这时当皇上的他又仿佛回到了当年，难得一身轻松。

两人把酒言欢，好不快乐。然而，酒过三巡，朱元璋突然问道："你觉得胡惟庸这个人怎么样啊？是不是一个合格的丞相啊？"

徐达常年领兵在外，不喜欢胡惟庸的拉帮结派，也不喜欢朝廷的乌烟瘴气，因而早就对胡惟庸出奇地愤怒了。他深恶其奸，于是来了个实话实说："回皇上，胡惟庸不但不合格，反而很过分。比起当年李善长的骄横自大有过之而无不及。"接着他把胡惟庸的劣行陈述了一番。

朱元璋听了，心里一直往下沉，但脸上却不动声色，而是轻描淡写地说道："徐达啊，你只管带兵打仗就行了。不想打了就停下来，把兵交给你的侄子们。也该让他们锻炼一下了，你顺便也好好歇歇。"

"皇上，臣有幸能活到今天已别无所求，只是怕胡惟庸这厮坏了我们辛苦得来的江山啊！"徐达说着，突然双眼变得通红，一是因为激动，二是因为悲愤。

"你就不要再说了，咱心里有数。"说罢朱元璋悻悻而去。

其实朱元璋始终打着自己的算盘呢。胡惟庸虽然霸道，但他只不过是自己利用的工具而已。一方面胡惟庸上台极力打击浙东派，另一方面，作为淮西人，胡惟庸拉拢自己的小圈子，也分裂了淮西派。他朱元璋不是不想杀胡惟庸，只是时机未到而已。

天下没有不透风的墙，没过几天，胡惟庸不知从哪里得知徐达在皇上面前说了自己坏话，（看来胡惟庸不是白混的啊，哪里都有自己的耳目）对徐达嫉恨在心，于是，一不做二不休，索性打起了徐达的主意，想除之而后快。

于是，一场好戏上演了。

树倒猢狲散

这场朝中最牛文武大臣的比拼开始后，以"武"著称的徐达却大显君子风范，停留在"文"上——动嘴。而以"文"闻名的胡惟庸却大显英雄气概，大力倡"武"上——动手。他决定从徐府内部下手，物色的"枪手"是徐府的门客福寿，诱饵：重金。目标：杀死徐达。有钱能使鬼推磨，这是胡惟庸的观点。他认为他的财物足以打动福寿的心。然而，人算不如天算，他这一次却算错了，因为福寿的心不是一般的心，而是铁石心肠。他这铁石心肠是跟随徐达多年在战场上厮杀练就的，他对徐达只有敬意，没有渎意；只有佩服，没有不服。靠钱财是打动不了他的心的。

因此，他在婉拒胡惟庸好意的同时，马上向徐达进行了汇报。徐达一听，原本忧郁的脸上顿时有了光彩，是啊，他本着君子原则，只停留在动口上，一直羞于对胡惟庸动手，那是因为苦于抓不到胡惟庸的把柄和证据。此时胡惟庸先动手，正好露出了"命门"，给了徐达机会。

接下来的事很简单了，徐达立马带着福寿去见朱元璋。朱元璋在弄清事情原委后，一方面很是佩服胡惟庸（没想到他连徐帅也敢杀），另一方面终于挥起了手中的屠龙刀（他必须给徐达一个交代）。是啊，胡惟庸现在已经成为群僚公敌，不杀不足以平民愤，不杀有可能引起更大的乱子。

正当朱元璋瞪大眼睛挑胡惟庸的毛病时，机会终于来了。这一天，胡惟庸的儿子在一次前呼后拥的出游中忽然坠马，不幸的是，有一辆违反交通法规的马车正好打身边经过，这样，没有被摔死的胡公子，竟然被马车轧死了。胡惟庸爱子心切，他在悲痛欲绝的情况下，一刀结果了马车夫的性命。这件事情传到了朱元璋那里，朱元璋命令胡惟庸立即向他解释这件事。胡惟庸早就习惯了飞扬跋扈，他认为，这件事情根本不算什么，大不了给车夫家属一点钱便可了事。于是，他在路上想好了所有的借口和说辞，胸有成竹地来见朱元璋。一见到朱元璋，他马上老泪纵横，哽咽着诉说"老年丧子"的不幸遭遇，然后说自己如何任劳任怨地工作，儿子如何兢兢业业地学习，马车夫撞了人还如何不讲道理，最后说明，根据交管部门的勘查，违反交通规则的是马车夫，自己在丧失理智的情况下，杀掉马车夫确实错了，他已经安排自己的家人上门道歉，赔偿损失，并愿意接受皇帝的处分，等等。但朱元璋非常奇怪，面对胡惟庸絮絮叨叨的诉说，一言不发。胡惟庸沉浸在自己的叙述中，还以为朱元璋在默默地倾听他痛苦的心声，好久才发现，朱元璋正不动声色地看着他。

良久，朱元璋终于站起身来，缓缓地走到他的面前，冷冷说道："你还是丞相呢，难道不知道国家的法律？"然后，转过身走了出去。胡惟庸呆住了，他不相信自己的一世功劳竟然抵不住一个交通法规；他不相信，堂堂大明帝国的丞相竟然要为一个马车夫偿命。他一下子瘫坐在椅子上，呆若木鸡地看着前方。

洪武十三年（公元 1380 年），朱元璋以"谋反"罪将胡惟庸五马分尸，夷灭三族。值得一提的是他的死党涂节，当时的职务是御史中丞。在胡惟庸集团中，涂节可以说是核心骨干，发动舆论攻击政敌，拉帮结派，出谋策划，哪样都少不了他。但是，这个亲信一见朱元璋竟然浑身发抖，他眼见胡惟庸风向不对，便识时务者为俊杰，反戈一击，亲自揭发胡惟庸，把所有的"功劳"都归于别人，然后等着朱元璋主持正义。但朱元璋不想让这两位好友分道扬镳，案发后，老涂也被押赴刑场执行死刑，与胡惟庸共赴黄泉。二人在刑场上相遇，不知老涂面对胡惟庸有何感慨。

胡惟庸死后，朱元璋把手中的屠龙刀对准了李善长。这时候，李善长因为建造府邸的缘故向汤和借了三百人使用，汤和不能不借，但心中又不平，就把这事给朱元璋提了一次。朱元璋以多年的经验怀疑其中一定有某种猫腻，就抓住把柄，令人刑讯逼供李善长手下的一个"办事员"丁斌，结果这个丁斌很快就招供了李善长是胡惟庸同盟的证据，还有李善长不举报胡惟庸私通倭寇的旁证。

朱元璋于是下结论了：善长元勋国戚，知逆谋不发举，狐疑观望怀两端，大逆不道。然后，把已经七十七岁高龄的李善长送上了断头台。

至此，随着胡惟庸和李善长这两根淮西集团的顶梁柱的倒塌，淮西集团很快步浙东集团的后尘成了明日黄花了。

值得一提的是，朱元璋在处死胡惟庸和李善长后，进行了痛定思痛的反思，最后把"罪魁祸首"归功于"丞相"这个职务上。看样子权位重了，是要害死人的啊！于是乎，朱元璋马上进行了大刀阔斧的改革，撤销了丞相这个延续上千年的职位，取消了中书省的设置。总之，朱元璋不但干了，而且干得很彻底。朱元璋有他的目标和野心，他要一手打造至高无上的皇权运作模式。

恐怖的锦衣卫

朱元璋在广纳英才、设立都察、废除丞相三管齐下后，马上走出第四招：设锦衣卫。淮西集团和浙东集团的争斗，以两败俱伤结局收场让朱元璋很是震惊，震惊之余，朱元璋撤销了"罪魁祸首"——"丞相"这一职位和中书省机构，还开始了一项令朝野上下闻之毛骨悚然的新发明创作——锦衣卫。

锦衣卫亦即秘密特务组织及刑狱机构。是啊，身世坎坷的朱元璋生性本就多疑，在贵为人主之后，给朝中大臣们这么一搅和，更是缺乏安全感，生怕臣下对自己不忠，更担心千辛万苦得来的江山与荣华富贵会化为乌有，因而他时时处处充满戒备之心，对臣下的一举一动都不放过。他不仅要求大臣们当面对他毕恭毕敬，言听计从，忠贞不贰，就是出朝回府之后的言行也要在他的监视与掌握之中。为此，朱元璋煞费苦心，派出密探四处巡视，保证以最快的速度向他汇报各位大臣的动向。

于是，聪明绝顶的朱元璋决定用锦衣卫来为自己保驾护航。《水东日记》曾记载了这样一件趣事，典型地反映了朱元璋手下密探的厉害：大臣钱宰受命编纂《孟子节文》，连日劳作，自感非常疲倦，一日散朝回到家后诗兴突发，成诗一首云：

四鼓咚咚起着衣，

午门朝见尚嫌迟。

何时得遂田园乐，

睡到人间饭熟时。

这本是一篇信笔之作，诗成之后，钱宰也就宽衣歇息了。没想到第二日上早朝时，朱元璋一见钱宰就笑着说："昨天爱卿作了一首好诗啊，可是寡人没有嫌你上朝'迟'呀，是不是用'忧'字更好一些呢？"这一番话说得钱宰心惊肉跳，连忙磕头谢罪，心中暗自庆幸，多亏昨日还没有胡言乱语，否则今天此头就难保了。

朱元璋如果仅仅派亲信四处刺探臣下的隐私，显然还不足以对朝野构成严重威慑。起初，朱元璋任用的亲信密探名曰"检校"，任务是专门负责侦察探听在京大小衙门官吏不公不法之事及风闻之事，事无大小，全部上奏。

洪武十五年（公元1382年）四月十六日，著名的皇家特务衙门——锦衣卫正式挂牌。所谓"卫"者，皇帝亲军之谓也，但锦衣卫的使命不仅在于保护皇帝的人身安全，而且专掌不法风闻之事。锦衣卫随驾出行。这些衣着华丽的男人最初只是皇家的仪仗队，日后却慢慢演变为一个令人闻风丧胆的特务机构。

锦衣卫的首领称为指挥使（或指挥同知、指挥佥事），一般由皇帝的亲信武将担任，很少由太监担任。其职能："掌直驾侍卫、巡查缉捕。"一个顿号，基本上把锦衣卫分成两个截然不同的部门。负责执掌侍卫、展列仪仗和随同皇帝出巡的锦衣卫，基本上与传统的禁卫军没什么两样，其中比较著名的为"大汉将军"。这些人虽名为"将军"，其实只负责在殿中侍立，传递皇帝的命令，兼做保卫工作，说白了，就是皇宫大殿上的"桩子"。

当然，这些"桩子"也非等闲之辈，一般都是人高马大，虎背熊腰，而且中气十足，声音洪亮，从外表上看颇有威严，对不了解明廷底细的人有一定的震慑作用。至于"巡查缉捕"，则是锦衣卫区别于其他各朝禁卫军的特殊之处，也是它为什么能被人们牢牢记住的原因。其实朱元璋建立锦衣卫的初衷也只是用于卤簿仪仗，但后来由于他大肆屠戮功臣，感觉传统的司法机构刑部、大理寺、都察院使用起来不太顺手，于是将锦衣卫的保卫功能提升起来，使其成为皇帝的私人警察。负责侦缉刑事的锦衣卫机构是南北镇抚司，其中北镇抚司专理皇帝钦定的案件，拥有自己的监狱（诏狱），可以自行逮捕、刑讯、处决，不必经过一般司法机构。南北镇抚司下设五个卫所，其统领官称为千户、百户、总旗、小旗，普通军士称为校尉、力士。

校尉和力士在执行缉盗拿奸任务时，被称为"缇骑"。缇骑的数量，最少时为一千，最多时多达六万之众。锦衣卫官校一般从民间选拔孔武有力、无不良记录的良民入充，之后凭能力和资历逐级升迁。同时，锦衣卫的官职也允许世袭。

上有所好，下必甚焉。锦衣卫的设立，为愿意充当御用爪牙的臣子提供了真正的用武之地。不少人因此而受到朱元璋的宠任，如高见贤、夏煜、杨宪和凌悦均以"伺察搏击"驰名一时，就连功高盖世的公侯都惧之三分。而他们却博得了朱元璋的欢心，朱元璋曾得意扬扬说："唯此数人，譬如恶犬，则人怕。"这一比喻是十分贴切的，为了保住朱氏社稷，朱元璋可谓煞费苦心，不惜采用"以毒攻毒"的手段，用邪恶的方式来遏制群臣。事实证明，锦衣卫确为朱元璋铲除异己、大肆屠戮的得力帮凶。朱元璋大杀功臣，罗织大狱，绝大多数都是锦衣卫的干将承旨而为。朱元璋设立锦衣卫，是为了监视各级官吏的不法行为。皇帝本人不可能事必躬亲，去认真审理锦衣卫吏员所告发的每一件案情，因而定罪与量刑就完全掌握在锦衣卫官吏之手。朱元璋特别喜欢使用酷刑，锦衣卫官吏在实际运用中可以说是无所不用其极。古语云"欲加之罪，何患无辞"，重刑之下，求死不得，焉能不诬？因此，锦衣卫就成为这些皇家特工发泄淫威、任意胡为的工具。

锦衣卫的工作职责除了侦察各种情报、处理皇帝交付的案件外，另一项著名的职能就是"执掌廷杖"。廷杖制度是皇帝用来教训不听话的士大夫的一项酷刑。一旦哪位倒霉官员触怒了皇帝,被宣布加以廷杖,他就立刻被扒去官服,反绑双手,押至行刑地点午门。在那里,司礼监掌印太监和锦衣卫指挥使一左一右早已严阵以待。受刑者裹在一个大布里,随着一声"打"字,棍棒就如雨点般落在他的大腿和屁股上。行刑者为锦衣卫校尉,他们都受过严格训练,技艺纯熟,能够准确根据司礼太监和锦衣卫指挥使的暗示掌握受刑人的生死。如果这两人两脚像八字形张开,表示可留杖下人一条活命;反之,如果脚尖向内靠拢,则杖下人就只有死路一条了。杖完之后,还要提起裹着受刑人布的四角,抬起后再重重摔下,此时布中人就算不死,也去了半条命。

相对于杖刑、夹棍等刑罚,厂卫不常使用的几大酷刑可就令世人不寒而栗了,在几大酷刑中,刷洗、油煎、灌毒药、站重枷能把人折磨得死去活来,生不如死。

刷洗:就是将犯人脱光衣服按在铁床上,用滚烫的开水浇在犯人的身上,然后趁热用钉满铁钉的铁刷子在烫过的部位用力刷洗,刷到露出白骨,最后直到犯人死去。

油煎:类似于后来的铁烙铁。将一口平的铁盘烧热后,将人放在上面,不到片刻,就将犯人烧焦了。

灌毒药:特务们灌一次毒药,然后喂一次解毒药,然后再灌另一种毒药,直到将犯人毒死,目的是使犯人尝遍了死的恐怖和痛苦,特务们在一旁观赏。

站重枷:明代的这一刑法很特别,戴枷之人必须站立,不准坐卧。枷的重量超过常人体重,最重曾经做过三百斤的大枷,给犯人戴上后几天就得活活累死。据明朝野史记载,厂卫杀人的酷刑还有剥皮、铲头会、钩肠等。据说,这些刑罚又要胜过以上所说的几种酷刑。

锦衣卫直接受命于皇帝,其他官员无权干涉他们的所作所为。因此,锦衣卫事实上就有了一把至高无上的保护伞,其飞扬跋扈的程度甚至可以不把三法司放在眼里。但为了遮挡天下人的视听,锦衣卫往往将审理好的结果交给刑部。因此，在当时人眼中，锦衣卫及"诏狱"成为最高的刑法审理机构。"法司可以空曹，刑官为冗员矣！"三法司的职能与权力为皇帝及锦衣卫所剥夺，实际上导致了王朝法制系统的破坏，朝廷法权竟成为锦衣卫官吏胡作非为的工具。

第二十二章

一将功成万骨枯

人生苦酒

设立锦衣卫，监视了大臣们的一举一动了，朱元璋还觉得不放心。他觉得手下那些功臣只要存在一天，他就不安宁一天。最后还是经常睡不着，于是乎，他思来想去，还是决定向刘邦"学习"，做了第五件大事——诛杀功臣。

当然，朱元璋的借口还是胡惟庸案。

胡惟庸死于洪武十三年（公元 1380 年），坐胡案死的有李善长、朱亮祖二国公及二十列侯，身为太子老师的宋濂虽免于死罪，但死于流放途中。然而，事情还远远没有尘埃落定，五年之后，大清算终于来了。朱元璋以"谋反罪"为由，"词所连及，坐诛者三万余人"，这真可以叫一个人引发的惨案啊！

这个时候朝中的重量级文将刘基、杨宪、李善长，还有不文不武的胡惟庸及汪广洋都死了。接下来，朱元璋把目光停留在了朝中的重量级武将身上。而在对武将开涮之前，朱元璋还树立了一个典型对武将们进行了"告诫"。

他找的这个人不是别人，而是他儿时的好伙伴汤和。汤和从小跟他可以说是穿一条裤子长大的。此时朱元璋的"收官"之战，首先想到的是让他的重要棋子发挥作用。结果，心有灵犀一点通，没等朱元璋暗示，汤和便主动找上门来了。本来朱元璋还处于惊愕中，不知道汤和登他这个三宝殿有什么事，而接下来汤和的一句话让他欣喜若狂。

"我想回家养老。"汤和不疾不徐地说。

"哦，想回家回去就是啊，请几天假，办完家事再回来就是啊！"朱元璋喃喃地道。"我想一直待在家里。"汤和第二句话同样惊人。

"啊……这是为什么呢？朝廷不好吗？"

"朝廷很好，你好，我好，大家都好，但我还是觉得家乡更好。"

"哦，容我考虑考虑啊。你这一走，我还真不习惯呢！"朱元璋说着，沉吟半晌道，"这样吧，既然你去意已决，我也不强留你，我送你一套别墅，让你回家养老吧。你有这套别墅，下辈子可以确保衣食无忧了。"

汤和只有感谢的份儿了。

就这样，汤和走了，朱元璋笑了，他高兴地哼着：朋友一生一起走，那些日子不再有，一句话，一辈子，一生情，一杯酒。朋友不曾孤单过，一声朋友，你会懂，还有伤，还有痛……

打发了最好的伙伴，朱元璋以明的、暗的、阳的、阴的方式向大臣们大力宣传，"告老还乡"才是他们最好最佳的选择时，大臣们的反应令朱元璋非常纳闷，十分郁闷，相当憋闷。是啊，或许大臣们的想法很简单很实际，这天下是我们一起打下来的，理应我们一起来坐才对啊！甚至一些功臣仗着劳苦功高，开始胡作非为，欺行霸市。

终于，朱元璋愤怒了，他怒吼道："给你们仁慈，给你们生路，给你们机会，你们统统不要，这就怪不得我了！"

他愤怒之下，举起了手中的屠龙刀。

令人想不到的是，朱元璋手中的屠龙刀这一次首先对准的武将居然是战神徐达。不，这个时候的徐达还有一个响当当的称号叫"魏国公"。

徐达拥有两大优势。一是先天优势。徐达比朱元璋小三岁，他和朱元璋、汤和三人关系怎一个"铁"字可以形容！类似于三国时刘、关、张三人的关系，虽然他们没有举行像桃园三结义的仪式，但内心深处，他们的关系铁得比三结义更甚。他们从小一起放过牛，一起割过草，一起偷过腥，一起扛过枪，一起泡过妞，一起……总之一句话，那些年，他们一起在困难中成长。

二是后天优势。参加起义后，徐达一直追随朱元璋，徐达本领高，做事又稳重，因此在武将中很快便脱颖而出，大有鹤立鸡群之势。而立了功后，徐达也不居功自傲，而是凡遇大事必找朱元璋商量，凡立大功必分给部下将士，凡有危险必然是冲在最前面，"三凡"之后是不凡，徐达开辟江汉流域，扫清淮楚之地，攻取浙西，席卷中原，声势威名直达塞外，先后降伏王公、俘获将领不计其数……可以说，朱元璋的江山是靠刘基等谋士一招一式"算"出来的，更是靠徐达等武将一步一个脚印"打"下来的。总之一句话，这些年，他们一起开创了大明王朝。

也正是因为这样，朱元璋在建国后，封徐达为魏国公，公开称赞徐达是"受命而出，成功而旋，不矜不伐，妇女无所爱，财宝无所取，中正无疵，昭明呼日月，惟大将军一人而已"。

美国著名历史学家诺斯古德·帕金森通过长期调查研究，写了一本名叫《帕金森定律》的书，他在书中阐述了机构人员膨胀的原因及后果：一个不称职的官员，可能有三条出路。第一是申请退职，把位子让给能干的人；第二是让一位能干的人来协助自己工作；第三是任用两个水平比自己更低的人当助手。

这第一条路是万万走不得的，因为那样会丧失许多权力；第二条路也不能走，因为那个能干的人会成为自己的对手；看来只有第三条路最适宜。于是，两个平庸的助手分担了他的工作，他自己则高高在上发号施令。能干而不懂怎样去适应领导的人，当然只有做事的份儿，不会有提升的好事。

这个时候的徐达其实也有三条路可以走。第一是申请退职，把位让给别人；第二是让一位皇上信得过的人来协助自己工作；第三是任用两个水平比自己更低的人当助手。

然而，显然徐达只懂得帕金森定律，却不懂得"飞鸟尽，良弓藏；狡兔死，走狗烹"这个道理。因此，当汤和"申请退职"，选择"走"时，他却选择了"留"。他的本意可能是想对朱元璋说："留下来陪你每一个春夏秋冬。"

当然，他选择留的同时，还选择了帕金森定律中的第二条——"让一位皇上信得过的人来协助自己工作"，这个人便是他的妻子张氏。

张氏膂力过人，常常跟随徐达出入战场，立下了汗马功劳，是个不折不扣的"花木兰"，平常和马皇后的关系很铁，几乎到了无话不说的结义金兰关系。在徐达眼里，她应该是朱元璋最信得过的人。然而，徐达不会料到，就是这位最信得过的贤内助，把事给搅黄了。原来张氏和徐达的谦虚谨慎完全相反，她居功自傲，说话不知深浅，再加上和马皇后深交已久，平日就算是见了马皇后也大大咧咧，疏于礼数。而马皇后毕竟是有修养的人，平日里对她的"口不择言"并不计较。也正是因为这样，张氏更加嚣张放肆，一日，马皇后宴请文武功臣们的妻子。马皇后说："多亏各位公爷侯爷沙场拼杀，夫人们才有今天的富贵。"她转脸又对张夫人笑着说："像魏国公徐大人，也是受苦过来的，哪想到今天的日子。"

按理说马皇后这是给张夫人脸上贴金了，然而，她却冷冷回话说："都是穷过来的，如今我家可不如你家！"

众夫人听了，吓得愕然，一场欢欢喜喜的酒宴就此草草收场。

面对张夫人的无礼，颇有修养的马皇后还是选择了忍耐。然而，天下没有不透风的墙，这件事传到了朱元璋耳朵里。朱元璋知道后，怒不可遏，第一次觉得徐达的存在是个"威胁"，他决定杀鸡儆猴，给徐达点儿颜色瞧瞧。

于是，他马上安排了一桌酒宴，请徐达来喝酒。当然，这并不是一场"鸿门宴"（这个时候的朱元璋还下不了这个毒手），而是一场"压惊宴"（惊从何来，接下来就知道了）。酒过三巡，朱元璋站起身来，拍着徐达的肩膀说了这样一句话："牝鸡司晨，家之不祥。我这杯酒是特意来祝贺你可以免去灭族之祸的。"徐达一头雾水，不知所言何谓，赶紧跪下喝了朱元璋手中的酒。回家后才知道，他的妻子张氏已经被朱元璋派锦衣卫给杀了。

面对朱元璋的"不仁"，徐达并没有"不义"——和朱元璋翻脸，而是默默忍受着丧妻之痛，独自黯然神伤。

然而，对于徐达的反应，朱元璋却有另一番解读。连杀妻之痛、杀妻之恨、杀妻之仇都能忍的人不是一般的人啊！要么是一个平庸的、碌碌无为的人，平庸得不知道今夕是何夕；要么是一个深藏着狼子野心的人，隐藏有不可告人的目的。

为了考验徐达的忠诚度，朱元璋阴招接连使出，招招封喉，招招致命。这不，朱元璋很快对徐达上演一起"迷奸"闹剧，过程简述如下：

道具：酒。

方式：灌。

效果：醉。

动作：抬。

状态：睡。

徐达酒醒后的第一反应是：惊。惊什么呢？他睡的居然是吴王府邸（朱元璋的旧宫）的床。

徐达酒醒后的第二反应是：跪。一边跪一边说了这样一句话："惊趋下阶，俯伏呼死罪。"直到这时，"总导演"朱元璋才站出来，拍他的肩膀，说了这样一句话："委屈你了。"

这件事之后，威风凛凛的徐达徐大将军，到了朱元璋面前，他已到了"恭谨如不能言"的地步，似乎连话都不会说了，可见内心对朱元璋的恐惧。但是朱元璋对他的考验并没有因此而停歇。

有一次，朱元璋召见徐达下棋，并要求徐达不能让棋，认真对弈。据说，这盘棋从早晨一直下到中午，仍然未分胜负。待到终盘之时，徐达突然不再落子。朱元璋错愕："将军为何迟疑不前？"徐达乃跪倒在地，答曰："请皇上细看全局。"朱元璋这才发现，棋盘上的黑子已被摆成"万岁"二字。朱元璋大为高兴，便将此楼以及莫愁湖花园一并赐予徐达。这就是"胜棋楼"的来历。

再接着，朱元璋"考验"徐达的招数层出不穷，徐达毕竟是血肉之躯，经不起这么多的惊吓，很快就病倒了。

朱元璋怀疑他是装病，就亲自上门探望，看他是真病还是装病，不容人通报，就进了徐府。

朱元璋发现徐达这次病得不轻，徐达就躺在床上行了君臣之礼，朱元璋就执着徐达的手，说了许多勉励徐达的话，徐达也感动得热泪盈眶，啜泣不已。

朱元璋探望徐达之后，徐达一高兴，病就慢慢好了起来。这显然不是朱元璋想要的结果。于是，他就派了一名御医去为徐达看病。御医回来后，朱元璋马上召见了他，问过徐达的病情后，马上问："他这病忌食什么？"御医答："忌食蒸鹅。"

朱元璋一听，目光突然变得深远幽长起来，很快，朱元璋就派太监给徐达两份大礼：一个包装精致的木匣和一封信。

徐达打开木匣一看，里面竟是只蒸鹅。再打开信一看，上面只有十二个字：绝世神鹅，灵丹妙药。当面使用，过期无效。

徐达不是傻子，一下子明白了。他怔怔地望着蒸鹅，想了很多和朱元璋的陈年往事，那些一起牵手走过的少年岁月，那些一起扛枪上战场的烽火岁月，那些把酒言欢的燃情岁月，以及这些含沙射影的相煎岁月……

君叫臣死，臣不得不死。徐达想不到朱元璋最终还是对他亮出了"屠龙刀"，他心里原本一直心存侥幸，那就是朱元璋只是想折磨他而已，并不会真正要了他的命。可是，当这一切真的来临时，是那么的突然，又是那么的熟悉，他仿佛看见了妻子张氏就在自己面前被活活杀死，而自己却无能为力，他仿佛看见朱元璋那张扭曲凶残的脸，他仿佛看见了天边坠落了一颗闪亮的星星，哦，那颗星星就是他本人。哀莫大于心死，一瞬间，徐达万念俱灰，什么兄弟，什么情谊，什么山盟海誓，什么燃情岁月，到头来都是一场风花雪月的过往，到头来只是过眼云烟。

徐达含着眼泪安排了后事，然后当着太监的面手撕蒸鹅而食，须臾便断了气，享年五十四岁。这就是跟随朱元璋鞍前马后打了无数次恶仗，史谓明朝第一开国功臣，刚刚打下了天下，魏国公的交椅还没暖热的大将徐达之死。可怜徐达一生功劳显赫，到最后，还是死在自己兄弟的手中，实为可悲也。而朱元璋等他死后，不知是良心发现，还是作秀的需要，给了他国葬的待遇，算是给他最后的慰藉。

　　庄子说："人生天地之间，若白驹之过隙，忽然而已。"仅仅是"忽然而已"，一切的音符便戛然而止，一切的构想、激情、生命，都成灰烬。而游戏规则则告诉你说：亲爱的朋友，游戏结束了，对不起，请散场。其实在无垠的浩渺的天地长河中，人只不过是一粒尘土，还不如白驹呢！

最后一滴血

　　如果说功臣中死得最可惜的是徐达，那么，功臣中死得最悲惨的就是傅友德了。傅友德是宿州（今属安徽）人，很早就追随刘福通参加了起义，后随"新主"李喜喜入四川，后归降明玉珍，最后赴武昌投陈友谅。元至正二十一年（公元 1361 年），朱元璋攻江州（今江西九江），傅友德选择了弃暗投明，归顺了朱元璋。傅友德虽然数易其主，但他有两大特点：一是英勇，于万军之中取敌之首级如探囊取物耳；二是谋深，他从小熟读兵法，排兵布阵很有一套。也正是因为这样，到了朱元璋帐下，他很快就脱颖而出，成为朱元璋的宠将之一。特别是在北伐元朝的时候，傅友德的"神奇之旅"，抛出的是一块块砖，引出的是一块块玉。一时间名声大振，成为令蒙古人闻风丧胆的"刽子手"。后来在平定云南时，也立下了汗马功劳。因为劳苦功高，被朱元璋封为颍国公，拜太子太师。

　　傅友德是聪明人，他见世风不对，朝中一片狼藉，马上也选择了"隐退江湖"。如果傅友德安安分分过他的小日子，那么，他的结局可能跟汤和一样，会得到一个善终的下场。然而，他回到家后，马上又招惹了朱元璋。

　　原因是傅友德想要一块地，一块自己看着舒服、准备改造成别墅的地。他或许是这样想：汤和走了，你都赏了一栋大大的别墅，我现在走了，你就算不赏我一栋别墅，也要赏我一块地才说得过去啊！然而，他在和汤和"试比高"时，却忘了刘基的前车之鉴。刘基是啥人，因为一块地被胡惟庸抓住机会不放，最后逼得他回京，从而落得个不得善终的下场。因此，就在朝中一片风声鹤唳时，傅友德的要求无疑是自讨苦吃。结果对"土地"本来就很敏感的朱元璋心里再度起疑了，是什么风水宝地啊，让你这样喜欢，以至于这般低声下气地来乞讨啊！结果，傅友德没有讨到地，反而讨到了朱元璋的一顿训："我给你的俸禄不低啊，你为什么还要跟老百姓去争夺土地？你难道没有听说过春秋时代公仪休的故事吗？"

一句话把傅友德说得羞愧无比，恨不得找个地洞钻进去。这时，朱元璋已经除掉了徐达，杀红了眼的他把目光停留在了傅友德身上。因为地的事，他觉得傅友德太不老实了，留着终究是个祸害。但考虑到了直接对傅友德下手，太过直接，于是选择和对付徐达一样的办法。对付徐达，他先是对徐达的妻子张氏下手，而对付傅友德，他却是先从傅友德的两个儿子下手。欲加之罪，何患无辞，过程很老套，朱元璋在一次宴会中，本来正在高兴中，突然使出了撒手锏，当众指责傅友德的儿子傅让一个罪名：目无王法，目空一切。理由：身为殿前亲军执行守卫任务时，没有按照规定佩带剑囊。

傅友德一共有四个儿子，长子傅忠是驸马，次子过继给了傅友德的弟弟傅友仁，老三就是担任亲军的傅让，老四叫傅添锡，在和父亲征战云南的时候战死了。傅友德很爱儿子，因此，对尚留在身边的两个儿子爱惜有加。此时见朱元璋"诋毁"自己的儿子，傅友德连忙站起来，准备替爱子辩解两句。然而，这一站不要紧，却正好给了朱元璋机会，他一看傅友德站起来，厉声对傅友德说："你站起来有什么话说？哪个让你说话的？"傅友德被朱元璋这一吼，哪敢再言，只好低头坐下，不敢再言。傅友德的举动更加激怒了朱元璋，他开始发飙了，当即抛给傅友德一把剑，叫他自己看着办。

傅友德一愣，颤抖了一下，他的脑子在那个时候一片空白，突然一转念，便毫不犹豫地拿起剑，飞也似的出了大殿的门。片刻之后，这位叱咤风云的大将军提着一把剑，带着傅忠和傅让两个儿子的头颅回到了大殿。他走到朱元璋面前，既不行礼，也不叩头，而是来了个怒视。

但朱元璋是什么人？他依然很冷静地说了这样两句话。

第一句：你居然把两个儿子都杀了，这样残忍的事情，你都能做出来！

第二句：你恨我吗？

人心都是肉长的，傅友德再也忍受不住了，他豁出去了，他把儿子的头颅扔到朱元璋的面前，冷笑了一阵子，对朱元璋咆哮道："你不就是想要我们父子的人头吗？我这样做，不是正好遂了你的心愿吗？"说完挥动手中宝剑向自己的脖子上一抹，鲜红的血花便弥散开来……

这突然发生的一幕让大家都怔住了，傅友德父子壮烈地死了，朱元璋更加震怒了，因为他当着文武大臣的面下不了台，于是下旨，将傅友德抄家，全部发配云南，看在已故公主的面子，留下了傅忠的儿子（自己的外孙）。

可怜纵横南北、所向无敌的名将傅友德，当年抛弃众多"老板"，毅然选择朱元璋，早知这种结局，相信傅友德更宁愿为"打渔郎"陈友谅流尽最后一滴血。

傅友德最终不明不白而死，"进不得声于庙廊，退不得写于典籍"，然诸史所记对傅友德评价都极高。有诗为证：

> 茫茫逐鹿起风尘，百战功高血甲新。
>
> 关龙全疆归掌握，滇南佳绩壁荆榛。
>
> 氛祲迅扫匡时略，盘剑从容报主身。
>
> 剩有一抔灵爽在，故乡俎豆历千春。

蓝玉案

鸟尽弓藏，朱元璋再掀巨案除功臣，为传位精心布局。当然，此时他还有一个顾虑——他的马皇后。马皇后我们都知道，在朱元璋最落魄的时候，正是因为她的不离不弃，才有了朱元璋以后的发迹和成功。也正是因为这样，朱元璋当了皇上，也玩起了知恩图报，马皇后一直占据第一夫人的位置不动摇。而马皇后不但贤淑、贤惠，且贤能，她极力反对朱元璋的暴行，甚至为此不惜和朱元璋公然闹翻，也正是因为马皇后的贤言贤语的劝导，朱元璋才放慢了屠杀功臣的步伐。

然而，马皇后很快就被"闲弃"了，因为她得了一场病，病得很严重，病得卧床不起。朱元璋一看，急了，赶紧命太医前来诊治，但出人意料的是，马皇后却拒绝了。甚至连太医给她开的药也不服，朱元璋问原因时，马皇后说："如果我吃药没有什么效果，你就会杀死那些医师，那不等于我害了他们吗？"朱元璋希望她医好，就说不要紧，你吃药，就是治不好，我因为你，也不会惩治医生。但是马后还是不肯用药。就这样，仁慈的马皇后替医生着想竟放弃自身的治疗。她死于洪武十五年（公元 1382 年），享年五十二岁。这是这位仁后对朱元璋进行的最后一次劝说。

然而，马皇后的离开，并没有彻底唤醒朱元璋的良知，他很快化悲痛为力量，把所有力量对准了他手下的功臣们。

首先，德庆侯廖永忠成了朱元璋诛杀的对象。廖永忠为朱元璋办了一件大事，那就是奉命凿沉小明王韩林儿的坐船，给朱元璋解除了后顾之忧。然而，朱元璋为了掩盖自己的真实意图，居然没有封赏给廖永忠。曾几何时，廖永忠血战于鄱阳湖，朱元璋手书"功超群将，智迈雄师"赐给廖永忠。而后平蜀，以廖永忠军功最高，当时得到了这样的绰号："傅一廖二"（意为傅友德第一、廖永忠第二）。然而，平定天下后，朱元璋却把他视为眼中钉、肉中刺，并且很快把握有其"把柄"的廖永忠以毒酒的方式赐死。

紧接着，朱元璋把手中的屠龙刀对准了外甥兼养子的李文忠。李文忠是朱元璋姐姐的儿子。十二岁丧母，由朱元璋抚养长大，读书颖敏。十九岁为将，骁勇善战，屡立战功。按理说"干儿子就是穿着衣服出生的儿子"，朱元璋疼爱还来不及，怎么忍心下这个毒手呢？原因是李文忠触怒了他。李文忠经常劝朱元璋"少诛戮、多行善"，这一劝不要紧，顿时让生性多疑的朱元璋觉得这是李文忠仗着在北伐中立下赫赫战功后的一种"炫功"的表现，最后借李文忠一次患病之际，故技重演，命太医开了一剂救命灵药，李文忠服用后马上便一命归阴了，与此同时，太医也不明不白死了。

在徐达、傅友德、李文忠等重量级武将死后，朱元璋又把目标瞄准了明朝开国元勋蓝玉身上。

蓝玉，安徽定远人，是开平王常遇春的内弟，他作战英勇，而且很有谋略，功至大都督府佥事。史称："饶勇略，有大将才。中山、开平既没，数总大军，多立功。"后来，又跟随徐达征讨北元残部，屡立战功。洪武十四年（公元1381年），蓝玉被封为永昌侯。洪武二十年（公元1387年），朱元璋命冯国胜、傅友德为主将，蓝玉为副将再次北伐。此时，王保保早已病死（洪武八年病死），但是北元接替王保保的纳哈出也是一员猛将，执掌着北元二十万军力。听说有元兵驻扎在庆州，蓝玉趁着大雪，带领轻骑兵攻破元军，杀了平章事果来，生擒果来的儿子不兰溪回来。这次远征的结果就是纳哈出被迫投降，明军俘获二十万北元大军，缴获无数辎重。至此，辽东势力被彻底扫平，蓝玉自此执掌大明帅印。第二年，朱元璋命蓝玉为主帅，率十五万大军与北元残余势力作最后的决战，此时距离徐达、常遇春初次北伐已经整整二十年了。此次战役也称为捕鱼儿海战役。敌军认为明军缺乏水源和粮草，不能深入进击，就没有防备。加上当时起了大风，卷起黄沙，白天亦昏暗无光。大军前行，敌人没有发觉，明军突然到达元军营前，元军大惊，匆忙迎战，明军大败元军。杀了太尉蛮子等人，招降了他手下的士兵。此次战役的结果：彻底歼灭了北元的武装力量，俘获北元皇帝次子地保奴、太子妃并公主内眷等一百余人、王公贵族三千余人、士兵七万余人、牛羊十余万头，缴获了元朝皇帝使用了上百年的印玺。

也正是因为这样，朱元璋曾把蓝玉比作汉朝的卫青，非常信任他。但杀红了眼的朱元璋这时却把他当成了眼中的"刺"，自然要拔掉他。

当然，朱元璋对他举起屠刀，还有一个原因是蓝玉自找的。原来蓝玉在捕鱼儿海战役之后居功自傲，骄横跋扈，早已引得朝中上下对他不满了。其具体表现有四：

一是为所欲为。蓝玉的义子很多，对义子们狗仗人势、惹是生非的行为时常放纵。御史对其家奴的不法行为进行质问，他就叫人"驱逐"执法官，怎一个"狂"字了得！

二是目空一切。蓝玉带兵北征回还，夜半来到喜峰关城下，要求开门，关吏限于制度没有及时开门，他来了个毁关而入，怎一个"牛"字了得！

三是色胆包天，居然私自占有元朝皇帝的妃子，致使元妃因羞愧而上吊自杀，怎一个"傲"字了得！

四是擅自专权。蓝玉在军中擅自升降将校，怎一个"骄"字了得！

四管齐下，朱元璋本来就对蓝玉的态度由热转冷了，于是，朱元璋原准备将其封为梁国公，但是为了惩罚他，临时改封凉国公。一字之差，而且同音不同义，但是相差十万八千里。与此同时，朱元璋还把他的过错刻在铁券上。原本朱元璋为的是警示蓝玉，然而，蓝玉依然不知悔改，依然执迷不悟。洪武二十五年（公元1392年），太子朱标死，皇长孙朱允炆孱弱，朱元璋又开始"拔刺"了，而这时候，一贯冒犯法度的蓝玉成为首当其冲的靶子。

此时，朱元璋还做了一件"杀鸡儆猴"的事，周德兴大家都不陌生，他也是朱元璋儿时的好伙伴之一，因为年龄大一点，朱元璋一直称之为兄。洪武十四年（公元1381年），五溪发生叛乱，朱元璋派周德兴出山平乱，结果周德兴立功而还。后来，福建也发生了小动乱，朱元璋又让周德兴挂帅上阵，结果同样没有负朱元璋厚望。就这样，周德兴仗着"后来居上"的小功劳，开始骄傲自大起来。洪武二十五年（公元1392年）八月，有人把他的儿子周骥告上了"法庭"，理由：同宫女乱搞男女关系，伤风败俗。结果：朱元璋很生气，后果很严重。朱元璋迁怒到了周德兴身上，以"帷德不修"的罪名，把周德兴杀了，并没收其全部财产。

然而，周德兴的悲惨下场并没有引起蓝玉的警觉。蓝玉依然我行我素。洪武二十六年（公元1393年），锦衣卫指挥使蒋瓛告发蓝玉，罪名：蓝玉在私第蓄养家奴，意图谋反。蒋瓛为人谨慎，他要告发，那还有假？于是，逮捕了元将纳哈出的儿子察罕，追查蓝玉和蒙古降将来往的事情。最终，朱元璋以谋反罪将蓝玉处以磔刑。

蓝玉死后，定远侯王弼发了一句牢骚话，被朱元璋知道了，结果，朱元璋以"莫须有"的罪名把王弼送上了断头台。

紧接着，冯国胜见世风不对，赶紧来了个告老还乡，结果朱元璋对他赞赏有加。但两年后，有人向朱元璋报告冯国胜私埋兵器，朱元璋想也没有想，就对冯国胜处以了极刑。据说冯国胜死前在家设宴，毒死全部女眷，其女儿冯秀梅、冯文敏同时被害，以免受朱元璋的凌辱。就这样，朱元璋诛杀蓝玉后，并株连蔓延，自公、侯、伯以至其他文武官员，制造了诛杀一万五千人的大案要案。因蓝玉案被株连杀戮者，当时称之为"蓝党"。该案与胡惟庸案合称为"胡蓝之狱"。此两案发生后，明朝元功宿将除了常遇春"出师大捷身先死"，汤和识时务地"低调引退"，沐英（朱元璋义子）病死外，开国功勋几乎被朱元璋全部屠杀。

迷途、歧途、仕途

第二十三章

法不容情

贪污腐败是历史上长期存在的一种社会问题，自从文明社会诞生以来就一直困扰着人类。倡导为政清廉，惩治贪污腐败是中国历代王朝治理国家、管理社会的一项重要内容，也是反贪立法的着眼点，由此形成了我国古代丰富的反贪法律史料。

谈到中国历史上惩贪官、反腐败最厉害的皇帝，恐怕要数明太祖朱元璋了。这位出身贫寒，讨过饭放过牛，当过游方和尚，从一个马弁干起，最后得了天下的皇帝，对人情世故的了解，比起一般人来要透彻深刻得多。也正是因为这样，朱元璋建国后，在一手抓与民休息，一手抓屠杀功臣时，还做了一件事，那就是以猛治吏。朱元璋信奉"吾处乱世，不得不用重典"。在武官不断死后，朱元璋在"贪"字上下足了功夫。

一是立法。洪武十五年（公元1382年），朱元璋改设都察院后，立即出台的《大明律》中明确规定，受财枉法者，一贯以下杖七十，每五贯加一等，八十贯则处以绞刑。受财不枉法，一贯以下杖六十，每五贯加一等，至一百二十贯杖一百，流放三千里，后改为受四十贯就流放。贪赃钞六十两以上官吏，均处以枭首示众并剥皮实草等酷刑。为了反腐惩贪，除了严刑峻法，朱元璋几乎没有任何选择。明朝的县、卫附近许多地方都设有土地庙（不要误会，这里的土地庙绝对不是土地爷的福地），这是朱元璋对贪官污吏剥皮行刑的刑场，当时就叫"皮场庙"。假如你生活在那个时代的乡村，你经常可以看到，剥下的腐败官员人皮，被填满杂草后，悬挂在官府公堂，以示警诫。官员在此办公，心惊肉跳。我们且看朱元璋的刑罚，除凌迟之外，还有裸置铁床，沃以沸汤；有铁刷，以铁帚扫去皮肉；有枭令，以钩钩脊悬之；有称竿，缚之竿杪，似半悬而称之；有抽肠，亦挂架上，以钩钩入谷道而出；有剥皮，剥贪吏之皮，置公座之侧，令代者见而儆惩。此外，还有挑筋、刴指、刖足、断手、刑膑、去势等酷刑。

与此同时，为了杜绝当时的财务混乱现状，他还认真总结经验教训，实施了一系列新的管理措施，其中重要的一条，就是将汉字中的数字"一、二、三、四、五、六、七、八、九、十、百、千"，在进行钱粮等财务登记时改写为"壹、贰、叁、肆、伍、陆、柒、捌、玖、拾、陌、阡"。这一举措对于堵塞财务管理上的漏洞，确实起到了重要的作用，同时成为我国历史上金额大写字的首创。不过，随着社会的发展，人们在实践中逐渐将"陌、阡"二字改写为"佰、仟"，并在财务往来中一直沿用至今。

二是普法。洪武十八年（公元1385年），朱元璋把很多政府处理的贪污受贿、为非作歹的案例，编成四本书，分别是《大诰》《大诰续编》《大诰三编》《大诰武臣》。他要求每家每户必须有一本《大诰》，目的是"家传人诵，得以惩戒而遵守之"。《大诰》公开颁布当年，朱元璋亲临午门为其造势，还亲自对群臣讲解《大明律诰》的"立法宗旨"。在民间，朱元璋令人组织讲读大会，聘请专人讲授，万众聆听，当时"天下有讲读大诰师生来朝者十九万余人"，政府发动十九万人搞普法教育，可以说规模空前。

洪武二十五年（公元1392年）八月，朱元璋煞费苦心颁布了一份反腐教材，叫作《醒贪简要录》，由政府统一出版，再赐给官吏，每人一册。朱元璋亲自作序，他在序中写道："四民之中士最贵，民最苦，最苦者是什么哩？每当春耕之时，鸡鸣而起，驱牛柄犁而耕。禾苗即种，又要耕耨，炎天赤日，形体憔悴。等到秋收，交官之外，所剩无几，要是遇上水灾虫灾，则全家遑遑，毫无希望。今居官者不念民苦，甚至刻剥而虐待他们，真是太没有心肝了。今颁书于中外，望做官的懂得体恤吾民！"在书中，朱元璋详细记载了大明帝国各级官吏的品级、俸禄，折合稻谷是多少，然后，再折合成平均亩产是多少，农民需种多少亩田才能产出，按照《醒贪简要录》的算法，七品县令月薪七点五石大米，年薪为九十石，需要七十多亩地、五个农民专门为之生产，光是挑那些稻禾就需要走一千多里地。每次诛杀重大贪污犯，朱元璋都命令官员到刑场观斩，还要刑部将其罪行印发到各衙门，广为张贴，以示教育。

三是执法。朱元璋深知官场官官相护的道理，为了下言上达，他广开言路，在午门外设立"鸣冤鼓"，百姓若有冤屈，在地方政府无法讨回公道，就可击此鼓鸣冤、直接申诉，由他亲自审理。为此，朱元璋还打破只有朝廷大员才能早朝的规矩，规定所有的官员，不论品级、隶属，均可参加早朝，上殿倡言国事，如有隐情，还可申请单独召见。

为打消老百姓害怕遭到打击报复的顾虑，朱元璋准许百姓密封奏事，就是直接给他写密信。此外，他还广设检校，对各级司吏进行监视，一旦发现官员有贪赃枉法的行为，即可随时举报，哪怕是深更半夜，朱元璋也会闻讯起来接见。因此，有的贪官晚上受贿，第二天早晨就有"纪检委"上门了，动作之神速，让人惊叹。这样，就连在远离京师的偏僻之地，郡县之贪官污吏也提心吊胆，不敢稍有松懈，日夜担心被人举报。

朱元璋深知，官员下乡往往会倚势欺人，趁机盘剥，即使官员本人廉洁清正，也会给百姓增加接待的负担。因此，朱元璋禁止官员擅自下乡扰民，凡擅自下乡扰民的官员，将其逮赴至京，斩首于市。朱元璋嫉恶如仇，即使是亲属犯法，也一视同仁，决不姑息。在他眼里，大明律法对所有的人都是一样的，既没有亲疏之别，也没有等级之分。

事例一，朱元璋唯一的亲侄、义子朱文正，跟随他南征北战数十年，战功赫赫，官至大都督，但在镇守江西期间，骄奢淫逸，竟强聘民间未婚女子和他睡觉，被人告发。朱元璋闻讯大怒，立即召回问罪。虽然马皇后亲自求情，朱元璋仍然将其一撤到底，放黜凤阳守陵。

事例二，晋王朱棡是朱元璋的第三子，朱棡喜欢文物，时常将出土文物据为己有，还大修宫殿别墅，选美女以供自己娱乐。朱元璋听到举报后，将其抓到京城，本来想问斩，终因太子跪泣求情才得赦免。

事例三，洪武三十年（公元1397年），发生了驸马欧阳伦走私茶叶案。当时，只有中原地区才产茶叶，但西番、青海等地的人因为吃牛羊肉的生活习惯，更需要内地茶叶化油腻。当时的茶叶属于战略物资，一般由官府控制，主要用来交换西番的马匹。朱元璋规定：任何人不得走私茶叶。但欧阳伦依仗自己是皇亲国戚，以为自己可以例外，让他的手下动用官府车辆，走私茶叶，不纳税，不服管不说，还擅自闯关，地方官员伺候不好，还连打带骂，有人不堪忍受，告到朱元璋那儿。朱元璋大怒，说："大明律法，你欧阳伦要带头破坏吗？"根据律令，当斩欧阳伦，即便公主也不能救他。

事例四，涉及法律，朱元璋连儿时哥们儿汤和的姑父也不放过，此人隐瞒田地，拒不缴税赋，朱元璋知道后，说道："席某恃和势，不畏法，故敢如此。"断然将席某处死。

总之一句，这种大义灭亲，在朱元璋眼里叫法不容情。

反腐三部曲

朱元璋在上演法不容情、大义灭亲的同时，也上演了法不容众、大义灭臣。马上来了个反腐三部曲。

一是在处理小案时，突出一个"快"字。

名案解析：朱亮祖案。

洪武十二年（公元 1379 年），开国大将朱亮祖受命出镇广东，朱是武将出身，斗大的字识不了一筐，他放纵军士胡作非为，欺压良善，搞得天怒人怨。本来像朱亮祖这样的人是没人敢管的，但偏偏碰上了一个性格耿直的县令道同，此人是蒙古族，以至孝闻名。道同执法严明，严惩地痞恶霸。朱亮祖到广州后，很快与恶霸沆瀣一气，把广州搞得乌烟瘴气。番禺城中有一群流氓地痞，欺行霸市。有一天，道同布好眼线，一举将他们抓获，又从他们口中得知其为首者，一并抓来枷在大街上示众。百姓无不拍手称快。一些漏网之鱼找到朱亮祖，求他出面搭救。朱亮祖本身就是流氓，他对朱元璋的性格还是有所了解的，不敢把地方政府怎么样，就让人将道同召至府上，设酒食款待，席间委婉地请道同放人。以道同的脾气，自然不同意，他历数了这些人的罪恶，然后对朱亮祖说："大人以侯爵之尊，出镇南疆，应当抚慰百姓，除霸安民，不要受小人蛊惑。"一席话将朱亮祖弄得哑口无言。

朱亮祖见道同一个七品县令竟然不买他的账，觉得自己很没有面子。第二天早晨，朱亮祖亲自带人砸开枷锁镣铐，将那些地痞恶霸抢走释放。老朱依然余怒难息，没过几天，他借地方官员拜见的机会，诬陷道同礼节不周，对其进行了严厉责打。朱亮祖有个罗姓爱妾，其兄弟天天带着一群恶奴在街上游荡，寻衅滋事，掠人田宅、抢人妻女成了家常便饭。百姓告发罗氏兄弟的状子堆满了道同的书案，一些人更是拦轿哭诉。道同十分棘手，知道只要自己一动手，朱亮祖便会出面干涉，但想到受害百姓，就决心再与朱亮祖斗一次。经过周密调查，道同秘密逮捕了罗氏兄弟，将其关入县衙，并派人严加看守，没想到朱亮祖这次更绝，直接调集军队冲进县衙将罗氏兄弟抢走了。道同仰天长叹，他知道凭自己的力量是斗不过朱亮祖的，但已经没有退路了。与其束手待毙，不如主动出击，道同连夜写好奏章，派人秘密送往京城。不料，朱亮祖有个很聪明的幕僚，他说："按道同的脾气，他会冒死上疏的。大人，不如先发制人。"朱亮祖来了个恶人先告状，弹劾道同傲慢无礼，立刻让人拟好奏章，派人快马送往南京。结果，朱亮祖的奏章率先送到朱元璋处，朱元璋非常吃惊，在奏章中加了"目无官长"的罪名，当即批了"斩立决"，派使者去广东执行。朱亮祖派人买通了使者，弃船登陆，乘六百里快马，昼夜兼程，迅速赶到广州，将道同斩首。几天后，道同的奏章也送到了，道同奏章字字血声声泪，朱元璋恍然大悟，方知受了朱亮祖的蒙蔽，于是，立刻派人追回诛杀道同的上谕，并调道同入京。但一切都晚了，使者回来称，道同已死。朱元璋怎么想，都不大对劲儿，照常理推算，前道命令应当能够追回，他知道一定是朱亮祖从中作祟，便再次派人赴广东捉拿朱亮祖父子进京。洪武十三年（公元1380年）九月初三，朱亮祖父子被押到南京。朱元璋满脸怒气，朱亮祖双腿一软，就跪了下去，膝行向前，不住地以头撞地，请求宽恕。朱元璋怒火中烧，命武士对其进行鞭打。武士们早就从朱元璋的表情读出结果，于是，加重了鞭打力度，不一会儿，朱亮祖父子气绝身亡。

在这件事上，朱元璋快刀斩乱麻的风格体现无遗。

二是在处理中案时，突出一个"狠"字。

名案解析：空印案。

案发生在洪武十五年（公元 1382 年）。过程可表述为：当时朝廷规定，户部（相当于今日的财政部）须每年审核各地方政府例行上报的财务报表，且要求非常严格，稍有不合，立即作废重报。于是，各地进京申报报表的财务人员为了少折腾，就便宜行事，在进京时携带多份盖好了本地公章的空白报表，以便在与户部反复核对数字后，即可重新填制。

而造成"空印"的原因是，当时的通信、交通工具还不发达，汽车、火车、飞机统统都没有。因此，远的省份来回一趟京城需要一两个月甚至数个月，且不说耗费大量的人力、物力、财力，如果一旦报表数据有误或是稍有纰漏，又得"从头再来"。长此以往，各地财务部门苦不堪言。上有政策，下有对策，于是就出了这个对各方都有利的"空印"招数，并为各方所默认接受。

天下没有不透风的墙，朱元璋通过一次偶然的机会知道了这件事后，认为这是个官员相互勾结、徇私舞弊的惊天大案。户部对地方政府报表的审核，是当时朝廷（朱皇帝）规定的制度。执行制度"没有任何借口"，必须无条件执行。制度执行中有困难、有弊端，也必须经过严格的程序，审批认定后方可"变通"，绝不能搞"上有政策、下有对策"，否则即是违规，违规则必受惩罚。为此，朱元璋震怒了，下令将全国十三个省、一百四十一个府、一千多个县的主印官（一把手）共一千三百多人（其中包括监督不力者），不论清贪良莠全部处死，副职以下官员打一百棍，充军流放。

在这件事上，朱元璋铁腕整治的特点展现无遗。

三是在大案上，突出一个"准"字。

名案解析：郭桓案。

事件起因：洪武十八年（公元 1385 年）三月，御史余敏、丁廷举告发户部侍郎（财政部副部长）郭桓贪污，并检举其贪污行为如下：

第一条，挪公款。应天、镇江等五个州、府，是朱元璋最早的根据地，由于此地区百姓长期"无私支援"朱元璋的军队南征北战，为了回报这份恩德，朱元璋决定免除这些地方所有民田的夏税秋粮，官田则减半征收。但是，到了征税的时候，这些州县几十万官田的夏税秋粮，竟无一粒收缴上仓，全部被郭桓等人勾结地方官员，私自瓜分了。第二条，吃回扣。户部本该收浙西地区的秋粮四百五十万石，郭桓却只收了六十万石粮食和八十万锭银钞。这些银钞可以抵二百万石粮食。剩下的一百九十多万石粮食，就被郭桓伙同当地的官员私分了。第三条，乱收费。以郭桓为首的贪官污吏在征收皇粮国税时，巧立名目，扰民害民，收取的费用五花八门，多如牛毛，比如：车脚钱、水脚钱、口食钱、库子（即仓库保管员）钱、蒲篓钱、竹篓钱、沿江神佛钱（运输官粮的时候需要求神拜佛，以保佑官粮押运平安的钱）。第四条，收红包。郭桓等人收受应天等地富户徐添庆等人的贿赂，私自免除他们的马草（战马所需的草料），将负担转嫁给已经交纳马草的安庆百姓。第五条，假充真。郭桓还搞纳粮入水、纳豆入水的勾当——每年都有一些奸诈的大户，伙同仓库官在豆、粮中拌水，以增加斤两。每间仓库容量不少于一万余石，往往只因为一户刁民掺水，结果就导致官粮经湿热一蒸而全仓坏掉。

对于这个举报，引起了朱元璋的高度重视，他立即成立了以右审刑吴庸为组长的郭桓案专案组。专案组进行了全方位的调查后，很快向朱元璋汇报了调查结果：郭桓等人几年之内连贪污带盗卖再加上掺水毁掉的官粮，总共造成了两千四百万石粮食的损失，而这相当于当时整个国家一年的收入。

结果，朱元璋震怒之下，郭桓等主犯们的脑袋很快就搬了家。

与此同时，朱元璋采取铁血措施，还对他们的同党追查。结果在严格的追查之下，朱元璋发现，几乎所有六部的官员都成了郭桓的同犯。其中包括礼部尚书赵瑁、刑部尚书王惠迪、兵部侍郎王志、工部侍郎麦至德等部级高官显贵，下面的臭鱼烂虾小喽啰更是数不胜数。

古语云"法不责众"。但朱元璋先生不信这一套，他下令：该杀的都得杀！此案过后，朝中各部里都只剩下寥寥可数的几个扫厕所的清洁工，部长差不多成了光杆司令。这种场景，在中国历史上是绝对空前绝后的。在这件事上，朱元璋"雷厉风行"的个性显现无遗。

总之，朱元璋当政三十一年，先后发起六次大规模肃贪，杀掉贪官污吏十五万人，成果辉煌。最后，不得不搞出"戴死罪、徒流罪办事"的"新生事物"，就是贪官被判了死刑、流放，但还没有马上执行的，可继续留任办公，公务办完后再杀、再流放。堂堂衙门，竟出现了堂上犯人审堂下犯人的奇观。

后来，文武百官上朝时有"两怕"：一怕朱元璋的玉带；二怕御史官的绯衣。朱元璋上朝时若将玉带高挂在胸前，上朝的百官便一块石头落了地，皇上今天情绪不错，没有什么大碍。若是朱元璋将玉带揿在肚皮下面，文武百官则个个噤若寒蝉，胆战心惊，因为这是朱元璋要下决心大开杀戒的预兆，当天准有官员掉脑袋。而监察都御史上朝时要是穿上绯衣，便意味着在皇上面前要弹劾官员，指不定轮上谁倒霉。所以，文武百官上朝时格外留神"玉带"和"绯衣"这两件东西，只要有其中一件出现，上朝的官吏无不战战兢兢，心惊肉跳。从洪武十八年（公元1385年）到洪武二十八年（公元1395年），朱元璋严厉打击贪污腐化。那个时候，几乎无日不杀人。在洪武时代做官，真的是一件极为危险的勾当。传说当时的京官，每天清早入朝，必与妻子诀别，到晚上平安回家便举家庆贺，庆幸又活过了一天，当真印证了"伴君如伴虎"这句话。

史上最苛刻的老板

　　说了朱元璋这么多残暴的事，现在来说说朱元璋善良纯真方面的事。由于朱元璋出身贫苦农家，不仅深深体谅农民生活的艰辛、物力的艰难，而且他还身体力行，带头倡导节俭。具体表现在衣食住行方面。

　　一是"缩衣"。朱元璋对后宫的嫔妃、子女要求严格，他的名言是："珠玉不是宝，节俭才是宝。"号召大家要艰苦朴素，所有的衣服不穿破不得丢弃，剩下的布料也要保留，还将其拼接成百衲衣，施舍给老弱孤寡。在朱元璋的影响下，宫中的后妃也十分注意节俭。她们从不过度打扮，穿的衣裳也是洗过几次的。有个内侍穿着新靴子在雨中行路，被朱元璋发现了，气得他痛哭了一顿。一个散骑舍人穿了件十分华丽的新衣服，朱元璋问他："这衣服用了多少钱？"舍人回道："五百贯。"朱元璋痛心地说："五百贯是数口之家的农夫一年的费用，而你却用来做一件衣服。如此骄奢，实在是太糟蹋东西了。"

　　二是"节食"。洪武元年（公元 1368 年），经过十七年征战，朱元璋终于坐上皇帝宝座，设宴款待开国元勋，按说，这算开国第一宴，规格自然不用说了，但朱元璋设的是"自助餐"，每人一碟炒猪肉、一碗炖山羊肉，还有几样蔬菜、一壶水酒，这就是他的宴会。我们由此可以推断出他的个性，可以说寡淡如水，其皇宫既没有奢华的雕梁画栋，也没有万紫千红的奇花异草，如同一个老农，朱元璋喜欢在空闲之地种蔬菜瓜果，看见丰收的景象就想笑。在个人生活方面，朱元璋一日三餐非常简单，大多是一碗玉米粥，几个窝窝头或米饭，再加上点辛辣荤菜（喜欢吃大蒜），一般情况下，朱元璋是不吃大鱼大肉的，更不喜欢什么山珍海味。一直到老年，这种艰苦朴素的生活才稍有改变。有一次，浙江金华府向他上贡了一袋香米，他觉得味道不错，但又害怕扰民，只吃一餐，剩下的悉数退还，还一再申明不得再贡。但老朱也是人，尽管没有，还是念念不忘那顿香米饭，就叫人从金华弄来种子，让内臣在皇家林苑开十几亩水田，自己亲自动手播种，这才算解决了香米饭的问题。与此同时，朱元璋不喜欢喝酒，他多次发布限制酿酒的命令，并且出台"限酒令"。

三是"寒住"。明朝建立后，按计划要在南京营建宫室。负责工程的人将图样送给他审定，他当即把雕琢考究的部分全去掉了。工程竣工后，他叫人在墙壁上画了许多触目惊心的历史故事做装饰，让自己时刻不忘历史教训。有个官员想用好看的石头铺设宫殿地面，被他当场狠狠地教训了一顿。朱元璋用的车舆、器具、服用等物，按惯例该用金饰的，但他下令以铜代替。主管这事的官员说，这用不了多少金子。朱元璋说："朕富有四海，岂吝惜这点儿黄金！但是，所谓俭约，非身先之，何以率天下？而且奢侈的开始，都是由小到大的。"他睡的御床与中产人家的睡床没有多大区别。在他的影响下，大臣们也纷纷以住"陋室"为荣。

四是"简行"。朱元璋平常出行都是尽量从简，而到下面去"调研"，也多半是以"微服"为主。他为让儿子们得到锻炼，命令太监织造麻鞋、竹签自用，规定诸王子出城稍远，要骑马十分之七，步行十分之三。他终生严格要求自己，不懈怠，不腐化。

朱元璋对自己要求严格，对手下的臣子们要求自然也不会低，他很快把自己勤俭节约、朴实无华的风格强加到了手下臣子们的身上，很快以身作则的方式打造了一个历史之最——史上最低的官员工资。

据史载，明朝开国初期官员的工资，若按照级别来划分，省部级干部每年的工资是五百七十六石大米，折合成现在的人民币，月薪大约是一万二千元；司局级干部每年的工资是一百九十二石大米，月薪大约是四千元；县处级的七品官每年工资是九十石大米，月薪大约一千八百元。

兴许有人觉得，这工资也不算低了。可是，细心的人曾经给算过一笔账，算完后您再瞧，这挣到口袋里的银两可就有点儿可怜了。

首先，当时朝廷发的都是实物工资。官员领回家的不是大米，就是布匹，甚至还有胡椒、苏木，当然也还有银子，可这一切都要按大米折算。于是折算率就成了朝廷斗心眼儿、玩猫腻的一招！《典故记闻》中载：明朝的户部曾将市价三四钱银子一匹的粗布，折算成三十石大米，而三十石大米在市场上至少卖二十两银子。倘若以此来折算，完全把布匹当成工资来发，一位县太爷每年才能领三匹布，这样的粗布拿到市场上只能换二石大米（将近二百公斤），月薪也就合四百多块人民币。这么一算，明朝司局级和省部级的高干，月工资也就两三千块钱。

再者说，那时没有社会福利，也不时兴公费医疗，一旦官员退休，生老病死无依靠。成化十五年（公元1479年），户部尚书杨鼎退休，皇上加恩，每月才给了二石大米，不过四百来元人民币。这还是财政部长的待遇，一般官员还享受不到。

最后，过去不讲究计划生育，也没有双职工这么一说，中国人讲究"多子多福"，喜欢儿孙满堂，官吏们要是有个七八口子，拖家带口，全指望这点儿薪水糊口度日，得！生活条件比如今的下岗职工也强不了哪儿去。

其实，朱元璋对官员工资微薄心知肚明，不过，他有自己的一套理论。每逢官员上任，他总要召见赴任的官吏教诲一番："我朱元璋效法古人，任命官员派往各地。这些官员刚刚提拔任用之时，他们既忠诚又坚持原则。可是，当官的时间一长，他们便又奸又贪。我对此早已有言在先，严格执法，决不姑息。结果是，能善始善终者少，而身败名裂，家破人亡者多。"为此，朱元璋给部下算了一笔账，晓以利害："老老实实地守着自己的薪俸过日子，就像是守着井底之泉。井虽不满，却能每天汲水，长久不断。若是四处搜刮民财，闹得民怨沸腾，你就是手段再高明，也难免东窗事发。而一旦事发，你就要受牢狱之苦，判决之后，再送去服劳役。这时候，你得到的那些赃款在哪儿呢？也许在千里之外你妻子儿女手中，也许根本就没有了。不管怎么说，这些钱反正不在你手里，而在他人手中。这时候，你想用钱，能拿到手吗？你都家破人亡了，赃物都成别人的了，那些不干净的钱还有什么用呢？"明朝的官员们是可怜的，遇到像朱元璋这样苛刻的老板，只能过一辈子"清水衙门"的生活了。

文字狱

天子重英豪，文章教尔曹。万般皆下品，唯有读书高。

在朱元璋手下当臣子，一来担心一个脑袋不够使（胡惟庸案、蓝玉案、郭桓案、空印案四大案，案案相接，环环相扣），二来担心那点薪水不够花（这年头养家糊口不容易）。因此，当时读书人都不愿意来朝廷效力，一时间人才凋零。对此，朱元璋出台了新的人才计划。

一是选择大量的儒生来治理国家，并且逐渐形成以儒家学者为核心的幕僚集团。

二是重视经书，同时加强经学教育，大力兴办各级学校，对经学的传播与发展有积极作用。

三是颁令八股取士，尤其重视程朱理学的作用，要求生徒恪守儒家正统，从而以程朱理学来统一士人的思想（朱元璋以程朱理学为学术正宗）。

就这样，知识分子又会被朱元璋的"引诱"吸引过来了。然而，他们的蜜月期并没有持续多久。因为朱元璋一方面多措并举选拔和重用人才，另一方面又极尽全力打压人才。考虑到文人自古手无缚鸡之力，因此，这一次朱元璋不再动用"血腥屠杀"，而是改为"文明引屠"，于是乎，很快上演了声势浩大的文字狱。

其实，自有文字以来，文字狱就作为一种文化现象出现在历史长卷上。

历朝历代，史不绝书。文网之密、处刑之重、规模之广，对于广大知识分子来说都是浩劫。史学家评论焚书坑儒的积极意义是为了统一文化。百家争鸣也许是文化界的幸事，但绝对是政治界的大患。所以秦统一中国后不可避免地也要统一文化领域，包括统一文字和统一度量衡。焚书坑儒作为统一文化的硬性手段，于是这场惨无人道的文化毁灭被秦始皇"顺理成章"地实行，这其实也是一种变相的文字狱。

但文字狱的真正发明者却是明太祖朱元璋。他不但对文武重臣百般猜忌，而且对文字也百般猜忌。特别是每逢节日庆典，文官们总会呈上一篇篇辞藻华丽、文采飞扬的贺词贺表，让这个当年的小和尚读得津津有味。跟他一起马革裹尸的那帮武将们心里开始发酸了，便旁敲侧击。朱元璋说："世乱则用武，世治宜用文，非偏也！"天下大乱的时候，当然需要武将，但治理天下，还是用文臣好一些。

勋臣们一听，哦，合着我们用枪杆子打出的天下，让只会动笔杆子的人这么轻易地就夺走了？这怎么行！于是，他们偷偷对朱元璋说，这帮动笔杆子的人坏着呢。"此辈善讥讪，初不自觉。"他们喜欢抠字眼，指桑骂槐，你小心中招！当年张士诚还叫张九四的时候，厚待文人，并请其为自己起个雅一点的名字，那些大儒就给送给他"士诚"俩字，张士诚还觉得很美。其实，《孟子》中有"士诚小人"之句，你看他们多坏，悄没声儿地就把张九四给骂了，张士诚这大傻瓜到死都没觉悟！

朱元璋跟张士诚一样，都是泥腿子出身。这个发生在当年死对头身上的"屈辱"事，也许唤醒了朱元璋的自卑情结。尽管在先秦，"小人"一词并不具有道德意味，但时过千余年，却早已被追加了诸多不洁的因子。在朱皇帝看来，读书人巧断句读，活用词意，以达到"讥讪"目的，委实是一件可憎的事。

第一次，朱元璋认识到了兵不血刃的厉害之处：语言文字，不光是表音、表意的工具，还是一座隐喻与象征的迷宫，一不留神，就会着了道儿。查考朱元璋屡次大兴文字狱，其规模，其严酷程度，其无中生有、疑神疑鬼的荒唐劲，都可推断出这件事对他的打击与伤害，是多么令他沮丧、物伤其类且怒不可遏。浙江府学训导林元亮为海门卫官作了一篇《增俸谢表》，内有"作则垂宪"一词。朱元璋想，这是说我呢，"则"与"贼"同音，暗讽我当过贼啊，诛！

北平府学训导赵伯宁替都司作《万寿贺表》献给朱，内用"垂子孙而作则"一句。朱元璋想，还敢说我做过贼，诛！

祥符县学教谕贾翥替本县县官作《正旦贺表》，内有"取法象魏"一句，朱元璋想，"取法"者，"去发"也，这是讽刺我当过和尚啊，诛！

尉氏县学教谕许元为知府作《万寿贺表》，内有"体乾法坤，藻饰太平"。朱元璋想，"法坤"音同"发髡"，还是剃发的意思，诛！

常州府学训导蒋镇作《正旦贺表》中有"睿性生智"，"生"与"僧"同，被视为骂太祖当过和尚，诛！

怀庆府学训导吕睿作《谢赐马表》中有"遥瞻帝扉"，被视为"帝非"，诛！

台州训导林云作《谢东宫赐宴笺》中有"体乾法坤，藻饰太平"，"法坤"与"发髡"同，"藻饰"与"早失"同，诛！

德安府学训导吴宪作《贺立太孙表》中有"天下有道"，"道"与"盗"同，诛！

杭州教授徐一夔贺表中有"光天之下，天生圣人，为世作则"，被视为大不敬，诛！

状元张信训导王子，引用杜甫诗"舍下笋穿壁"出题，被认为讥讽天朝，诛！

……

杀杀杀，干掉干掉！一时间人头落地，腥风血雨。表面看来，朱皇帝逐渐无法容忍任何谐音以及字词的联想义。仔细琢磨则不难发现，他所敏感的，正是有可能指向他出身的这些字词的同音或近义语：盗贼、和尚。从这点来说，贵有天下的朱元璋，终其一生，也自认为"盗贼""和尚"这两种经历是他最不愿示人的疮疤。跟阿Q一样，他的身份焦虑，从来都是一个问题。更可怕的是，他的检查对象终于突破了"天下所进表笺"的范围，而直驱文学领域。

陈养浩诗云："城南有嫠妇，夜夜哭征夫。"朱元璋嫌其"伤时"，将作者"投之于水"溺死。

一寺院墙壁上题布袋佛诗云："大千世界浩茫茫，收拾都将一袋藏。毕竟有收还有放，放宽些子有何妨！"朱元璋疑其嫌法度太严，尽诛寺僧。

高僧来复有诗云："金盘苏合来殊域，玉碗醍醐出上方。稠迭滥承上天赐，自惭无德颂陶唐。"朱元璋杀他的理由："殊"，同"歹朱"。

状元张信，书录杜甫诗："舍下笋穿壁，庭中藤刺檐。地晴丝冉冉，江白草芊芊。"朱元璋腰斩他以警示读书人："堂堂天朝，何讥诮（苦难）如此！"

明初四杰之一的高启有诗《题宫女图》："女奴扶醉踏苍苔，明月西园侍宴回。小犬隔花空吠影，夜深宫禁有谁来？"朱元璋认为"有所讽刺"而假手另一桩案子将高启腰斩八段弃市。

张尚礼有宫怨诗云："庭院深深昼漏清，闭门春草共愁生。梦中正得君王宠，却被黄鹂叫一声。"朱元璋认为作者"能摹图宫阃心事"，将其阉割了事……

不仅有许多大臣因文字屡遭不测，就连藩国朝鲜也不能逃脱。朝鲜国王李成旦进表笺，有犯上字样。朱元璋当即下令将进贡物品全部打回，还要朝鲜交出撰写此文的郑总。朝鲜十分恐惧，将郑总押送至南京。太祖下令，发配云南，仍令辽东都司不许高丽人通界，也不许商客贸易。

更有甚者，朱元璋连亚圣孟子也不放过。朱元璋曾说"使此老在今日宁得免耶"！先是将孟子牌位撤出孔庙，后来因为文星暗了，朱元璋做贼心虚，才恢复孟子牌位。但是朱元璋实行八股取士，孟子的"对君不逊"让他难以容忍。接着，朱元璋下令删节《孟子》，一律删去书中被认为言论荒谬的共八十五章，占了全书的三分之一。删定后定名为《孟子节文》。被删的主要有七类：

一、不许说统治者及其官僚走狗的坏话："庖有肥肉，厩有肥马，民有饥色，野有饿莩，此率兽而食人也。兽相食，且人恶之。为民父母，行政

不免于率兽而食人。"(《孟子·梁惠王上》)

二、不许说统治者要负转移风气之责:"君仁莫不仁,君义莫不义。一正君而国定矣。"(《孟子·离娄下》)

三、不许说统治者应该实行仁政:"得百里之地而君之,皆能以朝诸侯有天下。行一不义、杀一不辜而得天下,皆不为也。"(《孟子·公孙丑上》)

四、不许说反对征兵征税和发动战争的话:"有布缕之征,粟米之征,力役之征。君子用其一,缓其二。用其二而民有殍,用其三而父子离。""古之为关也,将以御暴。今之为关也,将以为暴。"(《孟子·尽心下》)"争地以战,杀人盈野;争城以战,杀人盈城。此所谓率土地而食人肉,罪不容于死。"(《孟子·离娄上》)

五、不许说人民可以反抗暴君、可以对暴君进行报复的话:"贼仁者谓之贼,贼义者谓之残,残贼之人谓之一夫。闻诛一夫纣矣,未闻弑君也。"(《孟子·梁惠王下》)"君之视臣如手足,则臣视君如腹心;君之视臣如犬马,则臣视君如国人;君之视臣如土芥,则臣视君如寇仇。"(《孟子·离娄下》)

六、不许说人民应该丰衣足食的话:"是故明君制民之产,必使仰足以事父母,俯足以畜妻子,乐岁终身饱,凶年免于死亡。然后驱而之善,故民之从之也轻。今也制民之产,仰不足以事父母,俯不足以畜妻子,乐岁终身苦,凶年不免于死亡。此惟救死而恐不赡,奚暇治礼义哉?"(《孟子·齐桓晋文之事》)

七、不许说人民应该有地位、有权利的话,什么"民为贵,社稷次之,君为轻"这样的话要禁止。

如果孟子地下有知,定然会气得从沉睡了千年的地底下站起来。

朱元璋的文字狱影响深远,意义深远,教训深远。

第二十四章

尘埃落定

太子的悲哀

其实，朱元璋又是诛杀功臣，又是重惩贪官，又是大兴文字狱，目的只有一个，那就是稳稳当当地保住大明江山，然后平平安安、顺顺利利地让太子朱标继位。下面不妨来简单看一下朱标的个人简历。

父亲：朱元璋。

母亲：马皇后。

生年：元至正十五年（公元 1355 年）。

卒年：明洪武二十五年（公元 1392 年）。

享年：三十七岁。

谥号：谥称懿文太子，明惠帝即位后追尊为明兴宗孝康皇帝。

继承人：朱允炆。

性格：嫉恶如仇、心善敦厚、温文儒雅。

绰号："最"二十郎。

绰号来源：最童年、最师傅、最孝顺、最生涯、最教育、最言论、最效果、最分歧、最伤感、最倔犟、最后悔、最得意、最幸运、最无奈、最可叹、最可疑、最死因、最欣慰、最感叹、最传世。

最童年：无忧无虑。他既没有经受戎马倥偬、生活磨难，亦未身陷宫闱惊变，他的一生似乎完全是在风平浪静中度过的。

最师傅：宋濂等名儒。朱元璋为了培养这个接班人，广聘名儒，在宫中特设大本堂，贮藏各种古今图书，让诸名儒轮班为太子和诸王讲课，并挑选才俊青年伴读。

最孝顺：对父母姐妹言必称亲，对宋濂等人言必称师，对百姓民众言必称爱。

最生涯：储君二十五年。

最教育：朱元璋对储君朱标的教育培养，是不惜代价、不择手段的。一是重视幼儿教育手段，培养吃苦耐劳精神。公元1367年，朱元璋自称吴王，已立朱标为世子。同年，令朱标赴临濠祭拜祖墓，希望借机训练他将来为人君的本领。临行前，朱元璋教导说："古代像商高宗、周成王，都知道小民的疾苦，所以在位勤俭，成为守成的好君主。你生长于富贵，习于安乐。现在外出，沿途浏览，可以知道鞍马勤劳，要好好观察百姓的生业以知衣食艰难，体察民情的好恶以知风俗美恶。到老家后，要认真访求父老，以知我创业的不易。"二是活用培养教育方法，灌输古今执政常识。公元1368年，大明王朝建立，朱标亦被立为太子。为了训练出理想的继承人、能干的守成之君，朱元璋处心积虑，费尽心机。建国后，不仅广聘名儒，在宫中特设大本堂，贮藏各种古今图书，让诸名儒轮班为太子和诸王讲课，并挑选才俊青年伴读；还在教学中，严格要求太子的一言一行，都需按礼法行事；甚至太祖自己也时常赐宴赋诗，商榷古今，现身说法。三是时刻抓住教育重点，德才兼备正心为要。事例：朱元璋多次特地对教育太子和诸王等人的儒臣说："我的孩子们将来是要治国管事的……教育的方法，要紧的是正心，心一正万事就办得好；心不正，诸欲交攻，万万要不得。你要用实学教导，用不着学一般文士，光是记诵辞章，一无好处。"故此，除了让太子诵习儒家经典，又专门选了一批德行高雅的端正人士，做太子宾客和太子谕德，让他们把"帝王之道，礼乐之教，和往古成败之迹，民间稼穑之事"，朝夕向太子讲授。太祖还常常以自己的经历训导太子，要他明白创业的不易、守成的艰辛。同时，为了避免前代经常出现的东宫官僚自成体系，与朝廷大臣闹意见，甚至宫廷对立的弊端，太祖就命李善长、徐达等朝廷重臣兼任东宫官僚。四是树立科学教育理念，正人正己地锻炼能力。朱标二十二岁那年，朱元璋见他年纪已长，遂令今后一切政事并启太子处分，然后奏闻。为的是有意让太子"日临群臣，听断诸司启事，以练习国政"。并告诫说："我之所以要你每日和群臣见面，听断和批阅各衙门报告，学习办事，要记住几个原则：一是仁，能仁才不会失于疏暴；二是明，能明才不会惑于奸佞；三是勤，只有勤勤恳恳，才不会溺于安逸；四是断，有决断，便不致牵于文法。我从做皇帝以来，从没偷过懒，一切事务，唯恐处理得有毫发不当，有负上天付托。天不亮就起床，到半夜才得安息，这是你天天看见的。你能够学我，照着办，才能保得住天下。"

最言论：除苦心教育中的言传身教外，他谆谆教诲朱标的那些深刻的治理朝政的言论，也颇具发人深省的意义。

最效果：朱标尽管生于安乐，但并无纨绔之习，换句话说，他没有辜负父亲的寄托。他颇能领会，而且还尽心受教，所有一切，都与朱元璋的积极、科学、严格、有效的教育培养是分不开的。

最分歧：建国后，朱元璋先后除掉了刘基、李善长等文官，又除掉了徐达、傅友德等武官，朱标见状，大为不忍，常常劝朱元璋"放下屠刀，立地成佛"，从而触怒了朱元璋。朱元璋和朱标，一个严酷，一个宽大；一个从现实政治出发，一个从私人情感出发；一个欲树立绝对的权威，一个却总有自己的原则而不肯屈服。分歧就这样产生，并且逐渐拉大。

最伤感：负子图。据《名山藏》记载，朱元璋在征战中，时常为敌兵追击，马皇后数次背着朱标在乱军中逃得性命。后来朱元璋为纪念马皇后背着儿子朱标行军而请人精心绘制成了负子图。

最倔犟：刺仗之事。因为在政治道路上，朱标和朱元璋产生分歧后，朱标总是这样劝说朱元璋："陛下杀人太多，恐伤了和气。"朱元璋刚开始选择了沉默。后来，见他说得多了，便让人找了一根带刺的木棍丢在地上，让朱标捡起来。朱标自然很怕扎手，不知该从何处下手。朱元璋冷冷说道："我杀人就是要替你拔掉这木棍上的刺，难道你看不出来吗？"按理说朱元璋把话说到这个份儿上了，朱标应该收敛才对。然而，朱标丝毫不为所动，依然傲然道："上有尧舜之君，下有尧舜之民。"这句话的意思是说有怎么样的皇帝，就有怎么样的臣民。朱元璋大怒，拿起椅子要朝他砸。朱标眼看形势不妙，不失时机地把一直怀藏于胸的《负子图》掉在地上。结果，朱元璋举得高高的手，看到了《负子图》后，勾起当年南征北战时的情景，还有和马皇后的患难之情，终于无奈地放下来了，朱标因此逃过了一劫。

最后悔：洪武七年（公元1374年），孙贵妃去世，朱元璋令太子朱标服齐衰杖期，朱标以其不合礼法而拒绝执行，这一次气得朱元璋升级为用剑来追他。最后在众人的劝解下，事态才得以平息。然而，通过这件事之后，父子君臣间的嫌隙越来越大了。

最得意：朱标没能说服朱元璋，却很快来了个英年早逝，朱元璋对此非常悲痛，最终选择朱标的儿子朱允炆继承皇位，可见父子情深。

最幸运：作为朱元璋的长子，他在十三岁尚未成年时，便已贵为太子。身为储君身份，作为准备接班的未来皇帝。

最无奈：他经过朱元璋的精心培育，却在壮年时期，因病英年早逝，未能完成接班大任，结果很无语。

最可叹：朱标年纪轻轻，正当壮年时分，却于洪武二十四年（公元1391年），受命巡视陕西后，因疾病缠身、旅途劳顿和各种压力，导致卧床不起，最终于次年四月撒手人寰。

最可疑：史称朱标是因风寒而毙。然而《素问·玉机真脏论》解释为："风寒客于人，使人毫毛毕直，皮肤闭而为热。"简言之，就是今日的感冒。怎样的感冒才会夺去一个年纪轻轻的男人生命？如若真是如此，那么明朝的缪希雍怎么可能在《本草经疏》里早有告诫"肺经无火，因客风寒作嗽者忌之"呢？因此，说是风寒而毙，这似乎于理不合。

最死因：性格决定一切，性情关乎命运。一是随着性格和政治观念不同，朱标和父皇朱元璋间的分歧日渐扩大，冲突不断升级。这类的矛盾和冲突若出现寻常人家的父子间，也就罢了，但发生在皇太子和性情暴戾的皇帝身上，这给懿文太子造成心理压力之大也就可想而知了。在这样情境中，朱标不仅难以意气风发，踌躇满志，相反不得不常常在漫长而没有期限的等待、紧张、郁闷甚至惊恐之中苦忍度日，这些无疑早已在逐步地消耗着他的心力，损害着他的健康，终致因一次似乎偶然的事件而一病不起。二是正是因为存在分歧，朱元璋对朱标的宠爱渐渐转到了他的另一个儿子朱棣身上来了。对此，兄弟俩虽然还没有上演"本自同根生，相煎何太急"的局面，极有可能是朱元璋对朱棣的喜爱让朱棣开始觊觎皇位，导致兄弟之间矛盾重重，相互怨恨。朱标越来越感到压力巨大，心理和精神压力过大，可能是诱发朱标英年早逝的一个原因。

最欣慰：朱标虽然走了，但他继承大统的血胤并没有中断。他死后，朱元璋悲恸不已，"御东角门，对群臣泣"，第一次显现出其悲惶、苍凉的独裁者的惊恐。为主标举行了极隆重的葬礼，赐谥号懿文。四个月后，他的次子允炆（长子雄英此时已逝）被正式立为皇太孙。若朱标在天有灵的话，也可以得到告慰了。

最感叹：吾本西方一衲子，为何流落帝王家？来时欢喜去是迷，空在人间走一回。未曾生我谁是我，生我之时我是谁。吾今撒手归山去，管他千秋与万代。

最传世：著名的文士方孝孺，作《懿文皇太子挽诗八章》传于世，诗云："盛德临中夏，黎民望彼苍。少留临宇宙，未必愧成康。宗社千年恨，山陵后世光。神游思下土，经国意难忘。"

因果轮回

生老病死，谁都逃不出岁月的轮回。洪武三十年（公元1397年），秋高气爽、丹桂飘香的季节，七十岁的朱元璋病了。一开始，他病得并不严重，虽躺在床上，却也经常下地活动。皇太孙朱允炆等人来看他的时候，他有说有笑，看不出一点儿有病的样子，而且他还曾单独向朱允炆传授了自己的治国策略。然而，到了冬天，朱元璋的病情加重了，到了"一病不起"的地步，究其原因有二：

一是积劳成疾。朱元璋自从废除丞相制度后，凡事亲力亲为，常常是"未明求衣，日昃忘食"，天不明就起来穿衣，日头偏西了都不吃饭。据说朱元璋的明制一天有三次朝，称早朝、午朝、晚朝，可见处理事务之多、事务之杂、事务之重。朱元璋一天处理政务非常繁忙，他常常是想起一件事写个字条，然后就别在身上，再想起一件事又别在身上，所以有的时候一天下来，在下朝的时候，穿的衣裳就像鸟毛一样，到了上朝拿起来，一件一件地处理。有的时候就把字条贴在墙上，他的政务非常繁忙，有人统计在洪武十七年九月十四到二十一日这八天当中他接了多少奏章呢？他接的奏章是一千一百六十件，如果一件奏章是一千字，那么一共就是一百一十六万字，平均每天要处理十五万字。有多少事件呢？这八天当中，涉及三千三百九十一件事，平均下来每天要处理四百二十三件事。朱元璋虽然长年南征北伐，身子骨硬朗得很，但人都是血肉之躯，更何况朱元璋已到了"甲子"之年，怎经得起这般"废寝忘食、鞠躬尽瘁"，因此，劳累成疾、死而后已也是水到渠成之事。就像我们俗话说的，欠下的账总是要还的，也正是因为这样，这一病之后，开始还没有完全发作，到后来便越来越严重。是啊，那些熬过的夜，那些伤过的心，那些费过的神，这一刻全要爆发了。

二是忧郁成灾。世间最悲哀之事，莫过于白发人送黑发人，洪武二十五年（公元1392年），三十七岁的皇太子朱标突然病死，这对朱元璋打击很大，朱元璋对朱标可谓花尽了血本来培养，尽管后来朱标一些"政治表现"引起了朱元璋的不满，甚至是愤恨，然而，这份血浓于水、情浓于水的舐犊之情却是不能轻易改变的。也正是因为这样，当时的朱元璋号啕大哭，心痛欲绝。而就是朱元璋生病的这段时间，噩耗却又接踵而至，这年冬天，从西安传来消息，朱元璋的二儿子，四十一岁的秦王朱樉在西安病逝。紧接着，朱元璋的三儿子，四十岁的晋王朱棡在太原病逝。朱樉是朱元璋晚年最喜欢的儿子，受宠程度甚至一度超过了太子朱标。而修目美髯、顾盼有威、智慧极高的三儿子朱棡，在朱元璋心目中的分量也是极高的。至此，朱元璋在幼年丧母、中年丧妻之后，又遭受人生第三大不幸：老年丧子。白发人送黑发人，这对朱元璋是一个不小的打击，他的病情越发加重。

死去元知万事空。朱元璋是个聪明人，也是个明白人，自然知道生老病死是一个人无法避免的轮回，但他在变成"糊涂人"前，还担心两个人。

第一个人便是皇太孙朱允炆。尽管这个时候的朱允炆已经二十一岁，早已是成年人了。但朱元璋担心他死后，朱允炆能否坐稳皇位，把他的衣钵传承下去。

第二个人便是他的第四个儿子燕王朱棣。朱元璋一生总共只有四个儿子，在连失三个儿子后，只剩下燕王朱棣这根独苗。也正是因为这样，朱棣实际上就相当于朱元璋的大儿子了。而朱棣也是朱元璋所有儿子中最有才智的一个。这不能不让朱元璋为自己性格柔弱的孙子朱允炆担心。

那么朱棣究竟是一个什么样的人呢？

如果只用一句话来形容朱棣，就是闻着战争的硝烟味儿长大。

最生涯：朱棣十一岁封燕王，十七岁迎娶徐达的长女，二十岁就藩北平（众藩王之首），与宁王、晋王、肃王、秦王等沿长城一线封国，为天子守边，抵御北方蒙古人的侵犯，号称塞王。

最势力：朱元璋允许他们拥有三千人的护卫，最多的可以达到一万九千人。燕王、晋王、秦王势力最强，多次奉诏攻打蒙古，即使傅友德、蓝玉这样的大将也要听塞王指挥。尤其是燕王朱棣，负有控制北部门户的重任，能够直接指挥的军队多达三十万人，军中大小事自己裁决，只有天大的事才向朱元璋汇报。

最战斗：公元1390年，一场战斗使年仅三十岁的朱棣威名远扬。那年元旦刚过，朱元璋命令燕王和晋王分兵合击，打垮北元丞相咬住、平章乃儿不花。朱棣首先派出几股哨兵四出侦察，摸清乃儿不花的确切位置。三月，天下大雪，千里荒原上银装素裹，车马辎重行进十分困难，士兵们冻得直打哆嗦。将领们请求燕王安营扎寨，等大风雪过后再想办法。朱棣说：战机就摆在你们眼前，你们怎么看不见呢？这正是出奇制胜的大好时机！命令大军顶风冒雪，快速而进。大军出现在乃儿不花面前，他竟然还在帐篷里烤火。朱棣围而不歼，派乃儿不花的好朋友、降将观童劝降。乃儿不花知道是鸡蛋碰石头，只好请降。朱棣摆酒设宴，酒喝得十分豪爽，令乃儿不花感动得眼泪哗哗的，主动要求劝降咬住。

最赏赐：朱棣第一次大规模出征，兵不血刃就大获全胜，让朱元璋非常高兴，赏赐宝钞一百万锭，并夸赞朱棣：扫清沙漠里的蒙古人，就全靠你了！

最才华：朱棣能文能武。武的话，弯弓射大雕不在话下，尤其喜欢打仗，智谋过人，知道怎么打胜仗。作为罕见的勇士和智慧人物，朱棣可谓继徐达之后的又一代新"战神"。

最能战：对于第四子朱棣，朱元璋确实非常欣赏，尤其欣赏他的"文"和"武"，这是朱允炆不具备的特殊优势。武不用说了，且来看文的。一次，大家在宫里看赛马。朱元璋出上联："风吹马尾千条线。"有意考验朱允炆和朱棣的才华。结果朱允炆没有打仗经验，所见不过平凡琐事，憋足劲儿，才勉强答出这样一句下联来："雨打羊毛一片毡"，软绵绵的，没什么味道。而朱棣见过世面，巧对"日照龙鳞万点金"，气魄宏大，得到了众人的一致称赞。当然，朱允炆也有一个得天独厚的优势，那就是非常有孝心。毕淑敏说：孝心无价。"孝"是稍纵即逝的眷恋，"孝"是无法重现的幸福，"孝"是一失足成千古恨的往事，"孝"是生命与生命交接处的链条，一旦断裂，永无连接。这也是朱元璋对朱允炆最满意的一点。朱棣的"五最"虽然离朱标的"二十最"相差甚远，但无论如何，他是最跟朱标实力和势力相当的人。而事实上，朱棣在"最战斗"之后，也成了朱元璋最宠爱的儿子。那么，为什么朱元璋会把他排除在继承人之列呢？

　　原因：朱棣生对了地方（生在帝王家），却投错了胎。朱元璋的前三个儿子的母亲都是马皇后，而唯独第四子朱棣是一个妃子生的，而且这个妃子还是少数民族的——蒙古族女人碽氏所生。这个碽氏是一位在正史中不见记载的人物。我们不知道她的来历，但这位碽氏一定是一位美丽大方的蒙古族姑娘。在她身上一定会表现出那种只有北方少数民族姑娘才具有的独特魅力，才会一下子被朱元璋看中。可是这位碽氏的命运后来挺凄惨的，传说她生下朱棣后便被赐自尽了，而且还曾受到过铁裙之刑（"铁裙刑"是古代惩罚不忠女人的一种酷刑：将铁片做成刑具，形如裙子，逼犯人穿到身上，然后把"裙子"放在火上烘烤。刑具受热，犯人的皮肉如被烙铁烙，其惨状不言而喻，结果可想而知），显然属于非正常死亡。看起来朱棣的身世还真有些悲剧色彩。一位美丽的蒙古族少女，神秘地出现在朱元璋的生活中，生下两个儿子。几年后，她又神秘地从人间蒸发了。正如说媒讲究门当户对一样，也正是因为朱棣不是马皇后的亲儿子，其母亲"来历不明"，偏离了"真龙天子"的轨道，因此，尽管朱棣才华横溢，但还是被朱元璋排除在"合法继承"人之外。只有嫡长子继承皇位，大家才拥护。所以经过权衡，朱元璋做了一个异常艰难的决定：立十六岁的朱允炆为皇太孙。

　　也正是因为这样，朱棣便拥有了第六最——最无奈：怀才不遇（空有其才，却不能成为皇室的接班人）。

千秋功过

在病榻上的朱元璋，进行了人生的最后一次"三步走"。

第一步：清理后宫。

为了防止汉朝刘邦死后吕后专政的一幕在自己的后宫上演，朱元璋对后宫进行了"大清理"。朱元璋共有四十六个后妃，但在万花丛中，却独宠马皇后，原因不用多说了，一个成功的男人背后必有一个优秀的女人，朱元璋最后能取得胜利，马氏功不可没。也正是因为这样，朱元璋当了皇帝以后，对马氏非常尊重与感激，册封她为皇后。后来马皇后病故，朱元璋失去贤德的妻子，非常悲痛。从此决定不再立皇后，可见他对马皇后的一片真心。

但此时，朱元璋对后宫佳丽中唯一不放心的就是绰号为"毒蝎子"的李淑妃。李淑妃是寿州人，她的父亲李杰在洪武初年以广武卫指挥北征，屡立战功，后来和常遇春一样，病逝于战场。洪武十七年（公元1384年）九月，为逝世的马皇后守丧期满时，李氏被册封为淑妃，管理后宫事务。李淑妃与其他妃子不同，其他妃子在马皇后的感应下，都选择了"人之初，性本善"，唯独她选择的是"人不为己，天诛地灭"。也正是因为这样，朱元璋在临死前，决定"祛毒"，为民除害。于是乎，朱元璋设了一桌酒宴，请李淑妃来喝酒，李淑妃来之后，才发现这个宴席只有她一个人。正当李淑妃一个人食之无味弃之可惜时，躺在病床上的朱元璋却说了这样一句话："你跟随我有十多年了，辛苦了，也该歇歇了，你父母都想见你，你快去见他们吧，好好去团圆吧。"李淑妃的父母客死多年，朱元璋的意思再明白不过了，李淑妃拜谢朱元璋后，回到后宫，便选择了"挥剑自宫"——上吊。就这样，朱元璋成功保住了后宫的那一片宁静。

第二步：含沙射影。

知子莫若父，朱元璋自然知道有着"朱三多"（说不清楚的谜团多，干出的大事多，遭受的争议多）朱棣的存在是对皇太孙朱允炆最大的威胁。事实上，朱元璋立"正统血液"的十六岁的朱允炆为皇太孙后，朱棣果然不满，心里十分窝火，十分不服气。一次，他用手拍拍皇长孙朱允炆的背，讥讽地说："没想到我侄儿还能有今天的荣耀啊！"这一情景，恰好被朱元璋看见，厉声责问朱棣："怎敢对皇长孙如此无礼？！"朱允炆急忙打圆场，说是叔侄两人在开玩笑，让朱棣有个台阶下了，这才化解这场政治对话风波。但从此，朱元璋对朱棣还是有看法了，或者说"威胁论"在他心中越来越强烈了。朱棣的才华他是心知肚明的，而朱允炆太文弱他也是心中有数的。正因为这样，在病重期间，朱元璋专门给燕王下了一道手谕："朕观成周之时，天下治矣。周公告成王曰：诰尔戎兵，安不忘危之道也。朕之诸子，汝独才智，秦、晋已薨，汝实为长，攘外安内，非汝而谁？尔其总率诸王，相机度势，用防边患，奠安黎庶，以答上天之心，以副吾付托之意！其敬慎之，毋怠！"

这段话的意思很简洁明了，就是让燕王学周公，而且特别表明他的任务就是防守边疆、安抚百姓。手谕里"含沙射影"地含着告诫、警示、提醒的意思。朱元璋可谓用心良苦。

第三步：非诚勿扰。

病重期间，朱元璋擢兵部侍郎齐泰为兵部尚书，并谕令齐泰和黄子澄辅佐朱允炆处理朝廷一切事务。同时，他还提前颁下了遗诏：待驾崩之后，太孙允炆嗣位，诸王各自镇守属地，一律不准回京。

意思就是说，他死后，各地诸侯王要以大局为重，以和平发展为主，都不能来京为他奔丧。

朱元璋的确是有高瞻远瞩的，他想用这三步走让朱允炆顺利登基，想让朱棣安心当他的燕王，想避免出现"本是同根生，相煎何太急"的局面。

事实证明，朱元璋的三管齐下收到了良好效果。他死后，朱允炆顺利接过了他的职权，继承了他的皇位。然而，建文帝朱允炆却是个"扶不起的阿斗"，他上任之后，就来了个"削藩"，先后废了周王、湘王、齐王、代王、岷王等五王，目标直指燕王朱棣。然而，朱允炆犯了两个错误：一是在削藩过程中，忘了先"推恩"，应恩威并施，在舆论和道义上站住脚跟；二是并没有先削燕王，而是先从其他诸王下手，这样打草惊蛇，使得燕王加紧做了准备。当建文帝决定对朱棣下手的时候，为时已晚。燕王朱棣迅速扯起了靖难的大旗，将朱允炆赶下台取而代之。这是后话。

三步走后，朱元璋也该走了。洪武三十一年（公元 1398 年）五月初十，大明朝开国皇帝朱元璋驾崩，终年七十一岁。

朱元璋在位三十年，有功有过，有得有失；是救世主，也是杀人狂魔；是明主，也是小人。但无论如何，他死后葬于明孝陵墓园的神功圣德碑上镌刻着"济世为民、仁德千秋"八个大字，可以算是对他一生的评价。子在川上曰："逝者如斯夫。"最后引用朱元璋生平所作的一首诗，算是对这位奇人的一种缅怀吧：

> 天为帐幕地为毡，
> 日月星辰伴我眠。
> 夜间不敢长伸脚，
> 恐踏山河社稷穿。